복음주의
실천신학 개론

세계복음화문제연구소
(The World Evangelization Research Center)는
한국 교회가 세계 복음화를 위하여
한 모퉁이를 담당해야 한다는 사명으로 사역하고 있습니다.

이 도서에 실린 모든 내용은
세계복음화문제연구소의 도서출판 **세 복**이 출판권자이므로,
학문적 논문의 인용을 제외하고는
본 연구소의 동의 없이 복제할 수 없습니다.

복음주의 실천신학 개론

지 은 이   홍 성 철
발 행 인   홍 성 철
초판 1쇄   1999년 03월 01일
초판 11쇄   2024년 02월 20일

발 행 처   도서출판 **세 복**
주   소   경기도 파주시 문발로 123
전   화   070-4069-5562
홈페이지   http://www.saebok.net
E-mail   werchelper@hanmail.net
등록번호   제1-1800호 (1994년 10월 29일)

총 판 처   솔라피데출판유통
전   화   031-992-8691
팩   스   031-955-4433

ISBN 978-89-86424-31-7 03230
값 20,000원

ⓒ 도서출판 **세 복** 1999

복음주의
실천신학
개론

한국복음주의실천신학회 편저

An Introduction
to
Practical Theology

Edited by
KOREAN SOCIETY OF EVANGELICAL PRACTICAL THEOLOGY

추 천 사

금번에 복음주의 신학회 소속 실천신학 분과 위원회에서 「복음주의 실천신학개론」을 발간하게 된 것은 참으로 기쁜 일이 아닐 수 없습니다. 본 서는 실천신학의 각 분야를 망라하여 그 분야의 전문가들이 심여를 기울여 저술한 논문들을 한 권의 책으로 묶은 것입니다.

그 동안 복음주의 신학의 입장에서 저술한 실천신학 부분의 책이 많지 않은 터에 본서가 그 빈 공간을 채우게 되었습니다. 신학의 각 분야가 중요하지만 특별히 실천신학의 중요성은 아무리 강조해도 지나치지 않습니다. 그 이유는 신학교에서 배운 신학의 각 분야를 목회 현장에 잘 접목시켜야 하기 때문입니다. 본 「복음주의 실천신학개론」은 한국 교회의 목회 현장을 풍요롭게 하는 지침서가 될 것입니다. 본서는 일선에서 목회하는 목회자들은 물론 현재 신학을 공부하고 있는 신학도들도 반드시 읽어야할 필독서라고 사료됩니다.

한국복음주의신학회 소속 실천신학 분과 위원들의 노고에 심심한 감사를 드리며, 본서가 한국 교회의 건강과 발전에 크게 기여하리라고 믿어, 이에 추천합니다.

한국복음주의신학회 회장
합동신학대학원대학교 교수 박형용

발 간 사

한국 교회의 성장은 가히 세계 기독인들의 시선을 끌기에 충분하였습니다. 교회가 그리 길지 않은 기간에 도약을 거듭하여 크고 작은 많은 교회들이 방방곡곡에 빼곡하게 널려 있게 되었습니다. 그뿐 아닙니다. 이처럼 부흥된 한국 교회는 그만큼 많은 지도자들을 필요로 하게 되었고, 그 결과 그토록 많은 신학교들이 여기저기에 우후죽순(雨後竹筍)처럼 생겨났습니다. 그리고 그 많은 신학교의 수업을 감당할 교수들도 양산(量産)되었습니다. 그들은 세계 각처의 유수한 신학교에서 학업을 연마(硏磨)한 후, 그들의 전문 분야에서 후학(後學)을 지도하고 있습니다.

그런데 이처럼 모든 분야에서 괄목할만한 성장을 이루고 있는데 반하여, 오랫동안 제자리 걸음을 하고 있는 분야가 있습니다. 그 분야가 바로 실천신학입니다. 그 분야의 저서도 마찬가지로 저조했습니다. 더군다나 복음적 입장에서 저술된 마땅한 「실천신학개론」은 거의 없다고 해도 과언이 아니었습니다. 물론 근 20년 전 정성구 박사의 「실천신학개론」이 저술된 것도 사실입니다. 그래도 그 동안 이 저서 때문에 복음적 입장에 있는 교수들은 명맥을 유지하며 실천신학개론을 가르칠 수 있었습니다.

그러나 그 이후 실천신학도 많이 발전했습니다. 그리고 많은 학자들이 실천신학 가운데 그들의 전문 분야를 가르치기에 이르렀습니다. 실천신학이라는 학문은 더 이상 한 사람의 학문일 수 없게 되었습니다. 이처럼 발전과 전문이라는 요구에 부응(符應)할만한 저서의 필요가 논의되기 시작한 지는 벌써 오래 되었습니다.

그러던 차에 여러 해 전 한국복음주의신학회가 결성되었으며, 아울러 실천신학 분과 위원회도 구성되었습니다. 그리고 이 신학회가 모일 때마다 논문 발표와 진지한 토의가 있었습니다. 그런 토의에 참석한 실천신학에 연관된 교수들은 「실천신학개론」의 필요성에 합의했으며, 따라서 편집위원회를 구성하기에 이르렀습니다. 서울신학대학교의 홍성철 교수, 성결대학교의 전요섭 교수, 한세대학교의 김홍근 교수, 침례신학대학교의 이명희 교수로 구성된 편집 위원회는 각 분야별로 제목을 선정하고 또 그 제목에 걸맞는 저자를 선정하기에 이르렀습니다.

　원고 집필을 위하여 너무나 짧은 기간을 드렸음에도 불구하고, 바쁜 교수들이 틈을 내어 귀한 원고를 마쳐 주신 것에 대하여 어떻게 감사해야 될지 모르겠습니다. 그분들 가운데 좋은 원고를 주셨을 뿐 아니라 이처럼 좋은 착상(着想)을 제안하신 전요섭 교수에게도 깊은 감사를 드립니다. 그리고 이처럼 좋은 도서의 출판이 가능하게 한 『세계복음화문제연구소』의 도서출판 세복과 연구소의 이사 및 후원자에게도 감사를 드립니다.

　단지 이 저서가 많은 신학도들이 읽은 결과 실천신학의 중요성을 일깨워서 앞으로 더욱 학문적으로 연구하고자 하는 동기를 부여하고, 더 나아가서 목회 현장에 도움이 될 수 있다면 이 저서에 연루된 모두는 보람을 느낄 것입니다. 마지막으로 이 모든 과정을 가능하게 하신 그리고 실천신학을 삶의 현장에서 보여 주신 우리 주님 예수 그리스도에게 깊은 감사를 드립니다!

실천신학 분과 위원회 회장
서울신학대학교 교수 홍성철

저자 소개

김성욱 박사 — "평신도신학"
    D.Miss., Reformed Theological Seminary, 총신대학교 교수

김순환 박사 — "실천신학의 학문적 위치와 방법론"
    Ph.D., Drew University, 복음신학대학원대학교 교수

김한옥 박사 — "목회학"
    Dr.Theol., Munchen University, 서울신학대학교 교수

김홍근 박사 — "기독교 지도자론"
    D.Min., Oral Roberts University, 한세대학교 교수

이광희 박사 — "영성신학"
    D.Min., Fuller Theological Seminary, 평택대학교 교수

이명희 박사 — "설교학"
    Ph.D., Mid-America Baptist Theological Seminary
    침례신학대학교 교수

전요섭 박사 — "목회상담학"
    D.Min., Oral Roberts University, 성결대학교 교수

정일웅 박사 — "예배학"
    Dr.Theol., Bonn University, 총신대학교 교수

현유광 박사 — "교회행정학"
    Ed.D., Northern Illinois University, 고신대학교 교수

홍성철 박사 — "전도학"
    Th.D., Boston University, 애즈베리신학교 교수

황성철 박사 — "교회성장학"
    Ed.D., Southern Baptist Theological Seminary, 총신대학교 교수

목   차

1

실천신학의 학문적 위치와 방법론

김 순 환

Ⅰ. 실천신학의 정의

종래 실천신학(實踐神學)이라 하면 성서신학, 조직신학, 역사신학 등의 이론적인 신학 분야들과 구분하여, 그야말로 영어식 표현대로 practical theology(실제적인, 실용적인 신학)라는 어의에 걸맞는 개념으로 이해하여 목회의 실제적인 영역들인 예배학, 설교학, 목회학, 전도학, 영성신학, 목회상담학 등등의 각론들을 취급하는 것으로 이해되어 왔다. 실천신학의 등장 초기 구미학자들이 간혹 목회학(pastoral theology)이라는 명칭과 실천신학이라는 명칭 사이의 구분을 명확히 하지 않고 사용한 것이 사실이지만 대체적으로 실천신학은 앞서의 각론들과 목회학이라는 각론 등을 포함하는 보다 넓은 개념으로 이론 신학과 구분되는 개념으로 사용하여 왔다.

기독교 안에서 목회학이란 표제는 C. T. Seidel에 의해 1749년에 처음 사용되고 S. J. Baumgarten(1752), J. F. von Mosheim(1754), V. D. Spoerl(1764), J. J. Plitt(1766) 등에 의해서 사용되어졌는데, 처음 실천신학이라는 명칭들의 출현은 J. E. C. Schmid가 그의 저서 *Die Theologishe Encyklopadie*(1810)에서, 그리고 G. J. Planck가 그의 저서 *Grudriss*(1813)에서 이 용어를 채택하였고 또 Philipp Marheinecke가 *Entwurf der Praktische*(1837)란 책에서 사용 후에 Friedrich Schleiermacher가 *Kurze Darstellung*(1810, 1830)에서 다루고 그의 사후 출간된 「복음적 교회의 원칙에 따른 실천신학」(Die Praktische Theologie nach die Grundsatzen der Evangelischen Kirche)이란 책에서 본격적으로 다룸으로 비로서 이론 신학과 마찬가지로 학문적인 분야로서 주목을 받게 되어 실천신학의 발전에 계기를 부여하였다.[1]

실천신학의 정의를 사람들에 따라서 다양하게 내리고 있지만 실천신학을 독자적인 학문 분야로 장을 열게한 Schleiermacher의 정의를 보면, 목회자가 할 일은 교회의 여러 가지 관심사들을 통합하고 그 관심 부분들의 각각의 개별성도 유지하면서 동시에 전체적으로도 그것들을 보다 공고하게 발전시키는 기술이 필요한데, 이 기술을 이루고 있는 체제의 종합을 실천신학이라고 불렀다.[2] 즉 그의 정의는 실천신학은 오늘날에 보듯이 교회 내적 관심 분야인 예배, 설교, 상담, 기독교 교육 등등의 것들로서 이것

---

1 Seward Hiltner, *Preface to Pastoral Theology*, 「목회신학원론」, 민경배 역 (서울: 대한기독교서회, 1968), 308-9의 주 참조; *The Christian Encyclopedia*, 「기독교대백과사전」 제10권, 이기문 외 역 (서울: 기독교문사, 1983), 625.

2 Friedrich Schleiermacher, *Brief Outline on the Study of Science*, tr. Terrence Tice (Richimond: John Knox Press, 1966), 25.

들을 수행하는데 필요한 체계적이고 집약된 기술적 연구를 의미하고 있는
것 같다. 이를 확인이라도 하듯이 그의 저서 「복음주의적 교회의 원칙에
따른 실천신학」에서는 실천신학을 "교회를 유지하고 완전하게 하는 방법"
이라고 정의하였다.3)

신정통주의의 거두라 할 수 있는 Karl Barth의 진술은 실천신학을 포
괄적으로 정의하고 있다. 그는 "실천신학의 의제는 어떻게 하나님의 말씀
이 인간의 말로써 적용될 수 있는가의 문제이다"라고 전제하고 신학적 언
설에 담고 있는 내용은 "성경 주해와 교리에 의해서 결정되고 그것이 전달
되는 형태는 각 상황에 따라 믿을 만한 심리학이나 사회학 혹은 언어학
등등의 경험을 통해 전달된다"고 한 뒤 "실천신학은 설교하고, 교육하고,
예배하고, 이야기를 추구하고, 발견하며, 배우고, 실천하기 위하여 연구한
다"고 말하고 있다.4) 그의 진술은 실천신학의 이해를 돕는 몇 가지 중요한
의미들을 전달해 주고 있다. 첫째는, 실천신학이 이론 신학과는 구별되는
--분리될 수 있는 것은 아닌--영역이라는 사실이다. 둘째는, 실천신학이
복음적 메시지를 세상에 전달하기 위해 이론 신학들보다 더 인접 학문들과
의 교류 연구의 가능성을 많이 보여 주고 있다는 것이다. 셋째는, 실천신
학이 신학의 실용을 위한 연구에 관여됨을 보여 주고 있다.

Barth와 동일한 신학적 입장에 섰던 Eduard Thurneysen도 그의 저
서 *Die Lehre von der Seelsorge*에서 실천신학이란 하나님의 말씀을 전
달하는 것과 관계된다는 일반적인 이해 아래, 설교와 여러 가지 교회에서
수행되는 부수적인 행위들이 실천신학의 대상임을 밝히고 있다.5) Barth

---

3 Alastair V. Campbell, 「실천신학은 가능한가?」, 이기춘 역 (서울: 대한기독교출
판사, 1986), 239.
4 Duncan B. Forrester, "Practical Theology: Yesterday, Today, Tomorrow,"
"실천신학의 어제와 오늘 그리고 내일," 황영훈 역, 「신학이해」 제15권 (1997. 9):
412.

와 Thurneysen 모두 실천신학이 신학적인 것을 근본으로 하는 학문이면
서 필요하다면 적절한 범위 안에서 인접 학문을 도구적으로 사용할 수 있
음을 보여 주고 있다.

다른 학문과의 교류적인 연구(interdisciplinary study)에 보다 적극
성을 보였던 Seward Hiltner는 그의 저서인 *Preface to Pastoral
Theology*에서 목회신학을 다루고는 있지만, 포괄적으로 실천신학이라는
범주를 다루고 있다고 볼 수 있는데, 그의 정의는 "목회신학(혹은 실천신
학)이라는 것은 목양의 관점에서 교회나 목사의 모든 활동과 기능을 보며,
거기서 한 신학적인 결론을 내리는, 신학적 지식이나 연구의 한 가지(枝)"
라고 말하고 있다.[6]

그 외에도 Werner Jetter는 "실천신학은 하나의 학문이라기 보다는 오
히려 교회를 위한 봉사의 계획이고 또 그것을 위한 제 1단계 훈련"이라고
보았다. Gerhard Krause는 교회의 "행동학"으로 보고 Otto Haendler
는 현대 교회의 구조 신학으로 보았다.

그러나 실천신학의 범위는 논자에 따라서 좀더 넓게 이해하기도 한다.
즉, 한편에서는 실천신학을 "교회의 실제적인 집행"으로 이해하는가 하면
"하나님의 보내심에 참여하는 교회에 대한 학문"을 그 대상으로 규정하는
입장도 있다. 그래서 사역을 위한 관심은 물론 사회적인 실천에 대해서도
폭넓은 관심을 실천신학이 다루어야 될 것을 표명한다.[7] Rudolf Bohren
은 "실천신학은 선교학이나 에큐메닉스와 마찬가지로 교회의 실제적인 모
임과 보냄받음을 다루는 학문이므로 교회를 향한 그리고 교회를 통한 성령
과 말씀의 역사를 그 대상으로 삼는다"고 전제하고 "실천신학은 하나님의

---

5 Eduard Thruneysen, *Die Lehre von der Seelsorge*, 「목회학원론」, 박근원 역
   (서울: 성서교재간행사, 1979), 8-9.
6 Hiltner, 「목회신학원론」, 21.
7 Forrester, "실천신학의 어제와 오늘 그리고 내일," 413.

선교에 대한 교회의 참여를 다루는 학문이며 현재의 교회를 다루는 것"이
라고 했다. 다시 말하면, 실천신학의 대상과 폭을 넓혀 사회적 실천의 영
역까지 나아간 것이다.8)

　이점에 관해서 본장은 신학이 또는 교회가 사회의 문제에 대한 해답을
제시해야 하며, 교회의 봉사가 세상의 전 영역에 미친다는 입장도 긍정하
는 바이지만, 사회적인 실천의 범주를 실천신학에서 포괄할 경우 교회의
목회적 현장에서 발생하는 독특하고 구분된 프락시스를 심도있게 탐구하
는데 어려움이 있다는 점에서 양자는 구분된 영역으로 보아야 할 것으로
전제하고 있다. 이러한 기준에 따라서 보면 앞서의 과목들 외에도 선교학,
교회성장학, 교회행정학 등이 여기에 부가될 수 있을 것이다.9)

　이러한 여러 견해들을 종합해 볼 때, 실천신학이란 성서, 교의, 역사신
학 등의 이론적 규명을 통해 복음적 메시지를 교회와 세상의 현실에 적용
하는 과정에서 필요한 목회적 기술에 대한 연구일 뿐만 아니라 실제적인
적용의 경험을 통해서 독자적인 가치 평가적 기능을 가지고 수행하는 연구
라고 볼 수 있다.

II. 실천신학의 학문적 위치

A. 테오리아(Theoria)와 프락시스(Praxis)

　실천신학이 지니는 실천적 과학으로서의 학문적 가치를 재평가하기
위해서 우리는 고대 그리스의 이론(theoria)과 행동(praxis)의 이원론
에 대한 두 전통인 플라톤적 전통과 아리스토텔레스적 전통을 살펴볼 필요

---

8 정성구, 「실천신학개론」 (서울: 총신대학교출판부, 1980), 24-27에서 재인용.
9 Abraham Kuyper에 의한 실천신학의 범위를 보면, 1. 교육적 과목에는 1) 설교학
　2) 교리문답 3) 예배학 4) 전도 및 선교학이 있으며, 2. 다스림의 과목에는 1) 목회학
　2) 교회법 및 교회행정학이 있고, 3. 봉사적 과목에는 1) 구제 2) 교제 3) 봉사, 그리
　고 4. 평신도신학 등등으로 보았다; Ibid., 27-28.

가 있다.

먼저 플라톤에게 있어서 묵상적(이론적) 삶은 순수한 생각만을 가지고 이론에 전념하는 삶이며 이에 대한 철학자들의 과제는 묵상을 통하여 발견한 이론에 따라 실천, 즉 행동이 만들어져야 한다는 것이다. 그러므로 행동 그 자체는 진리를 구성하는 요소가 되지 못한다는 것이다. 모든 행동들 특히 보잘 것 없고 기술적이고도 기계적인 활동은 사회를 위하여 필요한 것이지 이론과는 아무런 상관이 없는 것으로서 그 가치가 평가절하되었다. 이론이 우위의 개념으로 나타나고 있다.10)

반면에 아리스토텔레스는 인지의 종류를 세 가지로 구분하였다. 즉, 테오리아(theoria), 프락시스(praxis), 포이에시스(poiesis)이다. 테오리아는 궁극적 진리를 향한 사색적, 성찰적 추구를 나타낸다. 프락시스는 거의 모든 종류에 걸친 의도적 노력을 의미하거나 또는 보다 협의의 의미로서 "합리성과 목적성을 가진 인간의 행동"을 가리킨다. 따라서 프락시스는 어떤 특정한 활동에 있어서 이론적 성찰이 있음과 동시에 실천적 참여를 포함하는 개념이다. 이처럼, 프락시스가 "성찰적 행동"이라면 포이에시스는 "숙달된 작업"(skilled making)을 의미한다. 즉, 프락시스는 포이에시스와 같이 한 번의 행위가 그 자체로 달성되어 종결되는 지식이 아니라, 이후 지속적 행위 속에서 성찰과 행동의 변증법적 반복을 통해서 "실천적 지식"이 순환적으로 증가를 이루게 되는 개념이다.

아리스토텔레스가 테오리아, 프락시스, 포이에시스를 유기적 관계로 이해한데 반해 이후의 신플라톤주의자(neo-platonist)들은 오로지 테오리아와 프락시스 두 개념만을 존속시킨후 그것도 두 개념을 철저히 이원화하여 전자는 이론, 후자는 실천을 의미하는 분리된 개념으로 발전시켰다.11)

---

10 Forrester, "실천신학의 어제와 오늘 그리고 내일," 409.
11 Thomas Groom, *Christian Religious Education* (San Francisco: Harper &

그러나 이러한 왜곡되고 이분화된 개념은 통합되어져야 한다. 즉, 이 가운데 프락시스라는 말은 이분법적으로 이론과 실천으로 나눈 것 중에서 실천을 의미하는 것이 아니라 이론과 실천이 유기적으로 통일된 개념인 것이다.

이러한 이해를 가지고 신학의 본질적 특성을 밝히자면 신학은 프락시스적이라고 말할 수 있다. 더 나아가서 실천신학은 곧 프락시스의 학문인 것이다. 실천신학을 프락시스의 학문으로 볼 때 이러한 관점은 우리에게 다음의 몇 가지를 시사해 준다. 첫째는, 실천신학의 추구해야할 지향성을 보게 된다. 진리를 알고 구현하는 데는 단순한 이론적 앎만 가지고는 안 된다. 거기에는 실천이 있어야 한다. 또 이론과 실천은 서로 깊이 유기적으로 연결되어 있다. 성찰이 없는 실천은 그 자체가 무가치하다. 둘째는, 이론과 실천 그 어느 것도 다른 것에 대해서 우위 또는 열등에 설 수 없다. 이 둘은 서로가 동등한 위상과 중요성을 갖는다. 셋째는, 그러므로 실천신학은 성찰과 실천의 유기적 관계로 이루어져야 한다는 것을 보면서 학문적인 분야로서 독자적 위치를 정당히 부여받게 된다는 것이다. 이러한 견해는 복음주의적 신학의 입장에서 볼 때에도 실천신학이 지녀야 하는 지향성을 제시할 뿐만 아니라 이론적인 신학과 실천신학은 각각 서로에 대해서 우위에 있지 아니하고 둘 사이에 유기적으로 통합되어질 때 학문적으로도 가치가 있음을 보여 준다.

신학의 실천 혹은 실제적 적용의 노력은 신학이 끊임없이 염두에 두고 추구해야 되는 과제이다. 신학은 복음의 메시지가 오늘의 우리의 삶의 여러 측면에 구체적으로 옮겨 뿌리 내리는 일에 기여해야 한다. 만일 신학이 실천과 적용에 무관심하고 이론에만 안주하게 된다면 그것은 공허한 것이 되고 말 것이다. 신학 자체가 실천적 과학이라는 사실은 기독교 신학의

Row, 1980), 152-57; 이규민, "실천신학 방법론 정립을 위한 비판적 연구," 「계명신학」 제11권 (1996. 12): 123-27에서 재인용.

초기부터 그 안에 내재되어 있었던 개념이었다. 성서의 메시지는 듣고 아는 것에서 끝나도 좋을 것이 아니라 그것을 실행에 옮기고 실천하는 것이 더 중요하였다(마 7:21; 요 14:15, 21; 약 2:14). 아는 것(이론적 측면)에서 더 나아가 행하고 지키는 것(실천적 측면)으로의 확대가 통전적으로 결합되어져 있었던 것이다.

이러한 당위성에도 불구하고 현실적으로 신학의 주된 관심은 성서, 교의(敎義), 역사 등이 주가 된 이론적인 신학 영역에 머물러 있었던 것이 역사적인 사실이었다. 다시 말해서 기독교 신학의 내재적 특성상 실천 및 실용에의 관심이 중요함에도 불구하고 실천신학의 학문적인 체계화는 그리 오랜 역사를 갖지 못했던 것이다. 실천신학이 신학의 한 분야로서의 정체성과 독자성을 지니게 된 것은 현대 신학의 출현과 거의 때를 같이한 시기였다. 이는 현대 신학의 출현 이전의 신학적 태도가 이론 신학의 범주에 충실하여 인간의 실존이나 상황에 대한 관심보다는 이론적이고 대외적인 변증을 위한 기독교의 정체에 대한 본질 규명에 집중하였었기 때문으로 볼수 있다. 18세기에 현대 신학의 아버지라고 불리우는 Schleiermacher가 신학을 "실증적인 과학(positive science)으로 이해하고 세분화하여 3구분, 4구분의 전문분야로 나누면서 오늘날 우리가 말하는 실천신학이 이론 신학과 더불어 나란히 신학 분야의 한 영역으로 자리를 차지하게 된 것이다.12) 이러한 세분화로 인해 나름의 영역을 갖게 된 것은 사실이지만, 그럼에도 불구하고 이후에도 여전히 흔히 다른 신학, 소위 이론 신학이 정립해 놓은 것들을 현장에 단순히 적용시키는 기능적 역할을 수행하는 정도의 "응용 신학"(applied theology)의 수준을 벗어나지 못했다. 실천신학이 지니는 중요성에 비해 신학 교육의 현장에서 종종 실천신학은 학문

---

12 Edward Farley, *Theologia: The Fragmentation and Unity of Theologial Education* (Philadelphia: Fortress Press, 1983), 73-124.

으로서라기 보다는 일종의 목회 기술, 또는 목회 방법론에 그쳤던 감이 없지 않았다. 그래서 이 과목은 목사가 목회에 필요한 기술적 훈련으로, 교구 내에서의 목사의 활동과 대부분 관련되어 있기 때문에 결과적으로 실제의 목회적 활동에만 초점이 맞추어졌고 비판적인 신학적 성찰이나 신학적 체계화에 빈약했던 것이 사실이다. 실천신학이 교회의 유지와 완성의 기술로서 목사의 직무 수행이나 목회 기능을 중심으로 이루어졌던 것이다.13)

그러나 실천신학은 단순히 사실에 대한 설명적인(descriptive) 학문일 뿐만 아니라 규범적(normative) 성격을 띤 학문이어야 한다. 다른 표현으로 말하자면, 직설법일 뿐만 아니라 명령법이기도 하다. 어떠한 것에 대한 가치 중립적인 수용과 답습이 아닌 "어떻게 되어져야 할 것인가"에로의 적극적이고 규범적인 제시가 있어야 한다는 것이다. 학문으로서 실천신학은 사실(fact)에서 가치(value)로, 그리고 분석(analysis)에서 평가(evaluation)로 나아가는 것이 중요한 것이다.14) 이론 신학의 무비판적이고 맹목적인 적용이 아닌, 실천을 지도하고 이끄는, 다른 이론 신학에도 실천적 경험을 통해서 영향을 주는 위치이어야 할 것이다.

B. 실천신학의 학문적 위치

실천신학이 학문 이전의 사실상의 출현은 기독교 초기부터였다. 교회는 성서 시대부터 교회 생활의 특징을 나타내는 다양한 활동들을 할 뿐 아니라, 이런 활동들을 포괄하는 선교, 교인들의 교화, 공식 예배의 집행, 가난하고 궁핍한 자들을 돌보는 일들을 행하였다. 예를 들어 예수님의 승천

---

13 Edward Farley, "목사의 패러다임을 넘어서는 신학과 실천," 「실천신학」, 이기춘 역 (서울: 대한기독교출판사, 1968), 39-48.
14 Forrester, "실천신학의 어제와 오늘 그리고 내일," 420.

직후 제자들은 복음을 통한 구령을 위해 설교하기 시작하였다.(행 2:14-
36). 이렇게 해서 얻은 신자들은 세례를 받았으며(행 2:41), 사도들의 가
르침 아래에서 교제하고 성만찬을 행하였다(행 2:42). 이와 같은 일들이
다른 곳에서도 시행되었다(롬 6:3; 고전 11:20-29; 12:13, 28; 갈
3:27). 또 이방 지역의 신자들에게 특수한 삶의 규범 등이 가르쳐지고(행
15:20), 병자에 대한 특별 의식(약 5:14-15) 및 안수식(행 6:6; 13:3;
딤전 4:14; 5:22) 등이 시행되어졌다. 그러므로 여기에는 필연적으로 이
러한 시행을 위한 지침이나 규율들, 다시 말해서 실천신학적인 가르침이 있
었을 것이다. 성서 혹은 그 이후 시대의 문서인 *Didache* (AD 60-140)[15]
에는 교리적인 부분과 예전(liturgy)에 관한 부분을 담고 있었는데, 그
내용을 보면 세례, 금식, 기도, 성만찬, 교회의 조직, 가정 집회 등등이
기록이 되어있어서 실천신학적 가르침들을 상세히 보고하고 있다.[16] 그
외에도 중세시대에는 Chrisostom의 *De Sacerdotio*, Augustine의 *De
Doctrina Christiana*, Ambrose의 *De Officiis*, 그리고 Gregory에
의한 *Regular Pastoralis* 등이 교회의 실천적인 영역들에 대한 일정한
가르침의 내용을 보여 주고 있다. 중세의 신학은 오늘날 교회법과 예배학
에 가장 큰 관심을 기울였다. 또 사실상의 실천신학의 존재는 종교 개혁
시대에도 마찬가지였다. 종교 개혁자들 가운데 Zwingli에 의한 *Hirt*
(1525), Martin Bucer에 의한 *De Cura Animarum*(1538, 영혼의 돌
봄, 즉 목회) 등은 대표적인 경우였다.[17]

---

15 J. P. Audet은 이 문서의 연대를 AD 60년 경으로 끌어올린다. Cf. R. C. D. Jasper
　and G. J. Cuming, *Prayers of the Eucharist* (Collegeville, MN: The
　Liturgical Press, 1980), 20.
16 Adalbert Hamman, *How to Read the Church Fathers* (New York: Cross-
　road Publishing Company, 1993), 3.
17 *The Christian Encyclopedia*, 「기독교대백과사전」 제10권, 이기문 외 편 (서울:

그러나 실천신학이 이론 신학과 방법론적으로 두드러지고 학문적인 논의를 심화하기 시작한 것은 아마도 20세기에 들어서면서라고 볼 수 있을 것이다. Willam A. Clebsch와 Charles R. Jaeckle에 의하면, 역사적으로 교회는 여러 가지 다양한 측면의 목회 방식을 구사하여 왔지만 특정 시기에는 특정의 목회적 강조점이 있어 왔다고 전제하고 계몽주의 이후의 지난 수세기 동안의 목회적인 특징은 새롭게 확산되어 가는 계몽적, 합리적 사고 등으로 인해 교회의 의식이나 성례전 등이 의문에 붙여지기 시작했다고 한다. 더불어서 사람들은 인격적 성취나 개인적인 복리를 위해 그간 배타적으로 따랐던 교회적인 지도에 대해서 의문시하고 영혼의 치료(healing), 보존(sustaining), 지도(guidance), 화해(reconciliaton)를 위해 그밖의 다른 곳을 찾게 되었다고 통찰했다.[18] 이와 더불어 특히 20세기의 목회상의 중요한 변화도 교회라는 공동체 안에서, 목회자를 통해서, 예전(혹은 예배)을 통해 목회적 도움을 받기 보다는 개인적이고 세속의 물리 치료에 영향받은 심리 치료적인 기술 등에 의존하게 되었다는 것이다.[19]

이러한 운동은 특히 필요하다면 목회에 세속 과학적인 학문들을 도입하여 사용하여야 한다는 인식들을 확산시켰고, 1905년 학문적 입장에서 심리학 또는 심리 치료를 목회에 적용하려 시도했던 임마누엘 운동(Emmanuel Movement)에서 그 경향의 일단을 보게 된다.[20] 1920년대에는 목회와

기독교문사, 1983), 624.

18 William A. Clebsch and Charles R. Jaeckle, *Pastoral Care in Historical Perspective* (Englewood Cliffs, NJ: Prentice-Hall, 1964), 34-66.

19 William H. Willimon, *Worship As Pastoral Care* (Nashville: Abingdon Press, 1979), 36.

20 Brooks Holifield, *A History of Pastoral Care in America* (Nashville: Abingdon Press, 1983), 201.

심리학과의 방법론적인 긴밀한 연계 및 목회적인 돌봄에 대한 의학적인
모델을 채용하려는 노력들이 활발히 진행되었다. 여기의 중심 인물이 바
로 Anton T. Boison이었는데, 그에 의해서 시작된 C.P.E.(Clinical
Pastoral Education)는 50년대에는 대부분의 신학교에서 교과목으로
개설이 되기도 하였다.21)

물론 이에 대한 반대의 입장도 만만치 않은 것이 사실이다. 이러한 경향
에 반대하여 보수주의적인 경향에 섰던 학자들이 목회와 세속적인 치료
방법에 대해 전면 거부하고 일방적일 정도로 성경적인 입장으로의 복귀를
주장하기도 하였다. 이같은 입장을 대표하는 학자로는 Jay E. Adams를
들 수 있다. 그는 70년대에 그의 저서, *Competent to Counsel*과 *The
Christian Counselor's Manual*에서 그에 앞서서 있던 세속적 학문 분
야들을 목회에 적극적으로 차용하는 일에 대해 비판하고 그 이론적인 입장
들을 제시했다.22) 결과적으로 이런 다양한 방법론적인 논의들은 실천신
학이 차지하는 신학상의 학문적 영역의 위치를 부각시켰을 뿐만 아니라
다양한 방법론들이 정립되는 계기가 되었다.

이어 1980년대에 들어오면서도 실천신학 이론 및 방법론에 관한 연구
가 새로운 활기를 띠기 시작하고 여러 학자들이 실천신학의 독특한 방법론
및 역사에 대한 연구를 전개하였으며, 이러한 노력의 결과 실천신학자들
은 실천신학적 방법론을 통해 다른 신학, 소위 이론 신학으로 평가되던 분
야들에 대해 건설적 도전과 공헌을 하게 되었다. 즉, 신학의 각 분야들이
인문 과학이라 불리는 신학 외의 다른 학문들과의 교류도 활발히 한 것이
다. 1993년 미국에서 열린 세계 실천신학 학회(International Academy

21 Willimon, *Worship As Pastoral Care*, 37.
22 Cf. Jay E. Adams, *Competent to Counsel* (Grand Rapids: Baker, 1970);
   The Christian Counselor's Manual (Grand Rapids: Baker, 1973)

of Practical Theology) 창립 총회에는 50여 명에 이르는 세계의 실천신
학자들이 모여 실천신학의 학문적 성격과 방향에 대해 논의하게 되었다.
곧이어 1995년에는 스위스 베른에서 2차 총회가 개최되었고, 1997년 3
차 총회 개최지는 한국으로 선정되기에 이르게 된 것을 보면 실천신학의
학문적 위치의 중요성을 반영하는 한 예라 할 것이다.23)

　　학문적인 영역에서의 활발한 연구 활동도 그렇지만 오늘날의 목회적 상
황에서 실천신학이 차지하는 위치는 더욱 확고해지고 있다. 다원적 상황
이 하루가 달리 얼굴을 바꾸어 도전하는 현실 앞에서 신학의 현장 적용의
문제는 훨씬 복잡하고 예측 불허이며 기민성을 요구하기도 한다. 실제 교
회의 성장의 측면만 보더라도 시대가 표출하는 독특한 시대성, 문화, 그리
고 병리 등에 대해서 교회가 적극적으로 간파하고 대처하지 않으면 사람들
의 관심을 이끌어낼 수가 없게 되는 것이다. 미국과 같은 지역의 교회들은
우리 나라와 마찬가지로 국가의 지원없이 설립되고 유지, 성장해야 하기
때문에 목회도 일면 냉정한 경쟁주의 질서가 상식화되어 있는 현실이다.
그렇기 때문에 목회자의 목회 방법과 노력 등이 한층 더 높이 요구되고
있는 실정이다. 이것은 그들의 삶과 학문에 깊이 깔려 있는 자본주의 내지
는 실용주의적 가치관과 자유 경쟁적 사회 구조와 무관하지 않기 때문이다.
이것은 달리 표현하면 이러한 상황에 부응하여 실천신학이 해야 할 일은
더욱 많아졌다는 것이다. 그러한 상황으로 인해 자연히 실천신학은 신학교
의 교과 과정에서 중요한 위치를 차지하고 있고 거의 모든 신학교에서 상담
학, 심리학, 정신건강학 등의 과목을 개설하여 운영하고 있는 실정이다.

Ⅲ. 실천신학의 방법론

　　방법론이라는 것은 특정의 세계를 보고, 이해하며, 판단하는 틀이라고

---

23 이규민, "실천신학 방법론 정립을 위한 비판적 연구," 116-17.

할 수 있다. 그렇기 때문에 어떠한 방법론을 사용하느냐에 따라서 같은 세계, 같은 자료를 본다고 하여도 다른 입장과 견해를 가질 수가 있다. 예를 들어, 신학과 인문학은 같은 대상을 놓고 연구함에 있어서도 그 방법론에 있어서 큰 차이를 갖는다. 신학은 하나님의 존재를 인정하는 전제를 갖고 출발하는 반면, 인문학은 하나님의 존재에 대한 인정에서 출발하는 것은 아니다. 그렇기 때문에 동일한 대상에 대해서도 경우에 따라서는 매우 상이한 이해를 갖게 되는 것이다.

실천신학의 방법론을 이해함에도 마찬가지이다. 학문의 소재가 되는 성경, 교회, 세속의 자료 등에 대해서 어떻게 보고, 또 어떤 견해를 갖고 사용하느냐에 따라서 방법론은 차이를 보일 수 있다. 실천신학의 방법론에 변수로 작용할 수 있는 것은 상황, 이성, 전통, 경험 등이 열거될 수 있을 것인데, 이들 자료들의 사용 정도에 따라 극단의 것은 성경과 신학의 기초에서 이탈하여 실험적인 방법과 그 자료들에 지나치게 비중을 두고 거기에 정당성을 부여함으로써 오류를 보이는가 하면, 또 다른 극단은 초월적인 성경의 메시지에만 관심이 있어 정작 그것이 적용되어질 시대와 상황에 대해서는 무시하여 결과적으로 현실과 유리되어 있는 경우가 있다. 실천신학은 실용적, 현실 적용적 특성이 있기 때문에, 예를 들어, 심리학이나, 행동 과학, 혹은 정신 분석 요법 등의 세속의 방법이나 기술 등과의 융합 문제 등이 방법론의 차이를 만드는 요인이 되기도 한다.

올바른 방법론을 따라서 실천신학의 연구 방향을 잡는 것은 그 어떤 것보다 더 중요한 일이 아닐 수 없다. 이제 여기서는 몇몇 실천신학의 방법론을 제시하면서 유념하기를 바라는 것은 방법론상 서로 다른 범주에 속하였다고 해서 흑백식으로 옳고 그름을 가르기에는 사실상 서로 적지않은 공동 기반들을 가지고 있는 경우가 허다하다. 다만 각각의 방법론에 대한 비판적인 접근을 통해서 올바른 방법론에 대한 시각을 갖는 것이 중요하다고 본다.

A. Schleiermacher의 방법론―응용 신학적, 경험적 방법

실천신학의 방법론을 논함에 있어서 누구보다도 우선적으로 Schleier-macher(1768-1834)가 거론되어져야 할 것이다. 그에 대한 엇갈린 평가에도 불구하고 Schleiermacher는 현대 신학의 아버지라고 불리울 만큼 개신교회에 중요한 위치를 차지하고 있을 뿐만 아니라 그에 의해서 실천신학은 신학의 다른 분야와 더불어서 동등한 위치에 올려지고 독자적인 학문 영역을 인정받게 되었다.

그의 방법론의 첫 번째 특징은 실천신학을 응용 신학적인 범주로 보는 것이다. 그가 죽은 후 1850년에 출판된 「복음적 교회의 원칙에 따른 실천신학」에서 Schleiermacher는 철학적 신학, 역사신학, 실천신학을 분류하여 설명하고 이 세 영역이 상호 의존되어있을 뿐만 아니라 연속되어 있음을 말하고 있다. 당시의 목회 이론은 크게 설교학과 그 밖의 여러 가지 일들을 다 포괄하는 말로서의 목회학, 이 둘로 나뉘어져 있었다.24) 그런데 Schleiermacher의 구분에 의해서 이 세 분야는 신학을 이루는 기본적 분야로서 존속을 위해 상호 의존되어야 하는 동등하고 독립적인 분야로서 구분되었다. 철학적 신학은 기독교의 특수성을 대외적으로 변증하고 교리나 교회의 정체성을 확립하는 기능이라면, 역사신학은 현재에 나타난 과거의 영향이 무엇인가를 찾아보는 것이며, 실천신학은 이론이 아닌 실제적 적용을 다루는 것이다.25) 여기에서는 또 실천신학이 다루어야 할 영역을 구체적으로 명시하고 있다. 즉, 교회 운영과 유지, 이를 운영 및 진행하는 제 방법들, 이상과 현실 사이의 간격을 극복하는 방법들이 바로 실천

---

24 Hiltner, 「목회신학원론」, 56.
25 D. Browning, ed., 「실천신학」, 이기춘 역 (서울: 대한기독교서회, 1986), 42-62.

신학의 영역으로 제시되고 있다.

결국 Schleiermacher에 따르면, 실천신학은 교회의 지도자들을 위한 지적 훈련 등을 포함해서 교회의 유지, 운영 등을 다루는 분야이다. 그러나 Schleiermacher가 실천신학을 독립적인 학문 분야로서의 자리 매김을 하였다고는 하였지만, 실제로 응용 신학으로의 격하를 보여 주는 부분은 신학을 세 분야로 나누면서 행한 설명에서 발견된다. 그는 철학적 신학을 뿌리로, 역사신학을 몸으로 실천신학을 머리로 보았다. John E. Burkhart에 따르면, 이 비유는 수직적이며, 자라나는 나무의 통전적인 연계를 보여 주어 서로 의존 관계임을 시사한다. 그러나 결과적으로 이 설명은 Schleiermacher가 의도했든 안 했든 철학적 신학에서 출발하여 역사신학을 통과하여 실천신학에 이르는 수직적 순서를 내포한다는 것이다. 즉, 순수 과학에서 공학으로, 보편성에서 특수성으로, 이론적인 것에서 응용적인 것으로 나아가는 학문의 일반적 경향과 비슷하게 간접적으로나마 실천신학을 응용 신학적으로 격하시키고 있는 것이다.26)

그러나 실천신학은 이론 신학을 현장에 적용하는 것은 물론이거니와 스스로 신학적인 가치 판단을 통해서 독자적인 해석적 입장에 있음을 덧붙여야 할 것이다. 아무튼 Schleiermacher가 실천신학의 학문적 영역을 확보하고 그 방향을 제시했다는 점은 실천신학에 대한 이해가 거의 없었던 초창기로서는 큰 획을 그은 것임에 틀림이 없다. 흔히 성서, 교의, 역사신학만이 신학적 주제로 떠오르고 실천신학은 단지 이들의 응용을 위한 기술 정도의 경향에 대해 새롭게 다른 신학과 더불어 독자적이고도 동등한 위치을 부여한 것이다.

Schleiermacher의 신학적인 방법론의 또 다른 특징은 그의 신학이 인

---

26 John E. Burkhart, "신학에 대한 쉴라이엘마허의 전망," 「실천신학」, 이기춘 역 (서울: 대한기독교출판사, 1986), 50-51.

간의 경험에 바탕을 두고 있다는 점에 있어서 몇 가지 중요한 방법론적 특이성을 발견하게 된다. 이는 경험이 신학을 포함한 모든 성찰을 위한 원천과 권위를 제공한다는 가정을 담고 있다.27) 18세기 유럽 지성계를 지배한 세속적이며 과학적이며 낙관적인 세계관이 기독교에 대해 중대한 도전을 가해 오면서 Schleiermacher는 기독교 신앙의 활력을 회복하고 활기있는 신학의 미래를 모색하려는 일종의 해결책을 위한 주장을 편 것 이다.28)

그는 인간의 정신에 세 가지 기능이 있음을 전제하였다. 즉 아는 것 (knowing), 행동하는 것(doing), 느끼는 것(feeling)이 있는데, 이 가운데 감정은 지식이나 행위에 종속되는 것이 아니라 오히려 독자적이며 독특한 정신 기능인 동시에 보다 깊은 존재의 단계로 파악했다. 그래서 종교를 "무한자에 대한 감각과 맛" 또는 "우주에 대한 직관과 감정"으로 정의하고 종교의 본질을 "하나님에 대한 절대 의존 감정"으로 정의한 것이다. 이것은 당시 교의 신학적인 범주에 국한되어 있던 신학적 상황에서 보자면 큰 파격이 아닐 수 없었다. 신학 연구가 연역적 기조 위에서 이루어지던 것이 귀납적 방법으로 변한 것이었다. 종교를 연구하는 것이 종교인의 신앙과 예배의 대상인 하나님을 연구하는 것이 아니라 종교인 자신, 즉 그의 종교적인 감정의 기원과 발전을 연구하는 것이 되었다. 다시 말해서, 신조나 교의 또는 성경 본문이 아닌, 인간의 종교적 경험 혹은 기독교인의 자기 의식을 신학의 토대로 간주했다. 교리적인 신조 배후에 있는 살아 있는 경험으로 돌아감으로써 신학의 새로운 토대를 구축하려 한 것이다. 이럴 경우 신학의 과제는 기독교인의 생활에서 발견되는 종교적인 감정의 기술

27 Stanley J. Grenz & Roger E. Olson, *20th Century Theology* (Downers Grove, IL: InterVasity Press, 1992), 43-46.
28 목창균, 「현대신학논쟁」 (서울: 두란노, 1995), 46.

에 충실하는 것이다. 즉 신학은 사변학(speculative science)이 아닌 기술학(descriptive science)임을 보여 주고 있는 것이다.29)

실천신학 연구에서 경험적 방법론을 강조한 최근의 학자들로는 James N. Poling과 Donald E. Miller를 들 수 있을 것이다. 그들의 주장을 보면, 첫째, 경험이란 역사 속에서 인간 존재의 감정적, 신체적, 심적, 사회학적인 유기체적 행동이라는 것이다. 이러한 풍부한 경험이 신학적 논의의 반성을 위한, 타당성 검증을 위한 자료로 여겨질 수 있다는 것이다. 둘째는, 하나님은 구체적인 경험의 일부이며 따라서 신학은 경험적일 수 있다는 것이다. 그 이유는 하나님의 활동은 경험 내에서 지시될 수 있는 대상을 갖고 있기 때문이라는 것이다. 셋째는, 신학은 우리로 하여금 하나님의 활동에 민감하게 만들기 위해 계획된, 경험에 대한 훈련된 반성의 형태이며, 이는 우리가 우리들의 결정들을 하나님의 행동들 및 목적들과 조화시킬 수 있도록 하기 위한 것이라 말한다. 마지막으로, 신학을 포함한 모든 추상화(사변성)들은 임시적이며 계속적으로 경험의 깊이를 통하여 검증되어져야 한다고 한다. 경험은 그 진실과 깊이를 계속적으로 우리에게 제시한다는 확신을 말하고 있다.30) 실천신학을 함에 있어서 인간의 경험과 기독교와의 상관을 전제하고 있다고는 하지만 경험적 방법론에 대해 우위적인 신뢰를 두고 있음이 드러나고 있다. 경험적 방법론에 의한 실천신학의 전개가 실천신학의 현장에 대한 인식을 각별히 부각시킨다는 점에 있어서 나름의 의미가 있다. 그러나 그것이 계시적인 측면을 압도하는 듯한 인상을 가지고 설득을 구할 때 자칫 실천신학의 정체성을 잃게 될 우려

---

29 Ibid., 46-47.
30 James N. Poling and Donald E. Miller, *Foundations for a Practical Theology of Ministry*, 「교역실천론」, 박은원 역 (서울: 대한기독교출판사, 1987), 58-59.

가 있다.

Schleiermacher가 제시한 신학적 방법론은 당시의 신학적인 풍토에 새로운 활기와 관심을 불어넣었음에도 불구하고 그의 방법론상의 오류는 지적되어져야 할 것이다. 그는 성경, 신조 및 교리를 신학의 토대로 삼는 전통적인 신학과 달리, 인간의 종교적인 경험과 현실 상황을 신학의 기본 자료로 삼았다는 점에서 계시에 대한 연구에서 인간의 종교적인 의식에의 연구로 전락시켰다는 점이 바로 그것이다.[31] 또한 Poling과 Miller의 실천신학에 있어서의 경험적 방법론에 대해 우위를 두는 듯한 인상은 자칫 강력한 추진력을 가진 차량이 방향을 잃은 채 마구 달려갈 때 상상할 수 있는 위험처럼, 신학적인 정체를 잃은 신비적 경향마저도 허용하게 될 수 있으며 올바른 신학적인 정립을 저해할 수 있게 되는 것이다.

B. Thruneysen의 방법론—인접 학문의 보조적 사용

이러한 방법론을 대표하고 있는 신학자는 스위스의 Thurneysen(1888-1974)을 들 수 있다. 그는 신정통주의적 입장에 서서 심리학 등을 보조 학문으로 받아들이려는 입장을 보여 주었다. "고전 목회학의 아버지"라고 불리웠던 Thurneysen은 스위스의 바젤대학에서 오랫동안 봉직하였고 같은 대학에서 Barth는 조직신학, 그는 실천신학 교수로서 같은 입장에 서있던 동료들이었다. 그의 주요 두 저서인 「목회학 원론」(Die Lehre von der Seelsorge)[32]과 「목회학 실천론」(Seelsorge im Vollzug)[33]은 우리에게도 잘 알려져 있다.

Barth와 더불어 신정통주의적 입장에 서 있었던 Thurneysen은 목회

---

31 목창균, 「현대신학논쟁」, 56.
32 Edward Thruneysen, *Die Lehre von der Seelsorge* (Evang, Verlag, Zurich, 1949).
33 Edward Thruneysen, *Seelsorge in Vollzug* (Evang, Verlag, Zurich, 1968).

는 교회 중심적이며, 이는 하나님의 말씀에서 나오게 되어 있다는 점을
강조한다. Thurneysen의 설교에 대한 강조는 두드러진 모습을 보여 준
다. 그의 목회에 대한 견해가 분명히 교회 중심적이기는 하지만 그것의
궁극적인 정의는 하나님의 말씀으로부터 나온다는 것이다. 목회는 회중을
향한 설교 속에서 일반적으로 선포된 메시지를 개인과 나누는 특별한 대화
에 관심을 갖는다. 선포되는 메시지는 복음의 핵심인 용서의 메시지이다.
정통주의 신학자답게 그는 규범적인 개념으로서의 하나님의 말씀은 신자
들과의 대화에서 여러 가지로 나타나지만 그러나 결과적으로 모든 것은 성
서와 전통 속에서 증거된 대로 하나님의 말씀에 의존되어 있다고 본다.34)

　실천신학이 하나님의 말씀을 전달하는 것과 관련된다는 생각과 더불어
Barth와 Thurneysen은 실천신학도 다른 신학과 마찬가지로 복음의 선
포에 강조를 두어야 한다는 견해 아래 신학적인 토대 위에서 인접 학문들
을 적절히 사용할 수 있다는 입장을 보였다. 동시에 실천신학의 범위를
교회적 학문, 교회를 섬기는데 전적으로 활용하는 학문 분야로 보았다.35)
Thurneysen은 실천신학 방법론을 그의 책,「목회학 원론」(1949)에서
뚜렷이 제시하고 있다. 구체적으로 살펴보면, 이 책의 제 1부에서는 "목회
의 기초 이론"을 다루면서 목회, 설교학, 성례전, 기도, 예배학, 기독교 교
육 등을 소개한다. 그는 목회가 교회에 주어진 하나님의 말씀에 바탕을
두어야 한다고 주장한다. 또한 목회는 개인들을 설교와 성례전으로 이끌
어 주고 교회의 한 지체가 되게 하며, 교회 안에서의 삶을 보존시켜 주는
수단으로 보았다. 인간의 성화와 회개도 말씀으로만 이루어낼 수 있다고
역설한다. 그리스도의 계시 밖에서는 인간의 역사에 대해 올바로 이해할
수 없음과 말씀의 절대 권위를 강조한 것이다.36)

34 Campbell,「실천신학은 가능한가?」, 242.
35 Forrester, "실천신학의 어제와 오늘 그리고 내일," 412.

제 2부에서 "목회의 본질과 형태"라는 제목을 다루면서 목회가 하나님
의 말씀에서 나와 그 말씀이 교회에서 선포되기까지의 모든 대화 형태로
이루어진다고 본다. 그리고 이 목회 대화는 철두철미 하나님의 말씀을 통
하여 서로 멀어지고 갈라진 인간들이 진정한 만남을 맛보는 현실을 가져온
다고 한다. 인간적인 대화가 우리를 결합시켜주기는커녕 우리의 반감과
단절을 북돋아 주지만 이 대화는 찢겨지고 단절된 우리의 언어 속에 하나
님의 말씀이 새롭게 들려져 단절과 대립 속에 말려든 대화의 쌍방간에 참
된 친교와 자기 자신과의 만남이 이루어진다는 것이다. 그러므로 이 목회
대화는 세속적인 대화와는 달리 교회라는 영역 안에서 이루어지며, 교회
안에서만 생각할 수 있는 것이다. 이러한 교회적인 대화는 결국 말씀과
성례전을 배경으로 하는 것임을 밝히고 있다.37) 이상의 진술들을 통해서
보면 그의 방법론이 마치 인접 학문, 특히 심리학이나 정신 요법에 대해서
무조건적이고 흑백론적인 입장에 선 것처럼 보이지만 사실은 그렇지 않다.

특히 그는 2부 10장에서 복음주의적인 목회와 심리학 특히 정신치료법
과의 관계에서 심리학과 정신 치료법을 보조 학문으로서의 역할이 있음을
주장함으로써 그의 방법론을 드러낸다. 비록 그가 Sigmund Freud
(1856-1939)나 Carl Jung(1875-1961) 등의 견해를 통해서 목회 대화
의 대상인 인간 이해를 하고 있기는 하지만 심리학 등의 인접 학문이 잘못
사용될 위험성도 지적함을 잊지 않는다. 엄밀히 말해서 Thurneysen이
인간을 분석하고 이해하는 부분에 있어서 보조 학문에 대해 수용적이기는
하지만, 그것의 치료 기능마저도 보조 학문에 의존하려는 것은 아니다. 우
리가 하나님의 신유를 인정하고 받아들이나 현대의 의학을 통한 인간 이해
및 치유 가능성을 거부하지 않는 것과 마찬가지다. 특히 그는 "심리학적

---

36 Thruneysen, 「목회학원론」, 7-84.
37 Ibid., 99-101.

정신 치료적 분석과 해명을 근본적으로 참고할 이유는 어디에 있는가?"
"하나님의 말씀을 전달하는데 있어서 목회가 심리학 이론과 정신 치료의
심리학 이론 활용에 대해서 알아야 한다는 이유가 무엇이냐?"고 질문하고
그 까닭을 다음과 같이 설명한다: 목회는 개인들에게 말씀을 선포하는 것
에 다름 아닌데 이 말씀이 제대로 전달되기 위해서는 가능한한 정확하고
방법론적이고 포괄적으로 그의 내면적인 정신 상태를 알고 전달하는 것이
중요하다는 것이다. 그렇지 않으면 전달하는 말씀이 목적을 달성치도 못
하고 쓸모없게 되어 버린다고 한다.[38] 만일 심리학과 정신 치료학 등이
존재하지 않는다면 심지어 말씀이 이런 방법들을 만들어 발전시켜야 할만
큼, 이들이 필요함을 역설한다. 나아가서 목회야말로 심리학을 매우 필요
한 보조 수단이며, 그런 점에서 진정한 목회자는 진정한 심리학자라고 덧
붙인다.[39] 여기서 우리는 그의 방법론의 일단을 확인하게 된다. 즉, 심리
학은 목회를 위한 보조 학문(Hilfswissenschaft)됨을 명시하고 있는 것
이다.

제 3부에서는 목회를 구체적으로 완성에 이르게 하는 문제들을 다룬다.
여기서 그는 "복음과 율법," "목회와 신앙의 결단," "목회와 죄의 고백" "목
회와 악령 추방," "목회자 자신의 문제"들을 다루고 있다. 또한 그는 현대
목회가 보다 세상의 모든 영역에까지 관심을 가져야 됨을 주장한다. 목회
가 개인의 구령뿐 아니라 이 세상의 모든 영역에까지 나아가되 하나님의
말씀을 가지고 나아가야 된다고 하였으나 한계를 지니고 있었다.[40] 즉,
비록 그가 삶 전체에 관심을 기울인듯한 면도 없지 않으나 전체적으로
Thurneysen의 방법론은 철저하게 교회 안에서, 교회적 영역의 일들에

38 Ibid., 173-75.
39 Ibid., 174-75.
40 Ibid., 221-99.

대한 관심에 집중하고 있음을 본다. 그래서 어떤 이들은 Thurneysen의 방법론에 대해서 이해할 때에 사회 과학이나 행동 과학에 규범적인 역할을 부여하려는 극단의 반대편에 서 있는 또 다른 극단으로 보는 견해도 있다. 즉, 교회의 순수성을 보존한다는 차원에서 교회의 세상을 향한 사회적 실천의 의무에 대해서는 강조하지 않는다는 비판적 견해이다.41) 그러나 Thurneysen이 실천신학의 관심 영역을 하나님이 말씀이 선포되는 목양적인 영역에 심도있게 충실한 점은 나름대로 큰 의의가 있다고 볼 수 있다. 그는 또한 현실의 인접 학문들에 대해 배타적인 거리를 두었던 여타의 다른 극단과는 달리 실천신학의 실천적 측면을 다룸에 있어서 그 방법상, 인간 이해를 위해 현대 심리학의 인간 이해를 보조적으로 수용하고 있다는 특징을 보여 주고 있다. 다시 말해서, 계시의 절대적 권위와 우위를 인정하면서도 동시에 그 계시의 구체화에 있어서 인접 학문이 제시하는 도구들을 보조적 학문으로 적극 수용하고 있다는 점이다. 그러나 Thurneysen의 방법론도 복음의 메시지가 세상 안에 적용되는 과정에서 말씀, 설교 등의 매우 국한된 교회 내적인 영역들에만 지나치게 강조를 둠으로써 실천신학의 연구 영역을 다양하게 제시하지 못했다는 흠을 가지고 있다. 실천신학은 목회에서 말씀의 힘과 권위가 구체화되기 위해 다양한 상황과 형편에 부응하는 채널들에 대한 고민을 필요로 하는 것이다.

C. Hiltner의 방법론—인접 학문들의 적극적 사용

오늘날 미국의 개신교회 안에서는 현대의 심리학, 행동 과학, 그리고 정신 의학의 학문적 방법을 목회에 적용하는 경향이 목회와 목회 상담 분야에서 활발히 나타났다.42) 인간의 문화를 긍정하고, 종교적인 체험을 중

---

41 Campbell, 「실천신학은 가능한가?」, 257.
42 Willimon, *Worship As Pastoral Care*, 37.

시하며 새로운 과학적 지식에 개방적인 연구 방법을 강조하여 심리학은
사람들의 생활 방식을 해석하는 원리로 널리 각광을 받았다. 예를 들어
기독교심리학회(Christian Association for Psychological Studies)
와 같은 단체들은 기독교의 한 측면과 심리학의 연구가 상호 작용과 상호
접촉(interface)을 통해서 통합의 가능성을 가지고 있음을 시사하면서
심리학을 통해서 교회가 세상에 복음을 전하는데 상당한 도움을 얻을 수
있을 것이라는 견해들을 가지고 다각적으로 연구하는 추세이다. 기독교의
심리학에 대한 반응이 다양하기도 하지만 객관적인 자료와 잘 정돈된 이론
을 토대로 하여 하나님께서 창조하신 가장 복잡한 피조물인 인간에 대한
이해의 폭을 넓힐 수 있으며 목회자들도 또한 이같은 심리학적 통찰의 도
움을 받아 목회라는 장에서 인간의 전반적인 욕구들을 효과적으로 다룰
수 있을 것이라고 믿고 있는 것이다.43)

이보다 앞서서 이같은 추세에 영향을 준 초창기의 심리학은 정신분석학
과 William James의 심리학, 2차 대전 후에는 Carl Rogers의 심리학
등이었다. 그러나 이러한 입장은 당시 기독교회와 신학에 심각한 도전이
었고, 그 결과 목회와 목회 상담 분야에서 적지않은 논쟁이 있었다. 이러
한 운동에서 논쟁이 된 것은 사용하는 신학과 심리학의 내용보다도 방법론
에 관한 것이었다. 그것은 신학과 심리학이라는 서로 다른 방법론과 전통
을 가지고 있는 학문 중에서 어느 것이 목회와 목회 상담에 더 중요한가라
는 질문이었다.44)

이와 같이 신학과 인접 학문의 통합 가능성을 추구하던 경향과 맥을 같

---

43 John Carter, B. Narramore, 「신학과 심리학의 통합과 갈등」, 전요섭 역 (서울:
　　하늘사다리, 1979), 11-21.
44 반신환, "대안적 실천신학—맥패그(Sallie McFague)의 은유적 신학(Metaphorical
　　Theology)을 중심으로," 「계명신학」 제11집 (1996. 12): 149-51.

이하여 방법론상 같은 입장에 섰던 학자로는 미국의 대표적인 실천 신학자 Hiltner를 들 수 있다.45) 그는 신학의 주제를 두 유형의 영역으로 구분할 것을 제안한다. 즉 "논리중심"의 분야와 "기능중심"의 분야로의 구분이다. 전자는 성서신학, 역사신학 및 교의신학을 포함하고 후자는 Hiltner가 새롭게 정의하는 바로서 세 가지 관점으로 세분된 목회자의 활동이다. 즉, 목양(shepherding), 대화(communication) 및 조직화(organizing) 이다. 이것이 결국은 실천신학의 영역이라고 볼 수 있는데, 목양은 성도를 돌보고 살피는 차원이며, 의사소통은 복음을 사람들의 마음에 전하는 차원이고 조직화는 신자들을 사회적 공동체로 만드는 차원이다.46)

이러한 두 구분의 전제 아래 Hiltner는 Thurneysen과는 달리 기능 중심(operation-centered)의 목회학을 전개하는데 그의 「목회신학서설」에서 잘 드러난다. 「목회신학원론」의 명칭을 통해서 받는 인상은 일반적으로 실천신학의 범주보다는 매우 제한된 범위를 연구 대상으로 삼고 있다는 느낌이 든다. 그러나 사실은 실천신학의 내용을 다루고 있을 뿐만 아니라 그의 실천신학적 방법론을 자세히 보여 주고 있다.

Hiltner는 C.P.E. 운동, 즉 임상목회교육의 선구자인 Boison의 영향을 크게 받아 "살아있는 인간 자료(living human documents)들을 중요한 실천신학의 연구 대상으로 삼으며, 이것을 그의 방법론의 전제로 삼았다. 또한 그는 Rogers 심리학의 영향을 받았고, 여기에 Freud의 정신분석 과학, 정신 의학, 임상 심리학 등에서 얻은 것들을 실천신학에 그대로 적용하였다.47) 즉, 인간의 경험을 실제적이고 구체적으로 신학적 문제

---

45 그의 신학적 입장을 풍부하게 다루는 저서들로는 *Ferment in the Ministry, Preface to Pastoral Theology, The Counselor in Counseling, Pastoral Counseling, Self-Understanding* 등과 그 외에 많은 논문이 있다.
46 Hiltner, 「목회신학원론」, 69-91.
47 Cf. Carl Rogers, *Client-centered Therapy* (Boston: Houghton-Mifflin,

와 연관지었다.

또 Hiltner는 치료 과학의 지혜를 이용하는 목사의 목양 활동을 경험적 자료로 신학화한 이론을 목회신학이라고 하고, 이는 "교회와 목사의 모든 활동과 기능 중에서 목양의 차원에 관한 신학적 지식과 탐구의 분야이며 그 목양적 차원에 관한 관찰들을 반성함으로써 얻는 신학적 결론들"이라고 정의한다. 그래서 그의 책은 상담의 기술, 상담록(verbatim)의 분석, 접근 방법 등에 대해 많은 부분을 차지하고 있다. 그리고 그는 목회신학의 내용으로 이전의 건강한 상태로 회복하는 치유, 회복될 수 없는 상태에서 더 이상 악화되지 않도록 하는 지탱, 그리고 올바른 선택을 하도록 돕는 인도를 제시한다.48)

Hiltner는 인간학 속에서 신학을 발전시키는, 실천신학에 있어서 연역적인 방법보다는 귀납적인 접근 방법을 사용하는데 관심을 가지고 있다. 목회에 현대적 경험과 통찰을 허용하고 상담적 상황에서 이러한 방법론을 사용하여 풀어나갔다. Hiltner는 실천신학적 질문에 대한 해답이 언제나 신학으로부터 나온다고 가정하는 것이 오류임을 지적하고 신학과 인접 학문은 쌍방 통행적이라고 판단한다. "문화에 의해서 제기된 문제에 대해 신앙이 해답을 가지고 있다고 주장할 수 있는 것과 마찬가지로 신학에 의해 제기된 문제에 대해서 문화가 해답을 제시할 수 있다고 말하는 것이 필요하게 되었다."49)

Thurneysen의 방법론이 실천신학을 확고하게 성서, 전통 및 복음의 선포라는 구조 속에서 찾고 있어서 실천신학은 성서신학과 역사신학에 종속적인 것이 될 수밖에 없다고 한다면, Hiltner의 방식은 인간학 속에서

1951); *On Becoming a Person* 등을 참조하라.
48 Hiltner, 「목회신학원론」, 117-232.
49 Campbell, 「실천신학은 가능한가?」, 242-43.

신학을 발전시키는 일에 큰 관심을 가지고 있다. 그래서 스스로의 과제에 대한 교회의 이해를 활성화시키기 위하여 일반적으로는 현대적 경험의 통찰을 허용하고 특수하게는 상담적 상황을 허용하는 방법으로 그의 실천신학은 심층 심리학 및 사회학적 이론 등을 사용한다.50) 그가 기도, 성서, 교리, 성례전 등 모든 종교적 자원은 상담에서 중요한 역할을 한다고 주장하지만 이들의 본래적인 목적보다는 단지 이들의 기능적인 면을 강조하는 면이 강하다. 예를 들면, 기도의 근본적인 의미는 하나님께 감사하고 고백하고 우리의 간구를 아뢰는 것이지만, 그는 이것이 기능상 스트레스와 긴장의 상황 안에서 나타나는 인간의 영적인 욕구를 채워줄 수 있는 것으로 본다. 즉 기도의 근본적인 출발점이 하나님에게 얘기하거나 듣는 것보다는 사람의 심리적 필요에 의해 이루어지는 것이라는 인상을 갖게 한다.

Hiltner의 방법론이 신학의 적용을 위해 현실의 상황을 충분히 이해하려고 노력하고 있다는 점은 인정할 수 있을 것이다. 그러나 규범성을 지닌 신학에 대한 우위성이 명확히 제시되지 않고 있으며 매우 모호하다는 점을 지적하지 않을 수 없다. 이러한 방법론에서 보이는 것처럼 앞서의 신학적 바탕이라는 원칙이 명백히 제시되지 않을 경우 인문학적인 연구가 신학적 규범을 수정하는 결과를 묵인하게 될 수도 있는 것이다.

실천신학의 주제의 하나인 기독교교육학에 있어서도 이러한 방법론적 경향은 발견될 수 있다. 신학과 교육과의 관계에서 교육에 대한 비중만을 일방적으로 강조하는 입장의 한 대표자로서 James Michael Lee를 들 수 있다. 그는 "기독교 교육은 근본적으로 일종의 사회 과학"임을 주장한다. 따라서 그는 신학이 교육학에 대해 일종의 제국주의적 입장에 있다고 보고 신학적 규범의 적용을 강력히 반대한다.51) 그는 신학이 종교 교육에

---

50 Ibid., 242-44.
51 이규민, "실천신학 방법론 정립을 위한 비판적 연구," 121.

서 일종의 규범적인 역할을 수행하는 것까지는 인정하지만 그 규범 역시 절대성이나 우선성을 가지는 것은 아니라고 함으로써 신학과 인접 학문 사이의 경계에 매우 모호한 입장을 보여 주고 있다. 나아가서 George Albert Coe같은 사람은 극단적으로 표현하여 "교육에 의한 구원"(salvation by education)을 내세우기도 하였다.52) 기독교 교육이 일반 교육의 접근 방법을 사용하여 종교 교육을 적응적으로 행하려는 시도는 적절한 시도라고 보여 진다. 그러나 신학의 규범성이 일반 교육의 사회 과학적인 접근에 대해서 동등한 위치로 놓여지거나 더 나아가서는 수정될 수 있다고 전제하는 방법론은 위험스러움을 내포하고 있다고 본다.

D. 전통과 성서를 강조하는 방법론

이 방법론은 신학적 이론과 세속적인 치료 과학의 방법론을 결합하는 방법의 하나로서 현대적 치료 과학에 대해서 보조적 수단으로서의 신학적 적용을 하는 것마저 거부하는 입장이다. 그리하여 기독교적인 전통과 성서를 더 중요하게 생각한 나머지 전통적인 신학과 성서의 관점에서 치료 과학을 비판하는 것이다. 현대적 치료 과학이 전제하고 있는 세계관에 의문을 제기하고 그것이 전통적 신학과 성서가 말하는 세계관과 비교해서 비판적으로 성찰하는 것이다. 이러한 방법론에 속한 사람으로서는 Albert Outler로서 그의 책, 「심리 치료와 기독교 메시지」에서 그는 심리 치료의 이론들이 자연주의적 전제에 기초하고 있음을 밝히고, 심리 치료에서는 오히려 기독교적 자기 부정의 윤리가 더 유용하다고 주장한다. 그리고 상담 과정에서 하나님이 현존하신다는 것을 전제하는 삼각 관계를 주장한다. 또 Paul C. Vitz도 Jung과 인본주의 심리 학자들과 심리 치료

---

52 Ibid., 121-22.

자들이 심리학을 자아를 숭상하는 그릇된 종교를 만들었다고 주장한
다.53) 또 Adams는 Freud의 기독교에 대한 무지를 비판하면서 Freud
가 신앙을 신경증의 징표(a sign of neurosis)로 보고 또 신앙의 탄생이
원시적 인간을 둘러싼, 길들여지지 않은 거대한 우주에 대한 두려움에서
비롯되었다는 주장을 비판하였다.54)

   그 외에도 Kuiper의 경우 그리스도의 영광스런 몸이라는 책의 교회론
에서 교회 안에서 일어나는 모든 경험적 의제들에 대해서 경험적 혹은 분
석적 방법이 아닌 성경에 철저히 의존하여야 할 것을 주장하였다. 교회의
머리되시는 예수 그리스도를 전제하는 성경 교리가 그의 신학을 풀어가는
기준이 되고 있는 것이다. 또 전도학 부분에서도 "하나님께 중심을 둔 전
도"(God-centered evangelism)라고 밝힘으로써 그 방법론을 암시하고
있다. Kuiper는 그의 전도학에서 500번 이상 성경 인용을 하여 성경 중
심의 방법을 그의 실천신학의 틀로 삼고 있음을 확인하고 있다. 그 외에도
Edmund P. Clowney, Veenhof, Firet 등의 화란 개혁 교회 실천 신학
자들의 방법론이 이에 준한다고 볼 수 있다.55)

   기독교 교육에 있어서도 이러한 방법론에 서 있는 사람들이 있다. 전통
적 입장을 지지하는 신학자들은 "신학이 곧 학문의 정상"임을 강조한다.
이러한 전통적 입장을 반영하고 신학이 교육학을 주도해야 한다고 주장하
는 기독교 교육학자들 가운데 Horace Bushnell과 Randolph Miller가

---

53 반신환, "대안적 실천신학," 152-53.
54 Adams, *Competent to Counsel*, 15-17.
55 정성구, 「실천신학개론」 참조. 그 외에도 이와 같은 입장에 섰던 학자들의 견해를 참조
   하기 위해, P. Billheimer, *Don't Waste Your Sorrows* (Fort Washington,
   PA: Christian Literature Crusade, 1977); Dave Hunt, *Beyond Seduction*
   (Eugeone, OR: Harvest, 1987); O. Hobart Mowrer, *The Crisis in
   Psychiatry and Religion* (Princeton, NJ: Van Nostrand, 1961)을 참조하라.

있다. Miller는 말하기를 기독교 교육은 교육 철학, 교육 목적, 교육 기법 그리고 학습자의 성품의 발전에 있어서의 결정적 요소라고 함으로써 신학적인 규범이 교육의 전 범위에 스며들어 있어야 함을 강조했다.56) 그러나 신학과 성경이 기독교 교육의 내용과 방향, 나아가서는 철학을 제시해야 한다는 점은 충분히 정당한 것이지만, 인접 학문의 도구적 기여를 일방적으로 거부할 때 자칫 이러한 방법론은 교육이 이루어지고 있는 개개의 현실과 상황에 대해서 너무 안이하게 대응하는 결과를 가져올 수 있다. "교리교육"이라는 범위보다도 기독교인들이 살아가는 현실은 복잡하고 다양한 많은 상황들이 항상 존재하고 있기 때문이다. 성경과 기독교전통의 절대적인 권위성을 훼손하지 않으면서 성경과 전통을 여타 인접 학문의 보조적 지원에 대해 열린 기독교 교육이 필요하지 않을 수 없다.

E. 사회 과학적인 차용을 강조하는 방법론

이 방법론은 목회자에게 목회의 지침과 방법을 전수하는데 강조를 두는 교회의 실제적인 집행을 다루는 실천신학적 방법론과는 어느 면에서는 반대편에 서있는 방법론이라고 할 수 있다. 그래서 실천신학을 주로 사회적 실천의 영역까지 확대하여 이해하는 입장이다. Rudolf Bohren은 실천신학이란 "하나님의 보내심에 참여하는 교회에 대한 학문"이라고 규정함으로써 실천신학의 장을 교회의 범위를 뛰어넘어 세계로 확대하고 있다. 이 말은 곧 실천신학이 지니는 두 가지 연구의 대상과 장을 시사한다. 그 하나는 교회의 삶과 요구에 대해서 실천신학은 대답해야 된다는 것이고, 또 다른 하나는 보냄을 받은 세상에 대한 책임적 삶을 강조하는 말이다. 즉, 이 두 가지를 포괄하여 그는 표현하기를 "그러므로 그것은 교회에 대한,

---

56 이규민, "실천신학 방법론 정립을 위한 비판적 연구," 120-21.

그리고 교회를 통한 성령과 말씀의 역사를 대상으로 한다. 성령과 말씀이
교회를 모으고 세상으로 보낸다. 그러므로 실천신학은 교회가 하나님의
선교(Missio Dei)에 참여하는 것에 관한 학문이다"라고 하였다.57)

실천신학은 목회자들의 목회를 위한 실용적 목적의 학문으로 기술적인
영역으로만 보는 것이 아니라 세상 안에서 기독교적인 삶을 실천하는 기독
교인들의 신학함의 자세로 보고 있는 것이다.

이러한 실천신학의 지평을 수행하기 위해 쉬레어, 페쉬케, 체르파스,
요수티스 등은 특히 실천신학을 행동 과학으로 취급할 것을 주장하였다.
이들은 현대의 행동 과학의 발달과 더불어 실천신학에 대한 새로운 이해가
필요하다고 보았으며 실천신학이 행동 과학의 결과와 방법을 차용해야 됨
을 강조하였다. 페쉬케와 요수티스의 경우는 정치적인 것을 더욱 강조하
는 입장에서 사회 과학의 특정한 이론 형태를 차용해서 거기서부터 실천신
학을 학문으로 정의한다고 주장하였다.58) 결국 이들의 공통적인 생각은
실천신학은 교회라는 영역을 넘어서 사회적인 실천의 지향을 가지고 사회
과학적 방법을 차용하여 보냄을 받은 자의 기능을 수행하는, 이른바 "하나
님의 선교"에 대한 참여를 실천신학의 기능으로 보았던 것이다.

실천신학에 행동 과학적인 차용과 관련을 구체적으로 제시하지는 않지
만 신학의 관심을 교회적인 울타리를 넘어 세계로 향하여야 한다는 주장을
하는 사람들로서는 Edward Farley, David Tracy, Thomas W.
Ogletree, Alastair V. Campbell, Howard Grimes 등을 들 수가 있
다. 이들은 실천신학의 주제의 분류와 그 범위를 목회의 규범적인 것으로

57 Karl Fritz Daiber, *Grundriss der Praktischen Theologie als Handlungswissenschaft*, 「목회학서설」, 박근원 역 (서울: 대한기독교출판사, 1981), 10-11.
58 Ibid., 15-17.

만 국한시키지 않고 현실적 삶의 스타일과 세속 사회 구조의 변혁에 책임
적으로 살아야 하는 기독교인들의 삶의 영역을 다루는 것이 실천신학의
과제로 보았다.59)

신학의 내재적인 특성상 실천성의 문제는 모든 신학 분야가 끊임없이
염두에 두어야 할 과제이다. 그러나 교회 안에서 목회자가 신자들과의 목
양적인 관계에서 발생하는 일들, 또는 그같은 일을 수행하는 데서 요구되
는 특수한 역할과 일들에 대한 기술적 영역들은 그 자체가 독특하고도 심
도있게 다루어져야 할 성질의 것이다. 그것은 기독교가 사회—교회가 포
괄적인 구속의 범주로 다루고 있는—에 대한 관심 및 실천을 배제하기 위
한 것이라기 보다는 실천신학이라는 독특한 영역이 존재해야할 필요 때문
이다. 서로 일의 영역을 갈라놓기 위한 구분이 아니라 전문성을 위한 구분
인 것이다. 오히려 대 사회적인 실천의 문제는 기독교 윤리의 차원에서
심도 있게 다루어질 수 있을 것이다.

F. Oden의 방법론—성경, 전통, 이성, 경험의 사변형적 방법론

이 방법론을 설명하기 위해 사용된 사변형이란 명칭은 원래 감리교회
및 성결교회의 신학적인 뿌리라고 할 수 있는 John Wesley가 사용한 방
법을 말한다. Wesley가 직접 "사변형"(四邊形)이라는 말을 쓰지는 않았
지만 그는 신학에 대한 반성에서 전통과 이성과 경험이 서로 상호적인 것
이라고 보고 특히 이중에서도 성서를 "가장 뛰어난 규범"으로 사용하였
다.60) 드루대학교(Drew University)의 Thomas Oden은 이와 같은

59 D. S. Browning, *Practical Theology*, 「실천신학」, 이기춘 역 (서울: 대한기독교
　서회, 1986)을 참조.
60 Thomas Oden, *The Living God* (San Fransisco: Harper & Row, 1987), 26;
　Donald Thorsen, *The Wesleyan Quadrilateral* (Grand Rapids: Zondervan
　Publishing House, 1990), 21; 박노권, 「실천신학개론」 (대전: 목원대학교출판

사변형적 방법론을 사용하여 앞서서 제시한 것들과 비교해 볼 때 보완적이고 종합적이라고 할 수 있는 방법론을 제시하고 있다.

우리에게 익히 잘 알려져 있는 「목회신학」이라는 책은 실천신학의 여러 분야들—예배, 설교, 교육, 상담, 성례전, 훈련, 목양 등—을 골고루 다루고 있는 특징을 가지고 있다. 이 책이 「목회신학」이라는 제한된 범위를 제목으로 하고 있지만 실상은 실천신학의 전반을 다루고 있으며 그의 방법론적인 전개를 엿보게 하는 저서이다.61)

그는 책의 서두에서 목회신학의 방법을 말하면서 목회신학도 하나의 방법이기 때문에 목회신학은 이미 잘 형성된 신학과 똑같은 방법으로 전개되어야 한다고 말한다. 그리고 역사 속에서 자신을 계시하시는 하나님을 이해하는데 잘 알려진 네 가지 자료, 즉 성서, 전통, 이성, 그리고 경험을 소개하고 있다.62)

1. 성서 (Scripture)

우선 첫 번째 자료로서의 성서는 Oden에게 있어서는 목회적 직무와 기능을 위한 지혜의 보고이다. Oden에게 계시란 예수 그리스도의 인격 안에서 자신을 노출하는 하나님에 의해 전해진 말씀이다. 그리고 신앙이란 이처럼 성서에 의해 증거되고 예수의 인격 안에서 전해진 그 말씀을 믿는 문제이다.63) 그러므로 그에게 있어서 목회신학은 성서에 뿌리를 두고 있다. 목회의 전통이 지금까지 성서를 인용할 때 성서는 목회를 이해하고 실천하는 것 모두를 명확하게 해 주는 권위있는 텍스트로 간주되어 왔

부, 1998), 주 66에서 재인용.

61 Thomas Oden, *Pastoral Theology*, 「목회신학」, 이기춘 역 (서울: 한국신학연구소, 1986).

62 Ibid., 33 이하.

63 박노권, 「실천신학개론」, 38.

다고 보는 것이다. 그렇기 때문에 목회를 이해하기 위해 성서와는 별개의
표준을 따라서 성서를 우리의 심사 대상으로 삼지 않으며 오히려 성서가
목회에 대한 우리의 이해를 심사하고 수정한다고 본다. 아울러 말하기를,
성서의 본문들이 전체 교회에 의하여 오랫동안 일치되어 온 정경(적절한
가르침의 척도)이라고 이해한다면, 그것들은 우리가 읽어도 되고 안 읽어
도 될 것이 아니며 또한 흔히 있는 역사적 조사의 대상이 될 수는 없다는
것이다. 성서의 본문들은 하나님의 말씀으로 우리를 치유하고, 가르쳐 주
고 또한 우리의 유익을 위하여 주어진 말씀이라고 주장한다.[64]

　　이런 진술에서 볼 때 그가 성서에 대해 유일하고도 절대적인 규범적 위
치를 부여하고 있다는 점을 공감케 하지만 Oden이 만일 단일하게 성서만
을 자료로 사용해야 한다고 주장했다면 그의 방법은 앞서 D항목의 방법론
과 궤를 같이 하고 있다고 볼 수 있을 것이다. 그러나 성서의 표준적 위치
에 대해서는 같은 입장에 서지만 Oden은 거기에서만 머무르지 않는다.
그의 방법론을 구축하는 또 다른 자료는 전통이라는 것이다.

2. 전통 (Tradition)

　　전통이라는 말을 통해서 그가 지시하는 말은 곧 성서에 대한 해석의
역사를 말한다. 성서의 내용은 다양한 역사적 상황에 따라서 이해되어왔
다. 목회도 마찬가지고 때로는 전적으로 서로 다른 여러 정치적인 풍토,
역사적인 상황, 그리고 사회 문화적 환경 속에서 구체화되어 왔다. 즉, 목
회는 역사적인 실험적 과정과 결과들 위에 기반하고 있는 것이다. 이와
같은 풍부한 역사적인 경험 속에서 다양하면서도 공통되고 일관된 목소리
를 목회적인 도움을 위해서 받아들여야 한다. 또 산출된 원칙과 목소리를
받아들일 필요가 있다. 이러한 전통에 대한 경청의 자세가 결핍될 경우,

---

64 Oden, *Pastoral Theology*, 33-34.

우리는 동시대의 문화적 기준이나 사고의 풍향에 따라서 성서를 이해하고
그릇된 판단을 내릴 수 있는 것이다. 결과적으로 편협된 판단에 의해서
성서의 규범을 오해할 수 있다는 것이다. Oden이 지적하는 바는, 현대
목회는 현대 이전의 목회신학적 저술가들—전통의 자료를 제공해 주는—
의 의견을 극단적으로 반대하는 태도로 말미암아 그릇되어 왔다는 것이
다. 그의 전통에 대한 주장은 막연히 고전적 견해가 오늘날 목회의 규범이
라는 말은 아니다. 그러나 신학적 뿌리를 상실한 채 현대 심리학의 이론에
만 의지하려는 현대의 목회의 편향을 극복하기 위하여 고전적 전통에 귀기
울일 필요가 있다고 보는 것이다. 왜냐하면 그가 확신하기는 고전적 목회
학 저자들은 성서적-신학적 근거와 목회 활동 사이에 틈을 결코 허락하지
않았기 때문이라는 것이다. 그는 심지어 이미 Gregory의 작업 안에서도
현대 심리학적인 요소들이 발견될만큼 전통은 귀기울일 많은 자료들이 있
음을 시사하였다.65)

전통에 대한 경청에 소홀하는 태도는 특히 예배학 분야에서 부딪치게
되는 맹점이기도 하다. 전통에 대해 일단은 그 격을 터무니 없이 낮추는
입장들은 두 가지 오해를 갖고 있다. 그 하나는 불변적 규범을 가진 완전
한 형태의 성서적 예배의 모습을 성서에서 찾아낼수 있다는 생각과, 또
하나는 예배는 역사적인 발전 과정을 거치지 않은 완전한 형태의 모델이
원시적으로 주어졌다는 생각이다.66)

---

65 박노권, 「실천신학개론」, 40.
66 초대 교회의 원형적 예배 모델의 발견을 위한 방법론에 대한 회의적 논의 및 역사적
  발전의 예들을 살펴보기 위해 각각, Paul F. Bradshaw, *The Search for the
  Origins of Christian Worship* (New York: Oxford University Press, 1992)
  와 Herman Wegman, *Christian Worship in East and West*, tr. Gordon W.
  Lathrop (New York: Pueblo Publishing Company, 1976); Adolf Adam,
  Foundations of Liturgy: An Introduction to Its History and Practice, tr.
  M. J. O'Connell (Collegeville, MN: The Liturgical Press, 1985)를 참조하라.

대부분의 현대의 목회신학 저술가들도 이와 같은 역사적인 업적을 백안
시하고 또한 무시하여 왔으며 심지어는 이러한 역사적인 업적 자체에 대해
서도 충분한 자료를 갖지 못하고 우리 자신의 현대적 문화 사조에 대한
편협된 긍지에만 머무를 수 있음을 그는 지적한다.[67] Oden의 이러한 입
장은 그가 「목회신학」을 쓰기 위해 교부들로부터 시작해서 근대에 이르기
까지 신학적인 흐름의 주류에 있던 많은 기독교 저술가들의 해석과 설명을
충분히 인용하고 있다는 점에서 발견이 된다.

3. 이성 (Reason)

세 번째 그의 실천신학적 방법론을 엿보게 하는 자료는 이성이다. 이
성은 목회를 점검하는 표준이며 연구의 건설적이고도 면밀한 결과를 목표
로 하는 것이라 볼 수 있다. 합리적인 설득력을 지니게 하는 이성은 목회
의 지혜를 상호 유기적으로 나열하는 것에서 체계적인 점검을 돕는다. 또
한 지속적이고도 내적으로 일관성있는 목회 사상을 체계적으로 발전시키
려는 일은 이성의 도움을 필요로 한다. 이같은 체계적인 정리는 목회자가
축적된 과거의 목회의 지혜를 혼란없이 사용하게 도와 준다. Oden의 견
해가 이성이 지니는 합리적인 점검 기능 및 과거 지혜의 체계적인 사용에
대한 도움 등을 말하였지만 이성은 또한 인접 학문들에 대해 적절한 차용
을 도울 수 있는 자료이기도 한 것이다.[68]

4. 경험 (Experience)

마지막으로 개인적, 사회적 경험은 실천신학의 방법론을 위한 네 번
째 중요한 자료가 됨을 Oden은 주장한다. 이 네 번째 자료는 우리 자신의

---

67 Oden, *Pastoral Theology*, 33.
68 Ibid., 34-35.

실존적 체험과 목회 경력을 지닌 타인의 경험까지도 목회의 통찰력을 얻게
하는 자료가 된다는 것이다. 복음은 적용되어야 할 현재의 시대적인 상황
과는 무관한 채 추상적인 개념을 말하는 것이 아니라, 지금 여기라는 특수
한 상황 가운데 있는 우리에게 선포되고 있는 것이기에 목회적 배경에 무
지해서는 안 된다. 무비판적으로 문화에 예속된 주장들을 주의하면서 끊
임없이 다가오는 시대성을 주의깊게 수용해야 한다는 것이다. Oden은 여
기서 경험적 세계의 현실을 직시하여 현대성 속에 나타나는 그릇된 전제들
을 거부하면서도 실천신학이 현재의 문화적 배경을 망각해 버리거나 현실
적인 정치적 분석을 무시하며 현대성과 담을 쌓는 것이 지혜로운 방법이
되지 못함을 시사하고 있다. 사도적인 목회가 수많은 문화적인 위기와 역
사적인 시련 속에서 얻은 경험들은 교회를 저해하는 잘못된 판단과 절망
상태를 피할 수 있게 하는 자료임을 다시 확인한다. 다만, 이러한 경험들
은 현대의 용어와, 상징 체계, 그리고 사회적 현실성에 맞게 조정되어야
할 필요성을 주장한다.69) 이러한 경험에 대한 강조가 만일 앞서의 한 방
법론과 같이 여타의 자료들을 부차적이거나 무시하는 가운데 강조되었다
면 그것도 옳지 않았을 것이다. 오늘날 현대주의의 사고 안에는 경험되고
이해되고 확증할수 있는 것만이 수용되어지는 적지않은 부조리가 존재한
다. 그러나 Oden의 강조는 이 경험이 사변형 방법의 한 변을 이룰뿐 이것
만이 옳다는 견해는 거부한다.

　　Oden의 방법론은 마치 네 가지 자료가 동등하게 중요성을 가진 것처럼
병렬적으로 열거되어 있지만, 그의 전개는 실상 이 네 자료의 중심 축에는
성서가 있고 다른 세 개의 자료들이 둘러싸여 있다는 것을 보여 주고 있다.
만일 이렇게 정당하게 이해만 된다면 Oden의 입장은 위에서 본 몇몇 방법

---

69 Ibid., 35.

론들의 각 입장을 담고 있으면서 동시에 신학적, 목회적 정체성을 확연히 지켜주고 있는 방법론이라 할 것이다. 그럼에도 불구하고 Oden의 사변형 방법론은 도형을 지칭하는 이름의 뉘앙스에서 풍기듯이 4개의 자료를 동등한 관계로 볼 수 있게 하는 위험이 있다. 실천신학이 성서에 기초한 독특성을 상실하지 않으면서 성서 외의 3개 자료들의 학문적 결과를 성서와 신학적인 일관성을 가지는 것들에 한하여 취사 선택하여 도움을 얻는 방식을 취하여야 할 것이다.

Ⅳ. 나오는 말

실천신학은 신학의 본질적인 특성으로서의 실천성에 관련된 학문임에 틀림없다. 그렇기 때문에 실천신학은 주로 복음의 메시지가, 신학이 적용되어지는 목회의 현장을 위한 학문이기도 하다. 이러한 이해에는 대체로 공감을 하고 있지만 실천신학의 방법론에 관한 폭넓은 접근 방법으로서 교회--보냄을 받은 무리--의 행동 과학적이고 사회 과학적 실천을 실천신학의 중심 관심사로 포함시켜야 한다는 견해들도 없지 않다. 그러나 본 장은 주로 실천신학의 범주를 목회의 현장에서 필요로 하는 것들을 다루는 것으로 한계를 정하고 그 위치와 방법론들을 소개하였다.

실천신학은 교회가 시작될 때부터 존재해 왔던 기독교 신학의 본질적인 부분이기도 하였다. 복음의 적용을 위해 그 현장의 기술이나 방법 등이 존재했어야 한다는 것은 지극히 당연한 것이었다. 다만 이론 신학들이 누려왔던 학문적 위치에 비해 실천신학이 심도 있는 학문적 연구로서의 출발이 오래지 않았다는 것은 사실이다. 이제 실천신학은 오늘에 와서 실천신학에 대한 비중은 더욱 커져가고 있다. 사회의 다양한 요구와 변화에 대해서 이론 신학의 본질 규명적인 역할만을 가지고는 대처할수 없기 때문이다. 본질은 동일할지 모르지만 외양은 시대적인 옷을 입고 우리의 목회 현실에 다가오기 때문에 그에 대한 신학적인 지원이 필요한 것이다.

　실천신학은 그러므로 목회의 현장에 복음의 메시지와 이미 이론 신학의 영역에서 규명된 신학적 전제들을 다양한 채널을 통해 적용하는 과정에서 생겨나는 일들을 다루면서 동시에 이론 신학이라 구분되어질 신학 분야의 결과들에 대해 단순한 응용의 수준에 머물러 있거나 무비판적인 답습이 실천신학의 과제로 보는 것은 잘못된 것이다. 그것은 신학이 적용되는 현장은 그 적용의 과정에서 경험 세계가 지니는 독특한 현실이 있기 때문에 사실(fact)의 나열이나 서술(description)로서 망라할 수 없는 가치 평가적인 참여가 요구되어지기 때문이다. 이것은 실천신학이 필연적으로 독자적인 철학을 가져야 함을 의미하면서 동시에 다른 신학과의 동등한 상관속에 있으며 더 나아가서는 수정의 역할도 지니고 있음을 보여 주고 있는 것이다.

　또한 실천신학은 그 학문하는 방법에 있어서 성서와 신학적인 전통 위에 굳게 서야함은 말할 나위가 없다. 그러나 "오직 성경으로만" 혹은 "오직 기독교 전통의 신학적 기초 위에서만" 등등의 말로 너무 협소한 배타주의적 태도에 서서 현대적인 상황 안에서의 해석적 노력을 게을리 해서는 안되는 것이다. 세속의 인접 학문들의 접근 방법과 그 결과들에 대해 실천신학은 자신의 정체를 가지고 타당한 범위 안에서 사용할 수 있어야 한다. 앞서 소개된 실천신학의 여러 방법론들을 살펴보면서 우리는 여러 방법론들이 처해 있던 시대적인 상황을 고려해 본다고 할 때 개별 방법론들은 나름대로의 의의들을 지니고 있음을 인정할 수가 있을 것이다. 신학적 경향은 그것이 속한 시대의 상황과의 반작용 속에서 전개될 때가 적지 않기 때문이다. 그러나 성서에 대한 바른 관점을 가지고 올바르고 복음적인 기독교적 정체 위에 토대한 방법론의 사용은 복음의 효과적인 구현을 위해서 매우 중요한 일이 아닐 수 없다.

추 천 도 서

김득룡. 「현대목회학신강」. 서울: 총신대출판부, 1978.

염필형. 「실천신학: 신학적 기초와 방법론」. 서울: 성서연구사, 1995.

정성구. 「실천신학개론」. 서울: 총신대학교출판부, 1980.

한국실천신학회. 「실천신학논단」. 서울: 대한기독교서회, 1995.

Adams, J. *Competent to Counsel*. NJ: Presbyterian & Reformed Publishing Company, 1975.

Browning, D., ed. 「실천신학」. 이기춘 역. 서울: 대한기독교서회, 1986.

Hiltner, Seward. *Preface to Pastoral Theology*. 「목회신학원론」. 민경배 역. 서울: 대한기독교서회, 1968.

Oden, Thomas. *Pastoral Theology*. 「목회신학」. 이기춘 역. 서울: 한국신학연구소, 1986.

Schleiermacher, Friedrich. *Brief Outline on the Study of Science*. Tr. Terrence N. Tice. Richimond: John Knox Press, 1966.

Thurneysen, Eduard. 「목회학원론」. 박근원 역. 서울: 성서교재간행사, 1979.

2

설 교 학

이 명 희

I. 들어가는 말

설교는 신학의 열매이며 목회의 꽃이라고 한다. 기독교는 설교와 함께 성장하고 발전해 왔다. 설교가 부흥할 때는 교회도 부흥했고 설교가 침체할 때는 교회도 침체했다. 그래서 교회의 역사는 곧 설교의 역사인 것이다.

설교는 일종의 언어 활동이다. 그러나 설교는 강의나 웅변이나 연설이나 상담과는 다르다. 설교는 기독교 신앙을 일으켜 주는 출처이다. 바울은 믿음은 들음에서 나며, 들음은 그리스도의 말씀을 듣는 것이라고 말했다 (롬 10:17). 교회를 완전하게 하는 많은 활동들이 있으나 설교가 없다면 교회는 소멸되어 버리고, 설교가 없는 교회는 명목상의 교회가 되어버리고 말 것이다.[1] D. M. Lloyd-Jones는 "나는 주저하지 않고 오늘날 교회의 가장 절실한 요구는 진정한 설교이며, 그것은 역시 명백하게도 세상이 가장 크게 필요로 하는 것이다"고 했다.[2]

예수 그리스도의 사역에 있어서 설교 사역은 많은 비중을 차지하고 있다. 예수님은 공생애 기간 동안 설교에 가장 많은 시간을 보내셨다. 또 초기의 사도들도 우선적으로 설교자들이었다. 그러나 교회 역사에 있어 설교의 지위는 어떤 때는 강화되었으나 때때로 약화되기도 하였다.

중세 시대는 단순히 미사라는 맥락 안에서 예배 의식으로 존재했던 설교가 종교 개혁자들에 의해 그 중요성이 부각되었다. Martin Luther는 "하나님을 예배하는 것 가운데 가장 위대한 부분은 하나님의 말씀을 선포하는 일"이라고 했다. John Calvin은 "하나님의 말씀을 진실하게 선포하고, 또 그리스도가 정하신 대로 예전을 집행할 때 어디든지 하나님의 교회가 존재한다"고 했다.[3] 이처럼 종교 개혁자들이 중요시했던 것이 설교 즉 말씀 선포였다.

말씀과 설교의 중요성은 현대 신학자들의 견해에도 나타난다. 특히 말씀의 신학자로 불리워지는 Karl Barth는 "말씀에 의하여 하나님과 올바른 관계가 성립되며, 신령과 진리의 예배가 일어난다"고 했다.[4] 그의 신학은 이미 그 초창기부터 설교 문제와 더불어 깊이 관련되어 있었다. 그에게 있어서 설교는 그리스도 교회의 본연의 과제요, 신학은 설교에서 무엇

---

1 D. J. Randolph, 「설교의 갱신」, 정웅섭 역 (서울: 대한기독교출판사, 1976), 16.
2 D. M. Lloyd-Jones, *Preaching & Preachers*, 「목사와 설교」, 서문강 역 (서울: 예수교문서선교회, 1977), 11.
3 곽철영, 「설교학 신론」 (서울: 제일출판사, 1975), 139.
4 이형기, "Karl Barth의 초기 작품에 나타난 성경의 주제와 성경 해석의 문제," 「교회와 신학」, 제17집 (1985): 50.

을 말해야 될 것인가를 반성하는 실제적인 목적을 가진 학문이었다.5)
Emil Brunner도 진정한 설교와 하나님의 말씀이 참되게 선포되는 곳에
서는 "아무리 아니라고 하더라도 이 지구 상에서 일어나는 일 중 가장 중요
한 일이 행해지고 있는 것"이라고 했다.6)

또한 목회 신학자인 Eduard Thurneysen은 "목회는 하나님의 말씀이
올바로 선포되고 들려지는 곳에서 이루어진다"고 했다.7) Seward
Hiltner도 목사나 교회의 활동이 "개인에게서나 여러 사람의 마음과 생활
속에 말씀을 전해 주는 목적을 가지고 있다"고 했다.8) H. H. Farmer는
말하기를 "설교의 필요성은 바로 하나님은 그리스도를 통해서 구원의 역사
를 펴시며 그리스도는 지금 우리의 삶 속에서 인격적으로 인간을 만나신다
는 사실 속에 놓여 있다"고 하였다.9)

위에서 살펴본 대로 많은 사람들이 설교의 중요성에 대해 강조해 왔다.
그러나 오늘에 와서 설교의 중요성에 대한 반론이 제기되는 이유가 무엇인
가? 그것은 설교가 중요하지 않다는 것이 아니라 설교가 그 힘과 능력을
잃어가고 있는 것이라고 할 수 있다. 여기서 설교학 공부의 필요성을 발견
하게 된다.

A. 설교학 공부의 이유

"만약 개신교회가 칼에 맞아 죽는다면, 그 등 뒤에 꽂힌 비수는 설교일

5 지동식, "칼 바르트의 설교와 성격," 「바르트 신학연구」 (서울: 한국바르트학회,
   1977), 242.
6 Clyde Reid, 「설교의 위기」, 정장복 역 (서울: 대한기독교출판사, 1985), 31.
7 Edward Thurneysen, 「목회학원론」, 박근원 역 (서울: 한국신학연구소, 1976),
   33.
8 Seward Hiltner, 「목회학원론」, 민경배 역 (서울: 대한기독교서회, 1976), 70.
9 H. H. Farmer, *The Servant of the Word* (New York: Scribner's, 1942),
   27.

것이다"라는 말이 있다. 기독교는 설교를 통해 개인의 영혼을 살리기도 하고 교회를 부흥시키기도 하며, 동시에 설교를 통해 영혼에 독을 먹이기도 하고 교회를 잘못된 길로 빠지게도 한다. 기독교는 설교 속에서 탄생되고 설교 속에서 자라나고 설교 속에서 확장되고 설교 속에서 세워졌다.

설교하는 사람이나 설교를 듣는 사람이나 설교가 무엇인지, 설교를 왜 해야 하는지, 설교를 어떻게 해야 하는지 등에 대한 분명한 이해와 확신을 가지고 있어야 한다. 설교 사역에 헌신하고자 하는 사람이라면 이러한 문제들, 즉 설교 사역을 둘러싸고 있는 여러 가지 사항들에 대해서 정돈된 이해를 가지고 있어야 할 것이다. 설교학이란 이러한 문제들, 즉 하나님께서 자기 백성들에게 주시고자 하시는 하나님의 말씀을 전해 주기 위한 원리와 방법들을 체계적으로 연구하는 실천신학의 한 분야를 말한다.

설교는 목회자의 임무 중 가장 중요한 것이라고 해도 과언이 아니다. 목회자에게 주어지는 하나님 말씀 선포의 기회들 속에서 성경적이고 효과적인 설교 사역의 이해를 가지고 설교하는 것은 매우 중요하다. 그런데 많은 목회자들이 설교하기를 두려워하고 있다. 설교를 하면 할 것 같은데 막상 하려고 하면 난감하고, 두렵고, 당황되고, 막막하기만 하여 어쩔 줄 몰라하는 가운데 시간은 흘러가고, 할 수 없이 설교집을 뒤적거리게 되는 것이 설교를 해야 하는 목회자들의 한 면모가 아니던가? 여기서 설교학을 공부해야 하는 몇 가지 이유를 발견한다.

첫째, 설교에 대한 오해를 제거할 수 있다. 대부분의 설교자들이 경험을 통해 설교를 배운다. 다른 설교자들의 설교하는 것을 듣고 보면서 터득한 나름대로의 설교에 대한 감을 잡아서 설교한다. 크게 어긋나지 않을 수도 있지만 종종 설교에 대한 중대한 오류를 범하는 경우가 있다. 설교자는 "설교하기"를 배우기 전에 "설교"를 배워야 한다. 설교학을 배움으로 이러한 실수는 제거될 수 있다. 그래서 설교 사역에 대한 올바른 이해를 가지고 올바른 설교 철학을 확립하며 설교의 원리와 방법론을 배워서 설교 사역에 임할 수 있게 될 것이다.

둘째, 설교에 대한 두려움을 제거할 수 있다. 설교자 대부분이 설교에 대한 두려움을 경험했을 것이다. 많은 사람들이 설교의 기회가 주어질 때 설교의 기쁨보다는 어떻게 설교하나 하는 두려움이 앞서 움츠러드는 이유는 무엇일까? 설교 사역에 대한 실제적인 이해가 부족하기 때문이다. 설교학을 배움으로 이와 같은 두려움이 제거되고 기쁨과 담대함으로 설교 사역을 담당할 수 있게 될 것이다.

세째, 설교 사역에 새로움과 성숙을 가져온다. 설교 사역은 증진되어야 한다. 아무리 훌륭한 설교자라 해도 지속적으로 성장하지 않으면 더 훌륭한 설교 사역을 담당할 수 없다. 기독교 사역은 종종 갱신되어야 한다. 계속하다 보면 어떤 경향성이나 편견을 갖게 되기 쉽다. 또 처음 가졌던 사명감이나 책임성 등을 상실한 채 습관적인 반복에 그쳐버리는 수가 많다. 그래서 생동감 있고 활력 있는 사역을 위해서는 종종 자극과 도전이 필요하다. 그러므로 능숙한 설교자라 해도 보다 더 성숙하고, 균형잡히고, 효과적인 설교를 하기 위해서 설교학을 배워야 할 것이다.

네째, 사람들의 필요를 채워 주는 설교 사역을 할 수 있게 해 준다. 하루가 다르게 변해 가는 시대 속에서 사람들의 필요도 달라져 가고 있다. 오늘의 청중이 어제의 청중이 아니다. 청중을 모르면 설교할 수도 없고 설교해서도 안 된다. 설교가 사람들을 향한 일방적인 하나님의 말씀 선포이기는 하지만 그들의 필요를 채우는 설교가 될 때 유효한 설교 말씀이 될 수 있는 것이다. 그래서 현대의 설교학은 사회학, 심리학, 커뮤니케이션 이론, 문화 인류학 등 기독교 사역의 주변 학문들로부터의 도움을 받아야 한다. 설교학은 사람들의 새로운 필요에 민감한 설교를 하도록 도와 준다.

다섯째, 기독교 신학이 발전하고 있기 때문이다. 성경에 대한 이해의

증가, 성경 진리에 대한 새로운 체계적 정리, 기독교 역사의 새로운 인식
과 교훈의 발견, 교회 목회에 대한 새로운 이해와 접근 방식의 시도 등은
설교 사역 자체에 대해서도 새로운 인식을 갖도록 요구하고 있다. 새시대
를 향한 새로운 설교학의 습득은 설교 사역을 더욱 풍성하고 값지게 할
것이다.

B. 설교의 정의

성경에 설교에 대한 정의가 직접적으로 내려져 있지는 않지만 설교의 본
질과 개념을 이해하는데 필요한 충분한 자료들이 있다. 그러므로 먼저 성
경에서 묘사하는 설교 사역과 설교를 지칭하는 용어를 살펴볼 필요가 있다.

1. 성경의 설교 사역

애굽을 떠난 이스라엘 백성들이 광야에서의 방황을 마치고 약속된 땅
인 가나안에 들어가기 직전 모세는 이스라엘 무리를 위한 하나님의 명령을
그들에게 선포하였고 하나님께서 주신 율법을 설명하였다(신 1:1-5). 그
렇게 하도록 하신 것은 "나를 위하여 백성을 모으라 내가 그들에게 내 말을
들려서 그들로 세상에 사는 날 동안 나 경외함을 배우게 하며 그 자녀에게
가르치게 하려 하노라"(신 4:10)는 말씀에 잘 나타나 있다. 모세는 가나안
땅에 들어가 살게 될 이스라엘 백성들에게 하나님께서 말씀하기 원하시는
것을 하나님께로부터 듣고 그들에게 전달하였다. 이스라엘 백성들은 모세
에게 "당신은 가까이 나아가서 우리 하나님 여호와의 하시는 말씀을 다 듣
고 우리 하나님 여호와의 당신에게 이르시는 것을 다 우리에게 전하소서
우리가 듣고 행하겠나이다"(신 5:27)라고 고백했다. "내가 여호와와 너희
중간에 서서 여호와의 말씀을 너희에게 전하였노라"(신 5:5)는 모세의 선
언은 그의 설교 사역이 어떻게 이루어졌는지를 잘 드러내는 것이다.

설교의 다른 모습이 느헤미야에 잘 그려져 있다. 포로로 잡혀갔던 이스라엘 백성들이 돌아와 성전과 예루살렘 성벽을 재건했을 때 그들에게는 하나님의 말씀이 필요했다. 그들은 에스라로 하여금 모세의 율법책을 가져오도록 요청했다. 에스라는 특별히 지은 나무 강단에서 율법책을 낭독했다. 그리고 백성을 가르치는 레위 사람들은 "백성에게 율법을 깨닫게 하는데 하나님의 율법책을 낭독하고 그 뜻을 해석하여 백성으로 그 낭독하는 것을 다 깨닫게"(느 8:7-8) 하였다. 백성들이 율법의 말씀을 듣고 다 울었다는 것은 그들이 선포된 하나님의 말씀에 감동을 받았고 응답하였음을 나타내는 것이었다. 설교에 있어서 율법책이 중요한 근거가 됨을 드러내는 모습이었다. 즉 설교자는 율법책을 낭독하고 낭독한 말씀을 해석해 줌으로 하나님의 말씀을 증거했던 것이다. 여기서 설교와 율법책 해석의 관계를 발견하게 된다.

신약 성경의 설교자들은 일반적으로 구약 성경과 예수 그리스도의 사역에 기초한 복음을 설교했다. 케리그마로서의 복음을 증거하며 복음에 기초한 삶에 대해 설교했다. 구약 성경의 내용에 대해 친숙한 청중들에게는 성경을 인용하거나 근거로 하여 설교했고, 성경을 모르는 청중들에게는 명제적 접근 방법으로 진리를 증거하였다. "성경을 가지고 강론하며 뜻을 풀어 그리스도가 해를 받고 죽은 자 가운데서 다시 살아야 할 것을 증명"(행 17:2-3)했던 사도 바울의 사역은 신약 설교의 중요한 모델이다.

2. 설교의 성경적 용어

신약 성경에는 설교를 가리키는 단어가 여러 가지로 나타난다. H. C. Brown은 여러 용어들을 자세하게 설명하면서 다음과 같이 정리하였다.10) 첫째, 케루세인(κηρυσσειν)이라는 말이 있는데 그 뜻은 "선포한다,

---

10 H. C. Brown 외, *Steps to the Sermon*, 「설교 방법론」, 이정희 역 (서울: 요단출

전달한다"는 말로 표현되었다. 이 용어는 신약 성경에 50회 이상이나 다양한 어미 변화로 사용되었다. 둘째, 유앙겔리사스다이(εναΓΓελισασθσι)라는 말인데, "좋은 소식, 좋은 소식을 전하다"는 뜻이다. 복음 메시지는 좋은 소식으로 앞으로 다가올 일에 대한 좋은 소식이다. 셋째, 특별히 설교라는 말로 쓰여지지는 않았다 하더라도 설교적인 용어로 디다스케인(διδασκειν)이 있는데 이 말은 "가르침을 통하여 거룩한 진리를 나누어 준다"는 의미로 사용되었다.

이상의 설교의 용어에 대한 의미를 종합해 보면 설교는 정적(靜的)인 것이 아닌 동적(動的)인 것이며 하나님의 말씀을 선포하고 공포하는 행위로써 하나님의 메시지를 전달하는 것이 설교의 핵심임을 알 수 있다.

3. 설교 학자의 이해

여러 설교학자들이 나름대로의 설교에 대한 정의를 내리고 있다. Barth는 "설교는 하나님 자신의 말씀이다. 그러나 하나님 자신이 선하신 뜻을 따라 하나님의 이름으로 한 인간(說敎者)을 선택하고 성경의 말씀을 방편으로 하여 인간들에게 증거하시게 하신다"[11]고 했다. Phillips Brooks는 "설교란 사람에 의해 사람들에게 진리를 전달하는 것이다. 설교에는 두 가지 본질적인 요소인 진리와 개성을 가진 인간이 있다. 이 두 가지 중 하나라도 없으면 설교자가 아니다"[12]고 정의하였다. Andrew W. Blackwood는 "설교란 인격을 통한 하나님의 진리, 혹은 인간의 필요를 충족시키기 위하여 선택된 사람에 의해서 들려진 하나님의 진리를 뜻한

판사, 1983), 18.

11 Karl Barth, *The Preaching of the Gospel*, tr. B. E. Hook (Philadelpia: The Westminster Press, 1963), 9.

12 Phillips Brooks, *Lectures on Preaching* (London: Griffith, Farrar & Co., 1877), 5.

다....다른 각도로 보면 설교는 오늘 하나님으로부터, 주로 성경을 통해서, 오는 빛 가운데서 오늘의 생활에 대한 해석을 요청하는 것"13)이라고 했다.

Robert H. Mounce는 "설교는 하나님의 위대하신 구속적인 행위와 그것에 대한 인간의 이해 사이를 영구히 연결하는 것이다. 그것은 하나님이 당신의 역사적인 자기계시(自己啓示)를 현대화시킴으로 인간들에게 믿음으로 응답할 수 있는 기회를 주시기 위한 매개체"14)라고 했다. Lloyd-Jones는 "설교는 감정, 마음, 의지 중 한 부분에 감화를 끼치거나 어떤 하나의 행동을 끌어내기 위한 것이 아니라 전인(total person)을 다루는 것"15)이라고 했다. John R. W. Stott는 "설교가 단순한 해석이 아니라 커뮤니케이션이기 때문에 단순한 본문 해석이 아니다. 그것은 들을 필요가 있는 사람들에게 하나님이 주신 메시지를 전달하는 것이다"16)라고 했다. Leslie J. Tizard는 "설교는 인간의 단독 행위가 아니고, 단순히 발음하고 있는 사람의 말도 아니며, 그를 통해서 하나님께서 말씀하시는 것"17)으로 보았다.

이상과 같이 설교에 대한 여러 가지 견해와 현대적인 통찰을 통해 설교를 정의한다면 설교란 하나님께서 이미 인간을 위하여 계획하신 구원의 사건, 즉 하나님의 진리(메시지)가 예수 그리스도를 통하여 영원한 생명을 주시려는 하나님의 구속사적인 행위를 증거하기 위하여 하나님의 부르

---

13 Andrew W. Blackwood, *The Preparation of Sermons* (New York: Abingdon Cokesbury Press, 1948), 13.
14 Robert H. Mounce, *The Essential Nature of New Testament Preaching* (Grand Rapids: Wm. B. Eerdmans Publishing Co., 1960), 153.
15 Lloyd-Jonse, 「목사와 설교」, 57.
16 John R. W. Stott, *Between Two Worlds*, 「현대교회와 설교」, 정성구 역 (서울: 반석문화사, 1992), 167.
17 Leslie J. Tizard, 「설교의 위기」, 정장복 역 (서울: 대한기독교출판사, 1985), 17.

심을 받은 자(설교자)의 인격을 매체로 하여 위탁받은 교회에서 성경을 통해 선포되어지는 것이라고 할 수 있다. 따라서 설교는 예수 그리스도의 사건에 근거를 둔 예수 그리스도의 사건에 대한 증언으로서 이 사실을 전달자인 설교자를 통하여 회중들에게 전달하여 주고 나아가 삶의 변화를 주고자 하는 하나님의 말씀의 통로인 것이다.

설교에 대한 여러 가지 정의들을 종합해 보면 설교의 정의에 몇 가지 요소들이 있음을 알 수 있다. 즉 설교의 원천이신 하나님, 설교의 수요자인 청중 그리고 설교의 전달자인 설교자이다. 하나님께서는 말씀을 필요로 하는 청중들을 위해 주시고자 하시는 말씀을 설교자로 하여금 전달하게 하신다. 설교자는 하나님의 말씀을 청중들에게 전달하는 역할을 한다. 그리고 청중들은 설교자를 통해 선포되는 하나님의 말씀을 받는다. 설교는 정확무오한 하나님의 말씀인 성경 본문의 뜻을 밝혀 청중이 처한 상황과 필요에 적용함으로서 말씀을 듣는 청중이 하나님의 뜻을 깨닫고 응답하여 행하도록 하는 것이다.

C. 설교의 신학적 기초

Barth는 말하기를 "신학의 목적은 설교에 있고, 신학은 설교의 준비 이외에 아무 것도 아니다"[18]라고 하여 신학의 초점이 설교에 맞추어져 있음을 강조하였다. Stott는 "오늘날의 교회에 있어서 진정한 기독교적인 설교는 지극히 드물다"[19]고 하며 그 주된 이유로 설교의 신학적 중요성이 결핍되어 있음을 지적했다. Farmer는 현대 신학의 가장 중심적인 추세는 "설교의 중요성에 대한 재발견이라 정의될 수 있을 것"[20]이라고 말함으로

---

18 Karl Barth, *Homiletik*, 「설교학원강」, 박근원 역 (서울: 전망사, 1981), 9.
19 Stott, 「현대교회와 설교」, 59.
20 Farmer, *The Servant of the Word*, 9.

신학적 발전의 중심부에 설교가 위치하고 있음을 밝혔다. 모든 그리스도
인은 신학자이어야 한다. 그리고 모든 목회자들은 신학자이어야 한다. 좋
은 신학자든 형편없는 신학자든 모두가 신학자이다. 그러나 가장 중요한
신학자는 강대상에 있는 설교자이다.21)

1. 하나님의 말씀으로서의 설교

Stott는 그의 저서 「현대 교회와 설교」에서 성경에 관한 세 가지 사
실을 설명했다. 그것은 성경은 기록된 하나님의 말씀이며, 하나님은 여전
히 그가 말씀하신 것을 통해서 말씀하시고, 하나님의 말씀은 능력이 있다
는 것이다.22) 이 말은 하나님의 말씀으로서의 설교의 성격을 잘 드러내
주는 것이다.

설교는 인간의 말이 아니라 인간을 통한 하나님의 말씀이기에 설교에서
하나님의 계시를 반복하는 일, 혹은 전달하는 일은 우리 자신에 의해서
행해지는 것이 아니다. "설교는 사건이다"라는 말의 의미는 설교를 통해
하나님께서 말씀하신다는 것이다.23) 설교 말씀은 그리스도에 대한 논술
이 아니라, 그것은 인격적 사건이며, 하나님께서 그리스도로 인하여 우리
와 함께 계시는 임마누엘의 하나님이심을 증거하는 것이다.24)

설교가 하나님 말씀의 선포라고 할 때 그 설교는 반드시 하나님의 이름
으로 행해져야 한다. 그래서 Rudolf Bohren은 "설교란 하나님의 이름으
로 말하는 것이며, 아버지와 아들과 성령의 이름으로 행해지는 것이고, 하
나님 안에서 그 내용도 얻는다"라고 했다.25) 설교는 성령님의 역사와 밀

---

21 Raymond Bailey, "설교사역의 갱신," 「뱁티스트」 제24호 (1996. 3. 4): 31.
22 Stott, 「현대교회와 설교」, 110-23.
23 Barth, 「설교학원강」, 44.
24 Ibid., 50.
25 Rudolf Bohren, 「설교학원론」, 박근원 역 (서울: 대한기독교출판사, 1983), 112.

접하게 연관된다. Bohren은 설교는 희망의 언어이기 때문에 성령론에서 시작하지 않으면 안 된다고 하며, 더 나아가 설교한다는 것은 성령으로부터 와서, 성령에 의해서 행해지고, 성령을 목표하여 행해지는 것으로서 설교는 성령으로 말미암아 이루어진다고 했다.26) 성령은 설교를 준비할 때 영감을 주시고, 설교할 때 열정을 주시며, 설교가 행해진 뒤에는 모든 의미있는 열매들을 맺게 해 주신다.

설교자는 하나님을 대신하는 대사이며 그리스도를 대신해서 말하는 자이다. 그가 성경에 근거한 것을 설교한다면 그의 말은--그것이 하나님의 마음과 일치하는 한--하나님의 말씀으로 간주되게 되어 있다. 그러므로 우리는 설교자의 말을 하나님 자신의 말씀으로 받아야 한다.27)

2. 성경 강해로서의 설교

설교는 하나님의 말씀이기 때문에 인간의 사상에 기초한 것이 아니라 하나님의 기록된 말씀인 성경에 근거한 것이어야 한다. 설교는 성경 메시지이어야 한다. 원래 설교를 가리키는 homily란 말은 "따라서 말한다"는 의미를 지니고 있다. 즉 하나님의 말씀인 성경이 말하는 것을 따라서 그와 같이 선포하는 것이 설교이다.

설교의 뿌리는 주경 신학이고 주경 신학의 출발점은 "...으로부터 의미를 끌어내다"는 뜻을 지닌 exegesis이다. 이것은 "...에 대해 의미를 부여하다"는 뜻을 지닌 eisegesis와는 다르다. 즉 설교는 성경 본문이 처음 쓰여지던 상황 속에서의 진정한 의미를 찾아 그 의미가 드러내 주는 영원한 진리를 청중의 상황 속에 적용하여 실천하도록 설득하는 것을 말한다. 성경 강해란 성경 주석을 통해 얻어진 사실들에 기초하여 그 사실들이 드러

---

26 Ibid., 90.
27 Stott, 「현대교회와 설교」, 41.

내 주는 일반적이고 영원한 진리를 청중들이 처해 있는 상황 속에 적용시
켜 주는 과업을 의미한다. 설교는 바로 이러한 작업을 의미한다.

3. 케리그마로서의 설교

현대의 설교자에게 거룩한 행위로서의 설교를 할 수 있는 권위가 주
어지는 것은 근원적으로 사도적 전승에서 비롯된다. 그러므로 오늘 우리
가 설교에 대해 고찰할 때는 무엇보다도 먼저 예수님의 설교와 사도들의
설교에서 그 원형과 모범을 찾아야 한다.[28]

사도들의 설교의 두드러진 특징은 케리그마 설교였다. 케리그마는 예수
님의 죽으심과 부활하심을 핵심으로 하는 선포로서 설교의 그리스도 중심
적 본질을 나타낸다. 이것은 하나의 전문적 용어로서 선포되는 예수 그리
스도의 복음 메시지를 지칭한다. 믿는 사람을 구원시키는 것은 설교 자체
가 아니라 선포되는 말씀이며 선포되는 그 말씀이 케리그마인 것이다.

현대의 설교자들이 아무리 시대적 변천을 강변하더라도 설교의 원형과
그 속에 나타나는 케리그마를 외면할 수는 없을 것이다. 이러므로 예수
그리스도의 오심과 공생활, 수난과 십자가에서의 죽으심, 부활과 승귀 그
리고 재림을 통전적으로 선포하는 것을 기본으로 삼아야 한다. 예수 그리
스도의 전 생애가 잘 드러나도록 설교해야 한다.[29]

4. 목양으로서의 설교

하나님의 백성들은 하나님의 말씀을 영혼의 양식으로 삼아 살아야 한
다. 많은 설교자들이 설교의 궁극적 목적을 교화에 두고 있다. 인간의 삶을
위한 성서적 표준을 찾아 제시하는 것을 설교의 중심 원리로 삼고 있다.[30]

---

28 김영운, "설교가 설교되게 하려면," 『그 말씀』 (1996. 7): 94.
29 Ibid.
30 Friedrich Wintzer, *Die Homiletik*, 『현대설교학』, 정인교 역 (서울: 한국신학연

설교는 청중들로 하여금 무엇을 믿어야 하고, 어떻게 살아야 하는지를
제시해 주는 중요한 통로이다. C. H. Dodd가 사도적 설교의 원형과 발전
을 논하면서 신약 성서의 메시지를 케리그마와 디다케로 나누어 생각한
것과 같이 이미 믿음을 가지고 있는 청중을 대상으로 하는 설교의 성격에
대해 염두에 두어야 한다. Raymond Bailey는 사도 바울의 설교를 분석
하면서 유대인을 향한 메시지, 이방인을 향한 메시지 그리고 신자들을 향
한 메시지로 나누어 설명하였다.31)

설교는 하나님의 백성들에게 기독교적 가치관과 그리스도인으로서의
행동 양식 그리고 생활 방식을 제시해 줄 수 있어야 한다. 설교를 통해
가정 생활, 교회 생활, 사회 생활 등에 요구되어지는 거룩한 진리들을 들
을 수 있어야 한다.

5. 종교 개혁자들의 설교관

Luther는 종교 개혁의 성취를 위하여 기본적 교리 전수 설교 (cate-
chetical sermon)를 했으며, 교회력을 따라 낭독되는 성경 구절에 대해
간략하게 설명하는 포스틸(post illa verba; 이 말씀 뒤에) 설교를 했다.
그는 후일 성서를 연속적으로 설교하기를 좋아했다.32)

설교의 신학을 논할 때 Calvin을 말하지 않을 수 없다. 그의 저서 「기
독교 강요」전권에 걸쳐 설교의 중요성이 자주 나타난다. 그는 설교를 교회
의 최대 과업으로 보면서, "교회의 근간이며 그 영혼이라고 할 수 있는 직
분(설교)이 파괴되어 버린 모임을 누가 감히 교회라고 부르겠는가"33)라

구소, 1998), 69-72.
31 Raymond Bailey, *Paul the Preacher*, 「설교자 바울」, 이명희 역 (대전: 침례신학
   대학교출판부, 1996), 131-51.
32 Yngve Brillioth, *A Brief History of Preaching*, 「설교사」, 홍정수 역 (서울:
   신망애출판사, 1987), 153-59.
33 Bohren, 「설교학원론」, 1, 7.

고 했다. 즉 설교가 없으면 교회도 없다는 확신을 나타낸 것이다. Calvin
은 성례전을 설명하면서도 설교가 성례전의 중심임을 말하고 있다. 성례
전이라는 표적은 그것이 말씀으로 나타날 때만 효력이 생기는 것이다.

Calvin은 설교에 있어서 성령은 말씀이 헛되게 귀를 울리는데 머물지
않고, 성례전이 헛되게 눈에 보이는데 머물지 않도록 말씀하시는 분이 하
나님이심을 보여 주시며, 우리 마음의 완고함을 부드럽게 하시고, 마침내
우리의 마음을 주 하나님의 말씀에 바치는 복종으로 향하도록 준비시키시
어 이러한 외부적인 말씀과 성례전을 함께 귀로부터 마음 속으로 옮기는
역사를 한다고 했다.34)

6. 청교도의 설교

청교도(puritan)라는 말은 예배와 교회법 등을 비롯한 교회 구조를
변혁시키고자 시도했던 영국 국교회의 비판적인 개혁 교회 그리스도인들
을 가리키는 말이다. 청교도들은 전통 교회가 중시하는 교회들과 의식의
거행보다도 참된 설교와 성경 연구가 훨씬 더 효과적으로 사람들을 회개와
성화로 이끌 수 있다고 믿었다. 청교도들은 그 당시 널리 퍼져있던 세속
풍조를 거슬러 가정의 영성화, 주일 성수, 양심적인 직업 의무의 수행 등
으로 특징지어지는 금욕적인 특수 문화를 개척하였다. 그래서 반대자들이
그들을 경멸조로 순결파, 즉 퓨리탄이라 불렀다.35)

주후 1560년에서 1660년은 청교도들이 영국에서 가장 강력한 영향력
을 발휘하던 시기였다. 왜냐하면 청교도들은 성경을 중심으로 하여 교회,
문화, 사회 문제를 해결하려고 했던 영적 세력이기 때문이었다. 청교도 설
교의 내용과 특징은 선택, 계약, 섭리로 이어지는 인간을 향한 하나님의

---

34 Ibid., 6, 13.
35 김원배, "청교도 시대 사회 정치적 상황과 설교의 특징," 「그 말씀」 (1996. 1): 119-20.

뜻이 담긴 신학적 틀을 기초로 하고 있다는 점이다. 인간에 대한 하나님의 영원한 예정과 선택을 믿으며, 죄인됨을 인식하고 하나님의 부르심을 듣고 그리스도와 연합해야 하고, 그리스도의 공로를 통한 죄의 용서와 경험과 은총을 체험하며, 죄악과 이기성을 벗어버리고 마음과 뜻을 다하여 하나님과 이웃을 사랑하는 성화의 단계를 거치고, 그리스도와 같은 거룩한 모습으로 변화받는 과정을 지나게됨을 설교하였다.

청교도들은 또 주일 성수를 강조하였다. 쉬면서 세상적인 기쁨을 채우는 것이 아니라 영적인 훈련의 날로 성별되게 지켰다. 청교도들은 그들의 종교적 정신을 가장 잘 실현시킬 수 있는 가장 이상적인 장소로서의 가정과 하나님의 뜻을 실현할 수 있는 소중한 소명으로서의 직업 그리고 그리스도인은 가정과 하나님의 소명에 합당한 직업을 통해서 하나님의 역사에 참여하도록 부름을 받고 있다고 설교하였다.36)

청교도 설교의 특징은 설교에서 지적 요소의 중요성을 인식하고 경건하고 학식있는 목사를 이상적인 목사상으로 꼽았다는 점이다. 그들은 철저하게 연구한 설교가 아니면 가치있게 보지 않았고, 깊은 연구를 통해 어정쩡하게 넘어가는 대목을 만들지 않았다. 그들은 주로 강해 설교를 했으며 설교에서 성경이 중심이 되어야 한다는 확신은 설교의 세세한 부분들까지도 성경에 의거해야 한다는 점을 강조했다.37) Stott는 청교도들을 "신실한 설교자들"이었다고 요약했다.38)

7. 현대 설교학의 발전

Schleiermacher는 학문으로서의 실천신학의 시원으로 여겨지고 있

---

36 Ibid., 126-28.
37 Reland Leiken, "청교도, 신실한 설교자들," 「그 말씀」 (1996.1), 145-8.
38 Stott, 「현대교회와 설교」, 35.

는데, 그는 기본적으로 설교를 예배의 한 요소로 이해하면서, 하나의 기예론 즉 방법론적인 것으로 취급했고, 설교자가 개인적으로 경험된 그리스도와의 삶의 교제를 전달하는 것이라고 생각했다. 그는 설교를 회중 설교와 전도 설교로 대별하여 예배 상황에서의 설교는 본질적으로 회중 설교이며 동시에 기독교 설교는 복음 전도적 기능도 갖는다고 제시하였고, 설교의 형식에 대하여 대화적인 특성을 설명했다.39)

Schleiermacher의 설교학을 계승 발전시킨 A. Schweizer는 설교학을 재료 설교학과 형식 설교학으로 나누어 설명했다. 재료 설교학은 설교의 내용에 관한 것이고, 형식 설교학은 설교의 형태와 구성에 관한 것이다. 그는 교회력과 수사학을 중시하였다.40)

정성구 박사는 그의 저서 「실천신학개론」에서 현대 설교학의 발전에 대해 잘 요약해 주었다.41) 우선 1847년 A. Vinet의 설교학이 프랑스와 독일에서 높은 평가를 얻었다. 그리고 1870년에 John A. Broadus가 「설교의 준비와 전달」(On the Preparation and Delivery of Sermons)을 썼는데, 이 책은 설교학의 고전이다. Phillips Brooks가 1877년 Lyman Beecher 설교학 강좌에서 행한 강의는 명강의로서 "설교는 인격을 통한 진리의 전달"이라는 대명제를 제시하였다. 20세기 초는 제목 설교가 유행했는데 그에 따라 설교에서의 예화 사용법에 대한 논의가 많이 이루어졌다. 이러한 예화를 곁들인 제목 설교는 한국에 온 선교사들에 의해 고스란이 이식되어 한국 교회 설교의 풍토를 결정지었다.

A. W. Blackwood, I. T. Jones, G. Davis 등은 1900년대 중반 설교의 구성의 중요성을 제시한 설교 학자들이었고, 그들은 성경적인 설교

---

39 Wintzer, 「현대설교학」, 25-29.
40 Ibid., 40-41.
41 정성구, 「실천신학개론」 (서울: 총신대학교출판부, 1980), 118-22.

의 필요성을 역설하였다. 이것은 본문 설교 나아가 성경 주석에 기초한 강해 설교의 등장을 준비하는 과정이 되었다고 할 수 있겠다.

현대의 설교학은 설교 신학, 설교의 역사, 설교 구성의 원리, 설교의 전달, 설교자의 자질, 설교의 계획 등의 분야로 나뉘어져서 발전되고 있다. 또한 근래에 이르러 주경 신학, 선교신학, 심리학 등과의 관계 속에서 설교학을 다른 학문과 접목시켜 포괄적으로 연구하는 경향이 있다.

D. 설교의 종류

전통적으로 설교의 형태를 주제 설교, 본문 설교 그리고 강해 설교의 세가지로 분류해 왔다. 주제 설교, 본문 설교, 강해 설교 등의 용어에 대한 이해가 모두에게 일치하고 있는 것은 아니다. 하지만 이 세 가지는 설교에 접근하는 방식의 차이에 의해 구별되고 있다. 대부분의 설교 학자들이 주제 설교는 설교자가 가지는 어떤 주제에 대한 성경 진리를 중심으로 설교를 구성하는 것으로, 본문 설교는 비교적 짧은 설교 본문에 근거하여 설교를 구성하는 것으로, 강해 설교는 비교적 긴 설교 본문을 근거로 하여 설교를 구성하는 것으로 구분하였다. 곽안련은 설교의 종류를 설명하면서 본문 설교와 제목 설교[주제 설교]의 차이점에 대하여 "본문 설교는 주제와 대지 재료들까지 직접으로 본문에서 나오나, 주제 설교는 주제만 본문에서 나오고 대지들과 재료는 주제와 조화만 되면 어느 곳에서 취해도 좋다. 다른 한 가지 차이점은 본문 설교는 본문 자체가 재료 창고이지만 제목 설교는 그 제목이 재료 창고이다"[42]라고 말했다. 하지만 본문 설교와 강해 설교에 대한 구분은 매우 모호한 것도 사실이다.

전래의 주제 설교의 개념은 설교의 구성 방법과 밀접하게 연관되어 있

---

42 곽안련, 「설교학」, 19판 (서울: 대한기독교서회, 1979), 29-30.

다. 즉 설교의 주제를 정하고 그 주제에 관련된 성경 진리들을 적절히 배열하여 설교를 구성하는 방법을 따랐다. 그래서 설교 본문이 있기는 했지만 일반적으로 설교의 주제가 깃들어 있는 본문이면 만족했고, 설교 내용도 설교 본문과는 그다지 상관이 없었다. 즉 주제 설교는 설교 본문의 내용보다는 설교 본문이 제공하는 어떤 주제를 근거로 하는 설교이다.43) 그래서 비록 설교의 주제는 설교 본문에서 얻지만 설교의 대지와 내용은 주제로부터 나온다.44) 이러한 전통적인 의미에서의 주제 설교는 바람직하지 않다.

David L. Larsen은 설교의 대가이지만 설교 본문에서 나오면 본문 설교이고, 대지는 물론이고 소지까지 설교 본문에서 나오면 강해 설교라고 설명했다.45) Haddon W. Robinson은 강해 설교란 성경 본문의 배경에 관련하여 역사적, 문법적, 문자적으로 연구하여 발굴하고 알아낸 성경적 개념을 전달하는 것으로서, 성령께서 그 개념을 우선 설교자의 인격과 경험에 적용하시며, 설교자를 통하여 다시 청중들에게 적용하시는 것이라고 정의하였다.46)

설교의 형태 이해에 있어서 강해 설교에 대한 많은 오해가 있다. 강해 설교는 설교를 구성하거나 전달에 대한 문제가 아니라 설교 본문을 해석하고 설교의 명제를 붙잡는 문제에 관한 접근 방식이다. 강해 설교는 설교 본문에 대한 올바른 해석에 근거하여 본문이 말하고 있는 진리를 따라 설

---

43 T. Harwood Pattison, *The Making of the Sermon* (Philadelphia: The American Baptist Publication Society, 1902), 55.

44 John A. Broadus, *On the Preparation and Delivery of Sermons*, 4th ed., rev. Vernon L. Stanfield (San Francisco: Harper & Row, 1979), 55.

45 David L. Larsen, *The Anatomy of Preaching* (Grand Rapids: Baker Book House, 1989), 32.

46 Haddon W. Robinson, *Expository Preaching*, 「강해설교」, 박영호 역 (서울: 기독교문서선교회, 1983), 21.

교를 구성하여 설교해야 한다는 설교 철학이다. 이것은 성경 신학의 발전과 함께 이루어진 설교학의 중요한 발전이라고 할 수 있다. 그러므로 강해설교는 설교의 형태 중 한 종류라기 보다는 설교에 임하는 철학이라고 하는 것이 옳다.

설교는 마땅이 설교 본문에 근거해야 한다는 설교 신학의 명제에 비추어 볼 때 설교 본문에 대한 적절한 해석에 기초하지 않고서는 올바른 설교가 이루어질 수 없다. 그러므로 모든 설교는 강해적 설교이어야 한다. 주제 설교도 강해 설교이어야 하고, 본문 설교도 강해 설교이어야 한다. 그래서 주제 설교는 주제강해 설교로, 본문 설교는 본문강해 설교로 불러야할 것이다. 그러므로 강해 설교를 설교의 종류로 취급하지 말고, 설교의종류는 주제 설교와 본문 설교의 두 종류가 있다고 하는 것이 옳다고 본다.

이전 시대의 설교 학자들은 본문 설교와 주제 설교를 설교의 형태로서엄격하게 구별했다. 하지만 이제는 더 이상 유효한 것 같지 않다. 왜냐하면 모든 설교자들이 동의하는 바와 같이 설교는 하나님의 말씀의 선포이어야 하기 때문이다. 모든 설교는 본문에 충실한 설교가 되어야 한다. 하지만 설교 본문이 선정되는 과정은 차이가 있을 것이다. 설교를 준비할 때주제를 먼저 선정하는가 아니면 본문을 먼저 선정하는가? 일정한 법칙이있는 것은 아니다. 어느 것을 먼저 선정해도 상관이 없다. 둘을 동시적으로 선정할 수도 있다.47)

일반적으로 설교는 설교자의 마음 속에 있는 주제와 목표로부터 설교가시작된다. 여기서 주제라고 하는 것은 설교자가 그 내용을 구체화시키기위하여 본문을 펼치기 전에 품은 설교의 주제를 말한다.48) 설교를 준비하

---

47 Dan Baumann, "Preparing a Sermon" in *Leadership Handbooks of Practical Theology*, vol. 1. ed. James D. Berkley (Grand Rapids: Baker Book House, 1992), 82.

는 설교자의 마음 속에 "무엇에 대해 설교해야겠다"고 잉태되는 설교의 씨앗을 설교 이념이라고 부른다. 정해진 성경을 순서에 따라 설교 본문으로 하여 설교하는 경우가 아니면 설교의 주제를 먼저 정하고 설교 본문을 찾아가는 방식을 취한다. 이럴 때 어떤 설교의 필요성이 설교의 본문을 선정하게 한다.

웨스트민스터신학교의 Derke P. Bergsma는 진정한 의미에서의 주제 설교가 복음주의 교회에서 즐겨 행해지는 설교 방법이라고 하면서 다음과 같은 세 가지 형태가 있다고 설명했다.49) 첫째는 일반적 주제 설교(general topical sermon)이다. 이것은 하나의 특정한 주제, 예를 들면, 분노, 부부 갈등, 자아 실현 등 설교자가 다루고자 하는 주제를 선정하고 그 주제에 대해 성경적 또는 성경 외적인 자료들을 사용하여 메시지를 만드는 것이다. 성경에만 제한되지 않기 때문에 어떤 주제에 대해 설교자의 의견이 앞장 서고 성경으로 뒷받침하는 경향을 나타낸다. 불행하게도 많은 주제 설교들이 이와 같은 형태를 따르고 있다. 둘째는 본문적 주제 설교(textual topical sermon)이다. 이것은 설교의 주제를 설교자가 정하는 것이 아니고 일정한 성경 본문에서 설교의 주제가 나오는 것이다. 하지만 일단 주제가 선정되고 나면 설교자는 그 주제를 제공한 성경 본문에 구애받지 않고 메시지를 발전시킬 수 있다. 세번째는 성경적 주제 설교(biblical topical sermon)이다. 이것은 설교의 주제를 성경 진리에서 얻는다. 예를 들면, 믿음, 기도, 회개 등과 같은 주제에 대한 성경의 교훈들을 여러 본문에서 찾아내어 메시지를 발전시키는 것이다. 여기서도 특정

---

48 Henry R. Caemmerer, *Preaching for the Church* (St. Louis: Concordia Publishing House, 1959), 133, 139.
49 Derke P. Bergsma, "Preaching for Modern Times," in *Practical Theology and the Ministry of the Church*, ed. Harvie M. Conn (Phillipsburgy, NJ: Presbyterian and Reformed Publishing Company, 1990), 177.

한 본문에 대한 깊은 연구가 이루어지지 않는다.

필자는 위의 세 가지 형태에 주제 본문 설교 (topical textual sermon)를 첨가하고자 한다. 설교는 하나님의 말씀의 선포이어야 한다. 설교자의 개인적 주장이 아니라 성경 본문의 중심 사상이 앞장 서는 설교가 되어야 한다. 그런 의미에서 설교는 반드시 설교 본문에 근거한 설교이어야 한다. 즉 설교 본문이 다루고 있는 어떤 주제에 대하여 설교 본문에 국한시킨 내용으로 설교가 구성되어야 한다. 그러므로 설교는 마땅이 설교하고자 하는 주제에 대한 설교 본문이 정해지면 철저히 설교 본문을 강해하면서 설교하고자 하는 주제에 대해 그 본문이 말하고 있는 사실들을 재료로 설교를 구성하여 전달해야 한다.

근래에 이르러 설교의 새로운 형태들이 선보이고 있다. 아직 보편화되지는 못했으나 실험적으로 시도되고 있다. 몇 가지 예를 들어 본다면 다음과 같다: 첫째, 1인칭 설교이다. 성경의 이야기를 1인칭 형태로 재구성하여 설교자가 그 역할을 맡아서 설교 내용을 전개시키는 것이다. 고백적인 내용이거나 성경 내용과 설교자의 인격적 동일시가 가능할 때 효과적인 설교 형태라고 생각한다. 둘째로, 듀엣 설교가 있다. 처음부터 두 사람의 설교자가 강단에 서서 어떤 주제에 대해 서로 대화하는 듯이 진행하는 형태이다. 셋째, 드라마 설교이다. 이것은 어떤 드라마를 통해서 성경의 내용이나 메시지를 전하는 것이다. 드라마에 메시지를 첨가하기도 하고, 메시지에 드라마를 첨가하기도 한다.50)

E. 한국 교회 설교 사역의 현황

필자는 대학원생들과 함께 한국 교회 설교 사역에 관한 기초적인 사항

---

50 이동원, 「청중을 깨우는 강해설교」 (서울: 요단출판사, 1991), 102-3.

들을 이해하기 위한 조사를 실시하였다. 설교 사역에 관한 설문지를 기독교한국침례회 소속 교회 목회자들을 대상으로 전국 85개 지방회에 지방회당 10교회씩 무작위로 선정하여 총 800매를 우송하여 그 중 220명의 설교자들로부터 답신을 받았다. 그 내용을 중요한 것만 정리하여 제시하면 다음과 같다:

(1) 설교자들의 직분은 담임 목사가 158명(72%), 부목사(교육 목사)가 10명(4.5%), 전도사가 14명(6.4%) 그리고 나머지는 밝히지 않았다.

(2) 설교자들의 목회 경력은 〈표-1〉과 같다.
〈표-1〉 설교자들의 목회 경력

년 명	1-5	6-10	11-15	16-20	21-29	30-39	40이상	기타	계
명	36	68	32	32	18	12	2	20	220명
%	16.4	30.9	14.5	14.5	8.2	5.5	0.9	9.1	100%

(3) 설교자들의 연령은 〈표-2〉와 같다.
〈표-2〉 설교자들의 연령

구분 인원	20대	30대	40대	50대	60대 이상	기타	계
명	0	82	58	60	10	10	220명
%	0%	37.2%	26.4%	27.3%	4.5%	4.5%	100%

(4) 설교자들이 가지고 있는 장서량은 〈표-3〉과 같다.
〈표-3〉 설교자들의 장서량

권	200 미만	200 - 400	400 - 700	700 - 1000	1000 - 1200	1200 - 1500	1500 - 2000	2000 이상	기타	계
응답자	12	34	52	36	18	12	10	42	4	220명
%	5.5	15.5	23.6	16.4	8.2	5.5	4.5	19.1	1.8	100%

설교자들 중 61%가 1,000권 미만이고, 2,000권 이상은 19.2 %로 나타났다. 이들을 연령별로 보면, 30대의 경우 평균 400-1,000권 사이가 가장 많았으며, 2,000권 이상이 16명이 되었다. 또한 40-50대는 평균 400-700권 사이가 많았고, 60대는 약 1,000권 정도의 장서를 소유하고 있는 것으로 나타났다.

목회 경력별로 살펴보면, 1-5년은 400-700권 사이가 가장 많고, 6-10년은 700-1,000권 정도, 11-15년은 1,200-1,500권, 16-20년은 평균 400-700권, 20-29년은 2,000권 이상, 30년 이상은 평균 700-1,000권으로 나타났다.

(5) 설교자들의 월간 독서량은 〈표-4〉와 같이 나타났다.
〈표-4〉 월간 독서량

권	2 이하	3-5	6-10	11 이상	기타	계
응답자	76	76	34	8	26	220명
%	34.5	34.5	15.5	3.6	11.8	100%

설교자들의 월간 독서량은 비교적 낮은 편인 것으로 평가된다. 또한 이를 연령별로 살펴보면, 30, 40, 50대 모두 공통적으로 평균 3-5권 정도이며, 응답자의 약 15%는 6-10권을, 그리고 60대는 월 2권 정도로 나타났다.

(6) 주일 낮예배 설교를 위한 준비 시간은 〈표-5〉와 같다.

〈표-5〉 주일 낮예배 설교 준비 시간

	1-2 시간	2-5 시간	6-10 시간	11-15 시간	3-5 일	1-2 주	3주 이상	안함	기타	계
명	20명	80	48	32	18	2	0	2	18	220명
%	9.1	36.4	21.8	14.5	8.2	0.9	0	0.9	8.2	100%

(7) 주일 밤예배(오후 예배) 설교 준비 시간은 〈표-6〉과 같다.

〈표-6〉 주일 밤예배 설교 준비 시간

	1-2 시간	2-5 시간	6-10 시간	1-2 일	3-5 일	1-2 주	안함	기타	계
응답자	72	90	28	18	4	0	2	6	220명
%	32.7	40.9	12.7	8.2	1.8	0	0.9	2.7	100%

(8) 수요 기도회 설교 준비 시간은 〈표-7〉과 같다.

〈표-7〉 수요 기도회 설교 준비 시간

	1-2 시간	2-5 시간	6-10 시간	1-2 일	3-5 일	안함	기타	계
응답자	76	96	26	10	2	2	8	220명
%	34.5	43.6	11.8	4.5	0.9	0.9	3.6	100%

(9) 새벽 기도회 설교 준비 시간은 〈표-8〉과 같다.

〈표-8〉 새벽 기도회 설교 준비 시간

	1-2 시간	2-5 시간	6-10 시간	1-2 일	3-5 일	안함	Q.T	기타	계
응답자	156	30	8	4	0	2	4	16	220명
%	85.8	13.6	3.6	1.8	0	0.9	1.8	7.3	100%

새벽 기도회 설교를 위해 많은 시간을 사용하지 않고 간단히 말씀을 전하고 기도하는 시간을 많이 갖고 있는 것을 알 수가 있다. 설교 준비를 위해 사용하는 시간은 평균 5시간 정도인 것으로 나타났다.

(10) 주일 낮예배 설교의 소요 시간에 대해서는 〈표-9〉와 같다.

〈표-9〉 주일 낮예배 설교의 소요 시간

	20분 미만	25분 정도	30분 정도	40분 정도	40분 이상	정하지 않음	기타	계
응답자	6	44	78	54	16	16	6	220명
%	2.7	20	35.4	24.5	7.3	7.3	2.7	100%

(11) 설교 계획에 대해서는 〈표-10〉과 같이 나타났다. 상당수의 설교자가 매주 그때 그때 준비하여 설교하고 있음을 알 수 있다. 응답자 중에는 1년 계획을 세우고 나서 다시 1개월 계획을 세우는 경우와, 1년 계획과 그때 그때 계획을 조정하는 경우도 있었으며, 책별 강해로 연속 설교를 하는 경우도 있었다.

〈표-10〉 설교 계획 여부

	1년	6개월	3개월	1개월	매주	계획안함	기타	계
응답자	40	8	24	20	114	10	4	220명
%	18.2	3.6	10.9	9.1	51.8	4.5	1.8	100%

(12) 설교 본문 선택 경향에 대해 구약과 신약의 비율에 있어서는 〈표-11〉과 같이 나타났다.

〈표-11〉 설교의 경향 (구약/신약)

구약 / 신약 비율	10 / 90	20 / 80	30 / 70	35 / 65	40 / 60	50 / 50	60 / 40	70 / 30	75 / 25	80 / 20	기타	계
응답자	6	6	52	4	58	64	12	4	2	4	16	220명
%	2.7	2.7	23.6	1.8	26.4	29.1	5.5	1.8	0.9	1.8	3.6	100%

구약과 신약의 비율이 50:50으로 하는 설교자가 64명으로 29.1%를 차지하고, 40:60이 58명으로 26.4%, 그리고 30:70이 52명으로 23.6% 를 차지하였다. 대체적으로 신약을 구약보다 더 많이 설교의 본문으로 사용하는 것으로 나타났다. 그러나 구약과 신약의 전체 분량을 감안한다면 구약에 대한 설교가 신약에 대한 설교에 훨씬 못미치는 것으로 생각된다.

(13) 설교자들이 설교 준비를 위하여 어떤 자료를 사용하고 있는지의 여부를 7항목으로 나누어 제시하고 조사해 본 결과 〈표-12〉와 같이 나타났다.

〈표-12〉 도서류 자료 이용도   ( )안은 %

	자주본다	가끔본다	안보는편	기타	계
설교집	36(16.4)	110(50)	58(26.4)	16(7.3)	220(100)
주 석	104(47.3)	74(33.6)	32(14.5)	10(4.5)	220(100)
예화집	26(11.8)	76(34.5)	92(41.8)	26(11.8)	220(100)
성 경	210(95.5)	6(2.7)	0(0)	4(1.8)	220(100)
신학서	48(21.8)	130(59.1)	26(11.8)	16(7.3)	220(100)
경건서적	68(30.9)	110(50)	22(10)	20(9.1)	220(100)
기타도서	54(24.5)	128(58.2)	26(11.8)	12(5.5)	220(100)
계(1,540)	546(35.5)	634(41.2)	256(16.6)	104(6.8)	1,540(100)

(14) 설교할 때 원고 의존도에 대해서는 〈표-13〉과 같다.

〈표-13〉 설교 원고의 의존도

	100%	80%	50%	30%	대지만	안본다	기타	계
응답자	26	64	40	44	28	10	8	220명
%	11.8	29.1	18.2	20	12.7	4.5	3.6	100%

(15) 설교 준비에 있어서 어떤 면에 어려움을 느끼는지에 대해서 제목 선택, 예화 선택, 본문 선택, 대지 구분, 내용 전개 등 다섯 가지 면을 제시하여 조사해 보았는데 〈표-14〉와 같이 나타났다.

〈표-14〉 설교 준비의 어려운 점

	제목 선택	예화 선택	본문 선택	대지 구분	내용 전개	기타	계
응답자	18	38	62	14	54	34	220명
%	8.2	17.3	28.2	6.4	24.5	15.5	100%

(16) 예화의 수집 방법에 대해서는 〈표-15〉와 같다.

〈표-15〉 예화 수집 여부

	모은다	안모음	가끔 모음	예화 사용안함	성경예화 만 사용	삶의경험을 예화로사용	기타	계
명	98(8)	56	28	2	2	8	18	220명
%	44.5(3.6)	25.5	12.7	0.9	0.9	3.6	8.2	100%

(17) 설교자로서 자신이 느끼는 취약점에 대해서 적도록 요청했는데 여러 가지 답변이 나왔다. 기도로 준비하는 면에 있어서 취약하다고 응답한 경우가 제일 많았고(28명), 그 다음은 성경 본문의 기본 의미에 대한

이해 부족과 성경에 능통하지 못한 점(20명), 그리고 목회자 자신의 삶이 부족하다고 대답한 경우가 16명, 시간 사용에 있어서의 취약점이 16명, 또한 생명력 있는 전달, 표현력, 호소력, 어휘력 등이 취약한 경우가 14명, 그리고 영성의 부족, 시사성에 대한 부족, 설교의 적용면에 대한 부족, 설교 준비의 부족, 성대가 약한 면 등의 답변이 있었다.

(18) 성경 통독 횟수에 대해서는 〈표-16〉과 같았다.

〈표-16〉 성경 통독 횟수

	1-5	6-10	11-15	16-20	21-29	30-39	40-49	50-70	71-100	101-199	200 이상	기	계
명	24	32	4	36	18	16	4	18	18	6	6	38	220명
%	10.9	14.5	1.8	16.4	8.2	7.3	1.8	8.2	8.2	2.7	2.7	17.3	100%

조사 중 최고의 통독 횟수는 500회였으며, 그 다음이 287회였다. 그리고 신약을 구약보다 훨씬 많이 읽었다고 응답하였다.

F. 현대 설교 사역의 문제점과 설교학의 과제

장신대 설교학 교수인 정장복 교수는 한국 교회의 강단을 침몰시키는 요소들로 설교 전문인을 위한 교육 과정의 문제, 설교 사역의 빈도수, 물량주의와 기복주의, 말씀의 주인인 하나님이 나타나지 않는 "나"의 설교, 남의 설교를 복사하는 도용성의 심각성, 설교 준비의 불성실, 본문 말씀을 떠난 설교의 범람, 설교의 내용과 설교자의 삶의 괴리 현상, 목회의 수단과 방편이 된 설교, 설교자의 착각적 과신의 문제 등을 지적했다.[51]

필자는 한국 교회 설교의 문제점과 그 해결을 위한 설교학적 과제들을

---

51 정장복, 「설교학 서설」 (서울: 엠마오, 1992), 21-38.

몇 가지 제안하고자 한다. 첫째, 설교 과다증이다. 한국 교회 대부분의 목
회자는 혼자서 설교를 담당하고 있다. 설교 횟수가 많을 수밖에 없다. 설
교 횟수의 과다 현상은 설교자와 청중 모두에게 심각한 부정적 영향을 끼
친다. 설교 준비를 불성실하게 하고 설교를 아무렇게나 생각하게 된다. 설
교의 질적인 성숙을 위해서 반드시 그 대안이 필요하다. 즉 협력 목회자가
있을 때는 설교 사역의 짐을 효과적으로 분담해야 하고, 설교 사역을 계획
성 있게 준비해야 할 것이다.

둘째, 비성경적 설교가 많다. 설교의 권위가 떨어지는 것은 성경적이지
못하기 때문이다. 설교자들은 설교 대신 간증을 나누고, 성경을 이야기하
기 보다는 만담같은 말장난을 일삼고 있다. 능력 있는 설교는 단지 감정을
건드리는 설교가 아니다. 그것은 얄팍한 경건 위주의 짧막한 설교들의 모
음이 아니다. 그것은 현 시대의 정세에 대한 정치 사회학적 평론도 아니
다. 모든 사람들로 기분좋게 하는 인기 있는 심리학 강론도 아니다.52) 설
교란 하나님에 대하여(about God) 말한다기 보다는 오히려 하나님에 의
해(by God) 말해지는 것이라고 Jean-Jacques Von Allmen은 말하였
다.53) 즉 설교자는 가능한 한 인간적인 설명을 적게 붙이고 성경에 담겨
져 있는 하나님의 말씀을 드러내고 표현해야 한다. 이를 위해 보다 깊은
성경 연구와 문맥 속에서의 의미를 분명히 파악하기 위한 열심이 요구되어
진다.

셋째, 설교자의 영성이 부족하다. 설교자와 메시지는 서로 분리될 수가
없다. 살아있는 메시지를 전달하기 위해서는 먼저 설교자의 참 인격과 영

---

52 John MacArthur 외, *Rediscovering Expository Preching*, 「강해설교의 재발견」,
  김동완 역 (서울: 생명의말씀사, 1993), 164.
53 Jean-Jacques Von Allmen, *Preaching and Congregation*, tr. B. L. Nicholas
  (London: Luther Worth Press, 1966), 7.

성이 요구된다. 회중들이 자신의 설교에 대해 깊이 신뢰할 수 있을 때에 설교자의 메시지는 더욱 효과적으로 전해진다. 설교는 설교자의 인격을 통해서 존재하는 진리이다. 참된 설교자는 하나님의 능력을 힘입는 사람이다.54) 설교자는 구원받은 확신이 있는 사람, 설교 제일주의자, 성경에 대한 전반적인 이해가 있는 사람, 기독교 진리에 대한 이해와 믿음이 있는 사람, 겸손한 사람, 성결한 사람, 기도하는 사람, 자기 감정을 다스릴 수 있는 사람, 성령 충만한 사람, 목자의 심정을 가진 사람이 되어야 한다.55) 설교자 자신이 자신의 사역을 준비하기 위해 하나님 앞에서 규모 있는 삶을 얼마나 살고 있는지 그리고 설교자에게 갖추어져 있어야 할 성경 연구와 기도하는 자세, 또 자신을 쳐서 복종시키는 신실한 삶을 살기 위한 영성 훈련이 요구된다.

넷째, 설교의 경쟁자들이 많다. 세상 사람들은 설교를 들으려고도 하지 않는다. 설교보다 재미있는 것이 얼마든지 있기 때문이다. 현대는 설교의 경쟁자들이 가득한 시대이다. 이동원 목사는 오늘 이 시대를 살아가는 대표적인 현대인의 모습을 네 부류로 나누고 오늘의 설교자의 위기를 진단하고 있다. 그는 가치관을 혼란케 하는 세속주의, 커뮤니케이션을 가로막는 속도와 화려한 색깔을 특징으로 하는 전자 세대, 절대를 거부해 버린 상대주의, 꿈과 이상을 상실한 채 흔들리는 현실주의라는 시대의 조류 앞에 설교자의 고민이 있다고 했다.56) 이러한 가운데서 설교자는 현대인의 현실과 그들의 문제를 무시하거나 자기 도취에 빠지지 말고 적절한 접촉점을 발견하고 메시지의 상황화를 위해 노력해야 한다.

다섯째, 청중의 요구에 부응하는 설교 현상이다. 많은 설교자가 시장 원

54 박철수, "독서에서 얻는 메시지," 「그 말씀」, 제28권 (1994. 11): 91-93.
55 이명희, 황영찬, 「어린이 설교·동화」 (서울: 침례회출판사, 1996), 45-47.
56 이동원, 「청중을 깨우는 강해설교」, 12-13.

리를 앞세운 물량주의적 교회 성장론에 휩싸여서 청중의 요구에 부합하여 그들의 등을 긁어 주는 설교를 하고 있다. 그래서 "message is massage"라는 말이 생기기도 했다. 하지만 청중의 요구(want)를 따르는 것과 필요(needs)를 채워 주는 것은 구별되어야 한다. 설교를 할 때 사람들의 필요를 가지고 시작함으로서 청중의 주의를 곧바로 끌어낼 수 있다. "이번 주일에 나는 무엇을 설교할 것인가?"를 묻는 대신에 "나는 누구에게 설교할 것인가?"를 물어야 한다. 청중의 필요를 생각하는 것을 설교의 출발로 삼아야 할 필요가 있다.[57]

여섯째, 설교자의 언어는 매우 중요하다. 정장복 교수는 설교자의 본질을 신언전달자(神言傳達者)로 정의하면서 설교에 있어서의 1인칭 사용에 대해 지적을 했다.[58] 설교자는 자신의 말로서가 아니라 하나님의 말씀을 대언하는 것이다. 주어를 모호하게 함으로 설교자의 권위를 오용하는 것은 옳지 않다. 설교자는 인격적이고 고상하며 경건한 표현을 사용해야 한다. 그리고 설교자는 회중들이 알아듣기 쉽도록 간결한 어휘를 찾아 쉽게 이해하고 거부감없이 메시지를 수용할 수 있도록 해야 한다.

일곱째, 설교자의 문화적 적응력이 부족하다. 설교자가 지나치게 문화적으로 단절될 때 정서적으로 메마르게 되며, 세상의 사람들을 이해하는 면에서도 상당히 뒤쳐지게 된다. 물론 선별된 문화적 접촉이 필요할 것이다. 좋은 독서, 영화, 연극, 음악 등은 좀더 나은 설교자로서의 성장에 밑거름이 될 것이다.

여덟째, 정보 마인드의 결여이다. 현대는 컴퓨터의 시대이며 정보화의 시대이다. 컴퓨터를 통한 다양한 자료가 제공되어지고 있다. 오늘날과 같

57 Rick Warren, *The Purpose Driven Church*, 「새들백 교회 이야기」, 김현회, 박경범 역 (서울: 디모데, 1996), 257.
58 정장복, 「설교사역론」 (서울: 대한기독교서회, 1997), 271-78.

은 정보의 홍수 시대 속에서 인터넷 등을 비롯한 많은 목회 정보 써비스 프로그램을 통한 자료에 관심을 가져야 한다.

아홉째, 커뮤니케이션 이론의 과신이다. 많은 설교자들이 설교의 위기를 말하면서 그 대안적 접근으로 커뮤니케이션 이론을 생각한다. 하지만 덜된 설교를 단순히 전달 방법의 기술론적인 개발만으로 해결하고자 하는 것은 잘못이다. 현대의 커뮤니케이션은 설교 구성 자체를 전달이 잘 되도록 하자는 설교 형태론적인 접근과 언어적, 비언어적인 설교 전달 방법을 효과적으로 성취하자는 전달 방법적인 접근 그리고 드라마나 멀티미디어 기구를 활용하여 메시지를 전달하자는 시청각적인 접근 방안 등이 개발되고 있다.

열째, 설교 철학의 미비이다. 지금까지 설교학의 과제는 주로 "무엇을, 어떻게" 즉 무슨 메시지(what to preach)를 어떤 방식(how to preach)으로 설교할 것인지에 맞추어져 있었다. 그래서 설교학에서 다루어진 논의의 주제들은 성경 말씀을 잘 해석하여 정돈된 메시지로 만들어 청중이 받아들일 수 있는 커뮤니케이션 이론을 따라 효과적으로 전달해야 한다는 방법론적인 것이었다. 그러나 이제는 설교학의 과제가 "왜" 설교하는지 즉 설교의 목적(why to preach)을 분명히 하는 설교가 되어야 한다는데 관심이 모아지고 있다.

Ⅱ. 나오는 말

시대는 변해도 메시지의 본질은 변할 수 없고, 상황은 달라져도 기독교의 근본 진리는 달라질 수 없다. 그 메시지는 하나님의 말씀에 대한 선포이다. 성경에서 떠난 설교, 말씀의 현장화를 가져오지 못한 설교, 신학이 없는 설교로부터 돌이켜야 할 때이다. "오직 설교만이 탈선한 설교를 제위치로 돌이킬 수 있는 능력을 가지고 있다"는 James Dain의 말을 깊이 새겨야 한다.

길자연 목사는 "설교자는 설교를 연구하고 준비하는 시간이 선포하는 시간보다 더 중요하며, 설교를 위한 철저한 준비가 좋은 설교를 위한 지름길"이라고 말했다.59) 김상복 목사는 "설교자는 제 음이 나올 수 있도록 자신을 순간순간 조율해 나가야 한다"고 했다.60) 정필도 목사는 "설교자는 하나님께서 자신에게 맡겨 주신 몫을 심부름하는 청지기이며 종일 뿐"이므로 성령께 온전히 의지해야 한다고 말했다.61) 김진홍 목사는 "양을 위하여 목숨을 버리는 뜨거운 가슴이 있는 목사가 설교할 자격이 있다"고 말했다.62) Stott는 설교자 후보생들을 향하여 "설교의 봉사는 위대하고 장엄한 것이다. 그리고 우리가 가진 모든 재능을 바칠 만한 것이다. 그러므로 나는 여러분이 일찍부터 여러분의 설교 사역을 필생의 과업으로 삼아 주기를 바란다"고 충고하였다.63) 모든 신학도와 목회자들이 능력 있는 설교자로 준비되기를 바란다.

---

59 길자연, "화평과 검을 주는 설교,"「그 말씀」, 제38권 (1995. 9): 25.
60 김상복, "하나님을 묻는 사람,"「그 말씀」, 제10권 (1993. 5): 33.
61 정필도, "성령과 호흡하는 설교,"「그 말씀」, 제13권 (1993. 8): 29.
62 김진홍, "현장에서 되살아나는 메시지,"「그 말씀」, 제30권 (1995. 1): 24.
63 Stott,「현대교회와 설교」, 49.

추 천 도 서

곽안련. 「설교학」, 19판. 서울: 대한기독교서회, 1979.

박영재. 「설교자가 명심해야 할 9가지 설득의 법칙」. 서울: 규장, 1996.

이동원. 「청중을 깨우는 강해설교」. 서울: 요단출판사, 1991.

장두만. 「강해 설교 작성법」. 서울: 요단출판사, 1989.

정성구. 「한국교회 설교사」. 서울: 총신대학출판부, 1986.

정장복. 「설교 사역론」. 서울: 대한기독교서회, 1997.

_____. 「설교학 서설」. 서울: 엠마오, 1992.

Bailey, Raymond. *Paul the Preacher*, 「설교자 바울」, 이명희 역. 대전: 침례신학대학교 출판부, 1996.

Brown, H. C. 외. *Steps to the Sermon*, 「설교 방법론」, 이정희 역. 서울: 요단출판사, 1983.

Bryson, Harold T. and James C. Taylor. *Building Sermons to Meet People's Needs*. 「청중의 필요를 채우는 설교작성법」, 정성영 역. 서울: 요단출판사, 1994.

Buttrick, David. *Homiletic*. Philadelphia: Fortress Press, 1987.

Craddock, Fred B. *Preaching*. Nashville: Abingdon, 1985.

Duduit, Michael. Ed., *Handbook of Contemporary Preaching*. Nashville: Broadman, 1992.

Lloyd-Jones, D. M. *Preaching & Preachers*, 「목사와 설교」, 서문강 역. 서울: 예수교문서선교회, 1977.

MacArthur, John 외. *Rediscovering Expository Preaching*, 「강해 설교의 재발견」, 김동완 역. 서울: 생명의 말씀사, 1993.

Parker, T. H. L. *Calvin's Preaching*. 「칼빈과 설교」, 김남준 역. 서울: 솔로몬, 1993.

Stott, John R. W. *Between Two Worlds*, 「현대교회와 설교」, 정성구 역. 서울: 반석문화사, 1992.

Robbinson, Haddon W. *Expository Preaching*, 「강해설교」, 박영호 역. 서울: 기독교문서선교회, 1983.

Wiersbe, Warren W. *Preaching & Teaching with Imagination*. 「상상이 담긴 설교」, 이장우 역. 서울: 요단출판사, 1997.

Wintzer, Friedrich. *Die Homiletik*, 「현대설교학」, 정인교 역. 서울: 한국신학연구소, 1998.

Yngve Brillioth, *A Brief History of Preaching*, 「설교사」, 홍정수 역. 서울: 신망애출판사, 1987.

3

예 배 학

정 일 웅

Ⅰ. 예배의 정의: 개념적 이해

우리말에서 예배(禮拜)라는 용어는 "예를 갖추어 절한다"는 의미로 이해된다. 물론 예배란 기독교의 교회가 주일에 공식 모임으로 행하는 하나님께 드리는 예배를 두고 하는 말이다. 즉 하나님을 믿는 그리스도인들이 예수의 이름으로 예배의 자리인 교회로 모여 하나님께 경배하며, 하나님을 섬기는 행위이다. 그런데 하나님을 섬기고 그에게 경배하는 일은 구약 시대부터 있었던 일이며, 언어적으로 예배는 구약 성경에서 "아밧"(עבד: abaat)이란 말로 표현되었고, 그 말은 "봉사하다," "섬기다"라는 뜻으로 알려져 있었다. 그리고 또 다른 "샤하"(שחה: shahaah)란 말이 사용된 것으로도 알려지고 있는데, 그 말은 "굴복하다," "복종하다," "엎드려 절하다," "숭배하다," "순종하다"라는 뜻을 가진 것으로 본다. 구약 성경에 사용된 이러한 언어들은 다시 신약 성경에서도 사용되었는데, 특별히 70인경(Septuaginta)에서 히브리말 "샤하"는 헬라어 프로스큐네오(προσκυνεω)로 번역하여 하나님께 경배하는 의미로 사용했고(마 4:11; 요 4:22-24), 구약의 "아밧"은 "라이투르기아"(λειτουργια)란 말로 바뀌어졌으며, 그 뜻은 성전에서 행하는 예전(禮典)의 직무를 가리키는 말로 사용하였다. 이 말은 원래 "라이토스"(λειτος)와 "에르곤"(εργον)이란 두 말의 합성어로 희랍에서는 국가와 백성의 유익을 위하여 희생 봉사한 일, 또는 신을 위하여 헌신한 일 등을 말할 때 "라이투르기아"로 표현하였던 것이다(키텔의 신학사전 참고: 희랍의 신전 건립이나 전쟁 무기 준비 등에 부자가 많은 돈을 국가나 백성을 위하여 희사한 일 등을 가리키는 말임). 특히 70인경에서 이 말을 구약에 아바드란 개념과 연관시켜 유대 종교의 제사장의 예전적 직무를 표현한 말로 사용하게 되었는데, 예를 들면 누가복음 1장 23절(ταις ήμεραις της λειτουργιας: 성전에서 사가랴가 그 직무의 날이 다하매 집으로 갔다)의 말씀에 나타나며, 역시 사도행전 13장 2절에도 유대적 예배를 가리키는데 사용되었던 것을 볼 수 있다.

오늘날 일반적으로 예배는 오히려 섬김과 봉사의 의미에서 예배의 개념을 더 깊게 이해하고 있으며, 특히 봉사의 직무를 가리켜 사용한 말로 보는 것이 지배적이다. 그런 뜻에서 실천신학에서는 예배학, 또는 예전학을 표현하면서 "라이투르기아"(leiturgia)란 말을 주로 사용하였고, 오늘날까지도 이 말은 학문적으로 정착된 개념이 되고 있다. 물론 영어에서 예배는 "worship"으로 표현하고 있는데, 흔히 가치(價値: worth)란 말의 의미와 신분(身分: ship)의 합성어로서 "존귀를 받을 가치가 있는 분에게 귀중한 것으로 드린다"란 뜻으로 해석되었고, 그것은 곧 하나님께 존귀와 영광을 돌려드리는 예배를 표현하는 말로 사용한 것이다. 그러나 오늘날 영어권이나 독일어권에서 공히 인식하고 있는 통일된 예배의 개념적 이해는 "섬김과 봉사"의 의미를 중요하게 여겨 주일 예배 순서를 가리켜 영어에서는 "God′s worship-service"란 표현을 쓰고 있다. 그리고 독일어에서는 봉사와 섬김(dienst)의 의미와 연관시켜, "고테스딘스트"(Gottesdienst)라고 부른다. 이 말은 "하나님의 섬김, 또는 하나님의 봉사"를 뜻한다. 즉 하나님이 그의 독생자 예수 그리스도를 보내시고 그로 하여금 인간을 구원하는 길을 여신 은혜를 가리켜 하나님이 인간을 섬겨 주신 일로 이해한 데서 나온 말이다. 그리고 그 은혜에 응답으로 인간은 하나님께 감사의 예배를 행하는 것이 바로 예배의 의미인 것이다. 현재 서구 교회와 신학에서는 학술 전문 용어로 "예배학" 또는 "예전학"(禮典學)이란 말을 더 사용하고 있다. 그것은 원어로 "라이투르기아"의 개념을 전제하여 독일에서는 예전학을 "리투르기"(Liturgie)로, 영어에서는 "리터지"(liturgy)로 표기하고 있음을 유의해야 할 것이다.

II. 예배의 성경적 근거

A. 구약 시대와 유대 종교의 예배

1. 족장 시대의 예배와 제사

구약 성경에 소개된 예배의 기록에 따르면 최초의 예배에 관한 언급은 먼저 "가인과 아벨의 제사"(창 4:3-5)에서 찾아볼 수 있다. 물론 그 예배는 형이 동생을 살해하는 동기가 되는 비극적이며, 부정적인 사건의 예배로 보여지기도 하지만, 그러나 성경에서 언급된 최초의 예배로 중요한 의미를 보여 준다. 특히 신약 성경 히브리서의 도움을 입게 될 때에 벌써 그 예배는 믿음으로의 제사(히 11:3-4)로 해석되는 것이다. 그리고 하나님이 원하시는 제물과 제사 행위로서의 예배를 생각하게 된다. 구약의 두 번째 예배로는 노아의 제사(창 8:20-21)를 들 수 있다. 물론 이 제사는 홍수 심판 가운데서 노아의 가족을 구원하는 구속적인 의미와 그 구원에 대한 감사로서의 제사로 이해된다. 세 번째 족장시대에 행해진 제사와 예배로는 아브라함의 예배(창 12:1-8; 22:1-17)를 들 수 있을 것이다. 특히 하나님의 부르심과 선택과 가나안으로 인도하신 언약의 성취 가운데서 이루어진 감사의 예배로 이해된다. 특히 백 세에 얻었던 그의 아들 이삭을 제물로 드려야 했던 제사는 개인적으로는 신앙적인 시험이 전제된 것으로 이해된다. 그리고 역사적으로는 이삭을 제물로 제사하던 그 장소가 아브라함의 자손들이 이스라엘의 왕국을 이루게 되었을 때, 하나님께 제사하는 예루살렘 성전이 세워진 거룩한 장소가 되었던 것이다.

우리는 족장 시대의 예배가 어떤 의미를 가지고 있으며, 특히 구약 성경 이해와 관련하여 모세가 시내산에서 받은 계명과 관련하여 볼 때, 이 계명보다 선행되는 족장들의 제사 행위가 어떤 의미를 가진 것이었는지에 대하여는 여전히 구약 성경 속에서 역사적으로 밝혀져야 할 것들이 많이 있는 것으로 이해된다. 그리고 오늘날 우리의 기독교 예배와 어떤 연관성을 가지고 있는지를 해석하기에는 역시 깊은 통찰이 요구된다고 하겠다. 결과적으로 족장 시대 제사의 공통성은 제물(짐승)을 피흘려 죽게 하며, 불태워 드리는 번제의 행사로서 이루어졌던 예배였음을 알게 된다. 그리고 하나님의 인도와 보호와 약속의 성취에 대한 감사의 의미가 전제되면서, 제사행위는 곧 하나님과의 만남과 교통의 의미를 지니고 있음을 느끼게 된다.

2. 모세 시대의 예배와 제사

1) 시내산에서 받은 계명 (출 20-24장)

하나님은 모세를 통하여 이스라엘 백성과 언약의 관계를 설정한다. 계명에서 밝히고 있는 대로 한 분 하나님을 믿고, 그의 계명과 언약을 따르는 백성으로서 지켜야 할 법을 부여하였다(출 19:1-24:18). 이러한 한 분 하나님에 대한 신앙 사상은 이스라엘의 자녀들에게 전수되어야 할 신앙 교육의 중심적 내용이 되기도 한다(신 6:4-9).

2) 광야에서의 제사와 성막 (출 25:1-31:18)

하나님의 약속의 땅 가나안으로 향하는 동안의 광야 생활에서 하나님은 모세에게 하나님이 그들과 함께 하시는 장소로서 그리고 제사하는 장소로서 성막을 설치하게 한다. 하나님은 그 장소를 통하여 이스라엘과의 만남, 속죄, 화목의 관계로 제사하게 하셨던 것이다. 그리고 하나님은 구체적으로 성막의 모형을 비롯하여 하나님께 제사하는 방법과 그 때에 필요한 기구들을 일일이 지시하신 것을 볼 수 있는데, 성막 예배의 장소와 기구들의 구체적인 내용은 다음과 같다: 언약궤와 속죄소의 제정(출 25:10-22), 진설병과 대, 막, 휘장, 놋제단, 성막뜰, 기름, 분향단, 물두멍, 관유, 향품 등, 그리고 성막의 건축(출 36:1-40:38) 등이다.

그리고 하나님께 나아가는 방식으로서 제사의 종류가 지정되었던 것이다(레 1:1-7:38). 특히 다섯 가지의 제사가 제정되었는데 그 종류는 다음과 같다: 번제(레 1:1-17), 소제(레 2:1-16), 화목제(레 3:1-17), 속죄제(레 4:1-5, 13), 속건제(레 5:14-6:7) 등이다. 그리고 또한 이러한 제사를 수행함에 있어서 직분자를 세우게 되는데 그것이 제사장의 역할이다(레 8:1-10:20). 모세의 형 아론은 최초의 제사장이었다. 모세 시대의 예배는 계명에 따라 한 분 하나님(야웨)을 경배하며, 제사 행위를 통하여 속죄하며, 하나님과 화목하며, 교통하는 것이 그 중심이었다. 특히 언약의 백성으로서 하나님의 말씀(토라)에 대한 신뢰와 함께 약속의 땅 가나안에 정착하기까지의 임시적이면서도, 예배 생활의 근원이 율례로 제시되었고,

계명에 따라 예배하는 생활이 계속되었던 것이다. 역사적으로 이스라엘 민족은 여호수아를 통하여 가나안에 입성하게 되었고, 토지 분배와 더불어 가나안에 정착된 삶을 살게 되며, 특히 하나님을 경배하는 제사의 직무 수행을 위하여 레위 족속들에게 그 직분이 세습적으로 유전되도록 했던 것이다. 그 이후 이스라엘의 제사 직무는 사사 시대를 거치면서 계속 이어져 왔지만 여기서는 생략하기로 한다.

3. 왕국 시대의 예배와 제사

이스라엘의 왕국 시대에 이르러 이스라엘 백성들의 유대 종교의 예배는 전성기를 맞이하게 된다. 특별히 다윗과 솔로몬의 시대에 와서 하나님의 집을 세우면서 하나님을 섬기는 예배는 그 절정을 이룬다. 하나님의 집으로 상징된 예루살렘 성전의 건축은 이미 다윗의 시대에 하나님으로부터 계시되었지만, 다윗의 때에 이루어지지 못하고 솔로몬의 시대에 와서 비로서 성전은 건축의 빛을 보게 된다(왕상 6:1-8:66; 대하 2:1-8:2). 이러한 성전 건축의 의미는 구원의 하나님이 이 집에 거주하시는 하나님의 임재를 상징한 것이다. 그리고 예루살렘의 성전은 그의 백성들이 언제나 하나님께 나아와 제사하며 기도하는 장소였다. 모세의 광야 예배에서 하나님의 임재의 상징으로 주어진 언약궤(법궤)는 이제 예루살렘 성전에 자리를 잡게 된다(대하 5:2-10). 물론 예루살렘 성전은 역사적으로 아브라함이 그의 아들 이삭을 제물로 드렸던 그 장소, 즉 모리아 산에 세워진 것이다.

그러면 성전 예배는 과연 어떻게 이루어졌는가? 예배의 중심은 하나님께 속죄하는 희생 제사 또는 제물을 통한 제사가 그 중심이었다. 그리고 하나님의 영광과 존귀와 위엄을 찬양하며, 그의 은혜에 감사하고 인간의 소원을 드리는데 있었다. 성전 예배의 주도자는 역시 대제사장과 제사장들이었다. 특히 절기 행사 때에 축제로서의 예배가 진행되었다. 원래 이스라엘 민족에게 있어서 중요하게 지켜지는 3대 절기가 있는데, 그것은 유월절, 오순절, 초막절이다. 유월절은 출애굽 사건을 기념하는 이스라엘 민족의 해방 기념일이며, 오순절은 유월절의 50일째 되는 날로서 역사적으로는 여호수아에 의하여 가나안에 정착한 후 처음으로 농사를 짓게 되었고, 첫 열매를 하나님께 드리는 추수 감사의 날로 기념하게 된 것이다. 그리고 초막절은 출애굽 당시 조상들의 광야 생활의 고난을 기념하기 위하여 만들어진 것이다. 성전 예배 때는 특히 시편의 노래와 찬양이 함께 있었는데, 하나님을 찬양하는 것으로는 할렐(할렐루야: 찬양하라)이 대표적이다. 할렐은 유월절 축제와 예루살렘 성전 봉헌 때 불렀던 시와 노래이다. 특히 시편 113편에서 118편, 136편, 146편, 150편은 그 때 사용된 대표적인 것이다. 그 외에도 예전에서 사용된 것으로 애도하는 노래(시 79:8-9; 94:12-19), 예언의 시(시 82:2-4; 암 5:14-15) 등도 있다. 그리고 성전 예배에는 성가대와 악기들이 사용되었는데, 다윗왕 시대에 악기로 여호와를 찬양하는 4,000명의 찬양대가 있었으며(대상 23:5), 특히 아삽과 헤만과 여두둔의 자손 중에서 구별하여 직무를 맡겼던 것으로 알려져 있다(대상 25:1-31). 직분의 종류로 레위인은 제사장과 성전 관리의 직분을 맡았고(대상 23:1-26, 32), 제사장(대상 24:1-31), 음악인(찬양대; 25:1-31), 성전 문지기(대상 26:1-19), 성전 재산 관리(대상 26:20-28), 재판관(대상 26:29-32) 등이 있었던 것으로 보인다.

4. 회당 예배의 역사

회당 예배가 언제 생겨난 것인지에 대하여 구약 역사 연구는 그 의견이 일치하지 않는다. 그러나 이스라엘 민족이 남북으로 분열된 이후, 북쪽 이스라엘이 먼저 앗수르에 의하여 망하게 되고(BC 722-21), 다시 남쪽

의 유다 왕이 바벨론의 침공으로 망하게 된다(BC 587-586). 이러한 역
사적 상황의 변화로 예루살렘 성전에서의 예배 생활은 회당 예배로의 모습
으로 큰 변화를 겪게 되었다. Jacob J. Petuchowski[1]는 회당이 발생하
게 된 역사적 배경에 대하여 여러 학자들의 입장을 정리하여 대표적으로
논쟁되고 있는 네 가지 설(바벨론 포로 이후, 마카비 시대설, 바모트설,
제사장 실직 문제 해결)을 소개하고 있다. 그러나 이러한 네 가지 입장에
서 현재 가장 설득력 있게 받아들여지는 것이 역시 Petuchowski의 이론
으로 여겨진다. 이렇게 회당 예배는 유대인들에게 있어서 안식일에 시행
된 예배로 정착되었고, 그 예배에서 행하는 중요한 것은 토라(Torah)를
중심한 기도 예배가 그 중심을 이루게 되었다는 사실이다. 회당의 출현과
함께 유대 종교의 예배는 제물 중심에서 기도 중심의 예배로 전환되고 있
음을 볼 수 있다.

　여기서 한 가지 더 주목해야 할 것은 이스라엘의 잘못된 예배와 올바른
예배에 관한 문제이다. 이스라엘은 제물을 중심한 제사의 예배를 바벨론
포로 이후에도 계속하게 되었는데 역사적으로는 학개 선지자의 노력으로
제 2의 예루살렘 성전을 건축하면서 제물의 예배는 적어도 주후 70년경
로마의 티토 장군에 의한 성전 파괴가 이루어질 때까지 계속된 것으로 본
다. 이러한 과정에서 제물 예배의 신학적 의미는 하나님 앞에 속죄 행위로
서, 즉 하나님과의 화목의 의미를 가지고 종교 의식적으로 수행되어 왔지
만, 그 의식의 의미는 날로 퇴색되어 형식만 남게 되는 문제를 안게 되었
다. 특히 사물엘상 15장 22절에서 "순종은 제사보다 낫다"는 제물 예배에

---

1 유대인 학자 Petuchowski는 자신의 연구에서 성전 예배와 회당 예배의 역사적 내용
　을 자세히 밝히고 있다. Jacob J. Petuchowski, Cincinnati, USA: Zur
　Geschichte der judischen Liturgie, SEZXD in: Judische Liturgie, hrg. v.
　H. H. Henrix, Wien, 1979, S. 13-32.

대한 비판이 나타나게 된다. 구약 성경 전체에는 여러 곳에서 이러한 입장
의 말씀을 발견할 수 있다(사 1:1-17; 렘 7:21-28; 호 6:6; 8:13; 암
5:21f.; 미 6:6-8; 스 7:5-7; 시 50:7-15). 그리고 하나님은 구체적으
로 제물로 바쳐진 짐승의 피 대신에 감사의 제사를 요구하시는 것을 볼
수 있다(시 50:14-15). 그러므로 올바른 예배는 언제나 하나님의 말씀을
들음과 행함에 연관된 것으로 이해한다(신 30:11-14; 렘 7:3-7; 7:23).
바벨론 포로 후의 역사적 과정에서 그리고 예수 당시에까지 제물 예배는
회당의 출현과 함께 병행되다가 결국 제물 예배에서 기도(말씀: 토라) 중
심의 예배로 전환하게 된 것이다.2)

B. 신약 시대와 예수님의 예배

1. 예수님의 예배관

1) 신앙과 종교의 전통을 따랐다

　　예수님은 유대인으로서 그 시대의 신앙과 종교의 전통에 따라 사
셨다. 그리고 예수님이 유대교의 예배와 특히 토라를 중심한 회당 예배와
유대 종교의 전승에 대하여 어떤 입장을 가지고 있었는가는 두 가지 관점
에서 그 대답을 찾을 수 있을 것이다. 즉 하나는 유일한 하나님에 대한
신앙 고백이요, 다른 하나는 종말에 대한 기대이다. 동시에 예수님 자신의
활동을 보여 주는 특성들은 하나님을 직접 아버지(αββα)라고 부르는 일이
며, 그리고 그는 종말의 메시아적 기다림을 스스로 받아들여, 자신의 등장
과 역사 속에서의 활동이 벌써 마지막 시대에 나타날 하나님의 언약과 구
원의 성취라는 사실을 보여 준다.

---

2 참고, *Theologische Realenzikopädie* Bd 14, 11.

2) 성전 예배에 참여하였다

우리가 잘 알고 있는 대로 예수님은 예루살렘의 성전을 찾았고, 자주 그 곳에 머물러 있었던 것을 본다(요 2:13; 5:1; 12:12). 그러나 성전의 제사 행위에 과연 참여했는지에 대하여는 알 수가 없다. 다만 예수는 자주 성전이 있는 지역에서 가르치셨고, 대화를 이끌었던 것은 분명하다(11:27-33; 14: 49; 요 7:14; 8:20). 그리고 예루살렘 성전을 가리키는 언어적 표현들이 자주 나타나는데, 예를 들면, 마가복음 13장 2절에 "이 큰 건물들을 보느냐, 돌 하나도 돌 위에 남지 않고 다 무너뜨려지리라 하시니라"는 말씀과 마가복음 14장 58절의 "손으로 지은, 이 성전을 내가 헐고 손으로 짓지 아니한 다른 성전을 사흘에 지으리라"는 말씀, 그리고 마태복음 26장 61절 "내가 하나님의 성전을 헐고, 사흘에 지을 수 있다 하더라"고 한 말씀과 요한복음 2장 19절의 "이 성전을 헐라 내가 사흘 동안에 일으키리라"는 말씀 등에서이다.

여기서 우리는 이제 그리스도를 통하여 새로이 시작되는 하나님의 통치에 따라 지상에서의 성전의 종말을 알리는 하나의 종말론적인 언약으로서 이해되는 것들이라 하겠다. 특히 마가복음 11장 15절에서 17절 사이에 나타난 예수님의 성전 청결의 사건은 임박한 성전 제물 제사의 제거를 암시하는 비유적 행위로 이해된다. 성전 뜰에서 제물에 쓸 동물을 판매하는 상행위를 거절하고 "내 집은 만민이 기도하는 집이라"(사 56:7의 인용)고 언급하신 것은 성전 예배의 본질적인 변화의 의미를 규명하는 것이라 할 것이다. 역시 예수님은 제사 행위의 실제와 결부된, 그리고 종말론적인 하나님의 유보적 사건으로 보여진 죄용서의 권세를 자신의 책임으로 취하시는 것을 발견하게 된다(막 2:5-7; 눅 7:48). 이러한 사건은 예수님이 성전 예배의 제사 질서에 개입하고 있다는 것을 보여 주며, 그것은 곧 동시에 유대 종교의 지도자들에게는 하나님의 권한을 남용하며, 하나님을 모독하는 사건으로 이해되어졌던 것이다.

3) 회당 예배에 참여

예수님의 회당 예배 참여는 성경에 여러 번 언급되어 있는 것을 볼 수 있다(막 1:21이하; 1:39; 6:2; 요 6:59; 18:20). 이 예배에 참여하여 예수님은 성경을 읽었고, 해석하였으며, 거기서 그의 복음을 전파하였다. 그리고 역시 병자에 대한 치유도 행하셨던 것이다(막 1:23-28; 3:1-6). 특히 누가복음 4장 16절에서 21절의 내용은 예수님이 회당 예배에 참여하셨을 뿐 아니라, 그 예배를 어떻게 직접 인도했는가를 상세히 알려 주고 있다. 그는 그 예배에서 두루마리를 펴서 이사야 61장 1절 이하의 내용 "주의 성령이 내게 임하셨으니, 이는 가난한 자에게 복음을 전하게 하시려고, 내게 기름을 부으시고, 나를 보내사 포로된 자에게 자유를, 눈먼 자에게 다시 보게 함을 전파하며, 눌린 자를 자유케 하고 주의 은혜의 해를 전파하게 하려 하심이라"를 낭독하였고, 이 약속이 지금 자신을 통하여 성취되었다는 사실을 밝혀 준 것이다.

4) 예수님의 유대 종교의 관습과의 논쟁

유대 종교의 예배에 대한 전통적인 형식에 있어서 예수님의 입장이 어떠하였는지를 분명히 알 수 있는 것은, 역시 경건의 모양들에 대하여 예수님과 바리새인, 서기관, 그리고 율법사들이 함께 논쟁하는 것이라고 하겠다. 특히 안식일 규례(막 2:23-3:6), 청결의 규례(막 7:1-13이하), 유대 사회에서 죄인으로 불려진 자들과 쫓겨난 자들에 대한 태도(막 2:14-17)와 토라의 규례와 전승의 효력에 대한 논쟁들(막 10:2-9; 마 5:21-48)에서 예수님은 유대 종교의 관습과 경건의 모양들에 대하여 심한 논쟁을 하셨다. 이러한 논쟁에서 분명하게 나타나는 것은 시작되는 하나님의 통치에 따라 기존 질서들은 붕괴되고 새로운 가능성들이 추구되고 있다는 것이다. 특히 우리는 예수가 비유로 말한 새로운 의복과 새 술에 대한 이야기에서 더욱 그것을 깨닫게 된다(막 2:21이하).

Lohmyer는 마태복음 2장 21절 이하의 말씀(새 술은 새 부대에--낡은 것의 버림과 새 것에 대한 의미)과 마가복음 14장 58절의 말씀(손으로 지은 성전을 헐라. 내가 사흘 만에 손으로 짓지 아니한 성전을 세우리라)을 서로 연관지어 해석하기를 "예수 그리스도의 복음은 하나님에게서 이스라엘에게 먼저 제정하셨던 성전 예배를 하나님 나라의 시작(막 1:15)을 통하여 극복하고 동시에 마지막 완성의 때의 예언에서 새로운 교회와 함께 새로운 예배를 세우셨다"고 하였다.

2. 예수님의 예배 이해와 새로운 시도

예수님이 그의 말씀과 행동에서 예배의 이해와 모습에 대한 새로운 시도를 보여 준 것은 구체적으로는 구제하는 것, 기도하는 것, 금식하는 것에 대한 표현들 외에도(마 6:1-18), 예수님이 식사 공동체에 대하여 언급하신 말씀들(막 2:15-17; 6:35-44; 눅 7:36이하; 7:34; 14:1; 15:1이하; 마 11:19)에서 볼 수 있다. 유대 사회의 평민인 백성들과 버림받은 자들과 제자들, 그리고 역시 그에게 항상 비판적 입장을 취했던 사람들과 함께 나누었던 만찬은 벌써 현재적으로 역사하는 종말에 대한 증표가 되었다. 즉 그것은 식탁의 교제(공동체)로서 마지막 시대의 구원 공동체에 관한 동기의 의미에 상응하는 것이라고 할 것이다(마 8:11; 눅 13:28이하). 예수님은 유월절 준비의 최후의 만찬에서(마 26:17-30; 막 14:22이하) 떡과 잔의 나눔을 통하여 새 언약과 결부시켜(28절), 새로운 예배의 의미를 부여하였던 것이다. 이러한 만찬 축제는 초대 교회 예배를 위한 결정적인 시발점이 되었다고 하겠다. 이외에도 우리는 예수님의 표현에서 예배에 대한 새로운 의미들을 발견할 수 있는데 특히 유대교의 예배의 남용을 지적하신 일이다. 즉 "하나님은 제물이 아니라 자비를 원하신다"(마 9:13)는 말씀에서 우리는 그것을 확인할 수 있다. 물론 이 말씀은 구약의 호세아 6장 6절의 인용으로써 예배의 본질을 새롭게 이해하게 하는 말이며, 동시에 기독교 예배의 본질적인 의미를 규정한다고 할 것이다. 또한 예수님이 안식일을 어떻게 지켜야 하는지에 대한 바리새인과의 논쟁에서 "나는 자비를 원하고 제사를 원치 아니하노라 하신 뜻을 너희가 알았더면 무죄한 자를 죄로 정치 아니하였으리라. 인자는 안식일의 주인이니라"(마 12:7-8)고 대답하신 말씀에서 우리의 예배가 일상 생활에서의 행동인 삶과 일치하지 않는다면, 그 예배는 하나의 거짓 행위임을 지적한다. 특히 마태복음 12장 8절에 언급한 예수님의 말씀은 안식일의 율법적인 이해만의 예배를 강조하고, 그 날에 삶에서의 이웃에 대한 사랑의 봉사를 외면한 예배에 대해서 강력한 비판을 가하신 것으로 보여진다.

예수님이 예배의 성격과 규모를 이해하게 하는 말씀을 행하신 것을 우리는 마태복음 18장 20절(두세 사람이 내 이름으로 모인 곳에는 나도 그들 중에 있느니라)의 말씀에서 발견한다. 여기서 우리는 예배의 형태에 대한 새로운 의미를 생각하게 된다: ①예배의 규모(두세 사람이라도), ②내 이름으로(예수님의 이름), ③함께 하심(그리스도의 임재) 등이다. 역시 예배의 새로운 형태들은 분명히 예수님의 인격에서 그 출발점을 갖게 된다. 예수님이 기도를 가르치실 때도 마태복음 6장 33절, "너희는 먼저 그의 나라와 그의 의를 구하라" 하신 말씀과 "내 이름으로 무엇이든지 내게 구하면 내가 시행하리라"(요 14:13ff) 하심은 기도의 중보자로서의 의미를 깨닫게 한다.

예수님은 결정적으로 신약에 근거한 새로운 예배에 대하여 수가성 여인과의 대화에서 말씀하셨는데, 우리는 요한의 증거에서 그것을 발견하게 된다(요 4:21-24: "여자여 내 말을 믿으라...너희가 예배할 때가 이르리라....아버지께 참으로 예배하는 자들은 신령과 진정으로 예배할 때가 오나니 곧 이 때라. 아버지께서는 이렇게 자기에게 예배하는 자들을 찾으시느니라. 하나님은 영이시니 예배하는 자는 신령과 진정으로 예배할지니라"). 우리는 몇 가지 점에서 예수님이 보여 주신 예전의 요소와 형식에 대한 근거를 말할 수 있다.

1) 주기도문 (마 6:9 이하)

주기도문은 원래 예수님께서 그의 제자들에게 "이렇게 기도하라"고 하시면서 기도의 본보기를 제시하신 것이다. 그런데 우리는 이 기도문에서 예배의 형식과 같은 것을 발견할 수 있다. 그리고 신약 성서 연구가들은 바로 이 기도문을 가리켜 예전적인 형식으로 형성된 것임을 말한다. 주기도문은 크게 세 부분으로 나누어 볼 수 있다. 첫째는 하나님의 영광을 위한 기도이다. 그의 이름의 거룩과 나라의 임함과 그의 뜻의 이루어짐에 대한 기도이다. 둘째, 인간의 영육에 필요한 모든 것을 기도하고 있다. 일용할 양식과 죄의 용서와 시험의 극복 등이다. 그리고 마지막 부분은 다시 그의 나라와 권세와 영광의 영원함을 찬양한다. 또한 예수님은 기도할 때 언제나 그의 이름으로 간구하도록 가르친다(요 14:4). 그리고 먼저 그의 나라와 그의 의를 구하라고 하시며, 이 외에 모든 필요는 채워 주신다는 약속을 해 주신다(마 6:33). 기도의 전제 조건은 어디까지나 신뢰와 믿음이 강조됨을 본다(막 11:22-25).

2) 세례의 명령

예수님이 세례를 베풀도록 명하신 데서 예전의 중요한 요소를 발견한다(마 28:19-20). 요한복음 4장 1절부터 2절과 마가복음 16장 16절과의 관계에서 예수님이 세례 준 일이 있는가? 마태복음 3장 13절부터

17절과의 관계에서 예수님이 직접 세례를 받으셨던 의미는 결코 외면할 수 없는 중요성이 있다.

  3) 성만찬

      예수님은 부활 후 엠마오로 향한 두 청년과의 만남과 대화를 통하여(눅 24:13-35), 그리고 함께 청년의 집 만찬을 통하여 새로운 시대의 예배의 기본적인 요소와 실제가 무엇이어야 할 것인지를 보여 주고 있다. 이것은 기독교 예배의 중요한 전형을 보여 주는 말씀이다. 독일의 예배 신학자 Wilhelm Stählin은 기독교 예배의 전형을 엠마오 도상의 사건에서 찾아야 한다고 강조했다: 그는 두 청년과 함께 길에서 동행하신 그리스도는 성경을 풀어 주셨고(말씀 강론), 날이 저물어 함께 유하기 위해 집에 들어갔고, 식탁에서의 교제는 성만찬의 원형으로 해석한다. 이것은 특히 예수님이 부활하신 후에 나타나셔서 보여 주신 것으로 중요한 의미가 강조된다. 우리는 이상의 세 가지 내용이 이미 예수님에 의하여 제시된 기독교 예배의 기본적인 내용이라고 하겠다.

III. 예배의 역사적인 이해

A. 초대 교회의 사도들에 의한 예배

  초대 교회의 예배는 사도들을 중심한 예루살렘 교회에서부터 시작된다. 그리고 바울과 다른 사도들에 의하여 소아시아와 마게도니아 지역에 복음이 전파되면서 선교지에서 행하여진 예배를 전제한다. 이러한 예배는 특별히 세 가지 신학적인 근거에 의하여 예배가 실시된 것으로 이해된다. 첫째, 초대 교회 예배는 예수님의 종말론적인 복음적 사명에 근거하고 있다. 종말론적인 복음적 사명은 예수님의 부활 이후, 사도들이 전한 복음 전파와 초대 기독교 예배의 근본적인 바탕이 된 것이다. 예수님의 지상사역과 함께 시작된 하나님의 통치는 그의 죽음으로 끝난 것이 아니라, 예수님의 부활하심과 오순절에 임하신 성령의 부어 주심의 사건으로 하나님의 인간을 구원하는 역사는 계속된다는 확실성을 그의 제자들에게 가져다 주었던 것이다. 이제 구원은 예수님에게서 시작되어 이루어지고 있는 것이다. 그것은 인간들에게 현재와 미래를 밝혀 주는 중요한 의미를 가진 것이다. 그리고 현재적인 구원의 실현에 대한 증거는 모든 기독교의 예전적인 사건에 영향을 주게 된다고 할 것이다.

둘째, 예수님의 죽음과 부활의 역사적 사건이다. 예수님의 죽음과 부활은 초대 기독교 예배의 근거를 위해 중요한 의미를 얻게 되었다. 그것은 다만 그의 십자가에 죽음과 부활의 의미를 구원의 전파에서만 찾았을 뿐 아니라, 예전적인 모임을 위한 중심과 새로운 시작이 되었던 만찬에서도 발견했던 것이다. 만찬의 축제가 부활하신 주님의 살아 계신 현존적 임재의 예표로 제시되었다면, 부활은 그의 죽으심에서 다시 살아나게 하는 구원의 능력과 관련되어 있었던 것이다. 예수님은 먼저 십자가의 죽음을 통하여 마지막 시대의 하나님의 통치의 실현과 결부된 임무를 종결지으면서, 동시에 부활을 통하여 성취시켰으며, 그 안에 인간을 위한 구원이 기초되었다는 것을 보여 주며, 또한 그것이 초대 교회에 기독교 신앙의 지식과 예배를 위한 근본 바탕이 되었던 것이다.

셋째, 오순절 성령 강림의 사건이다. 예수님의 지상에서의 활동과 그의 죽음과 부활 외에 오순절 사건은 본질적인 의미를 가지고 있었다. 왜냐하면 오순절의 사건은 마지막 시대를 위하여 약속된 성령의 작용에 의하여 하나님의 구원의 실제와 올바른 그리스도인의 삶과 증거의 봉사에 관련된 기독교 신앙과 존재의 근거가 되기 때문이다.

B. 예배의 기본적인 요소

초대 교회의 예배는 어떤 형태로 구성되었는가? 그것은 교회의 예배와 선교적 상황에서의 말씀 선포와 한계를 지으면서 이루어졌을 것으로 이해한다(고전 14:23-25). 그리고 교회에 정착된 예배는 역시 기도 중심의 예배였던 것이다(행 4:23-31). 그러나 초대 교회 예배의 근본적인 형태는 주님의 만찬을 행하는 모임으로서의 예배였다고 할 것이다.3)

1. 성경의 낭독과 가르침

초대 기독교의 예배는 부활하시고 높혀지신 주님의 임재하심을 아는 것에서 결정적 영향을 입었다(마 18:20; 28:20). 그리고 그 예배의 중심에는 한 분 하나님과 이스라엘의 성경에 대한 신앙 고백이 근간을 이루고 있었다. 이런 전제에서 구약 성경은 초대 교회의 성경이었다. 특별히 유대 회당에서 행하던 성경의 낭독은 이제 초대 교회 그리스인들의 모임에서 계속 낭독되었던 것이다. 물론 그들이 그 당시에 그 어떤 표준적인 성경을 만들었는지는 확실하지 않다. 그러나 쿰란경에서 보여 주는 것처럼 그것들은 구약에서 발췌한 것이거나, 또는 그리스도를 증거하는 것들이 사용되었을 것으로 본다. 특히 구약에 약속된 것들이 모두 그리스도 안에서 성취된 것들의 관계에서 낭독되었을 것으로 본다. 이러한 성경 낭독에서 하나님의 말씀은 모두 그리스도 중심으로 해석되었던 것이다.

이제 막 시작된 마지막 시대의 사건에 근거하여 구약에서 약속된 언약은 예수 그리스도 안에서 성취된 것으로 보았으며, 성경은 지금 유사한 약속들로 이해되었다(고후 3:14). 구약이 일반적으로 이방인 그리스도인들의 교회에서도 발췌 형식으로 사용되었던 것은 잘 알려진 일이며, 신약

---

3 Ferdinant Hahn, *Gottesdienst* III., S. 33ff. in: TRE Bd. XIV, Berlin/New York 1985.

성경의 글 속에서 수없이 인용되어 나타난 데서 우리는 더 잘 알 수 있다 (딤전 4:13; 딤후 3:15). 초대 교회는 예배에서 구약 성경의 읽음과 함께 복음이 선포되었던 것이다. 그리고 그 복음의 선포는 구원의 성취와 실현 의 전파로 나타났다. 복음은 문서화된 글과 구별하여 살아있는 구전의 말 씀이었다는 것을 이해한다. 그리고 여기에 이중적인 전승의 복합성이 문 제가 되었다고 할 것이다. 예수님의 전통은 부활 이후의 모든 상황에 관련 하여 먼저 예수님의 인격과 말씀과 사역에 대한 보도였다면, 신앙 고백의 전통(Kerygma)은 예수님의 죽음과 부활과 구원의 의미를 알려 주는 것 이었다고 하겠다. 사도들의 사복음서는 이러한 형태로 나타나게 되었으며 사도 이후 시대의 기독교회의 예배에 낭독서로 등장하게 된다. 바울은 그 의 편지들이 초대 교회의 예배에서 읽혀질 것을 전제하였다(살전 5:27; 비교, 고전 16:22-23). 그리고 이 편지들은 서로서로 교환되었고(골 4:16), 도처에서 읽혀질 수 있도록 수집되었던 것이다. 그것은 다른 서신 들에서도 마찬가지로 행하여졌다.

2. 복음의 선포와 설교

예배에서의 성경 낭독에는 하나님의 약속의 성취와 구속의 실현의 전 파로서 복음의 선언이 행하여졌던 것이다. 여기서 "복음"이란 성경과 구별 하여 생생하게 입으로 전해지는 복음적인 사명이었다. 현대 성경 신학의 연구는 이중적인 전승의 복합성을 말한다. 부활 이후의 상황에 대한 모든 관련에서 예수의 전통은 먼저 예수의 인격과 말씀과 활동에 대한 보도였다 면, 신앙 고백의 전통(케리그마)은 예수의 죽음과 부활과 구원의 의미에 관한 증거였다. 그리고 글들의 해석이거나 케리그마의 해명이 중심을 이 루었다. 그 당시 상황에 비추어 볼 때 이러한 전파는 선교적 특징 속에서 이루어진 것이다. 그리고 이것은 선교적인 설교로서 어떤 형식을 갖춘 것이기보다 설교의 적절한 자리에서 구약 성경의 인용과 해석이 중심이 된 자유로운 설교였다고 할 것이다. 그 대표적인 설교가 사도행전 2장 14절부터 36절에 나타나는 베드로의 오순절의 설교이다. 물론 오늘날 우리가 이해하는 설교와 같은 것이 성경에 소개된 것은 없다. 다만 우리는 설교의 도식이나 설교 형식의 모델들을 발견할 수 있거나 또는 유대교의 설교전통이 연결되고 있다고 할 것이다(행 7; 히 11).

성경 낭독은 예배에서 자유로운 복음의 전파 행위로 제정되었고, 보충되었다. 그것은 경험된 실체에 관한 증거라고 할 것이다(행 4:20). 즉 "보고 들은 것"으로 내용적으로는 복음이며, 그리스도 안에 시작된 구원에 관한 기쁜 소식이다. 그와 같은 복음 전파 내면에 성령의 능력이 작용한다(살전 1:5; 고전 2:4f; 행 4:33). 그리스도와 하나님은 스스로 말씀 안에 임재하신다(고후 2:19; 5:20). 바로 말씀의 낭독과 설교의 들음을 통하여 듣는 자들의 귀에 믿음이 역사하도록 하는 권능이 임하게 되는 것이다(롬 10:17; 골 1:15f). 이것이 말씀 중심의 예배가 탄생되는 바탕이 된다고 할 수 있다.

3. 성만찬

초대 교회가 처음부터 예수님이 제정하신 주의 만찬을 거행했다는 것은 당연한 것이다. 이것은 역사적으로 정규적인 식사 시간과의 관련 속에서 이루어졌다고 본다. 물론 그와 같은 만찬이 배불리 먹는 식사이었는지, 아니면 거룩한 성례 의식이 식사 전이나 식사 후에 이루어지는 형태에서 거행된 것인지는 아직도 질문으로 남아 있다(고전 11:21 이하). 유대 종교의 유월절 예식과의 관련에서 볼 때 주님의 만찬은 식사 시간과 연결된 것은 사실이다. 그리고 사도행전 2장 42절에는 "떡을 떼었다"는 것은 말하지만 만찬에서 포도주를 마시는 잔을 나누었다는 말이 없으므로 성찬을 뜻한 것인지에 대한 주해적인 논란이 있다. 그러나 대체로 저자의 표현의 생략으로 간주하고 있으며, 특히 정규 식사 시간과 관련하여 표현된 것으로 본다. 또한 46절과 관련해서, "날마다 마음을 같이 하여 성전에 모이기를 힘쓰고 집에서 떡을 떼며, 기쁨과 순전한 마음으로"라는 말씀이 나타나는데 이것은 그리스도의 다시 오심에 대한 종말론적 기쁨과 관련된 것으로 해석한다.

예수님이 부활 후에 제자들을 만나서 역시 식사하신 것이 자주 소개된다(눅 24:30; 요 21:12). 이로서 떡을 떼는 일은(막 14: 22ff) 예수님의 죽음에 대한 준비로서 유월절에 행하신 마지막 만찬과의 관계 속에서 보아야 한다(마 26:17-30). 상세히 "떡을 가져 축사하시고 떼어 저희에게 주시며"(눅 22:14-30), "이 잔은 내 피로 세우는 새 언약이라"고 하였다. 이것은 바울이 고린도전서 11장 23절 이하에서 새 언약으로 주님이 제정하신 그의 살과 피를 기념하는 성만찬과의 관계에서 이해하도록 해 주고 있다. 대체로 떡을 떼며 잔을 나누는 성찬의 의미는, 첫째 그리스도의 현재적 임재이며, 둘째 그리스도와의 연합(구원)이며, 셋째 하나님 나라에서의 주님과 나누게 될 영원한 만찬에 대한 선취 행위로 해석된다.

4. 세례

하나의 중요한 예전적인 요소와 기능은 역시 세례이다. 세례는 그리스도의 명령에 따라 초대 교회가 행한 중요한 교회의 예전적인 사건이었다(마 28:19). 죄를 씻음과 새로운 그리스도의 피조물로 부활하는 의미가 바로 세례에 연결되었다. 그리고 이 의식은 초대 교회의 그리스도인의 단체에 구성원을 획득하는 방법론이 되었다. 바로 그리스도의 몸에 지체로서 교회의 구성원이 되는 데는 그리스도의 십자가 사건과 관련하여 단 한 번의 일회적인 구원의 은혜를 받음에 대한 증표로 삼았다(고전 12:13).

대체로 세례의 행위는 요한의 세례를 전제하게 되는데, 세례는 인간의 회개를 준비함에 근거하여 한 세례자에 의하여 시행되었으며, 마지막 시대의 구원에 대한 보증의 표현이었다(막 1:4; 마 3:11; 눅 3:16; 비교, 겔 9:4). 그것은 예수의 이름으로 이루어지는 것이며, 후에 아버지와 아들과 성령의 이름으로 주어지는 것이다(행 2:38; 8:16; 10:48; 19:5; 마 28:19). 세례는 그리스도의 대속의 죽음에 근거하여 죄의 용서를 의미하며, 더욱이 죄의 권세에서의 해방을 뜻하는 것이었다(행 2:38; 롬 6:6). 즉 기독교의 세례는 그리스도의 인격과 사역에 참여를 보증하는 것이며(롬 6:3-5), 성령의 선물과 결부된 것이다(행 2:38; 롬 7:6; 갈 3:27-4, 7).

5. 기도

초대 교회는 역시 기도하는 교회였다. 예수님이 원래 기도하기를 가르치셨던 것처럼, 기도는 개인적으로나 공동체적으로 예전과 관련하여 행해졌다고 하겠다. 예수님이 가르치신 기도의 모델이었던 "주기도문"은 사도들에 의하여 예전에 사용되었으며, 또한 사도들에 의하여 기도는 역시 초대 교회 생활의 중심 속에 있었다고 하겠다. 독일의 예배 역사학자 W. Nagel은 갈라디아서 4장 6절의 "아바 아버지"란 칭호와 로마서 8장 15절의 같은 언어 사용과 관련하여 초대 교회의 예배 속에 "주님이 가르치신 기도"가 사용되었던 것으로 추측한다. 사람들은 기도의 행위를 성령의 행위로 이해했다고 본다. 기도의 중심에는 그리스도 안에서 받아들인 구원을 위한 은혜에 대한 감사가 있었고, 하나님의 영광에 대한 찬양(빌 4:6; 골 4:2, 2:7)이 있었다. 중보적인 기도로서 병자, 가난한 자, 신앙적 곤경 가운데 있는 자를 위한 기도(마 18:19)가 예전에서 행해졌던 것이다. 그리고 바울은 그가 세운 여러 교회에 편지하면서 복음 사역자와 사역을 위한 기도(살후 3:1), 사도를 위한 기도(골 4:3; 엡 6:19), 형제를 위한 기도(약 5:13), 세상 통치자를 위한 기도를 행하도록 가르치고 있다.

기도에서의 칭호는 주님이 가르치신 기도에서 보여 주는 것처럼 하나님을 아버지로 부르며, 주님에 대한 호칭이 함께 병행하였다. 기도의 마지막에는 "아멘"(amen)으로 끝맺는다. "아멘, 주 예수여 오시옵소서"(계 22:20). 여기서 아멘의 뜻은 그렇게 되기를 바란다(고전 16:20)는 간구와 요망을 뜻하는 것이다. 역시 아멘은 유대 종교의 예배의 유산이라(고전 14:16; 계 5:14) 할 것이다. 초대 교회의 기도의 형태는 다양하다. 그러나 기독교의 기도의 독특성이 처음부터 부여되었는데 예수님이 요한복음 14장 13절 이하에 언급한 것처럼, 그의 이름으로 기도하면 이루어 주시겠다는 약속이다. 이 때문에 예수님의 이름을 부름으로 기도를 끝내는 풍습이 형성되었다(고후 1:20). 그러나 요한복음 14장 13절 이하의 본문이 오늘날 한국 교회가 행하는 것처럼 기도의 마지막에 예수님의 이름으로 기도한다는 것을 뜻하는지는 주해상의 논란이 있을 수 있다. "예수의 이름을 통한 기도의 끝맺음"과 아멘과의 연결(고전 14:16; 계 5:23-24)이 중요하다.

6. 신앙 고백

초대 교회 예배의 중심은 그리스도에 대한 신앙 고백이 그 중심을 이루었다. 벌써 베드로의 신앙 고백(마 16:16-17)에서 나타났던 대로 예수님은 주님이요, 그리스도요, 살아계신 하나님의 아들이라는 고백이다. 그리스도의 복음이 전파되고 그리스도인들이 모여 예배하는 곳에는 반드시 예수는 그리스도(메시아)이며, 성육하신 독생자이며, 하나님의 아들로 그리고 생명과 만물의 주인으로 고백되며, 바로 그러한 예수가 찬양되었던 것이다(행 2:36; 롬 10:9; 고전 12:3; 빌 2:11).

주후 1세기 후반과 2세기 초엽에 영지주의와 도케티즘이 번성할 때 바로 예수님의 신성만이 강조되고 인성이 강조되지 않아서 육체로 오신 그리스도의 탄생을 부인하는 영의 혼돈이 교회 안에 있었다. 이러한 인성의 부인으로 그리스도의 인성과 신성이 함께 강조될 필연성이 대두되어 요한은 성경에 그 사실을 경고하며 언급하게 되었다(요일 4:2). 바울은 역시 그리스도의 부활을 증거하면서 성경대로 죽으시고 성경대로 부활하셨음을 강조하는데, 이것은 전승된 확실한 초대 교회적인 신앙 고백의 성격을 보여 준다. 이러한 그리스도에 대한 신앙 고백은 4세기로 오면서 니케아 신조로 형성되고, 5세기 경에는 지금의 사도신경이 형성되는 과정을 거치게 된다. 그리고 신앙 고백은 두 가지의 의미를 가진다. 첫째는 하나님을 향한 교회 공동체가 하나님을 경배하며 찬양하는 한 목소리이며, 둘째는 공동체의 한 목소리의 고백으로서 다른 고백과 구별되는 의미를 지니게 된다. 이것은 기독교의 교리와 신앙 고백과 깊은 연관을 가지는 결과를 초래한다.

7. 찬송과 노래

유대인의 회당 예배에서처럼 성경 낭독과 설교 외에 그리스도인들의 예배 모임에는 기도와 찬송의 노래가 확실하게 설정되어 있었다(비교, 골 3:16; 엡 5:19). 신약 성경 안에는 예배에서 생겨났거나 예배의 실제에 대한 역추를 허용하는 수많은 본문들이 현존하고 있는데 "주기도문"을 예로 들 수 있다(마 6:9-12; 눅 11:2-4). 특히 예배와 관련하여 볼 때 기독교는 처음부터 노래하는 교회였던 것을 알게 된다. 먼저 골로새서 3장 16절과 에베소서 5장 19절에는 세 가지의 구별된 형태의 찬송이 소개되고 있음을 볼 수 있다: 시(psalmen), 찬미(hymnen), 신령한 노래(geistliches lied). 여기 시들은 구약의 시편들이 노래되어진 것으로 보며, 에베소서 5장 19절의 말씀에 "서로 화답하며"란 말이 나오는데, 이러한 시편이 인도

자와 회중 사이에 서로 교대로 화답하며 노래했던 것을 표현한 것으로 생
각된다. 이러한 교대송은 후에 로마교회로 오면서 성가대 또는 합창대로
발전되었다고 할 것이다. 그 이후로 예배에서의 노래는 시와 함께 만들어
불려졌는데, 구약의 시편이 본보기가 되고 있으며, 초대 교회가 예전에서
사용한 찬송으로는 누가복음 1장과 2장의 내용이 하나님을 찬양하는 노래
로 사용되었다고 본다.

초대 교회가 오래 전부터 사용한 세 가지 노래의 칸티카(cantica)는
유명하다. 첫째는 마리아의 노래(찬양; 1:46-55) Magnificat 성모 마리
아의 송가요, 둘째는 사가랴의 찬양(1:68-79)과 감사의 기도(축복과 은
혜)이며, 셋째는 시므온의 찬양(2:29-32)으로 알려져 있다. 이 외에도"송
가"에 관한 말이 요한계시록에는 세 곳에 나타난다(5:9f.; 14:3; 15:3f.).
그리고 찬송가로 생각되는 것이 몇 개의 전승된 원본에 나타난다(빌
2:6-11; 골 1:15-20; 딤전 3:16; 요 1:1-18).

몇 개의 본문들은 그 유래가 찬송의 전통에서 주어진 것으로 논쟁되는
것도 있다(벧전 1:20; 3:18-22; 히 1:2-3). 요한계시록에는 찬송가는
아니지만 이끌어낸 것으로 그리고 상황에 관련된 영광을 찬양하는 것과
환호하는 것들이 나타난다(1:5b-6; 4:11; 5:12-13b; 7:10-12;
11:15b-17f; 12:10b-12; 16:5b-7b; 19:1b-2, 3b, 4b, 5b, 6b-8).
송영들은 그밖에도 신약 가운데 있으며, 그들의 뿌리는 예전의 전통에서
나온 것으로 인식된다(롬 1:25; 9:5; 16:25-27; 갈 1:5; 딤전 1:17;
6:15). 그리고 환호하는 것들은 신앙 고백들에 의하여 하나의 특별한 역
할을 하게 된다(롬 10:9; 고전 8:6; 12:3; 빌 2:11; 엡 4:4-6; 요일
2:22a; 4:2; 계 4:8b). 또한 신약 서신들의 앞부분과 뒷부분에 나타나는
축복의 기원의 형식과 평화를 소원하는 형식들은 예전의 전통에 기인한
것이라 할 것이다(롬 1:7; 15:13; 고후 13:13; 벧전 1:2b; 5:14b).

에베소서 5장 14절에 초기 그리스도인들이 예전에서 노래로 사용한 시의 단편을 발견한다: "잠자는 자여, 그대 어서 죽은 자들 가운데서 일어나라. 그리스도께서 네게 비춰시리라." 바울은 이것을 인용된 것으로 표현한다 (그러므로 이르시기를...하셨느니라). 성경 인용의 근거는 오늘까지 증명되지 않았다. 다만 추측할 뿐이며, 초기 기독교 찬송의 인용일 것으로 본다. 초기 세례의 노래(tauflied)에서 근거된 것으로도 본다. 그리고 누가복음 2장 14절, "지극히 높은 곳에서는 하나님께 영광이요, 땅에서는 기뻐하심을 입은 사람들 중에 평화로다"와 디모데전서 3장 16절, 그리고 "계시의 노래"(계 15:3-4), 출애굽기 15장 1절 이하와 신명기 31장 30절 등도 노래의 구절로 본다.

예배 중에 말씀 선포와 기도 사이에는 반드시 노래하는 것으로 되었다. 초대 교회가 그들의 예배 생활의 한 요소로서 노래하는 것을 알고 행하였으며, 시와 찬미와 영적인 노래들을 확실히 다양한 형태로 사용한 것이다. 그리고 노래하는 것은 예배 생활의 가장자리가 아니라, 그리스도인 개인과 온 회중의 본질적이며, 필수적인 예배 생활을 표현하는 것이고, 노래 없이는 기독교의 예배를 생각할 수 없었던 것이다. 노래하고자 하는 충동은 다른 면에서 보여진 성령의 활동이다. 다시 말하면 믿음을 작용하게 하는 내재하는 그리스도의 말씀이 성령이다. 그러므로 노래는 그리스도의 도래와 함께 시작된 새 시대의 적합한 믿음의 표현의 형태요 의사 소통의 방식이라고 할 것이다. 노래의 근거와 내용은 그리스도의 말씀과 동일한 것이다. 즉 찬송의 내용은 말씀의 또 다른 이해요, 그리스도의 말씀에 근거한 것이다. 그러므로 신약에 나타난 가장 오래된 노래는 그리스도를 찬양하는 노래들이다: 그것들은 예수 그리스도 안에서 이루신 하나님의 위대한 구원의 행위를 찬양한다. 믿음이 불붙게 된 것을 통하여 그 믿음은 다시 곡조를 붙인 노래로 불려지기를 원하는 것이다.

교회(회중)의 노래는 두 방향에서 이루어진다: 첫째는 다른 교회 구성원들의 면전이며, 둘째는 하나님의 면전으로 향함이다. 회중이 하나님의 위대한 구원의 행위를 찬양할 때에, 그 회중은 하나님께 그들의 찬양의 제물과 감사의 제물을 봉헌하는 것이다. 그리고 이것은 마음에서 나와야 하는 것이다. Augustinus은 노래의 하나님께로 향한 면을 가리켜 이렇게 말했다: 노래하는 자는 두 번 기도하는 것이다(Bis orat, qui cantat). 이것은 곡조로 기도하며, 가사로 기도하는 것을 뜻한다. 이런 의미에서 노래부르는 것은 예배에서의 기도에 속한다고 하겠다. 전파된 말씀에 대한 응답으로서 예전적인 부분의 내용에 대한 일차적이며, 근원적인 그리고 필수적인 관점을 포함하고 있는 것이다.

8. 헌금과 연보

초대 교회는 그들의 모임에서 오늘날 우리가 드리는 헌금(십일조)같은 것을 드렸는지에 대한 역사적 문헌을 발견하기는 어렵다. 그러나 바울이 고린도 교회에 보낸 편지 가운데서 그들이 모일 때에 준비한 헌금이나 예물을 드리도록 권고한 것으로 보인다(고전 16:2; 고후 8:2-4; 9장). 이렇게 헌금하도록 한 이유는 역사적으로는 예루살렘 교회 성도들이 기근과 흉년이 들어 고난당하게 되었을 때 그들을 도울 목적이었던 것으로 신약의 역사 연구는 전한다(롬 15:26). 즉 예루살렘 교회를 돕기 위한 구제 행위였다. 물론 이러한 예배에서 헌금하는 일은 사도 이후와 로마 교회로 오면서 자연의 농산물을 제단에 가져와 교회의 가난한 형제를 돕는 일로 발전하는 것을 본다(과부와 고아 그리고 가난한 자 등).

D. 예배 장소

예루살렘의 초대 교회는 먼저 가정에서 시작된다(행 1:12-13). 물론 후에 성전에서 모임이 개최되기도 하였다(행 2:46). 예수님은 솔로몬의 행각(요 10:23)에서 가르치셨는데, 거기서 역시 그리스도인들의 모임이 이루어졌던 것이다(행 3:11; 행 5:12). 그 외에 바울의 선교 상황에서의 예배는 거의 가정에서의 모임으로 이해된다. 선교 지역에서의 모임은 가정이거나 시장에서(행 17:17, 아덴에서의 선교), 유대인들의 회당에서도 그리스도의 복음을 전하였고 듣는 일을 행했다고 전한다. 기독교가 하나님의 집을 건축하기까지는 오랜 기간이 지나서였다. 약 2세기 이후부터 지역의 모임이 형성되면서 교회의 건물을 짓기 시작했다.

E. 예배 시간

일찍부터 초대 교회는 유대인의 안식일 예배와는 구별하여 주님의 날--부활절에 모였다. 이 날의 선택에는 두 가지 이유가 있다고 전한다.

1. 예수 그리스도는 세상의 빛이시다(요 1:3-5)

그리스도는 세상의 빛이신데 하나님이 천지를 창조하실 때 첫 날에 빛을 창조하신 것과 서로 일치하는데서 의미를 찾는다. 빛의 날인 일요일에 그리스도인들은 축제일로 행사를 가졌다.

2. 그 날이 예수 그리스도가 부활하신 날이었다

매주일의 축하는 그리스도의 부활의 승리에 대한 기념이다. 사도행전 20장 7절, 요한계시록 1장 10절, 고린도전서 16장 2절 등에는 초대 교회의 예배 행위가 일요일에 행하여졌음을 나타낸다. 주일 아침에 모여 부활 사건을 기억하고 찬양하였다. 사람들은 주일 해뜨기 전 일찍 모여 예배했다고 전한다.

Ⅳ. 예배의 신학적 근거

A. 말씀과 언약에 기초한 예배

하나님은 천지 만물을 만드시고 그 만물 속에 자신을 드러내셨다. 바울은 자연 만물 속에 심겨진 신성을 아무도 부인하지 못하지만 인간의 불순종과 타락으로 인하여 피조물을 하나님으로 오해하여 경배의 대상으로 삼는 타락한 인간의 죄를 지적한다(롬 1:19-25). 그러나 하나님은 타락한 인간을 버려 두지 아니하시고, 계시를 통하여 인간을 구원하기 위한 언약을 세우신다(창 3:15, 25). 그리고 하나님의 말씀과 언약의 관계로 제시된 하나님의 구원의 계시는 족장의 시대(노아와 아브라함)와 모세와 이스라엘 민족을 거쳐 옛 언약의 관계로 구분되고, 하나님은 말씀이 육신이 되어 예수 그리스도로 오신 하나님의 새 언약의 시대로 새롭게 계시된다(막 2:22).

예수 그리스도를 통하여 제시된 새 언약과 인류 구원을 위한 계시의 목적은 하나님의 창조 계획과의 관계에서 타락한 인간의 구원을 의미하며 예수 안에서 인간의 선택되고 약속된 구원은 인간의 재창조를 의미하며, 동시에 하나님의 창조 세계의 질서 회복을 의미하며, 또한 창조 사역의 계속적인 진행을 의미하기도 한다. 그리고 이 모든 과정은 하나님의 영광을 드러내기 위한 것으로 이해된다. 그러므로 예배는 본질적으로 하나님의 부르심에 대한 인간의 응답의 관계로 이해된다. 그리고 하나님의 구원의 계시인 언약의 말씀은 매주일 예배의 중심 속에 선포되는 하나님의 말씀으로 나타난다. 이러한 계시의 나타남은 성경 낭독과 설교에서 직접적으로, 기도와 찬송 가운데 간접적으로 그리고 성찬의 신비와 연합 속에서 경험되는 것이다. 이러한 경험은 곧 하나님과의 만남이요, 그의 음성의 들음이요, 믿음의 역사의 근원이 되는 것이다. 종교 개혁자들을 통하여 되찾아진 말씀 중심의 예배, 그것은 Luther의 강조 그대로 말씀을 통하여 성령의 역사와 함께 우리의 마음에 믿음을 불러일으키는 역사이며(롬 10:17), 그것이 곧 그리스도를 통한 구원의 역사요, 하나님의 계시의 역사요, 하나님의 말씀의 역사요, 하나님 자신의 나타남인 것이다.

B. 기독론에 기초한 예배

기독교의 예배는 근본적으로 하나님이 행하시는 일이다. 그것은 그리스도 안에 이루어진 구원 사역을 전제하는 한, 그리고 그 구원의 행위가 하나님의 은혜로운 자비 속에서 선행되었기 때문에 하나님이 이루신 일인 것이다. 초대 교회로부터 예수를 하나님의 아들로, 그리스도로 믿으며, 주로 고백하는 자들에 의한 찬양과 감사가 예배의 중심을 이루었던 것은 바로 하나님이 행하신 일, 즉 구원의 은혜의 역사 바로 그것 때문이었다. 실제로 초대 교회의 예배는 우리의 죄를 위하여 십자가에 죽으시고 삼 일 만에 부활하신 그리스도의 부활을 찬양하고 증거하고 그 은혜에 감사하기 위한 부활의 축제 모임이었다. 그리고 예배가 기독론에 기초한다는 것은 예수 그리스도가 하나님과 인간 사이에 중보자가 되셨다는 것을 의미한다. 그가 친히 십자가에 인간의 죄를 대신하는 희생의 제물이 되심으로 하나님과 인간이 화해하는 속죄 제물이 되신 것이다. 그리고 그는 인간들이 하나님 앞에 나아가도록 하는 제사장이신 것이다. 그러므로 기독교 예배의 중심에는 언제나 그리스도가 하나님과 인간 사이에 중보자로 있는 것이며, 그가 친히 대제사장으로 역사하시는 것이다. 그 때문에 기독교의 예배는 하나님 앞에서 구원을 얻기 위한 인간의 행위적인 그 어떤 노력으로서의 제사가 아니며(히 10:18-21), 속죄 행위를 위한 행사가 아닌 것이다. 오히려 하나님이 그리스도를 통하여 행하신 구원의 은총에 대한 감사요, 찬양이요, 그 은혜적 사건이 성령을 통한 상기 속에서 행하는 믿음의 표현이다.

역시 성찬의 의미와 관련하여 독일의 실천신학자 빌헬름 스테이린이 강조한 것처럼, "기독교의 예배는 과거의 역사적 사건에 대한 단순한 기억으로서의 감사와 찬양이 아니라, 예배에서 실제로 그 과거의 역사적 사건이 현재로 재현되고 경험되는 사건으로서의 예배, 그것은 성령으로 역사하시는 그리스도의 임재와 하나님의 임재의 현재적 의미 안에서 구체화되는 그리스도의 실제적 사건으로의 예배"인 것이다. 스테이린은 그리스도의 예배에의 실제적 임재를 크게 강조한 신학자인데, 특히 성만찬 이해에 대한 쯔빙글리적 기념설을 비판하면서, 고린도전서 11장 23절 이하의 본문 주석과의 관계에서 "아남네시스"($\alpha\nu\alpha\mu\nu\varepsilon\sigma\iota\varsigma$), 즉 헬라어의 "기념"(상기)이란 말을 2천년 전 골고다의 구속 사건의 과거사적 상기 뿐 아니라, 지금 여기의 예전은 그리스도의 영으로의 현재적인 임재를 뜻하며, 동시에 그리스도와의 연합적인 계시적 행위가 현재적으로 일어나는 그리스도의 현재적 임재의 상기로서 아남네시스로 이해해야 한다고 강조하였다. 십자가의 구속 사건은 단 한 번 있는 사건이요, 다시 재현될 수 없는 사건이다. 단번에 죽으신 그리스도의 속죄 제물로서의 희생은 한 번의 사건으로서, 오고 오는 모든 세대의 구원을 위하여 질적으로는 그 어떤 변함 없이 그대로 적용되는 사건인 것이다. 그러나 하늘의 은총의 제물로서 골고다의 비밀은 예전을 통하여 영원히 현재적으로 표현되어야 한다. 그러므로 성찬에의 참여는 그리스도의 고난에의 참여를 의미하며, 동시에 그와의 연합됨과 영원히 그와 함께 먹고 마시는 영원한 만찬이 지상에서 선취되는 것이다.

C. 성령에 기초한 예배

기독교의 예배는 그리스도의 승천 이후에 오순절 날에 마가 요한의 다

락방에 역사한 성령 강림과 깊은 연관을 가진다. 비로서 성령이 역사함으로 초대 교회 성도들은 예수님의 가르침과 그의 메시아로서의 사역의 의미를 깨닫고 기억하게 되었으며, 성령은 바로 이들로 하여금 십자가에 죽으시고, 삼 일 만에 부활하신 예수님이 그리스도요, 주님이시며, 살아 계신 하나님의 아들이심을 증거하는 능력이 되었던 것이다. 그리고 그들이 경험한 성령은 믿는 자들의 모임에 영으로 함께 하시는 주님이었던 것이다. 그들은 성령 안에서 위로를 얻었으며, 믿음을 가지게 되었으며, 믿음 안에서 강한 자들이 되었던 것이다. 그리고 다시 오시리라고 약속하신 부활의 주님과 승천하신 주님을 땅 끝까지 증거할 수 있게 되었던 것이다. 이것은 예수님이 "하나님은 영이시니 예배하는 자는 신령과 진정으로 예배할지니라"(요 4:24) 하신 말씀의 성취이며, 이것이 기독교 예배의 신학적 근거가 되는 것이다. 그리고 예수님은 수가성 여인과의 대화에서 21절에서부터 "예배할 때가 이르리니 곧 이 때라..."는 말로 그리스도 안에서 예배하는 새로운 시대의 도래를 예언한 것이며, 나아가서 계속되는 "... 신령과 진정으로 예배할지니라"는 말씀은 경배의 대상은 하나님이요, 그에게 경배하는 방식이 성령과 진리이신 그리스도 안에서의 예배이어야 함을 가르쳐 준 것이라고 할 것이다. 그리고 여기 성령 안에서의 예배와 진리 안에서의 예배는 먼저 믿음으로의 예배를 뜻하며, 성령 안에서의 예배는 성령 역사의 외적인 은혜의 수단으로써 역시 말씀과 성례는 성령의 객관적 사역의 증표로 이해하게 된다. 그리고 성령 안에서의 새로운 예배란 말씀과 성례를 통하여 임하여 오시는 성령에의 참여를 뜻한다.

D. 종말론에 기초한 예배

기독교의 예배는 종말론에 기초해야 한다. 종말론에 기초한다는 것은 그리스도가 다시 오시리라는 재림에 기초한다는 말이다. 바로 초대 교회의 예배가 그러했으며, 지금 우리의 예배도 그리스도의 다시 오심을 대망하는 가운데 드려지는 예배가 되어야 한다. 초대 교회의 성도들은 그들의 예배 가운데 영으로 임재하시는 그리스도를 믿었을 뿐 아니라 다시 오시리라고 약속하신 그 약속을 믿음으로 바라보면서 그의 오심을 "마라나다"로 기도했으며 찬양했던 것이다. 그리고 종말론에 기초한 예배란 역시 Oscar Cullmann의 구속사적 종말론으로 "이미"와 "아직" 사이에서 행하는 영적인 사건이 곧 기독교의 예배인 것이다. 여기 "이미"와 "아직"이란 이미 그리스도와 성령을 통하여 경험된 구원과 그의 재림에 의하여 완성될 구원, 즉 하나님 나라와의 관계에서 하나님의 다스리심과 통치하심을 현재적으로 경험하면서 미래적으로 기다리는 예배를 의미한다. 특별히 성찬의 의미는 미래적인 그리스도와의 영원한 만찬에서의 신비적인 교통을 현재적으로 선취하면서 그 완성의 날을 기다리는 의미이기도 한 것이다.

Ⅴ. 예배의 본질과 기능

A. 예배의 본질적인 의미

기독교의 예배란 그 낱말적 의미가 뜻해 주는 것처럼 하나님을 믿고 그를 경배하며 그를 섬기는 봉사적 행위를 의미한다. 이러한 봉사는 곧 공적인 예배에서 시작하여 그리스도인의 전 삶의 봉사로서 섬김의 신앙적인 삶으로 나타나야 하는 것이다(롬 12:1). 그 때문에 Friedrich Kalb은 기독교의 예배를 가리켜 "기독교적 신앙과 삶의 총체적 표현"이라고 하였다.4) 그것은 신앙적인 삶의 근원이 바로 예배에 있음을 의미하며, 동시에 기독교의 예배와 삶은 통일된 하나의 관계에 있음을 말해 주는 것이라 할 것이다. 그러나 예배의 근본적인 출발은 우리 인간 안에 있는 것이 아니

---

4 Friedrich Kalb, *Grundriß der Liturgie* (München, 1965), 13.

고, 전적으로 인간 밖에서 역사하신 하나님에게 놓여 있는 것이다.5) 그것
은 바로 예수 그리스도를 통하여 이루어 주신 하나님의 구원의 계시(opus
dei)에 근거하기 때문에 예배의 본질은 인간의 행위가 아니고, 하나님의
행위라는 것이다. 그 때문에 기독교 예배는 계시 의존적 관계에 있는 것이
며, 그 중심이 삼위일체적 관계 속에 있는 하나님에게로 향하는 믿음의
행위를 말하는 것이다.

　이런 관점에서 볼 때, 기독교의 예배는 먼저 인간 편의 노력에 의한 그
무엇이 아니라, 예수 그리스도 안에서 하나님이 성령을 통하여 이루신 구
원의 계속적인 선포와 작용으로서 인간을 섬겨주시는 하나님의 봉사인 것
이다.6) 그리고 한편으로 예배는 이러한 하나님의 선취 행위에 대한 응답
과 감사로서 인간이 하나님을 섬기는 봉사적 행위인 것이다(cultus). 그
러므로 기독교의 예배는 하나님을 위한 봉사요, 그리고 하나님을 섬기는
섬김 그 자체이다. 그 섬김은 예배의 행위를 통하여 하나님과 인간의 만남
으로 귀결된다. 물론 그 만남은 대화의 과정으로도 설명된다. 그 본질에
있어서 하나님의 구원의 계시에 대한 인간의 응답이 되는 것이며, 교회에
대한 하나님의 봉사와 하나님 앞에서 행하는 교회의 봉사의 관계 속에 존
재하는 사건이다. Lohmeyer는 "인간의 모든 예배 행위는 다만 하나님이
행하신 말씀에 대한 응답으로서 하나님의 행위에 대한 반응이다"라고 정의
하였다.

　현대 신학자들도 예배에 대한 다양한 신학적인 이해를 제시하고 있다.
예를 들면, 먼저 Karl Barth는 신적인 행위로서 교회의 예배와 인간적인
행위로서 교회의 예배에 관하여 언급하였다. 이것은 예배가 하나님이 먼

5 Vgl. Barth, *Gotteserkenntnis und Gottesdienst nach reformatorischer Lehrer* (Zürich, 1938), 186.
6 Adolf Adam, *Grundriß Liturgie* (Herder, 1986), 12.

저 주도하신 구원의 계시적 사건에 따라 행하여지는 인간의 반응과의 양면
적 관계에 있음을 이해하게 한다. P. Brunner는 교회에 대한 하나님의
일로서 예배와 하나님 앞에서 행하는 교회의 봉사로서 예배를 말한다. 이
것 역시 예배는 하나님의 교회가 행하는 하나님의 일로서의 중요성을 강조
한다. W. Hahn은 우리에 대한 하나님의 섬김과 예배 가운데서 우리의
하나님을 섬기는 일로 규정한다. 여기서도 우리는 섬김의 관계로 이해된
예배와 그것은 하나님과 인간의 양면적 관계를 전제하고 있는 것이다. V.
Vajta는 하나님의 일로서의 예배와 믿음의 일로서의 예배를 거론한다. 스
위스의 개혁주의 예배 신학자 J. J. von Allmen은 아버지와 아들과 성령
이신 하나님은 기독교 예배의 주체이면서 대상이라고 말한다. 그리고 그
는 섬기면서 숭배의 대상으로 섬김을 받으시는 분이시다. 즉 예배를 요구
하시면서 예배를 받으시는 분이시다. 그는 말씀하시면서 말씀을 들으시는
분이시다. 우리가 탄원하며, 우리의 간청을 들으시는 분이시다.7) 그리스
정교회의 신학자 N. A. Nissiotis는 예배란 삼위의 하나님의 현재의 행
위로 정의를 내린다. 즉 예배는 인간의 주도에 의하여 이루어지는 것이
아니라, 성령을 통하여 그리스도 안에서 이루어진 하나님의 구원의 행위
가 근거라는 것이다. 그는 계속해서 기독교 예배의 중심으로서 감사의 제
물(그리스도의 십자가)은 인간의 대답과 인정에 비하여 절대적인 하나님
의 우선권과 행위를 암시하고 있다고 말한다.8) 이로써 예배의 중심에는
예수 안에 이루어진 하나님과의 화목의 복음이 선포됨을 통하여 하나님은
인간을 섬기며, 예배에 참여한 회중은 하나님의 은혜에 대하여 모든 감사
와 찬양과 영광을 하나님께 드리는 것이다. 이러한 감사와 찬양과 영광의

---

7 J. J. von Allmen, *Worship Its Theology and Practice*, 「예배학원론」, 정용섭
   외 3인 공역 (서울:대한기독교출판사, 1979), 184.
8 Ibid., 114.

드림은 자신을 드리는 헌신으로 표현되는 것이다.

B. 예배의 기능

기독교의 예배는 기능적으로 어떤 의미를 지니고 있는가? Dietrich Rössler는 "예배란 그리스도인의 삶의 근본에 대한 관계의 표현이요, 묘사"라고 정의하였다.9) 이 말은 그리스도인의 신앙적인 삶의 근본은 하나님을 뜻하는 것이며, 그 하나님에 대한 신앙의 표현으로써, 즉 감사와 찬송과 기도를 의미하며, 그러한 마음의 표현을 뜻한다고 할 것이다. 이러한 이해에 따라 그리스도인의 신앙적 삶의 근원은 하나님이 이루신 그리스도를 통한 구원의 은혜이며, 의롭다 하신 칭의적 선언 바로 그것인데, 기독교의 예배는 이러한 은혜를 깨달은 자의 새 생명으로의 삶이 되는 것이다. 그리고 그는 기독교 예배가 역사적으로 크게 세 가지 관점의 기능적 의미를 가진 것으로 보았다.

첫째, 예배의 교육적 기능이다. 이것은 종교 개혁자 루터에게서 나타난 기능적 이해인데, 그는 예배의 교육적인 의도와 본질을 인식하고 벌써 그의 글 "독일 미사"(1526)에서 "예배는 우리가 사람들로 하여금 그리스도인이 되도록 도울 수 있어야 하는데, 먼저 하나님에 대한 자의식을 일깨우고, 신앙을 강화시켜 주며, 믿음을 도우는 역할로 표현되어야 할 것이라"고 강조하였다. 이 말에서 우리는 루터가 기독교 예배의 기능을 얼마나 신앙 교육적인 관계에서 이해했던가를 엿볼 수 있다. 이러한 교육적 기능으로서의 예배에 대한 이해는 교회의 역사 속에서 정통주의 시대를 거처 Schleiermacher의 시대에까지 잘 이어져 왔던 것이다.

역사적으로 서구 교회에서는 이러한 예배의 교육적 이해가 F. Niebergall

---

9 Dietrich Rössler, "Gottesdienst," in *Grundriß der Praktischen Theologie* (Berlin/New York 1986), 391.

에 의하여 새로운 발전이 있었던 것으로 알려져 있는데, 그것은 소위 예배의 신앙적인 교화에 관한 것이다. 여기 "교화"(erbauung)란 가르침을 통하여 감동을 받게 하고 그리스도인으로서의 신앙적인 자의식에 사로잡히게 하는 것을 뜻한다. 이것은 예배의 전체를 통하여 신앙이 연약한 자들에게 신앙적인 감화와 깨달음을 주고자 한데 그 의도가 있었던 것이다. 이러한 예배의 교화적 성격은 바로 교육적인 기능을 대변하는 것으로서 경건주의 시대의 예배의 이해가 그러한 것이었다고 하겠다. 무엇보다도 예배의 교육적 기능은 종교 개혁자들의 인식 속에서도 강하게 반영되고 있었던 것으로 이해된다. 특히 Calvin과 개혁파 교회의 전통에서는 처음부터 강한 교육적 이해와 기능이 그 중심을 이루고 있다고 할 것이다. 즉 예배란 한편으로는 하나님의 말씀의 설교를 통한 가르침이었으며, 다른 한편으로는 그리스도인의 확실한 신앙 고백이 중심을 이루었던 것이다.

예배의 교육적 기능은 다시금 후에 부흥 운동과 함께 부흥 설교나 전도 설교의 결정적인 역할로 전환하게 되는데, 이것은 교육적 기능만을 발전시킨 역사적 단면이라고 할 것이다. 그리고 이러한 경건주의적인 예배 이해인 교화적인 성격은 한국 교회의 예배에서도 그대로 반영되고 있다고 하겠다. 그 이유는 역시 예배에서 가장 큰 비중을 갖는 순서가 있다면 그것은 바로 하나님의 말씀의 선포인 설교이다. 그러므로 예배는 언제나 교회를 위한 신앙적 삶의 새로운 원리를 강화하는 장이요, 그 속에 설교는 하나님의 말씀인 가르침으로서, 항상 삶의 지표로 선포되는 것이며, 개개인의 신앙 강화에 교육적인 영향을 끼치고 있는 것이다. 그리고 오늘날 프로테스탄트의 전통에 속한 모든 교회들의 예배성격이라고도 할 것이다.

둘째로 예배의 기도적 기능이다. 종교 개혁자 Luther는 원래 예배를 이런 관점에서 더 잘 이해하고 있었던 것이다. "우리 주님께서는 예배에서 그의 거룩한 말씀을 통하여 우리에게 말씀하시며 우리는 다시금 그 예배에서 기도와 찬양으로 그에게 말한다."(Wa.49, 588) 이것은 Luther가 얼마나 예배의 기도적 성격을 잘 말해 준 것인지를 느끼게 한다. 예배는 공적인 기도 생활인 것이다. 예배는 근본적으로 개개인의 기도에서부터 시작되는 것이며, 공적인 교회의 예배는 바로 공동체의 공동적인 기도의 장이 되는 것이다.

우리는 흔히 기도라고 할 때 우리의 영육의 필요를 간구하는 요청의 내용이 전부인 것으로 생각하나, 그 중심은 하나님이 베푸신 은혜를 찬양하고 감사하는 영광 돌림이라고 할 것이다. 우리의 영육의 필요에 대한 간구는 실제로 기도의 한 부분인 것이다. 우리는 주님이 가르쳐 주신 기도에서 그 전형을 잘 알 수 있다. 기도의 본질은 영광을 드러내는 도구로써 찬양(doxologie)을 의미한다. 이것은 인간이 하나님께 말하는 표현의 양식이다. 그리고 그 기도 가운데는 적어도 다섯 가지의 요소, 즉 감사와 찬양, 회개와 도고와 간구 등이 포함된다. 그리고 음악적으로 표현하는 교회의 노래나 찬송, 악기 등은 바로 예배 신학적으로는 기도의 관점에서 이해되어야 하는 하나님을 향한 신앙적 표현의 또 다른 하나의 방식이라고 할 것이다. 찬송을 부르면 두 번 기도하는 것이라고 한 Augustinus의 말은 바로 찬송과 기도의 공통성을 말해 준 것이다.

셋째로는 예배의 축제적 기능이다. 이러한 예배의 이해는 역사적으로 Schleiermacher의 예배의 이해에서 제시된 통찰에 영향을 받고 있다고 할 것이다. 그는 예배를 예배하는 자들의 인간적 관점에서 더 많이 이해한 것이다. 그것 때문에 Schleiermacher의 신학은 인본주의적이며, 자유주의 신학이라는 평가를 받게 되지만, 그의 예배에 대한 이러한 축제적 기능의 의미는 오늘날까지도 예배를 새롭게 하는데 도움을 주고 있다. 그리고 그는 기독교의 종교적 인식 속에서, 교회를 신앙의 공동체로 보며, 예배는 바로 그 공동체가 나타내는 공동적 신앙심의 표현으로 이해하는 것이다.

이러한 예배의 축제적인 기능은 말씀 중심의 예배에서 뿐 아니라 성찬의 예배에 있어서도 동일하게 적용되는 것으로 본다.

G. V. Zezschwitz는 예배를 가리켜 성찬을 위한 교회의 축제[10]라고 불렀으며, Brunner는 기독교의 성찬을 "창조와 종말 사이에 구원의 실현으로서 종말론적 사건"[11]으로 해석했던 것이다. 즉 그 예배에서 과거와 새로운 시작, 죄와 용서가 동시에 현재적인 실재로 나타나는 종말론적 사건으로 규정한다. 예배의 이런 이해에 관련하여 E. Lange도 그리스도인 개체와 교회의 생명을 위한 기능 관계에서 예배를 "하나님의 언약 갱신의 잔치"(Fest der Bundeserneuerung)로 해석하였던 것이다.[12] 이것은 예배에 나타나야 할 그리스도 안에 이루신 구원의 은혜를 언약관계에서 본 것이며, 매예배에서 선포되는 하나님의 말씀과 성령으로 믿는 자에게 보증하는 구원의 은혜에 대한 언약의 새롭게 됨을 위한 축제로 이해한 것이다.

예배를 축제나 잔치(Feier)로 이해하는 것은 바로 성찬의 본질이 구원의 은혜에 대한 감사에 있다면, 그것은 다만 과거의 사건에 대한 회상의 의미 뿐만 아니라 훨씬 더 성령으로 임재하는 그리스도의 현존과 함께, 나아가서 영원한 하늘 나라의 만찬을 믿음으로 소망하는 관계에서 기뻐하고 축하해야 할 의미 있는 사건으로 본 것이다. 물론 예배의 축제적이고 영원한 하늘 나라의 잔치와의 관계는 성만찬에서 만의 의미는 아니다. 역시 말씀 중심의 예배 자체에서도 축제적 관계를 간과할 수 없는 것이다. 여기서 우리에게 인식되는 것은, 즉 예배란 우리가 하나님께 무엇인가를 드려서 하나님과의 관계를 새롭게 하고 하나님으로부터 그 어떤 보상을

---

10 G. V. Zezschwitz, *Feier als Kommuniongemeinde* (System), 246ff.
11 Brunner, *Leiturgia*, I, 116 이하.
12 E. Lange, *Chancen des Alltags* (1965), 176-77.

받는 것으로의 의미가 아니라, 하나님이 그리스도를 통하여 이미 베푸신 은혜의 상기와 신뢰의 회복과 말씀의 들음 안에서의 감사와 찬양과 영광을 그에게 나타냄이요, 묘사하는 행위로서의 축제를 의미하는 것이다. 그런 관계 속에서 매주일 예배는 부활하신 그리스도와 영으로의 만남이요, 그 만남 가운데서 죄용서와 구원과 영원한 나라의 약속의 확인 가운데서 감사와 찬양과 영광을 하나님께 나타내는 축제인 것이다. 그리고 그 예배 안에서 성령으로 함께 하신 하나님의 은혜를 함께 나눔으로서 기쁨의 잔치요 축제가 되는 것이다. 예배의 축제와 잔치적 의미는 오늘날까지 서구에서는 예배 갱신의 중요한 요소가 되었으며, 오늘 우리 한국 교회의 예배에 있어서도 주목되어야 할 중요한 관점으로 생각한다.

Ⅵ. 기독교 예배의 실제

A. 예배의 시간과 장소

예배는 언제 어디서 행해야 하는가? 이 질문에 대한 대답은 먼저 언제 어디서나 그리스도인들은 하나님께 예배할 수 있다. 그러나 우리가 예배라고 할 때 그것은 개인이 혼자 행하는 것을 예배라고 하지 않는다. 그것은 개인적인 하님과의 교통으로서 기도이거나 언제 어디서나 자유로이 기도할 수 있다는 말이다. 그러나 예배는 엄격히 말해서 둘 이상의 공동적 행사로서 개개인이 속한 교회에서 주님의 날에 공동체로 모여 공적인 행사로서 하나님께 드리는 것이다. 그리고 지역 교회에 속한 자는 반드시 주일에 하나님께 나아가 공동체와 함께 예배해야 한다. 한국 교회는 이러한 예배를 위하여 주일에 오전과 오후, 또는 저녁 시간에 지역 교회들이 준비한 예배를 온 성도들과 함께 행하고 하나님께 영광을 돌리며, 복된 믿음의 생활을 영위한다. 물론 주간에도 지역 교회들은 새벽 기도회나 수요 기도회, 또는 금요 철야 기도회를 준비하고 함께 예배의 행위를 한다. 이것은 주일 예배와는 성격이 구별되는 예배라고 할 것이다.

B. 예배의 구성 요소와 실제적인 형성

예배는 구체적으로 어떻게 구성해야 하며, 그 기본적인 요소가 무엇인지에 대하여 우리는 생각할 필요가 있다. 먼저 역사적으로 예배의 기본적인 요소로는 하나님의 말씀과 기도와 성찬과 헌금 그리고 찬송 등이 사용되었다. 이러한 기본적인 요소들이 어떻게 구성되고 예배의 실제를 형성해야 할 것인지에 대하여는 무엇보다도 예배는 하나님의 계시에 대한 그의 백성들의 응답이란 관계에서 엮어야 한다는 것이다. 그것은 하나님의 계시를 알려 줌으로써 하나님의 말씀의 증거와 그 말씀에 대한 백성들의 응답으로 신앙의 고백이 중요한 것이다. 앞에서 언급된 기본적인 요소 가운데 하나님의 말씀과 성찬은 하나님의 구원의 계시를 드러내고 보여 주는 것으로 말씀(설교)과 성찬이 있으며, 이러한 하나님의 은혜에 대한 응답으로서 기도와 찬송과 고백과 헌금이 있는 것이다. 이러한 요소들이 현재 한국 교회가 행하는 주일 예배의 순서와의 관계에서 볼 때 적절히 배열하게 되는 것이다.

C. 예배의 종류와 형식

우리가 예배라고 할 때는 대부분 말씀을 중심한 설교의 예배를 생각한다. 그러나 예배의 형태는 크게 두 가지로 구분할 수 있다. 첫째는 말씀 중심 예배이며, 둘째는 성례 중심의 예배이다. 성례는 역시 세례와 성찬을 포함한다.

1. 말씀 중심 예배

말씀 중심 예배는 역사적으로는 설교를 두고 사용된 말이다. 그러나

오늘날에 와서 말씀 중심 예배란 설교 하나만을 가리키기보다는 예배의
순서 전체가 하나님의 말씀에 기초하고 있음을 뜻한다. 즉 예배의 모든
순서는 하나님의 말씀의 직접적인 표현이거나 간접적인 표현이라는 이해
를 전제한다. 예를 들면, 현재 한국 교회의 주일 예배는 묵도에서 시작하
여 축도의 순서로 끝마치게 되는데, 설교에서 하나님이 말씀이 표현되는
것 외에도 다른 순서들에서 역시 하나님의 말씀이 사용되고 있다. 직접적
인 순서의 표현으로는 예배의 시작에서, 요한복음 4장 24절, 시편 100편
등의 말씀, 교독문 낭독, 설교할 성경 본문의 봉독, 주기도문 사용, 축도에
서의 성경 본문(고후 13:13) 등이다. 간접적인 표현으로는 찬송, 신앙 고
백, 기도 등에서이다. 그러므로 예배의 실제의 이러한 모습과 의의를 중히
여겨야 할 것이다. 그리고 말씀 중심의 예배는 어떤 형식으로 엮어지는
것이 가장 바람직한 것인가? 여기에는 여러 이론들이 있을 수 있다. 그러
나 대체로 말씀 중심 예배는 경배의 부분과 말씀의 청취, 그리고 헌신의
결단과 감사의 세 가지 형태를 따라 형성되는 것이 일반적이다. 역시 경배
의 부분에는 죄의 고백에 대한 참회의 순서가 중심이며, 말씀의 청취에는
설교의 순서가 중심을 이루어야 하며, 헌신의 결단과 감사의 부분은 목회
기도가 중심을 이루어야 한다.

2. 성례 중심 예배

성례는 하나님의 그리스도를 통한 은혜를 가시적으로 경험하게 하는
은혜의 표지이다. 그리고 물로 세례줌의 의미도 구원의 백성으로서, 하나
님의 자녀로서 그리스도 안에 있는 존재임을 확인받는 증표인 것이다. 그
리고 성찬의 경우도 하나님의 임재와 그리스도가 행하신 구속의 은혜에
대한 상기와 그의 살과 피를 먹고 마심으로 주님과의 교통, 그리고 영원한
만찬의 선취 행위로서 성령의 은혜를 나누는 일이다. 프로테스탄트 교회

는 성례를 자주 행하지 않음으로 예배의 실제는 말씀 중심의 예배에 연결하여 진행하는 것이 관례로 되어 있다. 대체로 말씀 중심의 예배와 연결할 때는 설교 다음에 연결하여 진행하는 것이 바람직한 것으로 본다.

D. 의식으로서의 예배와 삶으로서의 예배

기독교의 예배는 다시 구분하면 의식으로서의 예배와 삶으로서의 예배로 구분할 수 있다. 의식으로서의 예배는 주일에 공동체가 정한 시간에 모여서 준비된 예배의 순서를 따라 행하는 공식 행사를 말한다. 그리고 이 예배를 드리면 예배를 다한 것으로 생각한다. 그러나 그리스도인들은 세상의 삶 속에서 실천해야 하는 예배가 따로 있다. 그것이 삶으로서의 예배이다. 즉 그리스도인의 신앙 생활로서의 예배를 말한다. 즉 이웃과의 관계에서 역시 하나님의 뜻을 위하여 섬기는 삶을 살아야 하는 것이다. 이것은 하나님을 사랑하고 이웃을 네 몸과 같이 사랑하라고 하신 주님의 사랑의 이중 계명에 대한 순종을 뜻한다. 그러므로 그리스도인들은 주일에 교회를 통하여 행해지는 공 예배를 힘쓸 뿐 아니라 삶의 예배를 힘써야 한다(롬 12:1-2). 이러한 의식으로서의 예배와 삶으로서의 예배는 서로 상호 보완 관계에 놓여 있다. 공 예배에서는 하나님과 관계가 바로 정립되도록 하나님의 말씀을 중심으로 은혜를 받고, 신앙을 견고하게 하며, 삶의 예배는 다시금 세상으로 나아가 이웃을 향하여 하나님의 의와 평화를 실천하는 자로 살아가는 것이다.

추 천 도 서

김소영. 「예배와 생활」. 서울: 대한기독교서회, 1974.

_____. 「현대 예배학」. 서울: 대한기독교서회, 1993.

김영재. 「교회와 예배」. 서울: 합동신학교, 1995.

박은규. 「예배의 재발견」. 서울: 대한기독교출판사, 1988.

정성구. 「실천신학개론」. 서울: 총신대출판부, 1980.

정일웅. 「기독교 예배학 개론」. 1993.

정장복. 「예배학 개론」. 서울: 종로서적, 1985.

정용섭. 「교회갱신의 신학」. 서울: 대한기독교출판사, 1980.

Adam, Adolf. *Grundriß Liturgie*. Herder. 1986.

Albrecht, Christoph. *Einführung in die Liturgik*. Berlin 1970.

Cullmann, Oscar. *Urchristentumund Gottesdienst*, Zürich 1950.

Davis, H. Grady. 「예배의 실제」. 박일영 역. 서울: 컨콜디아사, 1983.

Herlyn, Okko. *Theologie der Gottesdienstgestaltung*. Neukirchener, 1988.

Herbst, Wolfgang. *Quellen zur Geschichte des Evangelischen Gottesdienstes*, Göttingen, 1968.

Horn, Edward T. *The Christian Year*. 「교회력」. 배한국 역. 서울: 컨콜디아사, 1983.

Kalb, Friedrich. *Grundriss der Liturgik*. München, 1965.

Mahrenholz, Christhard. *Konpendium der Liturgik*. Kassel, 1963.

Martin, R. P. *Worship of Early Church.* 「초대 교회의 예배」. 오창
　　윤 역. 서울: 은성출판사, 1986.

Müller, Karl Ferdinant. "Die Neuordnung des Gottesdienstes
　　in Theologie und Kirche" in *Theologie und Liturgie.*
　　Kassel, 1952.

Müller, Theophil. *Evangelischer Gottesdienst,* Stuttgart,
　　Berlin, Köln, 1994.

_____. *Konfirmation,* Hochzeit, Taufe, Bestattung, 1988.

Nagel, Wilhelm. *Die Geschichte des christlichen.*
　　Gottesdienstes, 1959.

Nagel, W. u. Schmidt, E. "Der Gottesdienst" in *Handbuch der
　　Praktischen Theologie.* Bd. II. Berlin, 1979.

Segler, F. M. *Christian Worship, Its Theology and Practice.* 「
　　예배학원론」. 정진황 역. 서울: 요단출판사,1984.

Rössler, Dietrich. "Gottesdienst" in *Grundriß der Praktischen
　　Theologie.* Berlin, 1986.

Stalmann, Joachim. *Gottesdienst.* Hannover, 1994.

Trautwein, Dieter. *Lernprozeß Gottesdienst.* Pfeiffer, 1972.

Thelogische Realenziklopädie Bd 14. 「신학실제사전」.

Von Allmen, J. J. *Worship Its Theology and Practice.* 「예배학
　　원론」. 정용섭 외 3인 공역. 서울: 대한기독교출판사, 1979.

Webber, E. Robert. *Worship Old and New.* Grand Rapids, 1994.

Wintzer, Friedrich. "Zur Liturgik" in *Praktische Theologie.*
　　Neukirchen, 1982.

4

전 도 학

홍 성 철

Ⅰ. 전도의 의미

전도의 의미를 개진(開陳)하기란 그리 쉬운 작업이 아니다. 그 이유는 그에 대하여 접근할 수 있는 길이 제법 다양하기 때문이다. 우리는 적어도 여섯 가지의 통로로 전도의 의미를 정의할 수 있을 것이다: (1) 신학적 접근법, (2) 성경적 접근법, (3) 역사적 접근법, (4) 설교학적 접근법, (5) 실제적 접근법, (6) 사회학적 접근법. 그러나 본고는 대표적인 통로라 할 수 있는 성경적 접근법과 설교학적 접근법만을 제시하고자 한다.1)

---

1 Elmer L. Towns, ed., *A Practical Encyclopedia of Evangelism and Church*

A. 성경적 의미[2]

마가는 그의 복음서를 이렇게 시작한다: "하나님의 아들 예수 그리스도 복음의 시작이라." 이 말씀 가운데 전도를 의미하는 중요한 용어가 나오는데 그것은 곧 복음이다. 헬라어로 복음은 *유앙겔리온*(ευ-αγγελιον)으로써 다음과 같은 두 단어의 합성어(合成語)이다: *유*(좋은)와 *앙겔리온*(메시지를 전하다, 선포하다, 광고하다). 결국 이 합성어의 의미는 명사로 쓰일 때는 "좋은 소식"이고, 동사로 쓰일 때는 "좋은 소식을 전하다"이며, 사람에게 쓰일 때는 "좋은 소식을 전하는 자"이다.

특히 "좋은 소식을 전하는 자"의 의미로 쓰여진 *유앙겔리스테스*(ευ-αγγελιστεs)의 성경 관주를 찾아보면 "전도"의 의미가 더욱 잘 드러난다. 이 단어는 신약 성경에서 세 번 사용되었는데, 사도행전 21장 8절에서는 "전도자"로, 에베소서 4장 11절에서는 "복음 전하는 자"로, 그리고 디모데후서 4장 5절에서는 "전도인"으로 각각 번역되었다. 그러므로 유앙겔리온과 그 파생어는 "전도," "전도하다" 및 "전도자"의 의미로 번역될 수 있다.

"전도" 또는 "복음"으로 번역될 수 있는 명사형, *유앙겔리온*은 신약 성경에서 76번이나 나올 만큼 상당히 널리 사용되고 있다.[3] 그러면 "좋은 소

Growth (Ventura, CA: Regal Books, 1995), 205-6을 참고하라.

2 신약 성경에서 전도를 의미하는 용어는 많으나, 가장 대표적인 것은 유앙겔리온이다. 그러나 신약 성경의 여러 저자들은 전도의 다양한 행위를 묘사하기 위하여 많은 유사어(類似語)를 사용하였다. 이 유사어에는 적어도 40여 가지의 단어가 있으나, 어떤 학자들은 그 중에서도 두 단어(*케류소*와 *마르테오*)를 중요시하여 유앙겔리온과 더불어 전도의 3대 단어라고도 부른다. 그러나 본고에서는 제약상 유앙겔리온만을 다루면서 전도의 의미를 살펴보고자 한다. David Barrett, *Evangelize!: A Historical Survey of the Concept* (Birmingham, AL: New Hope, 1987), 15 이하와, Michael Green, *Evangelism in the Early Church* (Grand Rapids, MI: Eerdmans Pub. Co., 1977), 48 이하를 각각 보라.

3 그러나 이 용어는 누가복음, 요한복음, 디도서, 히브리서, 야고보서, 베드로후서, 요한 서신 및 유다서 등 7권에서는 나오지 않는다. 이 용어의 동사형(ευαγγελιζω 또는

식"은 구체적으로 어떤 소식을 의미하는가? 이에 대한 해답을 최초로 제시하려 한 Charles H. Dodd는 그의 유명한 저서, 「사도적 설교와 발전」(The Apostolic Preaching and Its Development)에서 "좋은 소식"을 다음과 같이 여섯 가지로 설명하였다: "성취의 시대가 도래하였다; 이것은 예수의 생애와 죽음과 부활을 통하여 일어났다; 예수는 메시아로서 하나님 우편으로 높이 들리셨다; 교회 안에 임재하시는 성령은 그리스도의 능력과 임재의 증거이다; 그리스도는 다시 와서 새로운 시대를 여실 것이다; 그러므로 회개하고, 용서와 성령과 구원의 약속을 받아들이라."

위의 설명을 요약한다면, "좋은 소식"이란 바로 *예수님 자신*이었다. 다시 말해서 그분의 임재는 새로운 시대를 의미했다. 특히 예수님의 대속적 죽음과 승리의 부활은 인간이 가지고 있는 실존적인 문제의 해결을 위해서였다. 예수님은 당신의 임재와 사역을 이렇게 요약해서 말씀하신 적이 있다: "...소경이 보며 앉은뱅이가 걸으며 문둥이가 깨끗함을 받으며 귀머거리가 들으며 죽은 자가 살아나며 가난한 자에게 복음이 전파된다 하라"(눅 7:22). 예수님의 이런 사역은 당신이 메시아라는 사실을 간접적으로 선포하신 것이었다. 그렇지 않다면 왜 메시아를 예언한 이사야 35장을 인용하면서 메시아적 성취를 시사하셨겠는가?

예수님은 메시아로서 사람들의 문제들을 해결하셨을 뿐 아니라, 그들에게 평안, 곧 샬롬을 부여하셨다. 다시 말해서, 소극적으로 문제를 해결하셨고, 동시에 적극적으로 평안을 주셨다. 두 말할 것도 없이, 이런 평안은 메시아만이 주실 수 있는 것이었다. 그런 까닭에 예수님은 "...나의 평안을 너희에게 주노라"고 선언하신 바 있었다(요 14:27). 바울은 메시아의 이런 사역을 다음과 같이 묘사하였다: "또 오셔서 먼 데 있는 너희에게 평안

εuαγγελιζομαι)은 신약 성경에서 56번이나 나온다.

을 전하고 가까운 데 있는 자들에게 평안을 전하셨으니"(엡 2:17). 평안의 주인인 메시아가 태어나실 때 천사들이 "하나님의 영광과 사람들의 평안"을 노래한 것은 너무나 당연한 것이었다(눅 2:14).

그러면 "좋은 소식"이신 예수님은 왜 인간들 속에 뛰어들어 와서 그들에게 평안을 주셨는가? 그것은 *하나님의 나라*, 곧 "천국"을 이루시기 위해서였다. 그런 까닭에 "좋은 소식"을 말할 때 "천국 복음"이라고 기술(記述)되기도 하였다. 예를 들면, 마태는 그의 복음서에서 "복음", 곧 *유앙겔리온*이란 용어를 네 번 사용하였는데, 그 중 세 번이나 천국을 덧붙여서 "천국 복음"이라고 일컬었다(4:23; 9:35; 24:14). 실제로, 예수님 자신도 당신의 사역을 천국 복음의 전파라고 말씀하신 적이 있었다: "내가 다른 동네에서도 하나님의 나라 복음을 전하여야 하리니 나는 이 일로 보내심을 입었노라"(눅 4:43).

하나님 나라의 도래(到來)는 이미 구약 성경에서 예언된 좋은 소식이었다: "주 여호와의 신이 내게 임하셨으니 이는 여호와께서 내게 기름을 부으사 가난한 자에게 아름다운 소식을 전하게 하려 하심이라. 나를 보내사 마음이 상한 자를 고치며, 포로된 자에게 자유를, 갇힌 자에게 놓임을 전파하며...슬픈 자를 위로하며...."(사 61:1-2). 여기에서 사용된 "아름다운 소식"은 물론 "복음"을 의미한다.4) 그리고 예수님이 공생애를 통하여 이사야가 예언한 바로 그 사역을 시작하셨을 때, 그것은 많은 사람들에게 문자 그대로 "좋은 소식", 곧 복음이었다. 그런 까닭에 누가는 주저하지 않고 그분의 사역을 이렇게 묘사하였다: "주의 성령이 내게 임하셨으니 이는 가난한 자에게 복음을 *전하게* 하시려고 내게 기름을 부으시고 나를 보내사 포로된 자에게 자유를, 눈 먼 자에게 다시 보게 함을 전파하며..."(눅 4:18).

---

4 구약 성경에서 "좋은 소식"이 최초로 사용된 것은 본문과 아울러 사 52:7에서이다.

가난한 자에게 제공되는 복음과 눈을 열어 주는 사역이 완전한 천국은
아닐지라도, 이미 천국이 시작되었다는 증거이다. 이렇게 시작된 천국은
완성되어야만 하며, 그러기 위해서 복음 전파의 행위는 필수적이다. 그러
나 복음 전파는 언제나 방해와 저항에 부딪히는데, "이 세상의 신", 곧 사
단의 세력 때문이다(요 12:31; 14:30; 16:11). 이런 저항 세력에도 불
구하고 성령의 도움 아래 신실하게 복음이 전파될 때, 마침내 천국의 통치
자이신 예수 그리스도의 재림과 더불어 하나님의 나라는 영광 가운데서
완성될 것이다.

B. 설교학적 의미

전도의 의미를 설교학적으로 풀어보려고 할 때 그것은 결코 그렇게 단
순하지 않다. 그것은 기독교의 역사를 통하여 개인적으로나 공동체적으로
각자의 확신과 적용에 걸맞은 해답을 내놓으려고 애를 쓴 것을 보면 쉽게
알 수 있다.5) 그러나 여기에서는 1974 년 스위스의 로잔에서 개최된 「세
계복음화에 관한 국제 대회」(International Congress on World
Evangelization)에서 내린 전도의 정의를 소개하고자 하는데, 그 이유
는 이 정의가 가장 포괄적인 것으로 여겨지기 때문이다. 「로잔언약」의 제
4조에 제시된 전도의 정의는 다음과 같다:

전도는 예수 그리스도가 우리의 죄를 위하여 죽으셨다가 성경대로 죽은
자 가운데서 다시 살으셨다는 좋은 소식의 전파이며, 그분이 현재에 통치
의 주님으로서 회개하고 믿는 모든 사람에게 죄의 용서와 해방시키는 성
령의 은사를 제공하신다는 좋은 소식의 전파이다. 세상에서 우리 기독인
의 현존(現存: presence)은 전도에서 없어서는 아니 되며, 이해하기 위

5 역사에 나타난 각종의 전도 정의를 한 눈에 보려면 다음을 참고하라: Barrett.
Evangelize!, 37 이하.

하여 예민하게 듣는 그런 대화도 역시 없어서는 아니 된다. 그러나 전도 자체는 구세주와 주님 되신 역사적, 성경적 그리스도의 선포(proclamation)로서, 그 목적은 사람들로 하여금 그분에게 인격적으로 나아와서 그 결과 하나님과 화목되도록 설득(persuasion)하기 위함이다. 복음의 초대를 유포(流布)함에 있어서 우리는 제자도의 대가를 은폐(隱蔽)시킬 자유를 가지고 있지 않다. 예수님은 지금도 그분을 따르고자 하는 모든 사람에게 자기를 부인하며, 자기 십자가를 지고, 그분의 새로운 공동체에 부속(附屬)될 것을 요청하신다. 전도의 결과는 그리스도에 대한 순종, 그분의 교회에 가입 및 세상에서 책임 있는 봉사 등을 포함한다.6)

위의 정의에는 세 가지의 중요한 개념이 들어 있다. 그것은 바로 현존, 선포 및 설득이다. "현존의 전도"(P-1)는 그 자체가 전도는 아니나, 전도를 가능하게 하기 위한 "전도 이전의 전도"(pre evangelism)라고 할 수 있을 것이다. 다시 말해서, 기독인이 세상의 비기독인들 사이에서 드러내는 삶을 의미한다. 기독인은 좋은 간증을 드러내야함은 물론, 비기독인의 다양한 필요도 채워 주는 희생적인 삶도 감수해야 한다. 기독인의 거룩한 삶은 비기독인들 가운데서 몇 명이라도 예수 그리스도를 추구하게 하는 계기를 만들어 줄 수 있다(고전 9:19-23).

그러나 "현존의 전도"가 비기독인들로 하여금 귀를 기울이게 하는 동기는 될 수 있을 망정 그 자체가 완전한 전도는 아니다. 다시 말하면, 그런 전도를 통하여 어떤 비기독인들도 구원을 경험할 수 없다. 그런 이유 때문에 "선포의 전도"(P-2)가 반드시 "현존의 전도"를 따라야 하는 것이다. 그러면 무엇을 선포한단 말인가? 이미 위의 정의에서 분명하게 기술되었듯이, 선포의 내용은 예수 그리스도이다. 보다 구체적으로 말한다면, 예수 그리스도가 인간의 죄와 심판을 담당하기 위하여 십자가 위에서 죽으셨을

---

6 John Stott, "The Lausanne Covenant," in *Let the Earth Hear His Voice,* ed., J. D. Douglas (Minneapolis, MN: World Wide Publications, 1975), 4.

뿐 아니라, 죄와 심판의 해결을 알리기 위하여 죽은 자 가운데서 삼 일 만에 다시 부활하셨다는 사실이다(롬 1:3-4; 4:25; 10:9-10; 고전 15:3-4).

"선포의 전도"는 전도의 심장이라 할 수 있다. 왜냐하면 비기독인들이 복음을 듣고 그 내용을 이해하지 못한다면 인격적으로 예수 그리스도를 구세주와 주님으로 받아들일 수 없기 때문이다. 만일 복음의 내용을 이해하지 못하고 믿는 사람이 있다면 그것은 인격적이라기보다는 비인격적이며 미신적이라 할 수 있을 것이다. 그러나 비기독인들이 복음을 들었다고 해서 반드시 예수 그리스도를 영접하는 것은 아니다. 그런 까닭에 "설득의 전도"(P-3)도 전도에 있어서 없어서는 아니 될 중요한 부분이다.

"설득의 전도"는 비기독인들로 하여금 그들이 듣고 이해한 예수 그리스도 앞으로 나아오게 하는, 다시 말해서, 전도의 마무리라고 할 수 있을 것이다. 만일 그들이 복음을 듣고 즉각적으로 예수님에게 나아오지 않는다면, 십중팔구 그들은 복음의 내용에 면역이 생겨서 후에 예수님을 수용하기가 더 어려워질 것이다. 그러므로 복음을 듣고 이해한 때가 그들에게는 예수님 앞으로 나아올 수 있는 가장 좋은 순간이 될 수 있다. 그러므로 복음 전도자는 그들을 설득하여 예수님을 그들의 구세주와 주님으로 영접하게 해야 한다.

그러나 "설득의 전도"는 여기에서 끝나지 않는다. 전도자는 예수님을 구세주로 모셔들인 사람에게 교회라는 신앙의 공동체를 소개해야 한다. 왜냐하면 그는 교회에서 예수 그리스도의 제자로 성숙되어야 하기 때문이다. 교회를 통하여 그는 그리스도에게 순종하는 법과 책임 있는 사회인으로 살아가는 법을 배우게 될 것이다.

II. 전도의 이유

그러면 기독인은 왜 전도를 해야 하는가? 그 이유는 간단하다. 비기독인들의 영적 상태를 진단해 보면 전도의 이유가 분명해진다. 그렇다면 비기독인들의 영적 상태는 어떤가? 바울 사도는 그들의 상태를 "허물과 죄로 죽은" 것으로 묘사하고 있다(엡 2:1). 그 결과 그들은 "이 세상 풍속을 좇을" 뿐 아니라, "공중의 권세 잡은 자를 따르며", "육체의 욕심"에 의하여 지배를 받는 삶을 영위(營爲)하고 있다(엡 2:2-3). 바울 사도에 의하면, 인간의 상태를 진단하기 위하여 두 가지 방향에서 접근할 수 있는데, 하나는 원인이고 다른 하나는 결과이다. 우리는 원인으로써 허물과 죽음의 의미를 살펴볼 수 있으며, 결과로써 위에 열거한 세 가지 묘사의 의미를 찾을 수 있을 것이다.

A. 인간의 죄악

하나님은 천지를 창조하시고 마침내 당신의 형상대로 사람을 창조하셨다. 그리고 하나님은 사람에게 "생육하고 번성하라"고 말씀하셨다(창 1:26-28). 하나님이 사람을 그렇게 창조하신 목적은 삼중적(三重的)인 관계를 위해서였다. 무엇보다도 사람이 하나님과 영적 교제를 누릴 수 있게 하기 위함이었다. 그런 교제 속에서 사람은 하나님의 사랑을 경험하면서 그분의 영광을 위하여 호흡하고, 사고하고, 언행(言行)할 수 있는 것이다. 그뿐 아니라, 하나님이 사람을 창조하신 목적은 사람이 그 이웃과 더불어 살게 하기 위함이었다. 그런 이유 때문에 하나님은 "남자와 여자를 창조하셨다"고 말씀하셨다. 마지막으로, 하나님이 사람을 창조하신 것은 그가 자연을 다스릴 뿐 아니라 관리하게 하기 위함이었다. 그런 목적을 위하여 하나님은 사람에게 "땅을 정복하라...다스리며 지키라"고 하셨다 (1:28; 2:15).[7]

---

7 Anthony A. Hoekema, *Created in God's Image* (Grand Rapids, MI: Eerdmans Pub. Co., 1986), 75 이하.

본래 하나님은 이렇게 삼중적인 관계를 유지하는 사람들이 세상에 가득 차서 세상을 다스리게 하려고 그들을 창조하셨다. 그런 목적을 위하여 "생육하고 번성하라"고 말씀하셨던 것이다. 이런 독특한 목적을 위하여 하나님은 사람을 당신의 형상을 따라 창조하셨다. 물론 하나님은 육체를 갖지 않은 비가시적(非可視的) 존재, 곧 영(靈)이시기에(요 4:24), 그분의 형상을 따라 창조된 사람이란 육체보다는 영적 피조물을 강조한 표현이라 할 수 있겠다. 창세기 2장 7절은 이것을 잘 나타낸다: "하나님이 흙으로 사람을 지으시고 생기를 그 코에 불어 넣으시니 사람이 생령이 된지라."

하나님의 생기, 곧 영을 사랑의 선물로 받은 사람은 영생을 향유(享有)할 수 있는 불멸의 피조물이 된 것이다. 다시 말해서, 하나님이 영원하신 분인 것처럼, 그분의 영을 공유한 사람도 영원한 존재가 되었다. 뿐만 아니라, 그 하나님의 영 때문에 사람은 이성적이고도 거룩한 피조물이 되었다. 사람은 빛과 어두움, 의와 죄, 그리고 선과 악을 구분할 수 있는 것이다. 한 발 더 나아가서, 사람은 하나님의 영으로 인하여 결단할 수 있는 능력, 곧 자유 의지를 부여받았다.8)

하나님은 이처럼 모든 특권과 능력을 가진 사람과 인격적이며 영적 교제를 계속적으로 유지하기 원하셨다. 그리고 그런 영적 교제의 유지는 하나님의 사랑과 그 사랑에 대한 사람의 반응에 달려 있었다. 왜냐하면 사람에게는 인격적으로 선택할 수 있는 의지력이 주어졌기 때문이다. 하나님은 자유 의지를 가진 사람에게 이렇게 말씀하셨다: "하나님이 그 사람에게 명하여 가라사대...선악을 알게 하는 나무의 실과는 먹지 말라. 네가 먹는

---

8 위에서 열거한 다섯 가지 하나님의 형상의 구조적이며 기능적 의미를 좀더 자세히 보기 위하여 다음을 보라: Ibid., 68 이하; Kenneth Cain Kinghorn, *The Gospel of Grace: The Way of Salvation in the Wesleyan Tradition* (Nashville, TN: Abingdon Press, 1992), 27 이하.

날에는 정녕 죽으리라"(창 2:16-17).

그러면 이처럼 금지의 명령과 죽음의 경고가 어떻게 하나님의 사랑이란 말인가? 그것이 하나님의 사랑인 첫째 이유는 하나님은 사람에게 다른 모든 나무의 실과는 자유롭게 먹게 하셨기 때문이다(창 2:16). 둘째 이유는 하나님이 선과 악의 절대 기준을 정하셨기 때문이다. 만일 사람이 선악의 기준을 정한다면 그것은 상대적이기에 상황에 따라서 그 기준이 달라질 것이며, 그러면 필연적으로 걷잡을 수 없는 혼란과 파괴가 따를 것이다. 셋째 이유는 하나님의 명령을 어기면서까지 사람이 선악을 구분할 필요가 없기 때문이다. 하나님 밖에서의 자유는 진정한 자유가 아니라 자유의 남용(濫用)이 될 수 있다. 넷째 이유는 사람이 선악을 구분하면 그 결과에 대해서도 책임을 져야 하기 때문이다. 다섯째 이유는 사람이 선악의 기준을 갖게 되면 하나님의 위치에 들어가는 것이며, 그것은 결국 스스로를 우상의 대상으로 만드는 결과를 가져오기 때문이다.

이처럼 큰 하나님의 사랑에 대하여 사람은 어떻게 반응하였는가? 사람은 뱀을 매개로 접근한 사단의 달콤한 음성에 귀를 기울이기 시작하였다. 그 유혹은 두 가지였는데, 그 중 하나는 "너희가 결코 죽지 아니하리라"이다(창 3:4). 사단의 음성은 성경에 기록된 최초의 거짓말이다. 그런 이유 때문에 예수님도 사단을 "거짓의 아비"라고 지칭하셨다(요 8:44). 이 거짓말은 하나님의 말씀과 사랑을 정면으로 도전하여 사람으로 하여금 하나님을 의심하게 만들었다. 의심은 곧 불신으로 이어졌고, 불신은 하나님과 사람 사이의 교제에 금이 가게 하였다.

두 번째 유혹은 불신 가운데 빠진 사람에게 던진 보다 차원 높은 것이었다: "너희가 하나님과 같이 되어 선악을 알리라"(창 3:5). 이것은 사람을 하나님의 위치로 격상시키는 유혹이었다. 사람은 이 유혹으로 말미암아 높아질 대로 높아졌다. 그것이야말로 자신을 신격화(神格化)시키는 유혹이었다. 이것을 다른 말로 바꾸면, 사람은 더 이상 하나님의 통치 밑에 있을 필요가 없다는 뜻이다. 이것은 바로 인본주의(人本主義)의 시작이기도 하다. 사람은 이제부터 스스로 선악을 판단하며, 스스로의 운명을 개척하며, 스스로 영원의 문제까지 해결하겠다는 것이다. 과연 교만의 극치요 자기 우상의 표현이다. 이제 무엇이든지 할 수 있다는 사악한 욕구가 발동되었고, 자연스럽게 하나님의 뜻을 어기고 금지된 실과를 따서 먹었던 것이다. 이것이 바로 최초의 불순종이었다. 사람은 자유 의지를 사용하여 불순종의 길을 선택하였던 것이다.

B. 하나님의 심판

하나님의 엄중한 경고대로 사람은 불순종의 날에 죽음을 맛보았다. 물론 성경에서 사용된 죽음이란 분리를 의미한다. 먼저, 사람 안에 거하던 하나님의 영이 그를 떠났으며, 그것이 바로 육과 영의 분리였다. 그 이후 모든 사람은 영적으로 죽은 상태에서 태어난 것이다. 바울 사도는 이런 죽음의 상태를 이렇게 표현하였다: "이러므로 한 사람으로 말미암아 죄가 세상에 들어오고 죄로 말미암아 사망이 왔나니 이와 같이 모든 사람이 죄를 지었으므로 사망이 모든 사람에게 이르렀느니라"(롬 5:12).

"죄와 허물로 죽은" 사람들, 다시 말해서, 영적으로 죽은 사람들의 모습은 어떤가? 바울 사도가 묘사한 대로, 그들은 "세상의 풍속"을 따라 살아간다. 세상의 풍속은 여러 가지의 형태로 드러나나, 사람들은 그것을 거슬릴 수 있는 저항력이 없는 것이다. 이 세상에 만연한 부정과 부패가 단적인 증거이다. 거기에다 "공중의 권세 잡은 자"가 이 세상의 방법과 유혹이라는 미끼를 사람들의 "육체의 욕심" 앞에 던지면, 대부분은 그것을 붙잡으려고 그들의 양심을 주저하지 않고 팔아버린다. 그런 때문에 많은 사람들이 물질이나 명예나 이성의 유혹에 맥없이 넘어가는 것이다.

그뿐 아니다! 그들은 하나님을 섬기지 않고 우상을 섬기면서 살아간다. 혹자는 나무나 돌을 가지고 우상을 만들고 섬긴다. 혹자는 보다 교활한 우상을 설정하고 섬긴다. 하나님이 부여하신 이성과 자유 의지를 오용(誤用)하여 간교하게 자신의 유익을 위하는 우상을 섬긴다. 결국 우상 숭배의 종착역은 언제나 자기 자신이다. 왜냐하면 우상 숭배—물질이든 권력이든 이성(異性)이든—를 통하여 자신의 이윤을 추구하기 때문이다.

영적으로 죽은 사람들은 다른 사람들과 사랑의 교제를 더 이상 누릴 수 없다. 그들은 필연적으로 이웃과 더불어 살면서 이웃의 유익을 위하여 희생하고 봉사하는 대신, 그들의 목적을 성취하기 위하여 이웃을 이용한다. 하나님이 주신 머리와 입술을 이용하여 이웃을 속이며, 이용 가치가 있는 동안 그들을 "친구"로 대접한다. 그러나 이용 가치가 없어지는 순간 그들은 이웃을 멀리하며, 분리하며, 모함한다. 그런 이유 때문에 모든 집단에서 끊임없이 이합집산(離合集散)의 양상이 일어난다. 그렇게 하는 동안 그들은 서서히 인격적으로 파괴되면서 고립된 사람들로 전락한다.

영적으로 죽은 사람들은 하나님의 영광과 이웃의 유익을 위하여 땅을 다스리는 대신, 그들의 이기적인 목적을 위하여 자원을 남용한다. 그들은 주저하지 않고 여러 가지의 이유로 삼림을 괴멸(壞滅)시키며, 공장의 폐수를 흘려 보내어 물을 못쓰게 만들며, 갖가지 방법으로 대기를 오염시킨다. 그들은 이기적인 목적을 위하여 갖가지의 동물을 남획(濫獲)하여 생태계를 파괴시킨다. 그 결과는 무엇인가? 상처받은 자연은 사람들을 공격하기 시작하였다. 일기 변동으로 인한 심한 추위와 폭우, 물에서 생기는 적조와 녹조 현상, 더러운 공기로 인한 심한 질병 등, 그 피해는 이루 말할 수 없다. 이것은 모두 사람을 창조하신 하나님의 삼중적 목적이 뒤틀려진 결과이며, 사람은 갈수록 악화되는 상황에서 헤어나지 못하고 있다.[9]

기독인은 이런 비참한 상태에 빠진 비기독인들에게 복음을 전해야 한다. 그러나 그것만이 모든 이유가 아니다. 영적으로 죽은 사람들은 짧은 인생을 이처럼 허우적거리며 살다가, 마침내 육체적 죽음을 맛보게 된다. 다시 말해서, 그들의 영혼이 그들의 육체와 분리되는 것이다. 성경은 분명히 이렇게 선포한다: "한 번 죽는 것은 사람에게 정하신 것이요 그 후에는 심판이 있으리라"(히 9:27).

영적으로 죽은 상태에서 인생을 영위한 사람들은 그들의 삶에 대하여 책임을 추궁당할 날이 올 것이다. 하나님이 사람을 불멸의 피조물로 창조하신 것은 사람이 영원토록 하나님을 섬기면서 살게 하기 위함이었다. 그러나 사람은 하나님의 길을 거부하고 그 자신의 길을 선택하였으며, 그 선택과 결과에 대하여 책임을 져야 한다. 성경은 그 책임을 이렇게 묘사한다, "각 사람이 자기의 행위대로 심판을 받으리라"(계 20:13; 롬 2:6도 보라). 그리고 심판을 받은 영혼은 하나님으로부터 영원히 분리된다. 분리되는 것으로 끝나는 것이 아니라는 것을 성경은 이렇게 선언한다: "그러나 두려워하는 자들과 믿지 아니하는 자들과 흉악한 자들과 살인자들과 행음자들과 술객들과 우상숭배자들과 모든 거짓말하는 자들은 불과 유황으로 타는 못에 참예하리니 이것이 둘째 사망이라"(계 21:8). 사람이 그의 길로 가면 "정녕 죽으리라"는 하나님의 경고가 다 이루어지는 날인 것이다.

결국 자기의 길을 고집한 모든 영혼은 현재에도 영적으로 죽은 상태에 있을 뿐 아니라, 영원한 사망을 향하여 하루하루 꿈틀거리며 가고 있는 것이다. 우리 기독인이 비기독인들에게 전도해야 하는 분명한 이유가 여기에 있다. 그들을 불순종과 많은 죄악으로부터 건져내야 한다. 그들을 영적으로 죽은 상태에서 건져내어 다시 영적으로 살려야 한다. 무엇보다도

---

9 David Watson은 그의 저서, *I Believe in Evangelism* (Grand Rapids, MI: Eerdmans Pub. Co., 1976), 19 이하에서 영적으로 죽은 인간의 상태를 이렇게 묘사했다: 권태감, 외로움, 자기 연민, 죄의식, 영적 고갈.

영원한 심판을 향하여 한 걸음씩 옮기고 있는 그들의 방향을 바꿀 수 있는 복된 소식을 전해야 한다.

III. 전도의 동기

우리는 비기독인들의 황량(荒凉)한 모습과 숙명적인 운명을 볼 때 연민의 감정까지 일으키면서 그들에게 전도하지 않으면 안 된다는 이유를 찾았다. 그러나 그것은 동전의 한 면에 불과하다. 우리는 다른 면도 찾아야 한다. 그것은 바로 우리 기독인이 경험한 복음의 환희이다. 이 기쁨 때문에 우리 기독인은 비기독인들에게 전도를 하지 않을 수 없는 것이다. 그렇다면 이처럼 기쁨을 주는 복음은 어떻게 시작되었는가를 알아보는 것이 순서이리라.

A. 복음의 시작

하나님이 영적 교제를 위하여 창조하신 사람은 불순종으로 죄인이 되었으며, 그 결과 하나님과 사람의 관계는 단절되었다. 그러나 하나님은 관계의 회복을 위하여 즉시 역사하기 시작하셨다. 그 역사의 시작은 놀랍게도 첫 사람이 불순종한 사실을 기록한 창세기 3장에서 찾을 수 있다. "내가 너로 여자와 원수가 되게 하고 너의 후손도 여자의 후손과 원수가 되게 하리니 여자의 후손은 네 머리를 상하게 할 것이요 너는 그의 발꿈치를 상하게 할 것이니라"(창 3:15).

이 예언적 선포는 하나님이 사단의 매개였던 뱀을 심판하신 내용 가운데 일부이다. 이 말씀을 신약 성경의 관점에서 역(逆)으로 추적하면 해석이 제법 용이해진다. 여자의 후손은 동정녀에게서 태어나신 예수 그리스도이며(갈 3:15-16), 뱀은 물론 사단을 상징한다(계 12:9). 뱀이 "그의 발꿈치를 상하게 한다"는 것은 예수님이 십자가에서 몸이 찢기고 피를 쏟

으며 죽으실 것을 가리킨다. 실제로 사단이 가룟 유다에게로 들어간 후 예
수님을 배반하여 십자가의 처형을 당하게 하였던 것이다(요 13:26-27).

그러나 그것으로 그 말씀이 끝난 것은 아니다. 여자의 후손은 뱀의 머리
를 상하게 할 것이다. 그것은 그리스도 예수의 부활을 가리키는 승리의
선언이었다. 그분의 부활은 사단에 대한 승리의 선포였다. 그런 까닭에 사
도 요한은 그리스도 예수가 "우리 죄를 없이 할" 뿐 아니라 "마귀의 일을
멸하려고" 나타나셨다고 선언하였다(요일 3:5, 8). 그러므로 창세기 3장
15절의 말씀은 구세주의 죽음과 부활을 함축하는 복음의 시작이라고 할
수 있다.10)

하나님은 이렇게 함축적인 복음을 선포하셨으나, 그 함축을 한 순간에
다 드러내지 않으셨다. 하나님은 그것을 오랜 역사의 변천을 통하여 서서
히 그리고 점진적으로 드러내셨다. 그 이유는 간단한데, 제한된 인간이 이
해하고 적용할 수 있게 하기 위해서였다. 하나님은 천천히 그러나 확실하
게 행동의 계시와 말씀의 계시를 통하여 인간에게 함축적 복음을 풀어 주
셨다. 첫 단계의 계시는 창세기 3장 21절이었다: "여호와 하나님이 아담과
그 아내를 위하여 가죽옷을 입히시니라."

첫 사람 아담과 하와가 불순종한 후 그들의 벌거벗은 수치를 일시적이
라도 가리기 위하여 무화과나무의 잎으로 치마를 만들고 있을 때(창
3:7), 하나님은 그들을 위하여 한 행동을 하셨다. 그것은 가죽옷을 지어
입히신 것인데, 물론 사람이 만든 것보다 훨씬 더 좋은 것이었고 보다 영
구적인 것이다. 그러나 그 좋은 가죽옷을 위하여 어떤 동물이 피를 흘리고
죽지 않으면 아니 되었다. 이런 행동이 후에 "피 흘림이 없은즉 사함이 없

---

10 그런 이유 때문에 창 3:15을 "복음의 모형" 또는 "복음의 시작"(protevangelium)이라
고 불린다. 이런 설명을 위하여 Hoekema, *Created in God's Image*, 134-35를
보라.

느니라"(히 9:22)는 말씀으로 설명되면서, 그 행동이 하나님의 계시였음을 보여 주었다.11)

하나님의 이중적 계시의 두 번째 단계는 가인과 아벨의 제사에서 보다 구체적으로 드러났다(창 4:1-7). 하나님은 농산물을 드린 가인의 제물은 받지 않으셨으나, 어린양을 드린 아벨의 제물은 받으셨다. 이런 하나님의 행위가 말씀으로 해명되었으니, 곧 가인의 제사는 "본능적"인 것이기에 "악한 행위이며", 아벨의 제사는 "믿음으로" 드렸기 때문에 "더 나은 제사"였다. 그 결과 하나님은 "아벨을 의로운 자"라고 선언하셨던 것이다(유 10-11; 요일 3:12; 히 11:4).

세 번째 단계는 이스라엘 백성의 출애굽 사건에서 찾을 수 있다. 그들이 애굽에서 오랫동안 종노릇하다 마침내 모세의 지도 아래 해방을 경험하였다. 그러나 그것은 결코 모세의 재주나 지도력으로 인한 것이 아니었다. 이스라엘 백성의 행위는 더군다나 아니었다. 그것은 처음부터 마지막까지 하나님이 이루신 역사적 사건이었다. 그런데 여기에서 주목해야 할 것은 한 가족이 흠 없는 어린양을 잡아 그 피를 문에 바른 행위이다(출 12:3-5). 물론 그런 행위를 명령하신 분은 하나님이셨다. 후에 이 유월절 양이 바로 흠 없는 그리스도의 모형임이 말씀의 계시를 통하여 설명되었다(고전 5:7-8).

그러나 여기에서 강조하고자 하는 것은 함축적 복음의 확대된 전개에 있다. 위에서 서술된 아벨의 제사를 통하여 볼 수 있는 것은 한 양이 한 사람을 위하여 죽었다는 사실이다. 그러나 유월절의 사건을 통하여 볼 수 있는 것은 한 양이 한 가족을 위하여 죽었다는 것이다. 하나님은 이런 역사적 사건들을 통하여 보다 완전한 복음을 향해 점진적으로 계시를 확대하

---

11 Erich Sauer, *The Dawn of World Redemption*, tr., G. H. Lang (Grand Rapids, MI: Eerdmans Pub. Co., 1985), 60.

셨던 것이다.

　보다 완전한 복음의 전개를 위한 네 번째 단계는 대속죄일의 사건을 통해서였다. 이스라엘 백성은 그들이 범한 죄를 속죄하기 위하여 일 년에 한 번씩 성소에 모였다. 그리고 대제사장은 그들의 죄를 위하여 한 염소를 제물로 바쳤다(레 16:15-20). 그 결과 이스라엘 백성은 그들이 일 년 동안 범한 모든 죄로부터 깨끗하게 되었던 것이다(30절). 물론 이런 예식은 그리스도의 죽음을 통하여 완성되었다고 하나님 말씀의 계시는 분명히 선언하고 있다(히 9:9-12).

　그러나 이런 속죄일을 통하여 찾을 수 있는 중요한 사실은 함축적 복음이 점진적으로 그리고 확대적으로 계시되었다는 사실이다. 위에서 언급한 대로, 아벨의 제물을 통하여 볼 수 있는 것은 한 양이 한 사람을 위하여 죽었다는 것이다. 출애굽의 사건을 통하여 볼 수 있는 것은 한 양이 한 가족을 위하여 죽었다는 사실이다. 그런데 대속죄일의 사건을 통하여 볼 수 있는 것은 한 염소가 한 민족을 위하여 죽었다는 것이다. 하나님은 함축적으로 선포하신 복음을 이와 같은 일련의 사건을 통하여 점진적으로 확대하여 계시하신 것이다.

　그러나 복음의 완전한 계시는 아직도 한 단계를 더 기다려야 했다. 그것이 바로 예수 그리스도의 십자가 사건이었다. 왜 예수 그리스도의 죽음과 부활을 통해서만이 복음이 완성되는가? 그것은 그분의 죽음만이 온 인류를 위한 구속이기 때문이다. 이런 사실을 분명히 선포한 사람은 세례 요한이었다: "이튿날 요한이 예수께서 자기에게 나아오심을 보고 가로되 '보라 세상 죄를 지고 가는 하나님의 어린양이로다'"(요 1:29). 이 선포는 함축된 복음의 완전한 계시이다. 왜냐하면 예수님의 죽음은 특정한 사람들이나 특정한 시대를 위한 것이 아니라, 온 세상의 죄를 위한 대속적 죽음이었기 때문이다. 이런 죽음의 행위는 말씀으로 분명히 설명되었다: "저(그

리스도)는 우리 죄를 위한 화목제물이니 우리만 위할뿐 아니요 온 세상의
죄를 위하심이라"(요일 2:2).

함축적으로 시작된 복음은 마침내 예수 그리스도를 통하여 확실히 드러
났다. 특히 그분의 죽음과 부활은 복음의 완성이요 절정이었다. 그리고 어
떤 사람이든 이처럼 완성된 복음을 받아들일 때 그는 그가 가지고 있는
죄와 심판의 문제를 해결한 것이다. 그리할 때 그가 경험한 환희는 너무나
커서 다른 사람들에게 복음을 전하지 않고는 못 베길 것이다. 그러면 그토
록 큰 환희를 안겨 준 문제의 해결이란 구체적으로 무엇을 뜻하는지 알아
보자.

B. 복음의 결과

예수 그리스도가 구속(救贖)의 죽음과 승리의 부활을 통하여 인간의 사
망과 심판의 문제를 해결하셨다는 기쁜 소식은 사람으로 하여금 반응을
일으키게 한다. 그 반응은 회개와 믿음이다. 간단히 말해서, 회개는 죄의
길에서 하나님에게로 돌이키는 행위이며, 믿음은 예수 그리스도를 구세주
로 영접하는 것이다(행 20:21). 사람이 그렇게 할 때 하나님은 그를 위하
여 다음의 세 가지 역사를 이루신다.

첫째, 하나님은 그 사람을 의롭다 하신다. 의롭다 하심, 곧 의인(義認)
은 한 마디로 말해서 하나님이 허락하시는 죄의 용서이다.12) 과거와 현재

---

12 John Wesley, "Justification by Faith," in *The Works of John Wesley*, ed.,
   Albert C. Outler (Nashville, TN: Abingdon Press, 1984), 189. 실제로 의인
   (義認)은 기독교의 기초가 되는, 그래서 기독교의 모든 영역에 영향을 준다: "이 주제
   는 신학적으로, 놀라운 은혜의 역사를 선포한다; 인류학적으로, 우리가 스스로를 구
   원할 수 없음을 보여 준다; 기독론적으로, 성육신과 구속에 의지한다; 성령론적으로,
   성령으로 역사하는 믿음에 의하여 예수와의 연합을 결정한다; 교회적으로, 교회의 정
   의와 건강을 결정한다; 종말적으로, 믿는 자들을 위하여 현재와 내세에 하나님의 궁
   극적 판결을 선포한다; 전도적으로, 괴로운 영혼이 영원한 평강으로 들어오라는 초청

의 죄를 모두 용서하셨기에 그는 그리스도처럼 의로워진 것이다. 뿐만 아
니라, 미래의 죄도 용서받을 수 있는 법적 조처가 끝난 것이다. 그러므로
그는 앞으로 죄를 범할 때마다 예수 그리스도를 통하여 하나님 앞에 나아
와 그 죄를 고백하면 용서를 경험하게 된다(요일 1:9; 2:1-2).

어떻게 온전히 타락한 사람이 의인으로 인정받을 수 있는가? 그것은 사
람의 방법으로는 불가능하다. 사람은 그의 의로 의롭다 하심을 받을 수
없다. 그런 이유 때문에 사람의 노력이나 공적이 전적으로 배제된, "하나
님의 큰 은혜와 긍휼, 하나님의 공의를 만족시켜 드린 그리스도의 역할,
그리고 그리스도의 공적에 대한 우리의 믿음"에 근거한 것이다.[13]

위의 인용문에 의하면, 의롭다 하심에서 하나님의 은혜가 없어서는 아
니 되었다. 왜냐하면 하나님이 먼저 의인(義認)을 계획하셨고 또 당신의
아들을 통하여 그 계획을 이루셨기 때문이다(롬 3:24). 하나님이 창세 전
에 이루신 계획대로 의인을 위하여 예수 그리스도는 십자가 위에서 죽으셨
고 또 부활하셨다(롬 5:9; 4:25). 그렇다고 모든 사람이 저절로 의롭다
하심을 받는 것은 아니다. 여기에 전도의 필요가 있고 동시에 믿음의 반응
이 요구되는 것이다(롬 5:1). 그리할 때 성령이 믿는 자 안에 내주(內住)
하여 그로 하여금 변화된 삶을 영위하게 하는 것이다(고전 6:11, 약
2:24).

의인(義認)은 재판관인 하나님이 믿는 사람을 위하여 법적으로 선언하
신 행위이다. 하나님은 율법에 의하여 재판하면서 정죄의 선언을 하시나,
모든 율법의 요구를 이루신 그리스도 예수를 의지한 사람을 위하여 무죄

이다; 목회적으로, 용서받은 죄인들이라는 신분을 교제의 근거로 삼는다; 예배적으
로, 성예식을 해석하고 실행하는 결정적 요인이다. 성경의 어떤 교리도 이것만큼 귀하
고 생동적인 것은 없다." James Packer, et al., *Here We Stand* (London:
Hodder and Stoughton, 1986), 5.
13 Wesley, "The Lord Our Righteousness," in *The Works of John Wesley*, 456.

(無罪)를 선언하신다. 왜냐하면 그리스도의 의가 그의 의로 전가(轉嫁)되었기 때문이다. 그러므로 그는 하나님 앞에 떳떳한 의인(義人)으로 나아올 수 있는 특권을 부여받는다. 그러나 이런 신분의 변화는 도덕적 변화를 의미하지 않는다. 다시 말해서, 그가 실제로 의로워졌다는 것은 아니다. 그는 여전히 하나님의 도움을 필요로 하는 연약한 인간에 불과하다.

그런 이유 때문에 하나님은 회개와 믿음을 구사한 사람을 위하여 두 번째의 역사를 이루시는데, 그것이 바로 중생(重生)이다. 의인이 죄인을 위한 하나님의 선언이라면, 중생은 성령이 그의 안에서 이루시는 역사이다. 다시 말해서, 죄인이 하나님에 의하여 의롭다 하심을 받는 순간 하나님 앞에서 깨끗한 그릇이 되며, 따라서 성령이 그의 마음 안에 내주하시는 것이다. 그리고 성령의 내주로 인하여 그는 도덕적으로 변화를 경험한다.

물론 이 도덕적 변화는 영적 변화이기에 육체와 정신의 변화는 아니나, 그래도 육체와 정신에 영향을 미친다. 그 이유는 간단하다. 성령의 내주는 육체와 정신에 새로운 방향을 부여하기 때문이다. 그런 까닭에 중생에 의한 변화는 인간 전체에 영향을 주는 급진적인 것이라고 할 수 있다.

성경적으로 볼 때, 중생의 경험은 새로운 마음을 부여한다. 그리고 "성경에서 마음은 인간의 내적 중심이요, 외적 행위의 근거요, 모든 지적이며 영적 경험--사고, 느낌, 의지, 믿음, 기도, 찬양 등--이 흘러나가는 샘물이다."14) 중생의 경험의 결과 이처럼 인격의 중심부인 마음이 새로워지는 것이다.

물론 중생은 단적으로 성령의 역사이다. 그러나 그 성령의 역사는 반드시 말씀이라는 매개를 통하여 이루어진다. 야고보는 말씀의 매개를 이렇게 언급한다: "그가 그 조물 중에 우리로 한 첫 열매가 되게 하시려고 자기

---

14 Anthony A. Hoekema, *Saved by Grace* (Grand Rapids, MI: Eerdmans Pub. Co., 1989), 104.

의 뜻을 좇아 진리의 말씀으로 우리를 낳으셨느니라"(1:18). 이 말씀은
중생의 매개가 하나님의 말씀이라고 선언한다. 그러나 그렇기 때문에 말
씀만으로는 거듭날 수 없으며, 반드시 성령이 내주하셔야 된다(요 3:5,
딛 3:5 참고). 그러므로 성령은 하나님의 말씀을 의지해서 중생의 역사를
이루신다고 할 수 있다.

위에서 언급한 것처럼, 이 변화는 급진적인데 그 이유는 그것이 성령의
역사이며 동시에 즉각적인 역사이기 때문이다. 우선 "죄와 허물로 죽은"
자들이 성령의 내주로 다시 "살아나는" 성령의 역사이다(엡 2:1). 뿐만 아
니라, 이러한 성령의 역사는 오랜 과정을 통하여 일어나는 것이 아니라,
죄인이 의롭다 하심을 받는 순간 즉각적으로 마음 안에서 일어난다. 그렇
다고 이런 경험을 한 사람들이 그 때부터 완전하게 되지는 않는다. 그 때
부터 점진적인 과정을 통하여 보다 깊은 영적 경험을 할 수도 있지만 말
이다.15)

의인(義認)으로 인하여 죄책감의 문제가 제거되었다면, 중생의 경험은
부패의 문제를 해결하고 동시에 영적 생명을 부여한다. 그렇다면 인간이
잃은 하나님과의 관계의 문제는 어떻게 해결될 수 있는가? 이 문제의 해결
을 위하여 하나님이 세 번째로 이루신 역사가 바로 양자(養子)이다.

양자는 하나님의 자녀가 아닌 죄인이 의롭다 하심을 얻을 때 당신의 자
녀로 받아주시는 하나님의 은혜의 행위이다. 그는 하나님과 분리되어 전
혀 아무런 관계도 갖지 못했던 남남이었으나, 이제는 그도 하나님을 아버
지로 모시는 부자지간의 관계를 갖게 되었다. 바울 사도는 이처럼 새롭게
맺어진 관계를 이렇게 묘사하였다: "때가 차매 하나님이 그 아들을 보내사

---

15 이와 같이 중생이 성결과 깊은 관련을 가지고 있기 때문에 중생은 성결의 시작 또는
　초기 성결이라고도 불린다. Orton Wiley, *Christian Theology*, vol. 2 (Kansas
　City, MO: Beacon Hill Press, 1952), 423-24.

여자에게서 나게 하시고 율법 아래 나게 하신 것은 율법 아래 있는 자들을 속량하시고 우리로 아들의 명분을 얻게 하려 하심이라. 너희가 아들인 고로 하나님이 그 아들의 영을 우리 마음 가운데 보내사 아바 아버지라 부르게 하셨느니라. 그러므로 네가 이 후로는 종이 아니요 아들이니 아들이면 하나님으로 말미암아 유업을 이을 자니라"(갈 4:4-7).

위의 말씀에 의하면, 하나님의 참 아들은 예수 그리스도 뿐이시고, 우리는 모두 그리스도 때문에 양자가 되었다. 그리고 우리를 양자로 삼으시기 위하여 하나님은 참 아들을 희생시키셨다. 그 결과 우리는 율법의 속박에서 해방되었을 뿐 아니라, 성령으로 거듭나서 하나님의 자녀가 되었다. 그리고 하나님의 자녀에 걸맞는 명분, 곧 특권을 부여받았다.

그렇다면 양자의 명분은 무엇인가? 먼저, 우리는 언제든지 담대하게 하나님 앞으로 나아갈 수 있는 명분이 주어졌다. 이러한 특권을 성경은 이렇게 언급한다: "그러므로 우리가 긍휼하심을 받고 때를 따라 돕는 은혜를 얻기 위하여 은혜의 보좌 앞에 담대히 나아갈 것이니라"(히 4:16). 자녀가 된 우리는 아버지 앞으로 필요할 때에는 물론 언제라도 나아갈 수 있는 것이다. 나아갈 수 없다면 어떻게 부자(父子)의 관계라고 할 수 있겠는가?

그 다음, 우리는 아버지 하나님의 보호와 관리를 받는 특권을 누린다(마 6:25-30을 보라). 그런데 우리를 보호하시는 아버지는 우주의 창조주이실 뿐 아니라 우주를 붙잡고 계시는 전능자이시니, 그 보호와 관리가 얼마나 큰 것인지를 가히 짐작할 수 있다. 한 발 더 나아가서, 하나님 아버지는 우리가 어떤 고난과 역경을 당해도 우리를 버리지 않고 붙잡아 주신다. 아버지는 성령의 임재를 통하여 힘을 주실 뿐 아니라 우리로 하여금 그리스도의 모습으로 닮아가게 하신다(히 12:5-11; 롬 8:28-30).

마지막으로, 하나님 아버지는 자녀들에게 그리스도와 함께 나눌 유산을 약속하셨다(롬 8:17). 그 유산은 "나라"이며(히 12:28), "더 나은 본향"이요(히 11:16), "생명의 면류관"이다(약 1:12). 이 모든 유산을 물려받을 수 있게 하기 위하여 아버지는 자녀들에게 완전한 육체를 허락하실 것이다. 바울 사도는 이렇게 묘사하였다: "이뿐 아니라 또한 우리 곧 성령의 처음 익은 열매를 받은 우리까지도 속으로 탄식하며 양자 될 것 곧 우리 몸의 구속을 기다리느니라"(롬 8:23). 우리는 죄의 결과인 육체의 연약(軟弱)과 한계를 극복하는 그 날을 대망(待望)하는 종말적인 하나님의 자녀인 것이다!

우리가 비기독인에게 복음을 전해야 하는 당위성은 너무나 분명해졌다. 우리는 인간이 불순종의 결과 하나님과 분리되면서부터 바로 관계의 회복을 위하여 역사하신 하나님의 사랑을 보았다. 그 아가페 사랑에 압도되어 회개와 믿음을 통하여 십자가 앞으로 나아왔을 때 하나님은 우리의 죄책감의 문제를 해결해 주셨다. 동시에 하나님은 성령을 통하여 우리의 삶을 변화시키셨을 뿐 아니라, 자녀된 모든 특권을 누리게 하셨다. 이런 깨달음과 경험은 우리로 하여금 감사와 환희 가운데 복음을 전할 수밖에 없는 놀라운 동기가 되는 것이다.16)

IV. 전도의 방법

전도의 방법은 그 내용을 비기독인이 수용하기 좋도록 포장한 접근 방법 내지 기술이라고 할 수 있다. 그러므로 어떤 방법이 활용되든 그 방법은 복음의 내용을 전달하기 위한 수단으로 끝나야 한다. 다른 말로 말하자

---

16 그 밖에도 다음과 같은 전도의 동기를 위하여, Towns, *Evangelism and Church Growth*, 304-5를 참고할 수 있다: 1) 그리스도의 명령(마 28:19; 막 16:15); 2) 구원에 대한 사람들의 필요(롬 3:10, 23); 3) 그리스도에 대한 우리의 사랑(고후 5:14); 4) 다른 사람들에 대한 우리의 사랑(요 1:41); 5) 구령자로서 그리스도와 제자들의 본보기(요 4); 6) 청지기로서 우리 기독인의 의무(고전 4:1); 7) 하나님에게 영광을 돌리고자 하는 우리의 갈망(요 15:8); 8) 수확의 밭에 늘 부족한 일꾼들(마 9:37); 9) 보상의 약속(룻 2:12).

면, 방법이 강조된 나머지 복음의 본질이 변화되어서는 아니 된다. 만일 그 방법이 복음의 내용이 "진실히 그리고 충분히 설명되지 않았으며 동시에 정확하고 깊게 적용되지 않았다면", 그 방법은 더 이상 전도의 방법일 수 없다.17)

접근의 기술로서 전도의 방법은 시대와 문화와 종족에 따라 얼마든지 바뀔 수 있다. 몇 가지의 예를 들면 이런 사실이 분명히 드러날 것이다. 초대 교회의 바울 사도는 개인 전도와 회당을 활용하는 전도를 많이 사용하였다(행 13:5; 16:25 이하). 회당을 활용하는 전도는 자연히 사람들이 많이 사는 도시를 중심으로 이루어졌다. 그리고 그는 가는 곳마다 회심자들을 중심으로 교회를 설립하여 양육과 예배를 강조하였다.18)

십팔 세기의 John Wesley는 야외 설교와 소그룹을 통한 전도를 강조하였다. 그의 소그룹 전도에서 나타난 두드러진 특징은 평신도의 훈련과 활용이었다. 그러나 19 세기에 들어서면서 전도의 강조는 해외 선교였다. 복음을 전혀 들어보지 못한 이방인의 전도에 초미(焦眉)의 관심을 가지면서 일어난 운동이었으며, 실제로 놀라운 결실을 맺기도 하였다. 20세기에는 Billy Graham과 같은 전도자들이 도시를 중심으로 연합 전도(crusade evangelism)를 인도하였다. 그뿐 아니라, 라디오와 텔레비전을 통한 매스 미디어 전도도 등장하였다. 그런가 하면 모든 수단을 동원하는 침투 전도와 질적 삶을 강조하는 생활 전도도 사람들의 이목을 끌었다.

이십 세기 전도의 또 다른 특징은 제자 훈련을 통한 복음 전파이다. 청년들 중심의 선교회에서 시작된 이러한 복음 전도의 방법은 교회에도 깊은

---

17 James I. Packer, *Evangelism & the Sovereignty of God, 7th ed.* (Downers Grove, IL: InterVarsity Press, 1976), 86.
18 Michael Green은 초대 교회의 전도의 특징으로서, 1) 대중 전도, 2) 가정 전도, 3) 개인 전도, 4) 문서 전도 등을 제시하였다. *Evangelism in the Early Church,* 194 이하를 보라.

영향을 미쳤으며, 그 결과 제자 훈련을 강조하는 교회가 우후죽순(雨後竹筍)처럼 일어났다. 이 전략은 오랫동안 잠자던 화산이 갑자기 용암(熔岩)을 뿜어내어 많은 것들을 변질시키는 것처럼 많은 사람들을 변화시켰다. 그런데 이처럼 변화와 훈련을 통한 전도 방법은 이미 예수님이 제자들에게 주신 지상명령 가운데 포함되어 있었다:

> 열 한 제자가 갈릴리에 가서 예수의 명하시던 산에 이르러 예수를 뵈옵고 경배하나 오히려 의심하는 자도 있더라. 예수께서 나아와 일러 가라사대, "하늘과 땅의 모든 권세를 내게 주셨으니, 그러므로 너희는 가서 모든 족속으로 제자를 삼아, 아버지와 아들과 성령의 이름으로 세례를 주고, 내가 너희에게 분부한 모든 것을 가르쳐 지키게 하라. 볼지어다, 내가 세상 끝 날까지 너희와 항상 함께 있으리라" 하시니라(마 28:16-20).[19]

전도자 마태를 통하여 전수된 지상명령은 특히 전도의 방법이 구체적으로 제시되었는데, 그 방법은 한 마디로 말한다면 "제자를 삼으라"이다. 주님은 "제자를 삼으라"고 제자들에게 명령하기에 앞서 그런 명령을 내릴 수 있는 당위성을 선언하셨다. 그 당위성은 "하늘과 땅의 모든 권세"였다. 죽음과 심판의 문제를 해결하고 우주적 권세를 부여받은 주님은 승리를 구가하는 기독인과 의심 속에서 낙담하는 기독인에게 똑같이 명령을 주셨던 것이다.

그러나 주님은 제자 훈련을 통한 세계의 복음화가 결코 제자들의 기교만으로는 불가능하다는 사실을 너무나 잘 알기에 명령 후에는 놀라운 약속

---

19 부활하신 주님의 지상명령은 그 이외에도 마가복음(16:14-18), 누가복음(24:44-49), 요한복음(20:19-23) 및 사도행전(1:6-8)에 각기 다른 형태와 다른 강조로 기록되어 있다. 예를 들면, 마가복음은 복음의 수혜자를 강조하며, 누가복음은 복음의 내용을, 요한복음은 복음을 위한 파송을, 그리고 사도행전은 복음의 지역적 확대를 각각 강조한다.

을 주셨다. 그 약속은 주님이 함께 하시면서, 연약할 때 힘을 주시고, 지혜
가 부족할 때 인도해 주시고, 외로울 때 위로해 주시겠다는 것이었다. 주
님의 임재와 동행이야말로 제자들로 하여금 제자화를 통한 세계 복음화를
가능하게 할 것이기 때문이었다.[20]

그렇다면 제자 훈련이 왜 전도의 방법인가? 그 이유는 분명하다. 첫째
는 그 방법이 가장 효과적이기 때문이다. 이 방법의 효과를 예시(例示)하
면 그 이유가 분명할 것이다. 만일 한 사람이 일 년에 한 사람에게 전도할
뿐 아니라, 그 사람을 집중적으로 양육하여 성장할 수 있도록 도울 수 있
다면, 그 사람은 일 년 후 제법 성장한 기독인이 될 것이다. 그리고 그 두
사람이 같은 사역을 반복한다면, 이 년 후에는 네 사람으로 증가할 것이
다. 이런 식으로 매년 갑절로 증가한다면, 33년 만에 팔십 억의 숫자로
불어나 세계 인구를 능가할 것이다.[21]

이런 원리는 이미 하나님이 인간을 창조하면서 제창하신 것이었다. 하
나님은 첫 인간에게 "생육하고 번성하여 땅에 충만하라"고 말씀하셨다. "생
육하다"는 재생산(reproduction)을, 그리고 "번성하다"는 기하급수(幾何

---

20 John R. W. Stott, "The Great Commission," in *One Race, One Gospel, One Task,* eds., Carl F. H. Henry & W. Stanley Mooneyham, vol. 1 (Minneapolis, MN: World Wide Publications, 1967), 44에서 마태복음의 지상명령을 "선포, 명령, 약속"의 세 가지로 세분하였다.

21 이런 개념을 명시한 사람들 가운데는 다음의 저자들이 있다: Leighton Ford, *Good News Is for Sharing* (Elgin, IL: David C. Cook Publishing Co., 1977), 83-84. Walter A. Henrichsen, *Disciples Are Made-Not Born,* 6th ed. (Wheaton, IL: Victor Books, 1976), 139 이하; Bill Hull, *The Disciple Making Pastor* (Tarrytown, NY: Fleming H. Revell Co., 1988), 141 이하; Lehtinen Kalevi, "The Evangelist's Goal: Making Disciples," in *The Work of An Evangelist,* ed., J. D. Douglas (Minneapolis, MN: World Wide Publications, 1984), 193 이하; Carl Wilson, *With Christ in the School of Disciple Building* (Grand Rapids, MI: Zondervan Publishing House, 1976), 17.

級數)의 성장(multiplication)을 각각 의미한다. 하나님은 처음부터 하나님의 형상으로 창조된 사람들로 세상을 가득하게 하려는 의도를 가지고 있었고, 그 의도는 마태복음의 지상명령에서 보았듯이 예수님에 의하여 전수되었다.22) 이 원리는 예수님의 제자인 바울 사도에 의하여 설명되고 적용된 사실을 그의 영적 아들 디모데에게 보낸 서신에서 잘 표현되었다: "또 네가 많은 증인 앞에서 내게 들은 바를 충성된 사람들에게 부탁하라; 저희가 또 다른 사람들을 가르칠 수 있으리라"(딤후 2:2).

제자 훈련이 효과적인 전도 방법인 둘째 이유는 그것이 주님의 명령이기 때문이다. 물론 마태에 의해서 기록된 주님의 구체적인 명령은 네 가지이다. 그러나 헬라어에 의하면 본동사는 "제자를 삼으라" 뿐이다. 나머지 *가라, 세례를 주라, 가르치라*는 세 명령형 동사는 분사형 동사로써 본동사인 "제자를 삼으라"를 수식한다. 다른 말로 말하면, 제자를 삼는 구체적인 방법이 바로 세 가지, 곧 가며, 세례를 주며, 가르치는 행위라는 사실이다. 그렇다면 이 세 가지 동사가 함축하고 있는 것들을 알아보면, 제자화를 통한 전도 방법이 보다 구체적으로 제시될 것이다.

우선, *가라*는 동사는 얼른 보기에는 평범하게 "출발한다"로서 장소를 옮기는 행위를 의미한다.23) 그러나 성경적으로 좀더 깊이 관찰하면 굴복의 의미를 포함하고 있다는 것을 쉽게 알 수 있다. 하나님이 인류의 구속(救贖)을 위하여 아브람을 부르실 때, "너는 너의 본토 친척 아비 집을 떠나 내가 네게 지시할 땅으로 *가라*"고 명령하셨다(창 12:1). 이 명령은 얼른

---

22 이와 같은 재생산과 번성의 원리를 보다 구체적으로 제시한 예수님의 방법을 보려면 다음을 참조할 수 있다: Robert E. Coleman, *The Master Plan of Evangelism*, 13th ed. (Old Tappan, NJ: Fleming H. Revell Co., 1964), 102 이하.

23 이 세 동사의 의미를 보다 자세히 보려면 다음을 참고할 수 있다: 홍성철, "주님의 지상명령에 대한 소고." 「오늘의 전도, 어떻게 볼 것인가?」 로버트 콜만 편집 (서울: 죠이선교회, 1993), 187 이하.

보아도 굴복이 없으면 따를 수 없는 불가능한 것이었다. 무엇보다도 지금까지 안주하던 삶의 방식을 포기하지 않으면 아니 되었다. 그것도 물론 어렵지만, 그보다 더욱 어려운 것은 분명한 목적지도 없이 하나님의 지시를 따라야 한다는 것이다. 그분의 지시를 따르기 위해서는 그분을 매일, 아니 매순간 의지하지 않으면 아니 된다. 그리고 한 발 더 나아가서 그분이 지시하는 곳이라면 어디든지 가야 한다. 이렇게 떠나고, 의지하고 그리고 따르기 위해서는 처음부터 마지막까지 굴복하지 않으면 불가능한 삶의 방식이다.

이방인의 구원을 위하여 하나님이 요나에게 명령하신 적이 있었다: "너는 일어나 저 큰 성읍 니느웨로 *가서* 그것을 쳐서 외치라..."(욘 1:2). 요나는 가긴 갔으나 하나님의 명령에 굴복하지 못했다. 자신의 종교적, 종족적, 문화적 아성(牙城)을 넘지 못하고 다른 곳으로 갔다. 굴복하지 못하는 삶의 암흑과 나락(奈落)을 경험한 후에야 비로서 요나는 회개하였고, 그리고 하나님에게 굴복할 준비가 되었다. 그 때에 하나님은 다시 요나에게 다시 그 곳으로 가라고 명령하셨으며, 마침내 그는 니느웨로 갔다(3:1-2). 이런 굴복의 결과로 십 이만 여명이 하나님의 재앙을 피할 수 있었던 것이다.

*가라*는 동사는 이 외에도 도덕적인 의미를 함축한 "행한다"로 번역될 때도 있다(눅 1:6; 벧전 4:3). 바울 사도는 이런 의미로 다음과 같이 에베소의 기독인들에게 충고한 적이 있었다: "그리스도께서 너희를 사랑하신 것 같이 너희도 사랑 가운데서 *행하라*..."(엡 5:2). 물론 여기에서 "행한다"는 삶의 현장에서 일어나는 모든 행위를 포함한다. 그렇게 볼 때 "행한다"는 기독인의 삶 자체를 의미한다. 결국 "행한다"는 삶의 현장에서 그의 삶을 다른 사람들에게 보여 주어야 하는 것을 의미한다. 그렇게 할 때 다른 사람들이 기독인을 통하여 나타난 삶의 방식을 닮는 변화를 경험할 것이다.

다음으로, *세례를 주라*는 명령형 분사 동사도 제자를 삼는 중요한 방법이다. 성경적으로 볼 때 세례는 두 가지인데, 하나는 성령 세례이고 다른 하나는 물 세례이다. 성령 세례는 바울 사도 이전과 그 후의 언급으로 나뉘는데, 그 의미와 강조가 다르다. 바울 사도 이전에 언급된 성령 세례는 모두 오순절의 경험에 대한 예언 내지 묘사이다.24) 그러나 바울 사도는 성령의 세례를 다른 의미로 언급하였다: "우리가 유대인이나 헬라인이나 종이나 자유자나 다 한 성령으로 세례를 받아 한 몸이 되었고 또 다 한 성령을 마시게 하셨느니라"(고전 12:13).

바울 사도는 성령의 세례를 받음으로 한 몸이 되었다는 사실을 강조하는데, 여기에서 몸은 두 말할 필요도 없이 우주적 교회를 의미한다. 왜냐하면 그 몸은 민족("유대인이나 헬라인")과 신분("종이나 자유자")을 초월한 모든 사람들로 구성되어 있기 때문이다. 다시 말해서, 우주적 교회는 시간과 공간을 초월하여 죄를 회개하고 예수를 구세주로 받아들여 거듭난 사람들의 집합체이다. 그러므로 제자를 삼는 방법으로 세례를 포함시킨 까닭은 복음 전도를 강조하기 위함이다. 복음을 전하지 않는다면 결코 세계를 복음화할 수 없기 때문이다.

그러나 *세례를 주라*는 명령은 복음 전도로 끝나지 않는다. 복음을 수용하여 중생한 기독인은 그의 "구주 예수 그리스도의 은혜와 저를 아는 지식에서 자라"야 하기 때문이다(벧후 3:18). 여기에 물 세례의 중요성이 있다. 물 세례는 전도를 통하여 우주적 교회의 일원이 된 사람을 지역 교회의 일원으로 영입시키는 예식이다. 그는 지역 교회에서 그를 구원하기 위하여 십자가에서 죽으셨다 다시 사신 주님에게 예배도 드리며, 다른 기독인들과 교제도 나누며, 또 양육도 받으며 신앙적으로 성장해야 한다. 결국

---

24 마 3:11; 막 1:7-8; 눅 3:16; 요 1:33; 행 1:4-5; 11:15-16 등을 보라.

*세례를 주라*는 명령은 전도와 양육을 강조하는, 그래서 "모든 족속으로 제자를 삼는" 중요한 방법이다.

마지막으로, *가르치라*는 분사형 동사도 역시 제자를 삼는데 없어서는 아닐 될 중요한 요소이다. 전도를 통하여 거듭나서 우주적 교회의 일원이 된 기독인은 필연적으로 지역 교회에서 신앙적으로 그리고 인격적으로 성숙해야 한다. 그런데 그 성숙의 과정에서 없어서는 아닐 될 중요한 요소는 교육이다. 주님은 그 교육의 내용을 마태복음의 지상명령에서 분명히 언급하신 바 있다: "내가 너희에게 분부한 모든 것을 가르쳐 지키게 하라." 그러면 주님이 분부한 것은 무엇인가? 그것은 물론 하나님의 뜻이다. 그리고 하나님의 뜻은 하나님의 말씀, 곧 구약과 신약 전체에서 찾을 수 있다.25)

제자 훈련에서 하나님의 말씀은 가장 중요한 요소 가운데 하나이다. 왜냐하면 말씀을 통하여 기독인은 하나님의 뜻도 알게 될 뿐 아니라, 성부, 성자, 성령 하나님에 대하여 배울 수 있기 때문이다. 그리고 그 말씀을 통하여 기독인은 잘못된 삶의 방식을 바로 잡을 수 있으며, 동시에 새로운 삶의 방식, 곧 거룩과 사랑의 삶이 무엇인지를 배우고 적용할 수 있게 된다. 한 발 더 나아가, 기독인은 말씀을 통하여 천국에 대한 소망 때문에 이 세상의 한계 너머를 바라보면서 적극적인 삶을 영위할 수 있게 된다.

그런데 제자 훈련의 과정에서 필수적인 가르침은 단순한 지식 전달만은 아니다. 왜냐하면 성경의 가르침을 받는 기독인은 스승의 성경적 지식만을 배우기를 원하지 않기 때문이다. 그는 스승이 가르치는 내용을 먼저 그의 삶에 적용하고 있는지를 관찰할 것이다. 그런 까닭에 *가르치라*는 주님의 명령은 성경적인 삶의 전수(傳授)를 포함하는 것이다. 이런 삶의 전수를 깊이 경험한 바울 사도는 이렇게 선언한 적이 있었다: "내가 그리스

---

25 David J. Bosch, *Transforming Mission: Paradigm Shifts in Theology of Mission*, 4th ed. (Maryknoll, NY: Orbis Books, 1992), 67-68.

도를 본받는 자 된 것 같이 너희는 나를 본받는 자 되라"(고전 11:1). 결국 *가르치라*는 명령은 올바른 가르침과 올바른 행위를 다 포함한다.26)

제자 훈련을 통한 세계의 복음화가 바로 주님의 전도 방법이었다. 만일 기독인이 매일의 삶에서 위로는 하나님에게 굴복하며, 그리고 아래로는 다른 사람들에게 성경적인 삶을 보여 준다면, 그만큼 좋은 전도 방법은 없을 것이다. 만일 기독인이 비기독인들에게 진정으로 관심과 사랑을 가지고 복음을 전한다면, 그리고 복음을 깨달은 사람들을 엄마가 아기를 품에 품듯 양육한다면, 그만큼 좋은 전도 방법은 없을 것이다. 만일 기독인이 회심자들에게 성경적인 삶을 보여 주면서 하나님의 말씀을 가르친다면, 그들은 오래지 않아 성경적인 삶을 영위하면서 다른 비기독인들에게 복음을 전할 것이다. 이처럼 주님이 제시하신 놀라운 전도 방법에 기독인은 귀를 기울여야 할 것이다.

Ⅴ. 전도와 성령

기독인이 아무리 성경적이고도 효과적인 전도의 방법을 활용한다손 치더라도, 성령의 역사가 없으면 그는 비기독인 한 사람에게도 복음을 효과적으로 전할 수 없다. 그 이유는 간단하다: 전도는 단순한 논리적 설득이 아니기 때문이며, 또한 교회에 비기독인을 가입하게 하는 것만도 아니기 때문이다. 전도는 비기독인에게 회개와 믿음의 이유를 알려줄 뿐 아니라, 구체적으로 예수 그리스도를 구세주로 영접하게 하는 것이다. 그런 과정에서 처음부터 마지막까지 성령의 도움이 없으면 어느 누구도 거듭날 수 없는 것이다. 그런 까닭에 예수님도 "…성령으로 나지 않으면 천국에 들어갈 수 없다"고 강조하셨던 것이다(요 3:5).

---

26 그러므로 지상명령에서 가르치라는 정통(orthodoxy)과 정위(orthopraxis)를 포함한다. Ibid., 68.

전도의 과정에서 먼저 성령은 "죄에 대하여, 의에 대하여, 심판에 대하여" 비기독인을 책망하신다(요 16:8). 성령의 책망은 전도에서 매우 중요한 초기 단계인데, 그 이유는 어떤 누구도 그가 하나님 앞에서 심판 아래 있는 죄인이라는 사실을 깨닫지 못하면 구세주의 필요를 인식하지 못하기 때문이다. 그러므로 어떤 기독인도 설득만으로는 비기독인에게 이 세상에서 외로움과 죄책감을 가지고 살아가며, 동시에 하나님 앞에서 "불과 유황으로 타는 못," 곧 지옥을 향하여 달려가는 너무나 불행한 인생이라는 사실을 깊이 인식시킬 수 없다(계 21:8). 그러므로 전도하는 기독인은 반드시 성령의 도움을 받아야 된다.

그 다음, 전도의 과정에서 성령은 회개하고 믿는 비기독인에게 "중생의 씻음"을 허락하신다(딛 3:5). 두 말할 필요도 없이, 전도에서 이 과정이 가장 중요한 단계이다. 왜냐하면 이 단계에서 그는 모든 죄에서 깨끗하게 될 뿐 아니라, 성령으로 거듭나기 때문이다. 성령은 그에게 새로운 마음을 주시며, 그는 새로운 삶을 경험하게 된다(고후 5:17). 그 때에 성령은 약속대로 그의 마음 안으로 들어와서 인(印)을 치면서 영생을 보장하신다(엡 1:13; 4:30).

그 후, 새로운 회심자 안에 내주하시는 성령은 그의 호흡과 사고와 언행에서 그와 동행하신다. 성령의 도움으로 그는 그리스도를 닮으면서 동시에 하나님의 영광을 위하여 살기를 원한다. 그래서 그는 매일의 삶을 거룩하게 그리고 영적으로 영위하고자 하는 깊은 갈망을 갖게 된다. 한 발 더 나아가서, 그는 다른 비기독인의 구원 문제에 대하여 초미의 관심을 갖게 되면서 그가 값없이 받은 복음을 전하기 시작한다.

이처럼 복음을 증거하는 사역에서 성령의 역할은 지대(至大)하다. 그러므로 그리스도는 부활 후 전도의 대명(大命)을 제자들에게 부여하실 때 다섯 번 모두에서 성령의 임재와 사역을 강조하셨다. 그뿐 아니었다. 주님은 요한복음에서 상당히 자세하게 성령의 역할을 강조적으로 설명하셨다.[27] 만에 하나라도 제자들이 그들의 능력과 기교로 전도하는 오류를 막기 위함이었을 것이다.

위에서 이미 언급한 대로, 마태에 의하여 기록된 지상명령에서 주님은 이렇게 약속하셨다: "볼지어다, 내가 세상 끝날까지 너희와 항상 함께 있으리라." 물론 이 약속은 제자들이 모든 족속을 *제자를 삼을 때* 성령이 그들을 돕겠다는 약속이었다. 마가복음에 나타난 지상명령은 어떤가? 제자들이 *만민에게 복음을 전파할 때*, 그들에게 여러 가지의 표적, 곧 축귀(逐鬼)와 방언, 해독(解毒)과 신유(神癒)가 나타날 것이라고 주님은 약속하셨다. 물론 이런 표적은 성령의 역사를 묘사한 것이다. 그리고 사도행전에서 이런 표적이 나타날 적마다 복음이 능력 있게 전해진 것도 사실이었다.[28]

누가에 의하여 기록된 누가복음과 사도행전도 예외는 아니었다. 복음의 전파를 위하여 먼저 성령을 받아야 되는 사실이 강조되었다: "볼지어다, 내가 내 아버지의 약속하신 것을 너희에게 보내리니 너희는 위로부터 능력을 입히울 때까지 이 성에 유하라." 이 말씀은 약속이지만 동시에 명령이었다. 쉽게 말하자면, 제자들은 약속대로 보혜사 성령을 받기 이전에는 전도를 위하여 세상으로 나아가서는 아니 되었다. 그들은 성령의 임재를 기다린 후에야, 권능을 받고 세계의 복음화를 위하여 구세주를 힘차게 증거하게 되어 있었다.

사도 요한의 지상명령에서 주님은 단도직입적(單刀直入的)으로 "성령을 받으라"고 선포하셨다(요 20:22). 그 선포만큼 제자들이 고대하던 말씀도 없었을 것이다. 그들은 예수님이 십자가에서 처형을 당하자 두려움

---

27 요 14-16장을 보라.
28 각종의 표적과 효과적인 전도가 병행된 것은 사도행전 거의 전체에서 볼 수 있으나, 특히 2, 3, 5, 8, 9, 10, 13, 14, 16, 19, 27, 28장에서 뚜렷하게 드러났다.

에 휩싸여 전도는커녕 밀폐된 공간에 숨어 있었다. 그들의 인간적인 용기
와 결단은 더 이상 그들에게는 물론 주님에게도 아무 쓸모 없는 것으로
판명된 순간이었다. 그들이 그들을 둘러싸고 있는 유대의 종교, 헬라의 문
화 그리고 로마의 통치를 향하여 복음을 전파한다는 것은 성령의 역할이
지, 결코 그들의 것이 아니었다. 주님은 그들에게 "너희에게 평강이 있을
지어다"라고 말씀하신 것도, "내가 너희를 보내노라"는 파송도, "죄의 용서
를 전파하라"는 명령도 모두 "성령을 받으라"는 선포로 인하여 가능한 것이
었다.

다섯 번씩이나 반복적으로 언급된 성령은 마침내 오순절에 제자들에게
임재하셨고, 그들은 그 결과 그토록 능력 있는 전도자들이 되었던 것이다.
그들은 성령의 능력으로 예루살렘과 유대, 그리고 사마리아를 거쳐 세상
의 모든 족속을 향하여 복음을 들고 나아갔다. 그 후 지금까지 언제나 같
은 모형으로, 다시 말해서, 성령의 능력으로 복음은 힘있게 전해졌다.[29]
성령의 물결이 컸던 시대와 지역에서는 많은 회심자들이 일어났다. 18세
기의 George Whitefield와 John Wesley도 성령의 지배를 받으면서 영
국과 미국에서 수많은 비기독인들을 회심시켰다. 19세기의 Dwight L.
Moody도 성령의 충만을 경험한 후 수십만의 사람들을 예수 그리스도 앞
으로 인도하였다. 20세기가 시작될 무렵 성령은 Evan Roberts를 통하여
웨일스와 영국에서, 그리고 그 영향으로 인도의 여러 지역에서 수백만의
사람들을 복음으로 변화시켰다. 그리고 그 영향은 한국에도 미쳐서 1907
년 수많은 사람들이 예수를 믿게 되었다.[30]

---

29 전도의 역사를 자세히 보려면 다음을 보라: Mendell Taylor, *Exploring Evange-
   lism* (Kansas City, MO: Beacon Hill Press, 1964), 73 이하.
30 전도와 성령 충만의 관계를 보려면 다음을 참고하라: John H. Gerstner, "The
   Great Awakening," in *Baker's Handbook of Practical Theology*, ed. Ralph
   G. Turnbull (Grand Rapids, MI: Baker Book House, 1967), 150 이하; J.

　물론 예수 그리스도를 구세주로 영접한 사람은 그 마음에 성령을 모시고 있으며(롬 8:9), 따라서 그는 그의 이웃에게 복음을 전해야 되는 특권을 향유한다(벧전 3:15). 그러나 그의 충성과 순종에도 불구하고 열매를 맺는 데는 한계가 있을 수밖에 없다. 그는 성령의 충만을 받아야 이 엄청나고도 보람있는 전도 사역에서 많은 열매를 맺어 주님의 제자로 인정받을 것이다(요 15:8). 이런 사실을 너무나 잘 아는 바울 사도도 "…오직 성령의 충만을 받으라"고 분명하게 명령하였다(엡 5:18). 그렇다면 어떻게 기독인이 성령의 충만을 받을 수 있겠는가?

　그 방법은 오순절을 위하여 제자들이 준비한 모습에서 찾을 수 있을 것이다. 사도행전 1장에 의하면, 제자들은 성령으로 충만받기 위하여 세 가지를 하였다. 첫째, 그들은 주님의 명령에 조건 없이 순종하였다. 주님은 그들에게 "기다리라"고 명령하셨으며, 그들은 그 명령에 순종하여 기다렸다(행 1:4). 순종하는 자들에게 성령을 주시겠다는 것이 주님의 약속이었다(행 5:32).

　둘째로, 그들은 열심히 기도하였다. 14절에 의하면, 그들은 "…마음을 같이하여 전혀 기도에 힘썼다." 그들은 주님의 말씀을 의지하여 열심히 기도하였다. 이런 기도야말로 주님을 기다리는 마음의 표현이요, "의에 주리고 목마른" 모습이었다(마 5:6). 그들은 열흘 동안이나 한 마음으로 기도에 진력(盡力)하였으며, 그 결과 주님은 약속대로 그들에게 성령으로 충만하게 해 주셨다.

　셋째로, 그들은 주님의 뜻에 절대적으로 굴복하였다. 가룟 유다가 주님을 배반하고 자살한 후 제자들은 그를 대신할 사도를 선택하지 않으면 아

Edwin Orr, "Revival and Evangelism," in *The Work of an Evangelist*, ed., J. D. Douglas (Minneapolis, MN: World Wide Publications, 1984), 705 이하.

니 되었다. 그 중요한 사건을 앞에 놓고 아무도 그의 권세를 행사하지 않고 주님의 뜻을 구했다. 베드로, 야고보, 사도 요한 등과 같은 제자들도 그들의 의견을 개진할 수 있었지만 아무도 그렇게 하지 않았다. 제자들 120명은 투표를 통하여 맛디아를 선택하였다(26절). 이런 행위는 하나님의 뜻에 절대로 굴복하겠다는 모든 사람들의 겸비한 자세를 나타내고도 남았다.[31]

주님의 제자들이 이처럼 준비를 마쳤을 때 그들은 마침내 그렇게 대망(大望)하던 성령의 충만을 경험하였다. 그러자 그들은 주님의 죽음과 부활의 주님을 선포하면서 세계를 변화시키기 시작하였던 것이다. 이처럼 예수님의 제자들과 초대 교회가 능력 있는 전도를 위하여 성령의 충만을 필요로 한 것처럼, 물질만능이라는 사고(思考)로 부정과 부패로 가득한 이 세상을 복음화하기 위하여 우리 기독인도 역시 성령으로 충만해야 할 것이다.

Ⅵ. 나가는 말

전도는 모든 기독인에게 부여된 특권이자 의무이다. 우리 기독인은 우리 안에서 경험되는 변화의 감격과 강권하는 그리스도의 사랑 때문에 복음을 비기독인들에게 전해야 한다(고후 5:14). 뿐만 아니라, 비기독인들의 처참한 상태에서 건져내기 위하여 우리 기독인은 전도해야 한다. 그들의 소망 없는 상태는 이중적으로서, 현재에도 그럴 뿐 아니라(행 16:27-34), 내세에는 더욱 비참하다(눅 16:19-31). 더군다나, 우리 기독인은 모든 비기독인에게 복음을 선포해야 된다는 주님의 명령을 받고 있다.

우리 기독인은 같은 문화권의 비기독인들에게도 복음을 전해야 한다

---

31 성령의 충만을 경험하기 위하여 기독인의 회개를 중요시하는 학자들도 있다. Watson, *I Believe in Evangelism*, 183-4를 보라.

(E-1). 그러나 우리는 문화권이 다른 비기독인들에게도 전도해야 되며 (E-2), 다른 언어의 비기독인들에게도 복음을 전해야 한다(E-3). 불행하게도 우리가 복음을 전해야 할 사람들은 또 있다. 그들은 교회에 출석하면서도 예수님을 구세주로 영접하고 거듭나지 못한 사람들이다(E-0).[32] 교인들 가운데 너무나 많은 사람들이 중생의 확신을 갖지 못하고 영적으로 방황하는 것은 너무나 안타까운 사실이다. 이런 사실은 오늘의 교회들이 영혼 구원에 너무나 등한히 하고 있다는 것을 보여 준다. 그것을 달리 표현하자면, 오늘의 많은 교회는 주님의 지상명령보다는 다른 사역들에 더 시간과 자원을 투자하고 있는지도 모른다.

바울 사도가 어떤 방법으로든 그리스도가 전파되는 것을 보며 기뻐했듯이(빌 1:12-18), 우리 기독인도 그런 전도의 마음과 태도를 취해야 할 것이다. 그리고 실제로 삶의 현장에서 전도할 때, 비기독인들이 그리스도 앞으로 돌아올 것이다. 그 결과 그들의 삶이 변화되고 동시에 교회도 숫자적 부흥과 영적 갱신을 경험하게 될 것이다. 그리고 이 모든 것들을 통하여 복음의 주인인 하나님이 영광을 받으실 것이다.

---

32 Towns, *Evangelism and Church Growth*, 206.

추 천 도 서

Barrett, David. *Evangelize! A Historical Survey of the Concept*. Birmingham, AL: New Hope, 1987.

Bruce, A. B. *The Training of the Twelve*, 6th ed. Grand Rapids, MI: Kregal Publications, 1976.

Coleman, Robert E. *The Master Plan of Evangelism*, 13th ed. Old Tappan, NJ: Fleming H. Revell Co., 1964.

_____, 편집. 「오늘의 전도, 어떻게 볼 것인가?」 서울: 죠이선교회, 1993.

Dayton, Edward R. & David A. Fraser. *Planning Strategies for World Evangelization*. Grand Rapids, MI: Eerdmans Pub. Co., 1980.

Douglas, J. D., ed. *Let the Earth Hear His Voice*. Minneapolis, MN: World Wide Publications, 1975.

_____, ed. *Proclaim Christ until He Comes*. Minneapolis, MN: World Wide Publication, 1990.

_____, ed. *The Calling of an Evangelist*. Minneapolis, MN: World Wide Publications, 1987.

_____, ed. *The Work of an Evangelist*. Minneapolis, MN: World Wide Publications, 1984.

Ford, Leighton. *Good News Is for Sharing*. Elgin, IL: David C. Cook Publishing Co., 1977.

Green, Michael. *Evangelism in the Early Church*. Grand

Rapids, MI: Eerdmans Pub. Co., 1977.

Henrichsen, Walter A. *Disciples Are Made-Not Born*, 6th ed. Wheaton, IL: Victor Books, 1976.

Henry, Carl F. H. & W. Stanley Mooneyham, eds. *One Race, One Gospel*, One Task. 2 Vols. Minneapolis, MN: World Wide Publications, 1967.

Hoekema, Anthony A. *Created in God's Image.* Grand Rapids, MI: Eerdmans Pub. Co., 1986.

_____. *Saved by Grace.* Grand Rapids, MI: Eerdmans Pub. Co., 1989.

Hull, Bill. *The Disciple Making Pastor.* Tarrytown, NY: Fleming H. Revell Co., 1988.

Hunter, George G., III. *How to Reach Secular People.* Nashville, TN: Abingdon Press, 1992.

_____. *The Contagious Congregation*, 8th ed. Nashville, TN: Abingdon Press, 1983.

Kinghorn, Kenneth Cain. *The Gospel of Grace: The Way of Salvation in the Wesleyan Tradition.* Nashville, TN: Abingdon Press, 1992.

Packer, James. *Evangelism & the Sovereignty of God*, 7th ed. Downers Grove, IL: InterVarsity Press, 1976.

_____, et al. *Here We Stand.* London: Hodder and Stoughton, 1986.

Sauer, Erich. *The Dawn of World Redemption.* Tr. G. H. Lang. Grand Rapids, MI: Eerdmans Pub. Co., 1985.

Taylor, Mendell. *Exploring Evangelism.* Kansas City, MO:

Beacon Hill Press, 1964.

Towns, Elmer L., ed. *A Practical Encyclopedia of Evangelism and Church Growth*. Ventura, CA: Regal Books, 1995.

Watson, David. *I Believe in Evangelism*. Grand Rapids, MI: Eerdmans Pub. Co., 1976.

Wilson, Carl. *With Christ in the School of Disciple Building*. Grand Rapids, MI: Zondervan Publishing House, 1976.

5

목 회 학

김 한 옥

Ⅰ. 목회신학의 의의와 목적

목회학 혹은 목회신학은 전통적으로 설교학, 예배학, 기독교 교육과 함께 실천신학의 4대 연구 분야 중 하나로 이해되어 왔다.[1] 오늘날은 실천신학의 연구 범위가 확대되면서 실천신학에서 취급해야 할 과목 수가 증가되었을 뿐만 아니라, 목회신학 자체 내에서도 다양한 연구가 이루어지고 있다. 목회신학의 연구 방법은 크게 세 가지로 나타난다. 우선 목사의 인격과 소명 그리고 그의 사역을 중심으로 기술해 나가는 방법이 있다. 그리

---

1 참조, Gert Otto, *Grundlegung der Praktischen Theologie* (München: Kaiser 1986), 58.

고 신학 이론을 근거로 하여 목회학의 성서적, 조직적 이해를 추구하는
방법이 있으며, 또한 개개인의 문제를 구체적으로 돕는데 초점을 맞추고
현대 심리학의 이론과 방법론을 가지고 와서 연구하는 방법이 있다.

A. 목회의 정의

목회학이란 무엇인가? 성서의 역사만큼이나 오랜 세월 동안 실천되어
온 사역을 한 마디로 정의하기란 결코 쉬운 일이 아니다. 특히 목회에 대
한 이해가 다양한 오늘날 모든 주장들을 포괄하는 개념을 찾아낸다는 것은
무리일 수도 있다.

한국 목회학 연구에 주춧돌을 놓은 곽안련은 "목회학이란 교역자가 복
음의 진리를 신자의 생활에 실제로 적용하는 일을 도와 주는 학문"[2]이라
고 한다. 그는 다른 신학 연구 분야가 진리를 발견하여 그것을 변호하는
것을 목적으로 한다면, 목회학은 발견한 진리를 실천하게 하는데 치중하
는 학문이라고 한다. 한국의 목회학 서적 중에는 이러한 주장과 비슷한
내용들을 담고 있는 것들을 흔히 볼 수 있다. 이들의 공통점은 목회학을
목회자의 인격, 소명, 기능에 관계된 모든 것들을 두루 다루는, 목회 행위
에 관한 이론들을 취급하는 학문으로 본다.[3]

Karl Barth의 신학적 명제를 기초로 목회신학을 수립한 Eduard
Thurneysen은 목회의 본질을 "교회 안에서 개개인에게 하나님의 말씀을
선포하는 것"[4]으로 정의하여 역시 목회 사역이 목회자 혹은 설교자의 사
역임을 천명하였다. Thurneysen 이전에도 목회를 하나님의 말씀 증거로

---

2 곽안련, 「목회학」 (서울: 대한기독교서회, 1976). 1.
3 참조, 임택진, 「목회자가 쓴 목회학」 (서울: 기독교문사, 1992), 16; 이주영, 「현대
　목회학: 목회의 원리와 실제」 (서울: 성광문화사, 1985), 13ff.
4 Eduard Thurneysen, *Die Lehre von der Seelsorge*, 6. Aufl. (Zürich:
　Theolo. Verl., 1988), 9.

보거나 그것의 연장선에서 이해한 학자들이 있었다. 이와 같은 현상은 종교 개혁자들의 신앙을 이어 받은 개신교 목회의 장점이면서도 또한 한 계점이라고도 할 수 있다. 그들은 목회에서 말씀을 강조함으로써 *"Sola Scriptura"*라는 개혁자들의 주장을 따를 수 있었지만, 다른 한편으로는 목회가 설교 안에 갇히거나 설교로 오해되는 결과를 초래하였다.

 목회에서 과학적 지식과 경험을 도입하여 인간의 문제를 해결하려는 노력은 위에서 언급한 두 가지 형태의 목회학보다 이후에 시작되었다. 이들은 특히 심리학의 연구 결과를 힘입어 그리스도인이 당하는 문제들을 과학적으로 돕고자 노력한다. 소위 상담학으로 발전한 이 목회 형태는 인간을 돕는 이론적 기초와 방법을 어디에 두느냐에 따라 다양한 정의를 내리고 있다. 그러나 이들의 공통점은 문제를 가지고 있는 사람들을 주로 개별적으로 면담하거나 훈련을 통해서 치유한다는 것이다. 여기서 목회학은 개개인을 구체적으로 돌보는 학문으로 이해되고 있다.

 목회신학의 이런 다양한 접근 방법을 종합하여 하나의 정의를 내린다면, 목회신학은 기독교의 전통 위에서 현대 사회의 학문과 과학을 비평적으로 수용하여, 목회적인 도움을 필요로 하는 자에게 효과적인 도움을 베풀 수 있는 이론적인 근거와 실제적인 방법론을 창출해 내는 학문이다. 목회신학은 어디까지나 기독교의 전통 유산인 성서와 신학, 교리 등을 기반으로 하여 영혼과 육신을 가진 전인으로서의 인간을 구체적이고 기술적으로 돕는데 유용한 현대 과학과 학문들을 보조 도구로 활용할 수 있다. 하지만 목회신학은 신학적인 동질성을 유지할 수 있는 범위 내에서 다양한 학문들을 수용해야 할 것이다.

B. 목회의 성경적 의미

 성경에서 목회는 인간을 목회하시는 하나님의 목회에서부터 시작된다.

창조에서 최후의 심판에 이르기까지 삼위일체의 하나님은 당신의 백성들
을 목회하시는 분이다. 신구약 성경은 하나님이 친히 참 목자로서 인간을
목회하시고, 그의 목회적 돌봄을 입은 자들이 또 다시 다른 이들을 돌보게
하시는 하나님의 목회의 역사를 기록한 책이라고도 할 수 있다. 목회의
성경적 의미는 바로 인간을 목회하시는 하나님의 목회에 기초하고 있다.

구약 성서에서 하나님은 이스라엘 백성의 목자(로에: רעה)5)이시며,
그들은 하나님의 양이다. 구약 성서 여러 곳(시 23:1-6; 80:1; 100:3;
사 40:11; 렘 31:10; 겔 34:11 이하)에서 하나님과 인간 사이를 돌봄과
순종의 관계로 표현하고 있다.

하나님과 이스라엘 백성과의 이러한 목회적 관계는 목자로 세우심을
받는 사람들에게로 전달된다. 즉 하나님은 당신의 뜻에 합당한 사람들을
세우셔서 자기 백성을 목회하게 하신다(렘 10:21; 23:4; 겔 34:23;
37:24). 이들에게는 목자의 권한이 부여되었듯이 성실하게 사명을 감당
해야 할 의무도 있었기 때문에, 그들의 불성실은 곧 하나님의 책망을 자
초하였다.

신약 성서에서 참 목자상은 예수 그리스도에게서 발견된다. 그는 자신
을 "선한 목자"(요 10:11)라고 소개한다. 요한복음 10장에서 그는 선한
목자의 조건을 다음과 같이 몇 가지로 밝힌다: 1) 양의 우리에 문으로 들
어간다(1-2절). 2) 양의 음성을 들으며, 양의 이름을 각각 불러 인도하여
낸다(3절). 3) 양들이 그의 음성을 듣고 따라온다(4절). 이러한 일반적인

---

5 구약 성서에서 목회와 관련하여 가장 많이 사용되고 있는 이 단어는 동사로 쓰일 경우,
"목양하다"는 의미를 가지고 있다. 칠십인 역에서 이 단어는 ποιμαινειν외에도 βοσκει
ν(목양하다, 지키다), νεμειν(먹이다, 치다), τρεψειν(양육하다, 키우다), διοκειν
(이끌다), λυμαινειν(모조리 뜯어 먹다), νομαν(목양하다) 등의 의미로 번역되고 있
다. 참조, "רעה", in *Theologisches Wörterbuch zum Alten Testament*,
Heinz- Josef Fabry u. Helmer Ringgren, Hg., Bd., VII. (Stuttgart,
Berlin, Köln: Kohlhammer, 1993), 566ff.

특징 외에 선한 목자 예수 그리스도는 오직 그 만이 가지고 있는 목자적 자질을 가지고 계신다. 4) 양으로 생명을 얻게 하고 더 풍성히 얻게 한다(10절). 5) 양들을 위하여 목숨을 버린다(11절). 6) 우리에 들지 아니한 양들도 인도하여야 할 사명을 가지고 있다(16절). 7) 목숨을 버릴 권세도 있고 다시 얻을 권세도 있다(18절).

예수 그리스도의 목회는 이러한 원칙들을 실천하는 것이었다. 선한 목자는 자신의 권위를 내세우거나 섬김을 강요하지 않고, 오히려 목회적인 돌봄을 필요로 하는 양들을 위해 물질과 시간, 정성을 바친다(눅 10:25-37). 그는 잃은 양 한 마리를 찾기 위해 험한 길을 나서며(눅 15:3-7), 온갖 병자들을 치유하시며, 귀신들린 자를 고치시고, 눈 먼 사람을 치유하셨다(마 8-9장 참조). 그릇된 삶을 살고 있는 자가 그에게 나아와 죄를 고백하면 사하여 주시고 바른 길을 제시하셨으며(눅 19:1-10), 정신적, 육체적, 신앙적인 문제로 고민하던 여인의 문제를 해결해 주셨다(요 4:5-42). 예수는 자신이 승천한 후에도 하나님 나라의 일이 지속적으로 전개될 수 있도록 제자들을 선별하여 교육시키는 제자 양육의 목회에도 많은 시간과 정성을 쏟으셨다. 그는 또한 죽은 자들을 살리셨을 뿐만 아니라, 자신이 친히 죽은 자들 가운데서 삼 일 만에 부활하심으로 인간이 가지고 있는 근본적인 문제인 죽음까지도 극복하였다. 이와 같이 예수 그리스도의 목회는 치유, 죄의 고백과 용서, 대화와 상담, 말씀 증거, 제자 훈련 등 다방면에서 이루어졌음을 알 수 있다.

사도들의 목회는, 형식과 내용 면에서 볼 때, 예수 그리스도에게서 배운 것들을 구체적으로 실천하는 것이었다. 그러나 사도들은 "교회"라는 새로운 공동체와의 관계 속에서 자신의 사도직을 수행하면서 교회 구성원들에게 부어 주시는 성령의 은사들을 목회 현장에서 활용하도록 권면하는, 공동목회의 형식을 따르고 있다. 새롭게 대두된 교회는 "그리스도의 몸," "은

사의 공동체," "하나님의 백성"과 같은 개념으로 이해되면서 자신의 삶의
원리와 형태를 다듬어 갔다. 교회의 모든 직분은 세우시는 하나님의 뜻에
따라 주어지는 것이며, 그것은 언제나 그 사람의 재능이라기 보다 하나님
이 주신 선물로 이해되었다. 모든 그리스도인에게 수여되는 다양한 선물
은 성령의 은사로서 그리스도의 몸을 세우는 목회적 사역을 위하여 주신
것이다(롬 12:3-8; 고전 12:4-31; 엡 4:11-12). 그러므로 사도들의 목
회는 사도들만의 목회가 아니라 그들과 동역하도록 부름받은 하나님의 백
성들과의 공동 목회이다. 그리고 이들에게 적절한 은사를 주시고, 또한 이
들을 적절한 곳에 세우셔서 일하게 하시는 성령의 역사를 배제하고는 초대
교회의 목회를 생각할 수 없다. 신약의 서신들은 대부분의 그리스도인이
돌봄을 받기만 하는 나약한 지체가 아니라 각자 자기에게 부여된 은사를
따라 서로 돌아보는 목자의 직무를 수행할 수 있는 가능성을 열어 놓고
있다. 따라서 사도들의 목회는 교회론과 성령론적인 차원에서 신학적인
문제로 발전해 가고 있다.

C. 목회의 목적

예수 그리스도의 목회는 "하나님의 나라"에 집중된다. 말씀 선포, 병자
치유, 소외된 자들에게 소망을 주는 일 등 예수의 목회 사역은 하나님을
떠난 인간들에게 하나님의 나라를 소개하고, 그들로 하여금 회개하게 하
여 그 나라의 능력을 체험하게 하는 것이었다(마 3:2; 10:7; 12:28;
13:11; 눅 17:21). 즉 죄인이 회개하여 하나님의 백성이 되도록 하는데
목회의 목적이 있었다. 이러한 사역이 구체적으로 지속되기 위하여 예수
그리스도는 제자들에게, 1) 가서 모든 족속으로 제자를 삼고, 2) 삼위 하
나님의 이름으로 세례를 베풀고, 3) 예수의 가르침을 전달하여 그것을 지
키며 살도록 하라고 명령하였다(마 28:19-20).

사도 바울에게 있어서 목회 사역은 교회의 다양한 직무, 곧 성령의 은사를 활용하는 것이다. 성령이 교회에 주신 여러 가지 은사들은 "성도를 온전케 하며 봉사의 일을 하게 하며 그리스도의 몸을 세우는 데"(엡 4:12) 그목적이 있다. 구체적으로 말하면, 성도를 온전하게 하는 것과 봉사하는 일그리고 그리스도의 몸을 세우는 일이 목회의 목적이라 할 수 있다. 따라서바울 서신에서 볼 수 있는 목회는 교회를 교회답게 돌보는 사역이다. 그의목회는 교회라는 공동체를 전제로 하고 있다.

고대 서방 교회의 교부 Augustinus도 그리스도의 몸을 세우는 것을목회의 목적으로 보았다. 그에게 있어서 그리스도의 몸은 가시적인 공동체의 구성원들이 아니라 언제나 영적 혹은 정신적 공동체를 의미한다. 회중은 각자가 그리스도의 제사장직에 참여함으로 상호간에 목회적 사명을감당하게 된다. 그러나 Augustinus의 수도원 공동체는 개개인의 구체적인 문제를 도와 주는 목회 보다는, 사도행전 4장 32절에 나타나는 초대교회와 같이, 모든 사람이 "한 마음과 한 뜻"이 되어 공동체를 형통하게유지해 나가는 목회를 추구했다.6)

현대 실천신학의 아버지라고 불리우는 Friedrich Schleiermacher는미숙한 사람을 성숙한 사람과 같게 하여 그들로 하여금 주로 자기 활동을하는 사람으로 더욱 가깝게 하도록 구비시키는 것이 목회 사역의 목적이라고 한다.7)

---

6 Alfred Schindler, "Augustin", in *Geschichte der Seelsorge in Einzelporträts*, Christian Möller, Hg., Bd., 1, Von Hiob bis Thomas von Kempen. Mit 18 Abbildungen (Göttingen und Zürich: Vandenhoeck & Ruprecht, 1994), 205f.
7 Friedrich Daniel Ernst Schleiermacher, *Kurze Darstellung des Theologischen Studiums zum Behuf einleitender Vorlesungen*, Kritische Ausgabe, Hg., Heinrich Scholz, 「신학연구입문」, 김경재, 선한용, 박근원 역 (서울: 대한기독교출판사, 1982), 138.

이러한 주장들을 종합하면, 목회는 하나님이 기독교 공동체에 부어 주신 다양한 은사들을 활용하여 그리스도의 몸을 세우는데 그 목적이 있다고 할 수 있다.

D. 목회신학의 역사적 이해

Luther는 만인제사장설에 근거하여 교회의 사역은 교회 안에 소수의 성직자들에게만 부여된 것이 아니라 근본적으로 모든 그리스도인에게 주어진 권한이며 동시에 의무라고 주장하였다. 그러나 그는 하나님의 말씀을 중요시하여 말씀을 증거하는 것과 성례전을 집행하는 일은 신학 교육을 받은 교역자의 몫으로 돌려 놓았다.[8] 목사직에는 또한 참회하는 죄인을 용서하고, 그리스도인을 인도하며, 교리를 판단하고, 과오를 범한 자를 정죄하며, 참회하지 않는 죄인을 파문하는 등 교회를 돌보는 특별한 권한도 인정되었다.[9]

Luther는 실제 목회 사역에서도 개혁자의 성향을 그대로 보여 주고 있다. 그의 목회는 두 가지 큰 틀을 가지고 있다. 첫째는 하나님의 말씀이다. 그는 사람이 주는 가시적이고 외형적인 위안보다도 하나님의 말씀 속에서 진정한 위로를 찾을 수 있다고 믿었다.[10] 둘째로 그리스도 중심의 목회이다. 하나님의 말씀을 통한 위로는 결국 예수 그리스도에게로 귀결된다. 그리스도의 고난, 죽음, 부활은 고통당하는 모든 그리스도인들에게 진정한

---

8 참조, Martin Luther, *D. Martin Luthers Werke*, Kritische Gesamtausgabe, Weimarer Ausgabe, Bd. 31/1 (Weimar: Weimar Akademische Druck, 1913), 196, 35f.

9 F. E. Mayer, *Lutheran Theology*, 「루터교 신학」, 지원용 역 (서울: 컨콜디아사, 1985), 122.

10 루터는 여러 가지 경우에 하나님의 말씀으로 성도들을 위로하고 있다. 참조, Christian Möller, "Martin Luther," in *Geschichte der Seelsorge in Einzelporträts*, Bd. 2, 32ff.

위로의 근원이 된다. 따라서 그는 「탁상담화」에서 "그리스도를 떠나서는
결코 위안을 얻을 수 없습니다." "양심의 참된 위안은 그리스도이십니다,"
"그리스도와 그의 말씀 밖에서는 아무도 자신을 도울 수 없습니다"[11]라는
표현들을 자주 사용하였다.

목회는 인간을 통하여 실천되지만 근본적으로 그것은 하나님의 사역이
다. 위로 받지 못한 인간을 위로하기 원하시는 하나님께서 목회 사역을
수행하는 인간을 통하여 당신의 위로의 말씀을 들려 주신다. Luther에게
있어서 위로는 인간이 자신의 사고와 감정을 통제하는 데서 오는 것이 아
니라 자기 자신 밖에서 인간을 위해 역사하시는 능력을 향하여 자신을 개
방하는 데서 얻게 되는 것이다. 이 위로의 핵심은 인간의 모든 불행의 뿌
리가 되는 죄의 용서를 말한다.[12] 인간은 하나님의 말씀을 통하여 죄의
사함을 받고, 악을 이기신 예수 그리스도로 말미암아 악을 대적하는 용기
와 자신감을 갖게 된다. 이와 같이 Luther는 개혁자적인 시각에서 목회를
이해하였다.

Martin Bucer는 1538년에 나온 "진정한 목회와 올바른 목양 봉사에
대하여"[13]라는 글에서 목회에 대하여 언급하였다. 그에게 있어서 목회는
설교, 교리, 권면, 교육, 교회 훈련, 교회 운영이 모두 포함된다. 그는 목
회의 근거와 목회자의 모델을 성경에 두고 성령을 통한 개인의 신앙 체험
과 말씀을 깨달아 아는 것을 신앙 성장의 중요한 요인으로 보았다.

목회신학에서 그의 중심 명제는 교회의 본질과 목회의 의무에 관한 문

11 Martin Luther, *Tischreden: Colloquia*, 「탁상담화」, 지원용 역 (서울: 대한기독
　교서회, 1963), 212ff.
12 Christian Möller, "Martin Luther," 35ff.
13 이 책의 제목은 본래 〈Von der waren Seelsorge und dem rechten Hirtendienst,
　wie derselbige in der Kirchen Christi bestellet und verrichtet werden
　solle durch Martin Bucer〉인데, 대개 앞 부분만 옮겨 쓰고 있다. 이 책으로 말미
　암아 Bucer를 개신교 최초의 목회 신학자라고 부르는 이들도 있다.

제였다. 그는 만인제사장설에 근거하여, 목회는 교회의 직무를 맡은 사람들만의 과제가 아니라 모든 그리스도인의 의무로 본다. 그러나 그도 역시 말씀을 섬기는 일과 권징을 다루는 것은 교회의 특별한 직무에 맡김으로써 목회의 기능적인 면에 있어서 교역자의 특별한 권위를 인정하고 있다. 이러한 목회는 그 목적, 방법, 수단에서 독특한 면을 보여 준다. Bucer에 의하면 목회의 목적은 그리스도의 교회를 모으고 유지하는 것이다. 이 목적을 성취하는 방법은 하나님의 말씀을 온전히 나누어 주는 것인데, 이것을 구체적으로 실천하는 데는 예배 설교, 심방, 대화의 수단을 사용한다.

이러한 기본적인 틀 위에서 그는 에스겔 34장 16절을 중심으로 목회를 필요로 하는 다섯 그룹의 사람들과 그들을 위한 과제에 대해서 말한다: 1) 그리스도에게서 멀리 떠나 있는 자들을 다시 그리스도와 교회로 불러들이는 일, 2) 그리스도와 교회로 왔다가 떠나갔던 자들을 다시 인도해 오는 일, 3) 죄에 빠졌던 사람들을 교회에 머물게 하고, 그들을 치료하는 일, 4) 교회 안에서 특별한 잘못은 없지만 약하고 병든 기독자들을 강하게 만드는 일, 5) 믿음이 건전하고 강한 기독자들을 잘 이끌어 모든 선한 일에 정진하도록 하는 일이다.14)

Bucer는 개신교 신학의 기초 위에서 모든 그리스도인의 목회를 강조하였으나 그리스도인 각자가 목회적 의무를 실천하는 목회 보다는 개개인을 기독교 공동체에 포함시키는 목회이면서 동시에 개개인에 대한 공동체의 사역을 중요시하였다. 또한 그의 목회신학은 신학적인 기초 위에 세워졌으나 다양한 목회 영역에 적용하는데 대해서는 구체적인 언급이 없다는 것이 단점이다.15)

---

14 Reinhold Friedrich, "Martin Bucer," in *Geschichte der Seelsorge in Einyelpoträts*, Bd. 2, 94.
15 참조, Ibid., 98f.

Calvin의 목회관은 교회론과 밀접한 관계를 가지고 있다. 그는 「기독
교강요」 제 IV권에서 재세례파와 가톨릭 교회의 교회 이해를 비판하면서
개혁자로서의 교회론을 정립하였다.16) 교회에 관한 여러 가지 개념들 중
에 목회와 연관이 깊은 것들은 아래의 세 가지에서 발견된다.

우선 교회는 모든 경건한 자의 어머니이다. 목회적 관점에서 볼 때 이것
은 교회가 평신도를 양육해야 할 의무가 있다는 것과, 모든 평신도는 교회
로부터 양육받아야 한다는 이중적인 의미가 있다. 그래서 Calvin은, "이
어머니가 우리를 잉태하고 낳으며 젖을 먹여 기르고 우리가 이 육신을 벗
고 천사같이 될 때까지(마 22:30) 보호하고 지도해 주지 않는다면 우리는
생명에 들어갈 수 없기" 때문에, "연약한 우리는 일평생 교회에서 배우는
자로 지내는 동안 이 학교에서 떠나는 허락을 받을 수 없다"17)고 한다.
Calvin은 이런 점에서 교회 중심의 목회를 매우 중요시하였다.

교회는 또한 그리스도의 몸이다. 교회는 정적인 제도가 아니라 살아 있
는 유기적 공동체로서 구성원들이 상호 봉사하는 한 몸이다.18)

또한 교회는 학교의 기능을 가지고 있다. 그리스도인은 교회라는 학교
를 통해서 교육받고 훈련받음으로써 완전한 그리스도인이 될 수 있다. 하
나님은 당신의 백성이 교회에서 교육을 받음으로써 장성한 사람이 되기를
원하신다.19) Calvin에게 있어서 교회 훈련(Kirchenzucht), 혹은 권징
은 목회적으로 세 가지 목적을 가지고 있다: 첫째, 추악하고 부끄러운 생
활을 하는 자들에게서 그리스도인이라는 이름을 욕되지 않게 하기 위해서

16 John Calvin, *CALVIN: Institutes of the Christian Religion*, vol. IV, 「기독
    교강요」 하권, 김종흡 외 공역 (서울: 생명의말씀사, 1986), 7ff.
17 Ibid., 13.
18 Wilhelm Niesel, *Die Theologie Calvins*, 「칼빈의 신학」, 이종성 역 (서울: 대한
    기독교서회, 1983), 187.
19 Calvin, 「기독교강요」 하권, 14.

이다. 즉 교회 자체를 지키는데 목적이 있다. 둘째, 선한 사람들이 타락하는 일이 없도록 하기 위함이다. 하나님의 말씀대로 사는 그리스도인을 보호하려는데 목적이 있다. 셋째, 비루한 자기에 대한 부끄러움을 이기지 못하는 사람들이 회개하기 시작하도록 만들려는 것이다.20) 이것은 그리스도인들이 올바른 삶을 살게 하려는 것이다.

교회의 목회적 의무를 이렇게 규정하고 나면 이것을 수행할 주체가 필연적으로 언급되어야 한다. Calvin은 그리스도의 몸의 원리에 입각하여 교회의 모든 일군은 본래 봉사적인 기능을 가지고 있는 것으로 본다. 그러나 칼빈에게 있어서 목사는 교회에서 특별한 기능(말씀 선포와 성례전 집행)을 가지고 있는 사람이다. 목사는 교회에서 하나님의 말씀을 전하는 자이므로 그리스도인은 하나님께 순종하듯이 그에게도 순종해야 한다. 또한 목사는 그리스도인을 하나님께로 이끄는 사람이다. 하나님이 인간에게 직접 나타나셔서 말씀하시면 누구도 살아 남을 수 없기 때문에(출 33:20), 하나님은 당신의 말씀의 해석자들을 통하여 인간에게 다가오신다. 하나님은 이러한 일을 위해서 교역자들을 임명하신다. 따라서 그리스도인은 그들에게 배우겠다는 자세로 나아가야 한다.21) 하지만 목사직은 가톨릭에서처럼 특별한 권한이나 계급을 의미하지는 않는다. 교회의 모든 직무는 본질상 하나님의 봉사를 대행하기 위하여 주어진 것이다.22)

Wesley는 위의 두 개혁자들 보다 약 두 세기 정도 늦은 때에 영국을 중심으로 교회 개혁을 주도한 인물이다. 영국 청교도 전통을 이어받은 가정에서 받은 철저한 신앙 훈련, 청년기의 신앙적 열정과 좌절, 올더스게이

20 Ibid., 282. 참조, Hans Scholl, "Johannes Calvin," in *Geschichte der Seelsorge in Einzelpoträts*, Bd. 2, 117ff.
21 Ibid., 14ff.
22 참조, Ibid., 59ff.

트(Aldesgate)에서 중생을 체험하기까지, 그가 걸어 온 신앙의 여정이 그의 신학과 목회의 틀을 짜는데 큰 영향을 미쳤다.

Wesley의 목회는 그의 구원론을 기초로 한다. 인류를 구원하시는 하나님의 절대 의지와 요청이 신앙 운동의 원동력이 되고, 이 구원을 성취하기 위해 "훈련과 교훈"이라는 목회적 과제가 필요하다. Wesley에게 있어서 구원에 이르는 훈련과 교훈의 수단은 하나님의 은혜가 인간에게 전달되는 은총의 수단이다. 이것은 두 가지로 구분되는데, 하나는 제도화된(institute) 수단으로 기도, 성서 탐구, 성만찬, 금식, 집회 등 교회가 전통적으로 가지고 있는 것들이고, 다른 하나는 가변적(prudential) 수단으로 신도반(societies), 속회(classes), 조(band), 선별 신도반(select society)과 같이 Wesley가 목회를 위하여 특별히 조직한 교회 조직이다. 교회는 이러한 영적인 것들과 실제적인 것들을 잘 조직하고 운영하는 기구이다.23)

Wesley는 교회 제도를 기능적인 차원에서 이해한다. 교회 제도는 교회의 첫 번째 본질이 아니기 때문에 상대적이며 실용적이다. 즉 그것은 모두 복음을 가장 능률적으로 전파하는데 활용되어야 한다.24) 이런 의미에서 Wesley는 교역자를 사역의 형태에 따라 목사-사제(pastor-priests), 설교자-전도자(preacher-evangelists)로 나누었다. 전자는 정상적인 교역자로서 성례전과 안수례를 집행하며, 후자는 특별한 사역자로서 설교나 복음전하는 일을 감당한다.25) 평신도 중심의 소그룹 조직도 역시 교회의 필요와 요청에 따라 항시 변동이 가능했다.

그러나 조직에 들어온 사람은 반드시 적절한 자격을 구비하도록 하였

---

23 참조, 염필형, "웨슬레의 목회와 설교," 「웨슬리 복음주의 총서」 I, 웨슬리복음주의협의회 편 (서울: 광림, 1992), 142.
24 참조, 조종남, 「요한 웨슬레의 신학」 (서울: 대한기독교출판사, 1993), 235ff.
25 참조, 윤주봉, "웨슬레의 목회와 계획," 「웨슬리 복음주의 총서」 I, 128.

다. 목사일 경우 재능과 은총 면에서 특출해야 하고, 하나님의 말씀 전체, 곧 의인과 성화를 설교하는 자라야 한다.[26]

Wesley의 목회는 안수받은 목회자와 평신도가 함께 하는 사역이었다. 그는 평신도들을 조직하여 자율적인 성장을 추구할 뿐만 아니라 그들을 지도자로 육성하여 목회에 참여하도록 하였다. 또한 Wesley는 신앙 고백은 현실 생활을 통하여 나타나야 한다는 정신으로 사회적인 봉사도 하였다. 그는 사회 봉사를 1) 훈련과 절제를 통한 자기 발전을 촉구하는 개인적인 수준(personal level)의 봉사, 2) 이웃에 봉사하는 대인적인 수준(inter-personal level)의 봉사, 3) 정치, 경제, 사회 전반에 걸쳐 제도적인 개선을 위해 노력하는 사회적 수준(social level)의 봉사로 나누고, 이를 목회적인 차원에서 실천하였다.[27]

그러므로 Wesley의 목회는 의인과 성화, 개인 구원과 사회 구원, 개인 복음과 사회 복음을 하나로 결합하는 것이었으며, 교역자와 평신도의 조직적이며 협동적인 사역이었다.

제 17세기에 Richard Baxter는 「개혁교회의 목사」(The Reformed Pastor)[28]라는 책에서 목사는 가정 심방을 체계적으로 할 것과 성도들에 대한 헌신 그리고 자신의 영적인 준비를 성실하게 해야 한다고 주장한다. 근대 개신교회에서 목회신학이라고 하는 말이 처음 책의 표제로 사용된 것은 18세기 중엽 C. T. Seidel, *Pastoral Theologie*(1749)이라고 본다. 그러나 Klaus Harms가 「목회신학」(Pastoral Theologie, 1830)

---

26 참조, John Wesley, "복음적 목회자에 관한 소고," 「존 웨슬리 총서」 제9권, 이계준 역 (서울: 유니온출판사, 1983), 94; John Wesley, "성직자에게 보내는 권설", 97ff.

27 참조, 윤주봉, "웨슬리의 목회와 계획," 131ff.

28 Richard Baxter, *The Reformed Pastor*, ed. Joan T. Wilkinson (London: Epworth Press, 1950).

을 출판하기까지 신학적으로 인정받은 책은 아직 없었다. 미국에서 최초로 쓰여진 목회신학서는 Enoch Pond가 저술한 「목회신학 강의」(Lectures on Pastoral Theology, 1847)라고 할 수 있다. 따라서 목회신학이 학문적인 관심을 끌게 된 것은 불과 한 세기 반 정도 밖에 되지 않는다.29) 이 때의 목회신학은 설교를 제외한 교회의 모든 기능을 수행하는 것을 의미했다. 즉 학문적으로 목회학은 실천신학과 다를 바 없었다. 특히 1847년부터 1907년까지 한 60여 년 간 영국과 미국의 신학자들은 목사가 "교인들과 좀더 친근하게 지내는 것", 혹은 지극히 실천적인 "요령"을 다루는 것이 목회신학의 과제라고 생각했다.30)

독일에서도 Schleiermacher 이전의 목회신학은 신학적인 진리를 실천에 옮긴다는 것으로만 이해했다. 그러나 독일 신학자들은 목회신학을 꾸준히 조직적이며 체계적으로 연구해 나갔다.31) 19세기 후반에 목회학에 대한 관심이 점차 고조되면서 많은 출판물이 쏟아져 나왔다. 국내선교회(Innere Mission)의 정신을 따라 교회 밖의 정치 사회적인 문제에까지 목회적 관심이 확장되었고, Otto Baumgarten, Carl Immanuel Nitsch와 같은 신학자들은 동일한 관점에서 목회신학을 연구해 나갔다. 영혼 구원과 하나님의 말씀을 강조한 Heinrich Adolf Köstlin, 일상 세계에서 예배적 회중을 보호하는 것을 과제로 삼았던 Theodor Harnack, 목회를 회중 교육으로 보았던 Christian Palmer 그리고 사회적, 심리적 의미를 새롭게 부각시킨 Friedrich Niebergal 등, Barth의 신학이 나

---

29 Seward Hiltner, *Preface to Pastoral Theology*, 「목회신학원론」, 민경배 역 (서울: 대한기독교서회, 1968), 53.

30 참조, Ibid., 56ff.

31 참조, Ibid., 57. 독일 목회신학의 역사적인 흐름에 대해서 가장 최근에 나온 저서로는, Klus Winkler, *Seelsorge*, (Berlin, New York: Walter de Gruyter, 1997)을 보라. 특히 77-172쪽을 참조.

오기까지 독일의 목회신학은 다양한 강조점들을 가지고 연구되었다.[32]

20세기 미국 목회신학의 토양을 마련해 준 사람은 Anton T. Boisen 이다. 그는 종교적 경험과 정신 착란 사이의 유사성을 발견하고 "살아 있는 인간 자료"(living human documents)를 심리학, 정신 위생학, 신학의 관계성 속에서 연구하여 목회상담학의 발전에 기여한 학자이다. 그의 영향을 받아 목회상담학을 크게 발전시킨 학자는 Seward Hiltner이다. Hiltner 이후로 미국의 목회신학은 여러 유형의 목회상담학을 중심으로 계속 발전해 가고 있다. 그러나 오늘날도 목사의 인격, 소명, 사역등 목회 신학의 전통적인 주제를 중심으로 목회신학을 연구하는 Thomas Oden 같은 학자도 있다.

E. 현대 신학 용어상의 의미

*Pastoral*이란 단어는 성경에서 말하는 "목자"(shepherd)와 동일한 의 미를 가지고 있다. 그래서 전통적으로 Pastoral Theology(PT)라고 하면 목사가 하나님의 백성을 목양하는 것과 관련하여 생각해 왔다. 그러나 역사적으로 볼 때 이 말은 크게 세 가지로 나누어 설명되어야 한다. 우선 목사의 직무와 소명과 삶에 관한 것들을 구체적으로 기술하는 것을 의미한 다. 이런 관점에서 목회신학은 목사의 자기 성찰을 위해 평생 교육을 하 고, 또한 목사직을 수행하는데 필요한 실제적인 안내를 하는데 목적이 있 다.[33] 둘째는 사람을 돕기 위한, 목회와 상담의 이론과 실제와 관련된, 실천신학적 훈련을 말한다. 마지막으로 목회 경험에서 얻은 신학적 통찰

---

32 Dietrich Rössler, *Grundriß der Praktischen Theologie*, 2. erweit. Aufl. (Berlin, New York: Walter de Gruyter, 1994), 90ff.

33 Wolfgang Steck, "Pastoraltheologie," in *Evangelische Kirchenlexikon. Internationale theologische Enzyklopädie*, 3. Bd., 3. Aufl., (Göttingen: Vandenhoeck & Ruprecht, 1992), 1075.

력을 신학의 기본 지식을 비평적으로 발전시켜나가는데 자료(context)로
쓰는 것이다. 이러한 의미에서 목회신학은 일반적으로 병, 죽음, 성, 가정
과 같은 주제에 초점을 맞춘다. 오늘날 미국 임상 목회적 관점에서 보면
두 번째와 세 번째 의미가 목회신학으로 사용되고 있다.34)

목회적 돌봄(pastoral care)도 역시 성서의 목자의 이미지에서 나왔
는데, 이것은 신앙 공동체 내에서 고통과 좌절 가운데 있는 사람들에게
마음 깊은 곳으로부터 우러나오는 관심을 표현하는 것과 관계가 있다. 목
회적 돌봄은 기독교 공동체의 신앙 안에서 지도자를 통한 돌봄이나 구성원
들의 상호 봉사 활동을 말한다.35) 그러니까 돌봄의 행위에 있어서 특별한
기술보다는 신앙 공동체 의식과 헌신적인 봉사를 더 필요로 하는 목회 사
역이라고 할 수 있다.

목회 상담(pastorl counseling)은 목회적 돌봄의 전문화된 사역이다.
이것은 삶 속에서 당하는 고통을 해결하기 위하여 목회적인 도움을 구하는
개인이나 부부 혹은 가족들과 나누는 "목회 상담"이다. 이 사역은 단순한
목회적인 돌봄은 물론 심리학적인 지식과 문제 해결에 필요한 기술을 동원
한 전문적인 목회이다.36) 따라서 목회 상담자는 대개 신학 교육과 상담에
관한 전문 교육을 받아야 한다.

교역(ministry)은 신약 성서의 "디아코니아"(*diakonia*: 봉사)와 같
은 의미로 사용된다. 교역이라는 의미에서의 목회는 교회 공동체를 섬기
는 모든 사역들을 총칭하는 것이다. 그런 의미에서 이 말은 "카리스마타"
(*Χαρισματα*: 은사들)와도 관계가 있다. 왜냐하면 기독교 공동체의 모든

34 J. R. Burck & R. J. Hunter, "Pastoral Theology, Protestant," in *Dictionary of Pastoral Care and Counseling*, ed. Rodney J. Hunter (Nashville, TN: Abingdon Press, 1990), 867. (이하 DPCC라고 함).

35 L. O. Mills, "Pastoral Care," in DPCC., 836f.

36 "Pastoral Counseling," Ibid., 849f.

활동은 다양한 은사를 통해서 실천되기 때문이다. 즉 모든 그리스도인들은 나름대로의 은사를 가지고 교회의 다양한 사역에 참여한다. 이런 의미에서 모든 그리스도인은 교역자이다. 그러나 한국 교회는 이 말을 "목회"라고 오역(誤譯)함으로써 신학 교육을 받은 사람들에게만 적용하는 오류를 범하고 있다.[37)

독일어권에서 목회와 관련하여 사용하는 단어는 Seelsorge이다. 이 말은 Seele(영혼)와 Sorge(돌봄)라는 두 명사가 하나로 된 합성어이다. 이 말은 목회의 이론적인 면, 즉 학문으로서의 목회신학을 의미하기도 하고 실제적인 목회 활동을 표현하는데도 동일하게 사용한다.

II. 목회신학의 연구 형태

오늘날 목회신학의 연구는 매우 다양하게 진전되고 있다. 전통적으로 목회신학은 목사의 사역에 한정되어 있는 것으로 이해되어 왔다. 그러나 교회가 처한 시대적 상황과 그 시대를 대변하는 신학의 흐름에 따라서 목회신학의 관심도 다르게 나타난다. 현대 목회신학은 신학과 인접 학문과의 긴장 혹은 협력 관계 속에서 그리스도의 몸을 세우는 사명을 효과적으로 수행하기 위해 노력하고 있다.

A. 목사의 인격과 소명, 사역에 집중하는 목회신학

1. 목회의 의미

목회신학(poimenics)을 목사(포이멘: ποιμην)와 관계된 사역학으로 이해하는 학자들은[38) 실천신학의 전반적인 분야를 모두 목회신학의

---

37 참조, 오성춘, 「목회상담학」 (서울: 한국장로교출판사, 1993), 360f; 참조, P. E. Fink, "Ministry," in DPCC., 730f.
38 곽안련, 「목회학」, 이주영, 「현대목회학: 목회의 원리와 실제」 (서울: 성광문화사,

범주에서 다룬다. 목회는 교역의 의미를 가지며 교회에서 봉사하는 일로
서 목사가 실행하는 모든 행위와 사역을 지칭하며 설교, 성례전, 교회의
관리 및 운영, 평신도 지도, 훈련과 교육 등의 제반 활동을 다 포함한다.39)

이러한 의미에서 목회는 전적으로 그것을 위해 하나님으로부터 특별히
부름받은 자만의 과제이다. 교회 사역은 양과 질에 따라서 평가되지 않고
그 사역을 실천하는 주체에 의해서 평가된다. 즉 목사가 하는 일은 무엇이
든지 목회이고 평신도가 하는 일은 무엇이든지 목회라고 하지 않는다. 목
사와 평신도는 근본적으로 다른 소명을 가지고 있다고 본다.40)

2. 목회신학의 위치

목회신학이 교회 사역 전반을 다루게 되면 실천신학 내에서 목회학의
위치가 모호해 진다. 실천신학의 여러 분야와 목사 중심의 목회학은 둘
다 실제로 교회의 전반적인 사역을 연구의 대상으로 한다. 따라서 이러한
연구 방법에서는 목회학의 학문적 위치를 설정하는 것이 결코 쉬운 일이
아니다.

Thomas Oden에 의하면, 목회신학은 하나의 목회 실천 이론에 통일시
켜 일관성 있는 목회 실천을 가능하게 하는데 목적이 있기 때문에, "실천신
학의 제 분야를 세부적으로 다루는 것이 아니라, 이 모든 분야가 공통으로
소유하고 있는 포괄적인 이론과 실천신학의 각 분야와의 연관성을 고려하

1987): 임택진, 「목회자가 쓴 목회학」 (서울: 기독교문사, 1992): Homer A.
Kent, *The Pastor and His Work*, 「목회학: 목회의 실제」, 이주영 역 (서울: 성광
출판사, 1982): Robert C. Anderson, *The Effective Pastor*, 「목회학: 목회의
이론과 실제」, 이용원 역 (서울: 소망사, 1988). 최근의 학자로는 Thomas C.
Oden, *Pastoral Theology. Essentials of Ministry*, 「목회신학. 교역의 본질」,
오성춘 역 (서울: 대한예수교장로회총회출판국, 1987).

39 참조, 이주영, 「현대목회학: 목회의 원리와 실제」, 13.

40 참조, Ibid., 26.

하면서 설교와 성례전과 직제와 기독교 교육과 목회 상담을 취급한다."[41]

3. 목회자의 소명과 인격

목회가 교역자의 과제라면 목회자의 소명과 인격은 목회에 결정적인 요인이 된다. 목회자 중심의 목회신학은 실제로 연구서의 상당 부분을 목회자의 소명, 자질, 생활과 같은 주제들을 기술하는데 할애하고 있다.

Oden에 의하면 목회자가 되려는 사람은 먼저 내적인 소명과 외적인 소명을 받아야 한다. 내적 소명은 자신의 신앙과 타고난 재능을 말한다. 즉 교역자로 부름받은 사람은 먼저 자기 자신을 검토해 보라는 것이다. 내적인 소명은 믿음의 공동체를 통해서 확인될 수 있는 것들인데 비해, 외적인 소명은 목사 안수 위원들이 분별할 수 있는 수준의 것들을 의미한다.[42] 하나님의 소명은 사람에 따라 다르지만 대개 전 존재를 바치는 결단을 요구한다. 비록 소명에 대한 자각이 외적으로부터 시작되었다고 하더라도 그것을 확증하는 표증은 소명을 받는 본인에게 있어야 한다.[43] 따라서 교역자는 주관적으로나 객관적으로나 하나님의 부르심에 대한 확고한 신념을 필요로 한다.

교역자는 곧 목회자라는 관점에서 볼 때, 목회자가 되려는 사람은 목회자로서의 자질을 갖추어야 하고 이를 위해 준비해야 한다. 그는 먼저 신체적으로 건강하고, 평소에 학문적인 열정이 있으며, 생활의 본을 보이며, 신령한 자질을 갖추어야 한다. 또한 개성적인 면에서도 진실성, 경건성, 침묵과 엄숙함, 조화성, 인내성, 근면성, 충성심이 있는 사람이어야 한다.[44]

---

41 Oden, 「목회신학: 교역의 본질」, 24.
42. 참조, Ibid., 57ff.
43. 참조, 곽안련, 「목회학」, 23f. 임택진, 「목회자가 쓴 목회학」, 53ff.
44 참조, 곽안련, 「목회학」, 14ff. 임택진, 「목회자가 쓴 목회학, 37ff. 이주영, 「현대목회

목회자의 이러한 자질은 생활 속에서 나타나야 하는데, 구체적으로 살펴보면, 목회자는 영적으로 경건한 생활을 해야 하고 자신의 건강을 위해서도 힘써야 한다. 목회자의 가정은 밝고 즐거우며 헌신적이고 손님 대접을 잘 해야 한다. 목회자는 사회 생활에서도 모범을 보여야 한다. 그리고 지속적인 연구 생활을 통하여 자기 발전을 도모함으로 성도들에게 항상 새로운 도전과 소망을 주어야 한다.45)

목사의 소명과 인격, 사역에 집중하는 목회신학은 목회자인 목사에게 특별한 의무를 부여한다. 그것은 만인제사장직이나 은사론, 그리스도의 몸과 같은 성서적인 개념들의 재해석을 요구한다. 목회자는 소명 자체에서부터 일반 그리스도인들과 다른 존재로서 교회의 모든 사역의 성패가 자신에게 달려 있다고 믿는다. 따라서 이러한 목회신학은 대다수의 그리스도인이 신앙과 삶에서 책임적인 존재이며, 더 나아가서 서로 협력하는 유기체라는 신학적인 문제들을 분명하게 설명하지 못한다.

그러나 이러한 목회신학은 목회자로 부름받은 사람으로 하여금 평생 한 길을 걷게 하고 교회의 성도들에 대하여 목자 의식을 가지고 기도하고 돌보는 일을 사명으로 알게 하며 교회 운영과 자신의 삶에서 책임 의식을 갖게 한다. 즉 이 목회신학은 신학 교육을 받은 목회자가 책임 있는 헌신을 하도록 한다.

B. 조직신학과 말씀 선포에 기초한 목회신학

1. 역사적 배경

현대 목회신학에서 조직신학적인 방법으로 말씀 선포의 목회신학을

학: 목회의 원리와 실제」, 78ff.

45 곽안련, 「목회학」, 35ff. 임택진, 「목회자가 쓴 목회학」, 362ff. 이주영, 「현대목회학: 목회의 원리와 실제」, 93ff.

정립한 학자는 Thurneysen(1888-1974)[46]이다. 그는 스위스 출신의
개혁 교회 신학자 Barth의 신학을 기초로 하여 목회신학을 수립하였다.
그러나 하나님의 말씀 선포의 목회는 Barth의 변증법적 신학의 영향만은
아니다. 하나님의 말씀과 선포를 강조하는 개신교 신학이 설교자 중심의
목회신학이 가능하도록 하였다고 볼 수 있다. Barth의 변증법적 신학이
나오기 전에 이미 Wilhelm Otto[47]와 Heinrich Aolf Köstlin[48]은 목
회에서 하나님의 말씀 선포의 의미를 강조하였다. 이러한 사상은 Hans
Asmussen[49]에게 영향을 주었고, 이후에는 변증법적 신학 위에 목회신
학을 수립한 Thurneysen에게로 이어지고 있다. 하나님의 말씀을 중요시
하는 종교 개혁자들의 신학적 기반과 변증법적 신학의 영향 아래 말씀 선
포의 목회는 Thurneysen에게서 신학적인 자리를 굳힌 다음, 오랫동안
목회신학계에 상당한 설득력을 가지고 있었다.

Thurneysen은 교회적으로 스위스 개혁주의 교회를 모교회로 하고 있
고, 신학적으로 Barth의 신학을 기초로 하며, 사상적으로는 러시아의 문
호 Feodor M. Dostojewskij(1821-1881)와 덴마크의 철학자 Sören

---

46 중요한 저서로는 「목회학 원론」(*Die Lehre Von der Seelsorge*, Evang. Verlag,
Zürich, 1949)과 「목회학 실천론」(*Seelsorge im Vollzug*, Evang. Verlag,
Zürich, 1968)을 들 수 있다. 또 그가 쓴 전기 가운데는 「도스토예프스키」
(*Dostojewskij*, München: Chr. Kaiser, 1922), 「크리스토프 블룸하르트」
(*Christoph Blumhardt*, München : Chr. Kaiser, 1926)가 있으며, 설교집으로
는 바르트와 함께 펴낸 「오소서 창조주 영이여」(*Komm Schöper Geist*, München:
Chr. Kaiser Verlag, 1924)가 있고, 논문집으로는 「하나님의 말씀과 교회」(*Das
Wort Gottes und die Kirche*, München: Chr. Kaiser, 1927)을 들 수 있다.
47 Wilhelm Otto, *Evangelische praktische Theologie*, 2. Bd., (Gotha:
1869-70), 413ff.
48 Heinrich Aolf Köstlin, *Die Lehre von der Seelsorge nach evangelischen
Grundsätzen*, (Berlin 1895).
49 Hans Asmussen, *Die Seelsorge. Ein praktisches Handbuch über Seelsorge
und Seelenführung* (München: Chr. Kaiser, 1933).

Aabye Kierkegaard(1813-1855)를 존경하고, 목회적으로는 독일 Bad Boll에서 훌륭하게 목회했던 Christoph Blumhardt (1842-1919)를 모델로 삼고 있다.

2. 인간 이해

목회는 인간을 대상으로 하기 때문에 목회신학은 인간 이해에 따라 방향이 달라진다. 목회 신학자의 인간관이 목회의 이론과 실제를 결정한다. 그러므로 바른 목회신학을 정립하려면 올바른 인간 이해가 선행되어야 한다.

Thurneysen은 자신의 인간 이해를 "그리스도론적 인간학" (Christologische Anthrologie), "신학적 인간학" (Theologische Anthropologie)으로 표현한다.[50] Thurneysen에 의하면, 인간은 하나님의 창조 행위에 의해 영과 육이 하나로 합일된 피조물로서, 다른 피조물과는 달리, 하나님의 형상대로 지음받았으며, 하나님의 말씀을 통하여(durch das Wort), 말씀을 위하여(für das Wort) 창조된 존재이며, 말씀 안에서(in Wort) 하나님과 교통할 수 있도록 창조된 존재이다. 인간의 영혼은 하나님이 말씀으로 인간을 부르실 때 응답하는 기능을 가지고 있다. 만일 인간이 하나님의 부르심에 따라 산다면 인간은 영혼과 육신이 적절하게 조화를 이룬 "영적 인간"이 된다.

그러나 인간은 죄로 인해 하나님과의 진정한 관계를 가질 수 없게 되어 버렸다. 인간은 바로 이 죄 때문에 여러 가지 고통을 겪게 된다. 다시 말해서 인간이 진정한 행복과 평안을 누릴 수 있는 길은 죄와의 관계를 단절하고 하나님과의 관계를 형성하는 데 있다. 그러나 이것은 인간이 스스로 할 수 있는 일이 아니고 하나님의 은혜로만 가능하다. Thurneysen은 이

---

50 Thurneysen, 「목회학원론」, 54.

은혜가 곧 "육신이 되신 말씀" 예수 그리스도라고 한다. 예수 그리스도는 하나님의 은혜의 말씀이 우리에게 임하여 우리 자신의 존재를 알게 하시는 분이다.51)

그러므로 Thurneysen은 "목회는 교회 안에서 하나님의 말씀을 개개인에게 전달하는데 그 본질이 있다"52)고 한다. 인간을 불행하게 만드는 모든 죄를 지신 예수 그리스도가 말씀을 통하여 선포되면 죄인인 인간이 용서를 얻고 진정한 자유를 얻게 된다는 것이다.

3. 목회의 본질과 형태

목회는 교회의 영역 안에서 하는 "모든 대화의 형태"로 이루어진다. 이 대화가 바로 "목회 대화"인데, 다음과 같은 형태를 갖는다. 우선 목회 대화는 예배를 통해서 일어난다. 이것은 예배의 형식을 빌어서 인간이 하나님에게(zu Gott) 말하는 것이다. 즉 하나님은 설교를 통해서 인간에게 말씀하시고, 인간은 기도와 찬송으로 하나님께 응답한다. 또 다른 형태의 목회 대화는 일상 생활 속에서 하는 대화인데, 이것은 "이 사람이 저 사람에게"(von mann zu mann) 하나님에 관하여(über Gott) 말하는 형태를 취한다. 그러나 비록 그리스도인이라고 할지라도 일생 생활의 대화에서 선포된 하나님의 말씀이 대화의 주제가 아니라면 그 대화는 목회 대화가 될 수 없다.53)

인간의 문제는 곧 죄에 있기 때문에 목회 대화도 역시 죄의 용서에 초점이 맞추어 진다. 죄의 용서는 오직 예수 그리스도만을 통해서 가능하다. 따라서 Thurneysen은 인간적인 모든 수단과 대화의 기술로는 인간의 문

---

51 참조, Ibid., 54.
52 Ibid., 7.
53 참조, Ibid., 88ff.

제를 근본적으로 해결할 수 없다고 보고 모든 목회 대화에서 예수 그리스
도를 통한 죄의 용서가 있어야 한다고 주장한다. 즉 예수 그리스도를 통한
죄의 용서가 목회의 본질이다. 그러므로 그에게 있어서 심리학이나 심리
치료는 목회학의 보조 학문에 지나지 않는다.54)

4. 목회에서 복음과 율법

Thurneysen의 목회신학이 철두철미 하나님의 은혜와 인간의 죄인
됨을 강조하고 있듯이 목회의 실제에 있어서도 위로부터 주시는 은혜의
중요성을 말한다. 그러나 목회 실천은 인간의 참여 없이는 불가능하기 때
문에, Thurneysen은 하나님의 은혜에 대한 인간의 응답을 자신의 신학
적 틀 속에서 해석한다. 이것에 대한 설명이 그가 말하는 "목회에 있어서
복음과 율법"이다.

목회를 구체적으로 실천하려면 "복음과 율법"의 관계를 올바로 정립하
는 일이 본질적인 문제가 된다. 이 두 개념은 어느 하나가 다른 하나를
보충해 주는 것이 아니다. 복음을 통한 죄의 용서는 어떤 한 부분이 아닌
전체인데, 이 용서는 항상 율법의 형태로 인간에게 주어진다. 말하자면,
사죄는 값없이 주시는 하나님의 은혜이지만 죄악 된 삶에서 벗어나는 일은
인간이 목회적인 차원에서 실천해야 할 과제이다. 목회 실천이라는 관점
에서 Thurneysen은 기도, 죄의 고백, 성화를 향한 노력과 같은 과제들을
말한다. 그러나 이것들은 하나님의 은혜와 상호 보완의 관계가 아니라 주
님을 위하여 헌신하라는 요구의 말씀에 순종하여 실천하는 것들이다. 여
기서 Thurneysen은 가톨릭 목회신학과의 차별성을 둔다.

Thurneysen의 목회신학은 당시 자유주의 신학과 인본주의적인 사상
에 밀려 교회의 목회가 위기에 처해 있을 때 기독교 목회의 본질과 사명을

---

54 참조, Ibid., 제 10장과 11장을 보라.

성서적인 기초 위에 되돌려 놓았다. 특히 설교 중심의 목회가 목회의 주된 형태를 이루고 있던 시절에 선포된 말씀이 교회 사역과 그리스도인의 삶에 어떻게 구체적으로 적용될 수 있는지 조직적으로 설명했다는 점에서 목회 신학사적으로 기여한 바가 크다고 하겠다.

그러나 그의 목회신학은 철저하게 설교자를 중심으로 하고 있기 때문에, 목회 사역에서 평신도가 가지는 의미가 크게 약화되었다. 그리고 설교학의 범주에서 목회학을 연구한다는 것은 실천신학의 학문적인 구분을 모호하게 만들었다고도 할 수 있다. 또한 반드시 죄의 용서라는 것과 무관하거나 죄와 연관성이 적은, 교회 안팎에서 일어나는 다양한 목회 사역을 설명하기에는 분명히 논리의 한계가 있다고 보아야 할 것이다.

C. 상담과 치유 지향적인 목회신학

1. 관심의 전환

목회신학의 새로운 기원은 심리학의 발전과 함께 시작되었다. 목회신학은 이제 심리학의 학문적 업적을 기초로 하여 상담과 치유 목회의 형태로 방향을 수정하지 않으면 안되게 되었다. Sigmund Freud(1856-1939), Karl Gustaf Jüung(1875-1961), Burrhus Frederic Skinner(1904-), Carl Ransom Rogers(1902-1987)과 같은 심리학자들의 학문적 업적은 목회의 모든 관점을 서서히 바꾸어 놓았다. 그 중에서도 특히 Rogers는 일반 상담학은 물론 목회상담학에도 지대한 영향을 미쳤다.

현대 목회신학은 더 이상 신학의 범주에서 자기 자리를 찾으려고 하지 않고 그리스도인 개개인의 문제를 돌보아 주는 상담학 또는 심리 치료로 발전해 나가고 있다.

2. 역사적인 개관

심리학에 대한 연구는 유럽을 중심으로 일어났으나 그것을 응용한 새로운 목회 형태는 미국에서부터 시작되었다. 1920년대 미국의 회중 교회 목사였던 Boisen 목사는 목회 상담이 이론적 연구에만 몰두하는 당시의 목회 상담이 위기에 처해 있는 사람들에게 구체적인 도움을 주지 못한다고 판단하고 이를 극복하기 위한 방법으로 임상 목회 교육 방법을 제시하게 되었는데 이것이 현대 목회상담학의 모태가 되었다. 그의 이론은 Rogers 와 Hiltner에게로 이어져 일반 상담학과 목회상담학의 학문적인 발전을 가져오게 되었다.

주후 1960년대부터 십 여 년 사이에 미국의 목회신학계에 다양한 학자들이 나오게 되었다. 미국 목회 상담자 협회(American Association of Pastoral Counseling: AAPC)가 조직되었고, Howard J. Clinebell 은 비지시적 상담 이론을 비판하면서 인간의 전인적 성장을 위한 목회 상담 이론을 제시하였다. 그리고 웨스트민스터신학교 교수였던 Jay E. Adams 는 성서를 기초로 하지 않은 기존의 상담이론을 배격하고 성서 중심의 "권면적 상담"(Nouthetic Csounseling)을 주창하였다.

최근에는 목회신학이 단지 목회 상담에만 국한되지 않고 사회적인 현상으로 인하여 갖게 되는 그리스도인들의 다양한 질병들을 치료하는 데까지 관심을 가지고 있다.55)

3. 상담과 치유 목회의 다양한 이론과 접근 방법

신학자의 신학, 인간 이해, 그 시대적 상황은 목회신학의 방향을 결정하는데 중요한 요인이 되기 때문에, 시대별로 혹은 동시대라고 할지라도,

---

55 참조. 심상권, "현대 목회상담학의 오늘과 내일," 「기독교사상」 제412권 (1993. 4): 269-71.

다양한 목회 이론이 나타나는 것은 당연한 일이다. 상담과 치유 목회의 경우도 마찬가지이다. 목회학이 상담과 치유에 관심을 갖게 된 이후로 무수히 많은 이론들이 나왔지만 목회상담학에서 구체적으로 다루어질 것이 므로 여기서는 목회신학적인 관점에서 특징적인 몇 가지만 간략하게 소개하기로 한다.

1) Seward Hiltner의 목회신학

Hiltner의 목회신학은 신학과 인문 과학의 만남 속에서 완성되었다. 그는 신학적으로 자유주의 신학의 아버지라 불리우는 Schleiermacher 에게서 이론 신학과 실천신학 사이에 변증법적인 연결점을 찾는 길을 발견하였고, Paul Tillich로부터는 인간의 실존적인 질문을 통해서 신학적인 해답을 얻는 방법을 배웠다. 심리학적으로는 심리학의 제 3세대로 자처하는 Rogers의 영향을 받아 인간의 잠재력과 인간의 가능성을 인정하게 되었다. 또한 목회학적인 면은 William Keller, Richard Cabot, Anton Boisen이 창안하여 북미의 여러 신학대학교에서 목회 지원자들을 위한 실습 교육으로 활용되고 있던 임상 목회 교육에서 많은 것을 배우게 되었다.

Hiltner에게 있어서 목회신학이라는 말은 "목양의 관점에서 교회나 목사의 모든 활동과 기능을 보며, 거기서 한 신학적인 결론을 내리는 신학적인 지식이나 연구의 한 가지"56)이다. 목양은 성도를 올바른 신앙으로 인도하는 것으로서 고정된 틀 속에서 반복되는 것이 아니라 목회자의 관점과 목표, 목회의 대상과 상황에 따라 유동적으로 실천되는 것이다. 이러한 목양은 교회의 전반적인 사역을 통해서 실천되어야 하고 상황과 대상에 따라서 다양하게 적용되어야 한다는 것이 Hiltner의 주장이다. 따라서 목양에는 수없이 많은 사역이 포함될 수밖에 없는데, Hiltner는 이것들을 내용

---

56 Hiltner, 「목회신학 원론」, 21.

상 세 가지로 분류한다. 첫째, 치유(healing)하는 사역이다. 치유란 "훼손(병)된 기능을 완전히 회복시키는 것"이다. 이러한 치유의 대상으로는 생태적인 결함, 잘못된 적응으로 인한 손상, 외부의 공격이나 적절하게 내리지 못한 결단으로 입은 피해가 포함된다. 둘째, 지탱(sustaining)하는 사역이다. 지탱은 "온전하던 것이 깨져 나가고 훼손을 입어, 그 완전한 회복이 불가능할 때, 혹은 당장에 불가능할 때 주는 용기와 격려의 목회"이다. 셋째, 인도하는 일(guiding)이다. 이것은 결단하는 이의 삶의 의미와 방향에 유용한 지혜를 깨닫게 함으로써 결단의 과정을 돕는 목회이다.57)

이와 같이 Hiltner는 심리학과 신학 사이에서 목회상담학을 학문적으로 정립하는데 크게 기여하였다. 그러나 그의 신학적, 철학적 전제를 고려해 볼 때, 그의 목회신학이 복음주의적인 입장에서 어느 정도 수용될 수 있을는지 의문을 제기하지 않을 수 없다.

2) Jay E. Adams의 목회신학

Adams는 성경 말씀과는 거리가 먼 비기독교적 상담학에 반론을 제기하고 성경적 방법을 통한 상담 이론을 개발하였다. 그는 인간의 피조성과 전적인 타락 그리고 성령의 역사를 통한 변화의 가능성을 주장한다. 따라서 상담을 통해서 인간의 문제를 해결함에 있어서 Adams는 Rogers와는 달리 외적인 변화에만 관심을 갖지 않고 외적인 행동을 좌우하는 내적인 삶의 변화에 더 주의를 집중한다. 변화는 인간이 스스로 노력하여 성취하는 것이 아니라, 성령의 중생하게 하시는 사역과 성화시키는 사역의 조화 속에서 가능하다. 이러한 변화에 가장 유용한 교재는 정확무오한 하나님의 말씀이다. 그러므로 Adams의 상담은 성경을 전제 조건으로 하여 성경에서 그 동기와 목표를 찾으며, 성경에 모델로 주어진 원리와 실천

---

57 Ibid., 117ff.

에 따라 조직적으로 발전시켜 나간다.58)

그는 이것을 "권면적 상담"이라 부른다. 권면적 상담이란 신약 성서의 "권면하다"(νουθετεω)라는 단어를 기초로 하고 있는데, 이 말은 "훈계하다," "위로하다," "경고하다," "가르치다"라는 의미도 가지고 있다.

권면적 상담은 내담자의 삶에 어떤 잘못이 있다는 것을 전제로 하고, 이 문제를 언어적 수단에 의해서 권면적으로 해결함으로 내담자의 생활을 변화시키는 것을 의미한다.59) 그러므로 권면적 상담은 문제를 일시적으로 해결하려는 것이 아니라 영혼의 구원(중생)과 성숙한 인격과 생활(성화)을 목적으로 한다.60)

Adams의 목회신학은 문제를 가지고 있는 그리스도인을 성화에 이르기까지 도와 주는 것을 과제로 삼는다. 그러므로 이 목회는 목회자가 인간애와 목회에 대한 열정을 가지고 있어야 하고, 말씀의 사람이어야 하며, 인간적인 기술보다 성령의 역사를 믿고 순종할 때 가능하다.

3) Howard J. Clinbell의 목회신학

Clinbell은 상담과 치유를 "성장"이라는 관점에서 보고 신학적으로 체계화한 학자이다. 성장이란 성장을 감소시키는 모든 것으로부터 해방되어 삶의 기쁨이 증대되고, 더 나아가서 사회에 기여할 수 있게 됨을 의미한다. 또한 이것은 도움이 필요한 사람의 잠재력을 최대한으로 발전시키도록 도와 주는 것이다.61) 즉 성장은 전인적 인간 성숙 프로그램이다.

전통적인 상담 목회의 방법들은 심리 분석과 통찰을 중시하나 Clinbell

---

58 Jay E. Adams, *A Theology of Christian Counseling*, 「상담신학」, 전동식 역 (서울: 기독신보출판사, 1990), 59ff.
59 정정숙, 「기독교상담학」 (서울: 베다니, 1994), 300ff.
60 참조, Ibid., 304.
61 참조, Howard J. Clinbell, *Growth Counseling*, 「성장상담학」, 김선도 역 (서울: 광림, 1990), 22f.

은 다양한 현대 심리 치료 요법들을 이용하여 상담, 교육, 치유 그리고 풍성한 삶을 위한 성장 중심적인 접근을 강조한다. 그의 철학은 병리학적인 양식을 탈피하여 "성장과 희망의 관점"을 통해서 인간을 봄으로써, 사람들이 자신을 파악하여 성장의 길로 나아가도록 하는 것이다.62) 이것은 그가 인간을 무한한 가능성을 가진 존재로 보기 때문이다.

Clinbell은 성경도 이러한 관점에서 이해한다. 성경은 인간과 역사 안에 성장과 자아 실현을 방해하는 세력이 뿌리 깊이 내재해 있다고 한다. 그러나 창조주의 선물인 인간 안에 있는 잠재력은 성장을 방해하는 것들을 극복할 수 있으며 성장의 궁극적인 목표인 평강(shalom)에 이르게 할 수 있다. 하지만 갈등과 고통을 극복하지 않고서는 결코 하나님이 주시는 선물인 평강을 얻을 수 없다.63)

Clinbell의 목회신학은 인간에게 잠재된 능력을 개발하고 보다 평안한 사회를 만들어 가는데 필요한 이론적인 근거를 제시했다는데 장점이 있다. 그러나 그의 이론은 인간의 타락과 죄의 문제, 인간을 변화시키고 능력 있게 하시는 성령의 역사에 초점을 맞추기보다는 오히려 긍정적인 사고 방식과 인간 자신의 무한한 가능성에 초점을 맞추고 있다.

4) Gary Collins의 목회신학

Collins는 일반 심리학을 먼저 공부하고 난 뒤, 복음주의 노선의 신학교에서 신학을 공부한 학자로서 신학과 일반 심리학 이론들을 통합하려고 노력하였다.

그는 인간의 피조성과 불순종으로 인한 타락을 강조한다. 따라서 그는

---

62 참조, Ibid., 13ff.
63 참조, Howard J. Clinbell, "Growth Counseling," in *Helping People Grow*, ed. Gary Collins, 「그리스도인을 위한 카운셀링가이드」, 정석환 역 (서울: 기독지혜사, 1989), 129ff.

인간에게 나타나는 많은 문제들의 근본 원인이 인간의 죄에 있다는 점을 놓치지 않는다. 모든 심리적인 문제들은 근본적으로 영적인 문제에서 발생된다는 것이다.64) 그러나 그렇다고 해서 그가 심리적이고 신체적인 부분을 다루지 않은 것은 아니다. Collins는 인간을 전인(whole-person)의 개념으로 이해한다. 인간은 영적, 심리적, 신체적으로 통합되어 있는 존재이므로, 기독교 상담은 내담자의 감정, 사고, 행동 이 세 가지 모두에 촛점을 맞추어야 한다는 것이다.65)

Collins의 상담 이론은 "성경은 영감에 의해 기록되어진, 유효하고 진실한 하나님의 말씀이다"는 기본적인 믿음으로부터 시작하고 있다. 그러나 성경이 모두 사실이라 해도 성경 안에 모든 진리가 다 들어 있는 것은 아니다.66) 그러므로 인간에 의해서 발견되는 모든 진리들은 하나님의 일반 계시로 보아야 하며 성경과 모순되지 않아야 함을 명심해야 할 것이다.67)

Collins는 하나님은 성경과 과학을 통해 말씀하신다68)고 주장한다. 이와 같은 관점에서 본다면 Collins는 기독교 세계관적인 전제를 가지고 기독교 상담이론의 독특성을 개진하고 있으며, 기독교와 심리학의 통합 연구를 시도하고 있는 것이다. 그는 자신이 학문적으로 기독교와 심리학을 통합하는 사명을 부여받았다고 생각하고 있으며 자신의 사역, 저술, 그리고 가르치는 일에서 그것이 반영되어지기를 원하였다.69)

---

64 Gary R. Collins, 「왜 그리스도인이 상담을 받아야 하는가」, 이종일 역 (서울: 솔로몬, 1992), 148.
65 Ibid., 254ff.
66 Ibid., 121.
67 Gary R. Collins, 「신학과 심리학의 통합 전망」, 이종일 역 (서울: 솔로몬, 1992), 103-8.
68 Ibid., 107.
69 Ibid., 18.

Ⅲ. 전망

목회는 하나님의 천지창조와 함께 시작되었으나 하나의 학문으로서의 목회신학의 역사는 한 세기 반에 지나지 않는다. 신학 없이 목회하는 풍토는 오늘날의 현실만은 아니다. 한국 교회는 이제 격변하는 세계 속에서 정신적, 육체적으로 지치고 곤한 그리스도인들을 구체적으로 돌보는 목회신학을 말해야 한다. 이를 위해 필자는 아래와 같이 몇 가지를 제안하고자 한다.

무엇보다도 가장 시급한 것은 목회신학의 방향이 설정되어야 한다. 목회신학이라는 주제 아래 목사의 인격, 소명, 사역에 관한 문제를 다룰 것인지, 말씀 선포와 관련하여 연구할 것인지, 개개인의 문제를 구체적으로 돌보는 상담과 치유의 사역에 초점을 맞출 것인지 결정하고 나서야 목회신학은 일관성 있는 연구와 학문적인 발전을 볼 수 있을 것이다.

다음으로 목회의 전문성과 일반화를 고려하여야 한다. 지금까지 목회는 신학 교육을 받은 사람의 사역으로 생각되어 왔다. 오늘날 상담 목회는 심리학 교육을 받은 전문가를 요구한다. 이러한 현상은 교회 대다수의 그리스도인들이 목회 사역에 참여하는 자가 아니라 목회의 수용자로 남게 되는 현실을 초래하였다. 이것은 성경적으로도 맞지 않는 일이다. 그러므로 현대 목회신학은 전문가의 특수성을 살린 목회와 비전문가가 하나님이 주신 은사대로 참여하는 일반 목회를 모두 포함해야 한다.

그리고 심리학에 대한 기독교의 입장이 분명해야 한다. 오늘날 목회 대화와 상담 목회에 대한 관심이 점차 고조되고 있으나 그 이론적인 근거가 되는 심리학에 대해서 기독교는 매우 모호한 자세를 취하고 있는 것이 사실이다. 기독교 심리학이 현실적으로 불가능하다면 복음주의적인 관점에서 이를 비평-수용할 신학적인 해결이 나와야 할 것이다.

　마지막으로 목회신학과 목회 실천이 서로 조화를 이루어야 한다. 목회 신학이라는 이름 아래 목회 기술만 말한다면 목회 교육을 받은 자가 실제로 현장에 나갔을 때 신학보다는 자신의 경험과 철학을 더 신뢰하게 될 것이다. 또한 실천론이 결여된 목회 이론은 다양한 현실에 적절히 대처하지 못하는 탁상 공론이 될 수밖에 없을 것이다. 그러므로 목회신학은 실천 신학의 어느 분야보다도 교회가 처한 현장을 분명하게 파악하고 거기에 대하여 목회적인 관점에서 신학적인 응답을 할 수 있어야 한다. 여기에 목회신학의 학문적 사명이 있다.

추 천 도 서

곽안련. 「목회학」. 서울: 대한기독교서회, 1925.

김득룡. 「현대목회신학원론」. 서울: 총신대출판부, 1987.

_____. 「현대목회 실천론 신강」. 서울: 총신대출판부, 1990.

김응조. 「목회학」. 경성: 동양선교회성결교회출판부, 1937.

Adams, Jay E. *Pastoral Life.* 「성공적인 목회 사역」. 정삼지 역. 서울: 예수교문서선교회, 1979.

_____. *Shepherding God's Flock.* Grand Rapids: Baker, 1979.

Anderson, Robert C. *The Effective Pastor.* 「목회학」. 이용원 역. 서울: 소망사, 1988.

Bloesch, Donald G. *The Reform of the Church.* 「목회와 신학」. 오성춘, 최건호 공역. 서울: 대한 예수교장로회총회출판국, 1992.

Gangel, Kenneth O. *Competent to Lead.* 「성공적인 경영자로서의 목회자」. 황성철 역. 서울: 한국로고스연구원, 1996.

Gangel, Kenneth O. *Team Leadership in Christian Ministry.* Chicago: Moody Press, 1997.

Hardeland, August. *Geschichte der speciellen Seelsorge.* Berlin: Reuther & Reichard, 1897.

Hiltner, Seward. *Preface to Pastoral Theology.* 「목회신학 원론」. 민경배 역. 서울: 대한기독교서회, 1968.

Kent, Homor A. *The Pastor and His Work.* 「목회학」. 이주영 역. 서울: 성광문화사, 1982.

MacArthur, John Jr. *Rediscovering Pastoral Ministry.* 「목회 사
역의 재발견」. 서원교 역. 서울: 생명의 말씀사, 1997.

Murphy, Thomas. *Pastoral Theology.* Princeton. NJ: Old Paths
Publications, 1996.

Möller, Christian. *Geschichte der Seelsorge in Einzelporträts*
(Bd. I von Hiob bis Thomas von Kempen, Bd. II von
Martin Luther bis Mattias Claudius, Bd. III von
Schleiermacher bis Karl Rahner). Göttingen:
Vandenhoeck & Ruprecht, 1995.

Oden, Thomas C. *Pastoral Theology: Essentials of Ministry.* 「목
회신학: 교역의 본질」. 오성춘 역. 서울: 한국신학연구소, 1987.

_____. *Classical Pastoral Care* (Vol. I Becoming a Minister,
Vol. II Ministry Through Word & Sacrament, Vol. III
Pastoral Counsel, Vol. IV Crisis Ministries). Grand
Rapids: Baker, 1987.

Thurneysen, Eduard. *Die Lehre von der Seelsorge in Vollzug.*
「목회학 실천론」. 박근원 역. 서울: 한국신학연구소, 1977.

_____. *Die Lehre von der Seelsorge.* 「목회신학원론」. 박근원 역.
서울: 한국신학연구소, 1975.

Tidball, Derek J. *Skillful Shepherds: An Intriduction to
Pastoral Theology.* 「효과적인 목회를 위하여」. 정옥배 역. 서
울: 엠마오, 1990.

Wise, Caroll A. *The Meaning of Pastoral Care.* 「목회학 개론」. 이
기춘 역. 서울 : 대한기독교출판사, 1984.

6

목회상담학

전 요 섭

목회 상담과 일반 상담은 상담(相談)이라는 공통 분모의 개념이 있다. 즉 상담자는 내담자가 겪고 있는 문제의 해결을 위한 대화라는 의미를 공유하고 있지만 목회 상담을 일반 상담이나 심리 치료와 같은 범주에 포함시킬 수 없는 것은 목회(牧會)라는 서술적 용어, 즉 상담의 장(field)이 목회이기 때문이며 또 다른 특징은 신앙 요소의 활용을 통한 문제해결과 치료에 있다.[1] 따라서 목회 상담은 상담자와 내담자 간의 단순한 대화라기보다 신앙 요소의 활용이라는 개념이 내포됨으로 일반 상담과의 결정적

---

1 Lars I. Granberg and others, *Counseling* (Grand Rapids: Baker, 1967), 76.

인 차이를 나타낸다. 목회 상담에서는 전통적으로 내담자의 문제를 해결하기 위해 "은혜의 방편"(means of grace)을 사용하게 되는데 그것은 하나님께서 인간에게 은혜를 주시는 수단이며 인간이 하나님을 만나는 통로라고 할 수 있다.2) 그러므로 내담자를 변화시키는 요인은 상담 기법이나 상담 이론을 넘어 하나님의 능력으로 인한 변화라는 사고에 근거하지 않는 상담은 본질적으로 목회 상담이 아니다.3) 전통적인 목회 상담에서는 신자들이 겪고 있는 문제를 신앙 요소를 통해 치료하는 것이 그 특성이기 때문이다.4) 내담자의 신앙을 성장시킴으로써 문제를 극복할 수 있도록 모든 신앙적 요소들을 활용하는 것은 목회 상담의 본질에 접근하는 것이다.5)

---

2 Ralph G. Turnbull, ed., *Baker's Dictionary of Practical Theology* (Grand Rapids: Baker, 1967), 216. Ralph Underwood는 기도, 대화, 성경, 화해, 세례와 성찬 등을 은혜의 방편으로 이해했으나, 이 여섯 가지로 은혜의 방편을 제한할 수는 없다. Ralph Underwood, *Pastoral Care and the Means of Grace* (Minneapolis: Fortress, 1993), 7. Gary R. Collins는 은혜의 방편을 기독교 신앙을 형성하는 요소가 되는 예배, 설교, 기독교 교육, 상담, 봉사, 교제, 전도, 영성 훈련, 개인의 경건 생활 또는 가정 생활을 망라하는 것들로써 이것의 활용을 통해 내담자의 문제를 치유할 수 있다고 했다. cf. Gary Collins, *Effective Counseling* (Carol Stream, IL: Creation, 1976), 213-23. Hulme은 은혜의 방편을 말씀과 성례로 이해했는데, 여기서 말씀은 성경을 의미하며, 구체적으로는 복음, 구속의 메시지, 믿음으로 의롭게 된다는 계시, 그리고 하나님의 무조건적인 사랑의 계시라고 보았다. William E. Hulme, *Counseling & Theology* (Philadelphia: Muhlenberg, 1956), 202. 또 John Wesley는 성만찬, 세례, 기도, 성경, 금식, 애찬, 찬송, 예배를 은혜의 방편이라고 보았다. N. Burwash, *Wesley's Doctrinal Standards* (Salem, OH: Schmul, 1988), 152.

3 Jay E. Adams, *A Theology of Christian Counseling* (Grand Rapids: Zondervan, 1979), 61.

4 Granberg and others, *Counseling*, 76.

5 Edward P. Wimberly, *Prayer in Pastoral Counseling* (Louisville: Westerminster, 1990), 15. 심리 치료와 상담의 본질은 모두 인간의 성장에 있다고 주장하지만 목회 상담은 신앙을 통한 성장에 초점을 두고 있기 때문에 성장의 개념은 일반 심리 치료와는 확연히 다른 것이다. cf. Mark Stocks, "Personal and Spiritual Growth," in *The Holy Spirit and Counseling*, eds., Marvin G.

I. 목회 상담의 개념 이해

A. 목회 상담의 개념

목회상담학은 다른 어떤 학문보다도 오늘날 더욱 그 의미가 중요시되고 관심이 집중되어 있다. Armin W. Schuetze는 목회 상담은 내담자들이 당면한 문제들을 개인적으로 돌보는 것이라고 했으며 여기에는 고통, 두려움, 질병 등이 포함된다고 했지만,6) 영적, 정신적, 육체적인 모든 문제를 돌보는 것이라고 보아야 한다.7) 따라서 목회 상담이란 영적으로, 정신적으로, 육체적으로 고통, 두려움, 질병 등에 빠져 있는 사람들에게 하나님의 은혜와 신실하신 임재를 인식하게 함으로써 위로를 얻게 하고, 이러한 인식 가운데 문제의 회복과 치유를 얻어 더욱 풍성한 삶을 누릴 수 있도록 도와 주는 것이라고 정의할 수 있다. 목회자가 신자들에게 구체화된 도움을 주기 위해서 생긴 학문이 목회상담학(pastoral counseling)이다. Francis Schaeffer는 「참 영성」이라는 책에서 이 문제에 대해 다음과 같이 진술했다: "모든 사람이 타락한 후에 심리적인 문제를 가지게 되었다. 그리스도인에게는 심리적인 문제가 없다고 말하는 것은 잘못이다.

Gilbert & Raymond T. Brock (Peabody, MA: Hendrickson, 1985), 71.

6 Armin W. Schuetze, Irwin J. Habeck, *The Shepherd under Christ* (Wisconsin: Northwestern, 1981), 185.

7 Jay E. Adams는 사람들이 상담자로부터 도움을 구하는 내용에 대해 빈도 수가 높은 것부터 다음과 같이 열거했다: 1) 간단한 결정 시에 충고, 2) 성가신 질문에 대한 대답, 3) 우울과 양심의 가책, 4) 진로 결정시에 지도, 5) 좌절, 6) 위기, 7) 실패, 8) 비애, 9) 기괴한 행동, 10) 불안, 근심, 두려움, 11) 다른 불쾌한 감정, 12) 가족과 결혼 생활의 문제, 13) 다른 사람과의 갈등 해결, 14) 상호 관계의 악화, 15) 마약과 술 문제, 16) 성적 문제, 17) 지각의 왜곡, 18) 심신증 문제, 19) 자살기도, 20) 직장, 학교에서의 문제 등으로 보았다. Jay E. Adams, *The Christian Counselor's Manual: The Practice of Nouthetic Counseling* (Grand Rapids: Zondervan, 1995), 277-78.

모든 사람에게는 심리적인 문제가 있다. 그들의 문제가 어느 정도 차이는 있을지 모르나 인간의 타락 이후에 모든 사람에게는 크고 작은 심리적인 문제가 있다"고 했다. 다원화된 현대 사회에서 상담학이 가지는 비중은 매우 크다고 할 수 있는데, 다른 어떤 분야에서보다도 목회상담학은 오늘날 더욱 그 의미가 중요시되고 관심이 집중되어 있다고 볼 수 있다.

B. 목회 상담의 역사

John S. Bonnell는 "교회는 생성 초기부터 목사는 인간의 문제에 대한 지식과 문제를 가진 사람들을 다루는데 확실한 기술을 요구 받아왔다. 그러나 불행하게도 교회 생성 이래로 목사들은 목회 돌봄(pastoral care)에서 잘못된 영혼들을 돌보는 영적 도움의 원리나 기법 등에 대해서 거의 기록을 남기지 않았다"고 분석했다.8) 마치 의사들이 환자를 진료하면서 모든 진료 과정을 후학들과 의학의 발전을 위해서 기록으로 남기고 토의해 왔던 것처럼 해 왔어야만 했다는 뜻이다.9)

교인들의 문제 해결과 신앙 관리를 위해 목회자들이 영적인 차원에서 상담하기 시작했던 것은 교회의 생성 초기부터 있었던 것이다. 따라서 목회 상담은 학문으로 정립되기 이전부터 이미 시행되었던 목회의 중요한 한 부분을 차지하고 있다고 보아야 한다. 매우 광의적인 입장에서 상담을 "문제 해결을 위한 대화"라고 정의한다면, 이는 창세기 1장과 2장의 고난 당하는 인간을 찾아오신 그 현장을 최초 상담의 장으로서 볼 수 있다. 하지만 오늘날 우리가 사용하고 있는 학문적 입장에서 심리학 또는 심리 치료를 목회에 적용하려는 최초의 시도는 1905년부터 시작한 임마누엘 운

---

8 John Sutherland Bonnell, *Psychology for Pastor and People* (New York: Harper & Brothers, 1948), 15.
9 Ibid., 15.

동(Emmanuel Movement)으로 보는 학자들이 있다.10)

또 목회 상담이라는 용어가 처음으로 사용되기 시작한 것을 1910년 사이로 추정하는 견해가 있다. 그 이유는 Holifield라는 사람이 「미국에 있어서 목회 돌봄의 역사」(History of Pastoral Care in America)라는 책에서 "목회 상담"이라는 용어를 처음으로 사용한 것으로 보기 때문이다.

또 다른 입장으로는 1920년대로 보는 견해인데, 이 때 Anton T. Boisen이라는 목사가 목회상담학의 학문적 기초를 놓았다는 것이다. 그는 1898년부터 1935년까지 37년 간 6차례 정신 질환을 경험했고 3차례 정신 병원에 입원해 있었던 회중교회 목사였다.11) 그는 입원해 있으면서 목회를 하게 될 신학생들이 정신 치료를 위한 상담훈련을 받을 필요가 있다고 생각해서 신학생을 위한 "임상목회훈련 프로그램"(C.P.E.)을 시작했다. 그 후에 미국의 유니온신학교를 비롯하여 많은 신학교에서 C.P.E.를 신학 교육 과정에 포함시켜 교육하기에 이르렀다. 그런데 공교롭게도 진보적인 신학교에서만 이 과목이 개설되었고 보수적인 교단에서는 이에 대해 강한 반발을 갖게 되었다. 심지어 이것은 신정통주의 신학 계열인 프린스톤신학교에서 목회상담학을 가르치는 Seward Hiltner나 드루대학교에서 실천신학–목회상담학을 담당한 Thomas C. Oden 같은 신학자

---

10 이 운동은 미국 보스턴에서 조직되었는데, 주도자로는 성공회 신부인 Elwood Worcester로서 그는 "교회가 필요하다면 과학을 따라야 한다"고 주장하며 의사들과 협력하여 교회에서 심리 치료를 시작한 자이다. 그러다가 1920년대에 등장한 미국의 임상목회교육(C.P.E.)이 생기면서 신학은 심리학을 도입했다. Boisen 등과 같은 자유주의 신학자들은 목사들이 효과적으로 병든 자와 낙심한 자들과 도움을 필요로 하는 사람들을 돌보는 데 있어서 심리학이 중요함을 깨닫기 시작하고 심리학을 신학에 도입하기 시작하였다.

11 그의 질병이 59세가 되어서야 완치되었고 88세까지 정신적으로 건강하게 살았다고 자서전에 기록하고 있다. 그의 병명은 "긴장성 정신분열증"(Catatonia Type)인데 이 병의 증상은 비현실적인 생각을 하게 되는 것으로 지나친 종교성, 전능에 가까운 확장된 망상이 나타나는 것이다.

들까지도 반대했는데 그 이유는 "임상목회교육은 기독교 상담훈련의 근거가 되는 성경보다는 오히려 개인적인 경험에 주된 관심을 두는 경향이 있다는 견해를 피력했다.12)

Boisen의 이론을 계승하여 체계화한 학자들은 G. Stanley Hall, Starbuck W. James, William James, Seward Hiltner 등인데 이들은 Carl R. Rogers와 Boisen의 계보를 이은 상담학자들이다. 1930년부터 1940년대에 많은 신학교에서 이것을 도입했으나 보수적인 신학교에서는 부정적인 입장을 나타냈다. Clyde M. Narramore라든지 Henry Brandt같은 학자들도 C.P.E.에 대해 전혀 동조하지 않았다. 대표적으로 이를 반대했던 사람은 웨스트민스터신학교의 실천신학 교수였던 Jay E. Adams이다. 그는 심리학이 신학에 일체 발을 들여놓아서는 안 된다는 입장이었다. 그는 C.P.E.가 목회 상담을 지배하려는 상황을 직시하고 나름대로의 복음주의적인 목회상담학을 만들어서 심리학으로부터 신학을 보호하려고 했는데 그것은 소위 "권면적 상담학"이라는 것이다.

목회상담학의 수준이 어느 정도 성숙한 1940년대에 접어들자 영적인 지침을 제시해 왔던 기존의 역할과는 달리 심리 치료에 더욱 가까운 양상을 띠게 되었다. 학자들은 목회 상담의 정체성을 확립하는 데 있어서 신학과 목회적 전통이 중심이 된다는 것을 강조했지만, 실제적으로 이루어지는 목회 상담은 심리학적인 유행을 흉내내고 있었다. 목회상담학은 **심리**

---

12 이러한 안타까운 현실을 주시한 드루대학교의 실천신학–목회상담학 교수인 Oden은 말하기를 "오늘날 목회 상담자들이 하는 일이란 최근 심리학계의 동향들을 조사하고 다니면서 그것들을 재주껏 목회에 적용하는 것"이라고 평했다. Oden은 본래 Rudolf Bultman을 전공한 조직신학자로 출발하였으나 현대 조직신학자들에 대하여 크게 실망한 후, 초대 교회 교부들에 대해서 연구하기 시작했다. 여기서 그가 깨달은 것은 실천 목회가 중요하다는 것을 발견하게 되었다. 그래서 목회학으로 그의 전공을 바꾸었다고 할 수 있다. Oden은 일반 상담학에서 나온 이론을 배척하고 고전주의적인 방법, 즉 성례전, 기도, 성경 등을 통해서 치료하고 상담해야 한다는 것이다.

학이나 심리 치료의 이론들을 무비판적으로 수용하여 결과적으로 그 본연의 특성과 의미를 상실한 채, 그 주류를 심리학에게 자리를 내 준 것은 사실이지만 반면에 신학적으로 한층 더 보수적인 양상을 띠는 반작용 현상도 일어나고 있었다.13)

Adams는 치료 심리적 입장을 전면적으로 거부하고 죄악된 행동에 대항할 것을 촉구하면서 성경적인 입장에서 문제를 해결하려고 시도했다. 또 Charle R. Solomon은 목회 상담의 목적은 한 개인이 그리스도의 죽음, 장사 그리고 부활에 동참함으로써 과거로부터 해방되어 그리스도 안에서 성숙해 가는 것이 무엇인지를 이해하도록 도움을 주는 것이라고 논증했다. 이러한 입장은 1970년대 초반에 목회자들에게 급속도로 파급되었으며 심리학 및 정신분석학의 전문가들에게 넘겨 주었던 목회상담학의 영역을 되찾으려는 움직임으로 해석되고 있다. 치료심리학에 관한 모든 문제의 해답을 성경에서만 찾을 수 있다는 것은 성경의 목적을 잘못 반영하는 것이라고 생각하는 경향도 나타나게 되었다. 정신적인 모든 문제들을 명확하고 엄밀하게 해결할 수 있는 것은 바로 성경이 문제를 가장 분명하게 잘 해결할 수 있다는 주장이 너무나 단순한 발상이라는 견해이다. 이런 갈등 상황에서 목회자들이 직면한 바른 목회 상담의 입장은 분명히 목회학적이면서도 동시에 심리학적으로도 해답을 얻을 수 있는 상담 방법을 찾지 않을 수 없게 되었다. 치료심리학적 통찰을 통해 목회 상담을 위한 정보를 얻어야 할 필요가 있는 반면, 이러한 통찰을 적용할 때에는 신학과 목회학의 비평적 입장에서 분석, 평가하여 적절하게 수용해야 할 것이다.

---

13 이를테면 Adams나 Lawrence J. Crabb의 권면적 상담(nouthetic counseling), 성경적 상담 그리고 Charles R. Solomon의 영적 치료(spirituotherapy) 등이 바로 그러한 시도의 한 예이다.

E. 목회 상담의 목표와 목적

목회 상담도 일반 상담과 마찬가지로 궁극적으로는 내담자의 효과적인 변화에 있다.14) 상담의 목표는 내담자로 하여금 충분한 자기 이해, 즉 자신이 누구인가를 알도록 돕고 하나님과의 바른 관계성 속에서 모든 삶의 크고 작은 결정을 바르게 할 수 있을 뿐 아니라 그러한 것이 바른 습관으로 형성하도록 돕는 것이다. Evans C. Stephen은 "기독교 상담의 주요 목표는 단지 사람들이 "정상"이 되도록 돕는데 그치는 것이 아니라, 그들이 마음과 정성과 뜻을 다하여 하나님을 사랑하도록 돕는 것"이라고 강조했다.15) 이것은 영적 성숙을 의미하는 것이다. Lawrence J. Crabb은 이것을 부연해서 상담자는 내담자로 하여금 문제가 되는 환경에 성경적으로 반응하도록 돕는데 그 목표를 두어야 한다고 했다. 따라서 목회 상담에 있어서 주된 상담의 목표는 영적이며 심리적인 성숙을 포함해야 한다. 여기서 성숙이란 두 가지 요소를 포함하고 있는데, 하나는 성경에 순종하는 삶이고, 다른 하나는 장기적인 안목에 있어서 인격의 성장을 의미하는 것이다. 또 여기에는 행동의 변화를 포함하는데 그 변화란 태도와 욕망, 생활 양식, 사고방식, 지각 그리고 내면적인 성품인 인격이 포함된다. 이에 Collins는 목회 상담의 목적을 다섯 가지로 분석했다: 1) 내담자에게 복음을 제시하고 그리스도의 헌신을 권고하는 것, 2) 내담자의 영적 성장을 돕는 것, 3) 내담자가 죄를 고백하고 하나님의 용서를 체험하도록 돕는 것, 4) 내담자에게 그리스도의 표준과 태도 그리고 삶의 모습에 대한 모델을 제공하는 것, 5) 내담자로 하여금 기독교적인 가치관을 갖게 하고 성경

---

14 James D. Hamilton, *The Ministry of Pastoral Counseling* (Grand Rapids: Baker, 1972), 19.
15 Evans C. Stephen, "The Blessing Mental Anguish," *Christianity Today 30*, No. 1 (January 1986): 26-29.

적인 가르침에 대한 삶을 살도록 하는 것. 여기서 Collins가 상담에 있어서 용서를 포함시킨 것은 괄목할 일이다. 일반 상담에서는 마음의 상처, 실수, 잘못 그리고 죄 따위는 단지 잊도록 요구되거나 죄책감을 갖지 않도록 하기 위해 "누구나 갖는 것"이라고 일반화시키지만 목회 상담에서는 그리스도 안에서 그 잘못들을 용서받을 수 있고 용서해야 한다는 것이다. 이것은 목회 상담과 일반 상담을 구별시켜 주는 요소인 동시에 목회 상담의 특징이 되기도 하는 것이다.

따라서 Adams는 목회 상담의 토대는 성경이어야 한다고 강조했다. 상담의 본질상 가치관, 사고, 관계, 자세, 행위 등을 성경적으로 변화시킴으로써 그의 삶을 변화시키는 것이 목회 상담이므로 목회 상담에 있어서 성경보다 그러한 변화를 초래시킬 다른 방도가 없다는 것을 강조했다. 목회 상담의 결과로써 나타나는 내용들은 필연적으로 변화를 의미하는 것이며, 그 변화는 당연히 발전적인 요소를 포함해야 하는 것인데, 이 모든 것들은 성경에 기초되어야 한다는 것으로 정리해 볼 수 있겠다. 이러한 인간의 발전적인 변화를 추구하는 상담 영역에는 다양한 방법들과 이론들이 정립되어 왔고 계속 개발되고 있다. 이것은 상담의 목표와도 밀접한 내용인데 상담의 목표도 역시 내담자의 행동, 태도 또는 가치관을 성경적으로 변화시키는 것을 비롯해 심각한 문제가 발생되지 않게 예방하는 것이어야 한다.

F. 목회 상담의 특성과 요소

1. 목회 상담의 특성

목회 상담의 본질을 표현하자면 상담 자체의 행위보다는 상담자의 인격이나 자신을 내담자에게 드러내는 것이 더 중요한 것이다. 상담의 효과를 높이기 위해서 기술적인 솜씨만을 구현하려고 한다면 상담자는 자신을 속이게 되는 위험성에 노출될 가능성이 많다. 목회 상담자는 정신 건강 전문가에게서 얻을 수 없는 영적인 것을 줄 수 있어야 한다. 목회 상담은 단순히 심리학적인 조언을 제시하는 것 이상의 역할을 하는 것이다. 목회자들이 목회 상담에 대해 이수한 한 두 가지의 교육 과정은 심리학자나 정신과 의사, 심리 치료사들이 이수한 학문적 성과에 비한다면 매우 적은 분량이다. 그러므로 목회 상담자는 어설프게 이러한 정신 건강 전문가들이 진행하는 상담을 흉내내려고 해서는 안 될 것이다. 목회 상담에서 추구하는 것은 바로 영적인 전인성(wholeness)이다. 이것은 목회 상담에 있어서 핵심적인 것이라고 할 수 있다. 그러므로 목회 상담은 항상 하나님의 말씀의 정황 가운데서 이루어져야 하며 이것이 목회 상담에서 기대되는 것이다.

2. 신앙 요소의 활용: 기도

기도는 일반 심리 치료에서는 활용하지 않고 목회 상담에서만 문제의 해결을 위해 활용되는 독특한 신앙 치료 방법이다. 목회 상담은 그 과정에서 명백하게 신앙적인 방법, 특히 기도에 그 관심과 주의를 쏟아야 하며 그것이 상담의 중심적인 위치를 차지해야 한다.[16] 기도는 절대 존재이신 하나님과 인간간의 친밀감을 전제로 개인적인 관계성 속에서 나누는 인격적인 대화라고 정의할 수 있다.[17] 그러므로 기도의 근본 조건은 하나님에 대한 실존적인 확신에서 비롯된다.

상담자는 목회 상담에서 기도가 필요한 이유에 대해 분명한 인식을 가져야 한다. James A. Joung은 목회 상담에서 기도의 근거를 다음과 같

---

16 Adams, *A Theology of Christian Counseling*, 61.
17 William E. Hulme, *Pastoral Care Come of Age* (Nashville: Abingdon, 1970), 151.

이 주장했다: 1) 하나님의 임재와 그의 붙드심을 느끼도록 돕기 위해서, 2) 기도를 통해 하나님의 사랑을 의지하는 데서 오는 내적 평안과 성령을 통해서 주어지는 확신을 길러 주기 위해서, 3) 자기 자신과 함께 하시는 하나님의 임재하심을 깨닫도록 하기 위해서, 4) 하나님께서는 인간이 영적으로, 심리적으로 그리고 육체적으로 건강을 원하시는데 그 중 바람직하지 못한 심리가 자신을 사로잡는 것은 하나님의 뜻이 아님을 알게 하기 위해서 기도해야 한다고 했다. 대개 상담 현장에서 기도하는 이유 가운데 하나는 내담자가 겪는 극도의 불안감의 해소 또는 그것을 완화시키고 심리적 안정을 위해서 한다. 기도는 불안의 근원이 어디에 있는가를 깨닫게 해 주며 불안의 문제가 오직 창조주이신 하나님 안에서 해결될 수 있음을 경험하게 한다. Adams는 어떤 신체적인 질병으로부터 회복되기 위해서 약을 사용하는 것과 같이 죄를 고백하는 기도는 심리적이고 영적인 문제 해결에 있어서 중요한 요소라고 피력하면서 고백의 기도를 통해 죄책감과 불안을 해결할 수 있다고 했으며, 고백이란 자기 자신이 범죄했다는 것을 스스로 인정하고 하나님께 자백하는 것인데, 이렇게 죄를 고백함으로써 죄가 심신에 미치는 억압과 불안의 악 영향에서 해방되고 평안을 누리게 되는 것으로 보았다.[18]

기도 생활의 빈도가 많은 자는 근심, 걱정, 염려, 갈등, 공포, 번민, 불안 등의 심리적 문제가 발생될 때 기도를 통해 해소, 극복 또는 승화시킬 것이다. 하지만 본질적으로 기도는 심리 치료를 목적으로 하는 것이 아니며 기도를 통해서 얻어지는 마음의 평안은 부수적인 효과라고 할 수 있다. 기도를 통한 마음의 평안은 절대 존재와의 긴밀한 관계가 형성되는 것을 전제로 하고 있다. 기도를 통해 인간은 성경에 증거된 하나님의 임재를

---

18 Jay E. Adams, *Competent to Counsel* (Grand Rapids: Zondervan, 1970), xiv, 188.

경험하게 되고 그를 의지함으로써 죄악된 본성을 깨닫고 영적인 문제의 해결을 얻을 수 있기 때문이다. 하나님께서는 인간의 필요에 대한 모든 것을 아시는 전지성(omniscience)이 있으시지만 그분은 기도를 의미있는 수단으로 정하셨다(마 6:8). 하나님께서 인간의 문제를 치유하시고 성장해 나갈 수 있도록 그 역사에 내 맡기기 위해서 기도해야 하는 것이다.19)

3. 신앙 요소의 활용: 성경

목회 상담에서 성경 활용이 학문적으로 논의되기 시작한 것은 1936년 의사인 Richard C. Cabot과 목사인 Russell L. Dicks가 *The Art of Ministering to the Sick*라는 책을 출간하면서부터라고 보는 견해가 있다.20) 이들은 병원에 입원한 환자들을 돌보며 상담하는 가운데 성경이 환자들의 정신적인 안정과 인격적인 발전, 그리고 질병 치유에 크게 도움이 되었다고 진술한 것이다. 그러나 이 도서에는 성경을 상담의 원리로 이해했다기 보다는 인간에게 다소간의 유익을 줄 수 있는 참고 도서 정도로만 이해했던 것이다. 그 후 Seward Hiltner,21) Carrall A. Wise,22) Wayne E. Oates23) 등이 그들의 저서를 통해 목회 상담의 자원으로 성경활용을 주장한 바가 있었지만 이 내용들도 역시 성경을 하나의 참고자료 정도로 인식했을 뿐, 삶의 기준이나 문제 해결 또는 치료의 근간으로 여기

---

19 Edward P. Wimberly, *Prayer in Pastoral Counseling* (Louisville: Westerminster, 1990), 11.

20 cf. Richard C. Cabot, & Russell L. Dicks, *The Art of Ministering to the Sick* (New York: MacMillan, 1936).

21 Seward Hiltner, *The Counselor in Counseling* (New York: Abingdon-Cokesbury, 1952).

22 Carrall A. Wise, *Psychiatry & the Bible* (New York: Harper & Brothers, 1956).

23 Wayne E. Oates, *The Bible in Pastoral Care* (Philadelphia: Westerminster, 1946).

는 데는 충분하지 않다. 이들은 공통적으로 임상목회교육이라는 C.P.E. 계통의 학자들이었다. Adams는 하나님께서 그의 백성들에게 성경을 통해 말씀하실 뿐만 아니라 인간의 모든 문제가 성경을 통해서 해결될 수 있기 때문에 반드시 상담에서 성경을 활용해야 한다고 피력했으며,24) 성경에 위배된 모든 상담 원리나 학설들은 배제되어야 한다는 입장을 고수했다.25) 심지어 그는 성경을 무시하거나 성경과 경쟁하는 것은 결국 하나님과 경쟁하는 것이기 때문에 위험한 일이라고 주장했다.26) 또 성경에 합당치 않은 상담 상황은 없다고 전제하고 성경을 모든 신앙과 인간 행동의 오류없는 표준임을 인정하여 성경만이 진정한 상담의 자원으로 활용되어야 한다고 그 권위를 강하게 부각시켰다.27)

---

24 Adams, *The Use of the Scriptures in Counseling*, 9. cf. Adams, *Competent to Counseling*, 87.

25 Jay E. Adams, *Lectures on Counseling* (Nutley, NJ: Presbyterian & Reformed, 1977), 183. Martin & Bobgan도 역시 세속 심리학이 신학 속에 들어오는 것을 강하게 반대하면서 세속 심리학을 일컬어 심리 이설(Psychoheresy)이라고 했다.

26 Adams, *A Theology of Christian Counseling*, ix.

27 William E. Hulme, *How to Start Counseling* (Nashville: Abingdon, 1979), 65. 이같은 Adams의 주장이 아니더라도 성경이 인간의 본질을 이해하는 기본적 자료라는 신뢰없이 이를 활용할 수 없다. Adams와 같이 성경에서 심리학적 요소들을 발견하여 견고한 상담 체제를 구성한 학자도 있지만 사실 성경이 상담 서적이 아니라는 것은 명확하다. Adams 이후에 그의 극단적인 견해를 다소간에 완충시키려는 입장으로 Crabb, Collins, Narramore 등을 꼽을 수 있으며 이들도 상담에서 성경 활용의 필요성을 주장한 바가 있다. 물론 성경에 인간의 심리를 언급한 부분이 있지만 실제로 성경은 심리 치료나 상담학 교과서는 아니다. 하지만 목회 상담자는 Context에서 발견된 문제를 Text인 성경에서 해결의 원리를 발견할 수 있어야 한다. 성경이 기록될 당시에는 담배나 컴퓨터, 텔레비전, 자동차 등이 없었고 이에 따른 문제들에 대한 기록도 없다. 또 노출증, 관음증, 약물중독, 현대에서 말하는 다양한 신경 정신증의 증세도 언급이 없다. 미국에서 정신 질환을 진단, 규정하는데 분류된 DSM (Diagnostic & Statistical Manual)-IV (1994)에 따르면 현대 정신 질환은 약 370개 이상으로 보고 있다. 이러한 증상에 대한 구체적인 기록들이 성경에는 없지만 현대에서 발견되는 다양한 심리 문제에 대한 해결의 원리는 성경에서 얼마든지 발견할 수 있다.

목회 상담자는 반드시 성경을 통해 내담자에게 용기를 북돋아 주고 평안함을 더해 줄 수 있는 기회로 삼고 내담자의 삶에 성경을 실제적으로 적용함으로 그들이 성경에 입각하여 문제를 해결하도록 돕는 기회로 삼아야 한다.28) 상담에서 성경을 활용하는 방법은 매우 다양하다. 상담자가 내담자와 함께 성경을 찾아서 함께 읽는 경우29), 성경의 한두 구절을 인용하여 설교처럼 그것을 설명하는 경우, 단순히 내담자에게 성경 구절을 제시하거나 그것을 찾아 읽도록 과제를 주는 경우, 아니면 성경을 읽지는 않았지만 상담자의 권면이 거의 성경에 기초한 내용인 경우 등을 들 수 있다.30) Adams는 성경 활용은 크게 두 가지로 분류했는데, 첫째는 성경적인 원리에서 나온 선한 충고와, 둘째는 성경 자체의 원리를 분명하게 구별하려고 했다. 그리고 전자와 같은 추론은 잘못될 가능성이 있다고 보았다.31) 그러나 목회 상담에서 성경을 활용한다고 해서 성경만을 읽을 수는 없기 때문에 성경으로부터 추론된 삶의 원리를 내담자에게 권면, 적용하게 하는 것도 성경 활용의 범주에 포함시켜야 한다.32)

---

28 Norman H. Wright, *Crisis Counseling* (San Bernadino, CA: Here's Life, 1986), 222.
29 Narramore의 경우 상담자가 성경을 읽으면 내담자가 그 성경 구절을 반복해서 읽거나 따라 하도록 하는 것을 권장하고 있다. Clyde M. Narramore, *The Psychology of Counseling* (Grand Rapids: Zondervan, 1991), 255-56.
30 이와 같은 경우들과 설교를 엄격하게 구분하는 것은 쉽지 않다. 따라서 최근 상담 설교 또는 치료적 설교(Therapeutic Sermon)라는 개념이 부각되어 설교, 심방, 교육 등 목회 전반을 상담으로 보려는 시각이 늘고 있다.
31 Adams, *The Christian Counselor's Manual*, 16.
32 분명히 인식해야 하는 것은 Anti-Freudian이 되는 것으로 기독교적 상담을 하는 것은 아니다. 또 세속적인 상담 모델에 성경 몇 구절을 곁들이는 것은 성경적 상담이거나 목회 상담에서 성경 활용의 바른 개념은 아니다. 성경의 권위에 전적으로 의지하는 것이 필수적이며 기본적인 전제이다. Harold Sla, *Coffee Cup Counseling* (Nashville: Thomas Nelson, 1989), 23. 상담의 결론은 반드시 성경적이어야 하지만 결론만 성경적이어서는 안되며 그 과정 및 치료를 위한 접근 방법도 성경적이어야만 성경적 상담이 될 수 있다.

Narramore는 상담에 있어서 성경 활용의 이유와 효용성을 다음과 같이 진술했다.33) 1) 성경이 인간에게 죄를 선고한다는 것. 인간이 안고 있는 다양한 문제는 죄로 인해 발생한 것이며 죄가 청산될 때 소멸되어지는 것이므로 죄를 깨닫게 하고 그것을 선고하는 것은 문제 해결에 필수적이며 유일한 길이므로 성경을 통해 죄를 선포해야 한다고 했다. 2) 구속의 메세지를 전달해 주는 것. 이는 성경 활용을 통한 상담에서 얻을 수 있는 최고의 효용성이며 성경 활용의 이유가 된다. 3) 믿음을 세워 주는 것. 인간은 무엇인가 믿지 않고서는 만족할 수 없는 존재이기 때문에 그리스도를 믿도록 하는 것은 상담에서 중요한 일이며 성경을 통해 이것을 일깨워 주어야 한다. 4) 중생으로 인도하며 내담자를 성결하게 해 주는 것. 5) 삶의 정확한 안내와 문제의 통찰력, 지식을 제공해 준다는 것. 성경을 활용하여 내담자로 하여금 문제에 대해 적절하게 대처하고 전인적인 하나님의 사람으로서의 풍성한 삶을 살도록 하며 상담의 목표인 구원과 성숙한 삶에 도달하도록 하기 위함이다. 그러므로 성경을 개인적인 말씀으로 받아 이를 통해 지식, 지혜를 얻는 것은 내담자에게 반드시 필요한 것이다.34)

McMillen은 인간의 마음 속에 예수를 모시고 성경을 읽는 사람은 근심이

33 Narramore, *The Psychology of Counseling*, 256.
34 Deider Martin & Bobgan, *How to Counsel from Scripture* (Chicago: Moody, 1985), 53. cf. Oden은 목회 상담에서 성경이 활용되어야 하는 이유를 크게 두 가지로 꼽았는데, 첫째는 성경을 통해서 내담자가 바른 인도를 받기 때문이며, 또 하나는 성경을 통해서 위로를 받을 수 있기 때문으로 보았다. Oden, *Classical Pastoral Care* (Grand Rapids: Baker, 1987), 103. Turnbull에 따르면 성경 활용의 효용성을 다음과 주장했다: 1) 하나님에 대한 바른 이해, 2) 성경에 대한 바른 이해, 3) 교회에 대한 바른 이해, 4) 그리스도의 사랑과 긍휼, 위로, 인내의 바른 이해로 인해 그리스도의 구속과 사죄에 대한 확신, 5) 성숙한 생활을 위한 자아개념의 확립, 원만한 대인관계, 건실한 생활 태도. 특히 성경은 인간을 바르게 하고, 의롭게 교육하는 말씀이므로 성경에 대한 바른 이해를 강조했다(딤후 3:16). Turnbull, *Baker's Dictionary of Practical Theology*, 217.

감소되기 때문에 인류 최대의 정신 질환인 정신 분열증(Schizophrenia)을 막아 줄 훌륭한 요새를 갖게 되는 것이라고 주장했으며, 불안과 근심의 억제와 감소에는 성경을 읽고 자신의 죄를 발견하여 회개하는 것이 중요하며 용서와 사죄의 확신을 가진 사람이면 누구나 죄책감에서 해방될 수 있다고 역설했다.35) 이렇게 내담자가 성경의 교훈을 접하고 그 교훈을 마음에 둘 때 심리적으로 변화된 새사람이 되는 것이며 내담자의 비극적 인생관이나 잘못된 삶의 철학을 수정하게 되어 새로운 인생관과 삶의 철학을 수립하게 된다. 그러므로 성경은 근본적으로 심리 치료를 목적으로 하지는 않지만 심리 치료라는 부가적인 효과를 충분히 얻게 하는 것이다.

4. 신앙 요소의 활용: 성령

목회 상담에서 문제 해결을 위해 성령의 임재와 개입을 요청하는 것은 필수적인 것이다.36) 최근 "격려 상담"이라는 것을 개발하여 상담에서 격려의 중요성을 부각시키는 이론들이 제시되고 있지만, 문제의 극복은 단순히 상담자의 위로나 격려로만 되는 것은 아니다. 진정한 위로자이며 격려자는 성령이다.37) 그러므로 목회 상담에서 문제의 해결은 상담자, 내담자, 그리고 성령과의 상호 관계 속에서 효과적으로 나타날 수 있는데,

---

35 S. I. McMillen, *None of These Diseases* (New York: Pyramid, 1963), 124.
36 Turnbull, *Baker's Dictionary of Practical Theology*, 216.
37 요한복음 14장 16절에 예수께서 "다른 보혜사"를 보내 주시겠다고 했는데, 이 보혜사는 도와주는 자(Helper)이다. 즉 변호사, 청원자, 충고자, 방어자, 위로자, 격려자, 상담자 등의 개념으로 사용된 말이다. 성령이라는 이름에 대한 이 영어 번역들은 다 정확한 뜻을 내포하고 있다. 그러나 그 중 어느 것도 원어가 의미하는 것 혹은 성령께서 정말로 하시는 일의 중요성을 충분히 전달해 줄만큼 포괄적이지 못하기 때문에 번역하지 않고, 헬라어로는 Παρακλητος, 영어로 Paraclete라고 사용하는 것이 옳다. 이 용어는 의미상 "상담자"라는 뜻이다. 특히 영어 성경 NIV에는 "Counselor"라고 번역했다. William W. Menzies, "The Holy Spirit as the Paraclete: Model for Counselors," in *The Holy Spirit and Counseling*, eds., Marvin G. Gilbert & Raymond T. Brock (Peabody, MA: Hendrickson, 1985), 25-26.

상담을 역동적으로 이끄는 것은 바로 성령의 사역이라는 것을 상담자와 내담자가 모두 인정해야 한다.38) David A. Seamands에 따르면 성령이 인간의 마음을 열어 그 껍데기 층을 벗겨냄으로써 진정한 문제가 무엇인지를 발견하도록 도와 주신다고 주장했다.39) 따라서 복음주의 목회 상담에서는 인위적이며 인본적인 상담기술이 우선되어서는 안 되며 성령께서 중심이 되는 상담이 되어야 한다. 그러므로 목회 상담의 효과는 하나님의 성령께서 인간 가운데서 역사하고 있다는 사실에서 나타난다. 일반 심리 치료나 상담 또는 인본주의 목회 상담은 바로 이점에서 치명적인 약점을 드러내고 있는 것이다.40) 성령의 인도하심은 인간의 부정적이고 파괴적인 감정을 해소시켜 주시며 치료적 역할도 하시는 것이다. 그러므로 상담자와 내담자가 해야 할 일은 성령께서 어떻게 역사해야 할 것인가를 정하는 것이 아니라 단지 성령께서 하시는 일에 협조하는 것뿐이다.41) 기도는 성령의 사역이 상담 현장에 나타나 내담자의 문제를 바로 인식, 분석하며 하나님의 능력으로 변화되기 위해서 하는 것이다.42)

II. 목회상담학 서설: 신학과 심리학의 통합과 갈등

Millard Sall은 성경과 심리학의 조화 여부는 오늘날 기독교가 직면하고 있는 가장 절실한 문제 가운데 하나라고 했다.43) 신학과 심리학의 관

---

38 상담자는 내담자가 그리스도에게 인도되고 그를 알고 그를 신뢰하고 그에게 배우며 그에게 모든 것을 고백하고 그로부터 치유의 은혜를 체험하게 되며 그와 더불어 화해하고 그와 합하여 하나가 됨으로써 문제를 극복할 수 있는 결단과 해결을 가져오도록 도와야 하는데 이 모든 것을 역동적으로 가져오게 하는 것은 바로 성령이다.

39 David A. Seamands, *Healing of Memories* (Wheaton, IL: Victor, 1985), 27.

40 Adams, *A Theology of Christian Counseling*, 62.

41 Wimberly, *Prayer in Pastoral Counseling*, 11.

42 Martin & Bobgan, *How to Counsel from Scripture*, 39.

43 Millard Sall, *Faith, Psychology and Christian Maturity*, 「성경과 심리학의

계성은 최근 목회상담학 분야에서 증가하고 있는 논란의 주제가 되었다.44) 신학과 심리학의 통합이라는 것은 극단적으로 전혀 다른 두 학문이 어떻게 서로 조화를 이룰 수 있겠는가 하는 문제이다.45) 심리학은 인간의 구원을 심리학이라는 학문의 수단으로 가능하다고 확신하는 것이며 신학이란 인간의 구원을 하나님께 둔다는 차원에서만 보더라도 이는 전혀 다른 입장을 견지하고 있는 학문임을 알 수 있다. 따라서 이 두 학문을 어떻게 볼 것인가 하는 것에 많은 혼선이 일어나고 있는 것이 사실이다.

목회상담학은 목회학과 상담학이라는 과목의 통합(統合)된 학문이라고 할 수 있다. 이렇게 전제할 때, 신학을 연구하는 사람으로서 심리학 또는 상담학이라는 새로운 학문을 추가로 연구해야 하는 부담이 따르게 되며 더 근본적인 문제는 전혀 다른 두 학문이 어떻게 하나의 학문이 될 수 있는가 하는 문제가 발생된다. 즉 신학과 세속적인 학문이 어떻게 조화를 이룰 수 있는가 하는 문제를 해결해야 이 학문에 들어설 수 있는 것이다.

Wilhelm Wundt(1832-1920)가 1879년에 독일 라이프찌히(Leipzig) 대학교에 최초의 심리학 실험실을 설립함으로써 과학으로서의 심리학이라는 학문을 태동시킨 이후 지금까지 신학과 좋은 관계를 유지했다고 보기 어렵다. 심리학의 입장에서는 신학을 학문으로 인정하지 않고 또 신학에

조화」, 김양순 역 (서울: 생명의 말씀사, 1982), 175.

44 William T. Kirwan, *Biblical Concepts for Christian Counseling: A Case for Integrating Psychology and Theology* (Grand Rapids: Baker, 1984), 11. 이 주제는 미국의 경우 *Journal of Psychology and Theology*와 *Journal of Psychology and Christianity* 등의 정기 간행물에서 매우 심도있게 다루고 있는 주제이다.

45 통합(integration)이라는 용어는 자연적으로는 통합되지 않는 것을 의식적으로 연결 또는 연합, 종합하려는 개념이 내포되어 있다. 하지만 신학과 심리학을 합쳐서 새로운 학문 분야인 "심리 신학"(Psychotheology)을 만들어 내는 것은 잘못된 것이라고 볼 수 있다. Stanton L. Jones & Richard E. Butman, *Modern Psychotherapies* (Downers Grove, IL: InterVarsity Press, 1991), 19.

서도 심리학을 세속 학문으로 배제하려고 해 왔다. 신학이라는 이름 아래 진보적 입장과 보수적 입장이 서로 맞서고 있는 것처럼 목회상담학에서도 심리학을 얼마나 받아들일 것인가 하는 것으로 인해 진보와 보수적인 입장을 견지하고 있다고 할 수 있다. 진보적 입장은 심리학을 향해 문을 활짝 열고 그 이론을 신학에 받아들이려는 것이며 보수적 입장은 기독교 내에 세속 학문인 심리학이 발을 붙이지 못하도록 하는 것이다. 극단적으로 이런 성향에서는 심리학이라는 용어 자체가 기독교에 들어오는 것을 애써 막아 왔다.

신학 내에 일부 자리를 차지하려고 비집고 들어오는 심리학에 대한 신학적 입장과 반응은 극단적인 태도를 비롯해서 그 수용 정도에 따라서 다양하다. 먼저 심리학을 적극적으로 환영하는 부류가 있다. 심리학적 통찰을 통해서 교인들의 문제를 해결하는데 상당한 도움을 얻을 수 있다는 것이다. 그런가 하면 신학 내에 심리학이 자리잡는 것을 강력하게 배척하는 입장도 있는데, 심리학이 은연 중에 교회와 성경의 권위에 대해서 위협적인 요소가 될 것이라고 주장하는 입장이다. 다른 한 편으로는 심리학이 과학적 학문으로 급성장하고 관련 분야들이 증가하는 현 시점에서 이를 엄선하여 일부 받아들이지 않으면 목회에 있어서 침해를 당할 것이라고 우려하는 견해이다.

목회상담학을 연구하기에 앞서 신학과 심리학의 통합에 어떤 가치를 두어야 할 것인가에 대해 분명한 입장을 취하지 않으면 안 되는 시점에 와 있다. 또한 이것을 하나의 도전으로 인식한다면 다가오는 심리학에 어떻게 맞서야 할 것인지에 대해서도 결정해야 할 것이다. 이와 같은 시점에서 신학과 심리학의 통합적 고찰은 목회상담학의 선행 연구 과제라고 할 수 있다.

A. 신학과 심리학의 연구 유형

신학과 심리학간의 연구 유형은 다양한 형태로 나타난다. 일반적으로 종교에 관심을 가진 심리 학자들은 종교 현상과 경험에 대해 종교 심리학 이라는 이름으로 심리학과 신학 또는 신앙 사이의 관계를 탐구, 양자의 통합을 모색하려고 했다. 또한 심리학에 관심을 가졌던 신학자들은 심리학의 학문적 결과를 신학에 응용, 적용을 통한 통합을 시도해 왔었다.

Alvin Plantinga는 지금까지 신학과 심리학의 상호 관계와 그 입장에 대해서 크게 세 가지, 즉 1) 통합론(thomists), 2) 분리론(averroists), 3) 흡수론(augustinians)의 입장이 있다고 주장했다.46) 그러나 Carter와 Narramore는 Plantinga의 분류보다 다소 구체적으로 네 가지 유형이 있다고 분석했는데, 1) 대립적 유형, 2) 종속적 유형, 3) 병행적 유형, 4) 통합적 유형 등으로 나누었다.47) Crabb도 네 가지 유형으로 분류했는데, 1) 신학과 심리학은 분리되었으나 동등하다, 2) 신학과 심리학의 학문적 요소들은 새로운 결과를 위해서 함께 섞어야 한다, 3) 신학만이 인간의 문제와 욕구를 다루는데 필요할 뿐, 심리학은 불필요한 학문이다, 4) 심리학 중에서 신학과 일치하는 내용은 어떤 개념이나 방법이든 활용하고 그것들을 성경의 권위 아래 놓아야 한다는 유형들이다.48) Stanton L. Johns는 통합의 입장을 세 가지로 나누었는데, 1) 윤리적

---

46 Evans C. Stephen, *Wisdom & Humanness in Psychology: Prospects for a Christian Approach*, 「기독교 심리학 입문: 지혜와 인간미를 지닌 심리학」, 이창국 역 (서울: 기독교문서선교회, 1993), 35.
47 신학과 심리학의 통합과 관련한 모델들에 관한 입장은 H. Richard Niebuhr의 저서 *Christ and Culture* (New York: Harper and Row, 1951)에서 개요된 기독교와 문명 상호간의 역사 분석을 일반적으로 따른 것이다.
48 Lawrence J. Crabb, *Effective Biblical Counseling* (Grand Rapids: Zondervan, 1977), 31-56.

통합, 2) 관점적 통합, 3) 과학을 인본주의화 또는 기독교화하는 통합 등으로 나누었다.[49] Collins도 이에 대해 다섯 가지 유형으로 나누고 각각의 용어의 첫 자를 따서 INDEX라고 불렀는데, 1) 통합(integration) 자세, 2) 무효화(nullification) 자세, 3) 대화적(dialogical) 자세, 4) 논쟁적(eristical) 자세, 5) 혐오적(xenophobic) 자세 등으로 분류한 것이다.[50] 일각에서는 1) 성경적 상담학파, 2) 성경적 접근 방법, 3) 기독교상담학파, 4) 목회신학파, 5) 종교심리학파로 나눈 경우도 있다. 이러한 분류에는 대동소이한 차이가 있는데, Carter와 Narramore의 견해가 비교적 합리적이며 개념이 명확할 뿐만 아니라, 복음주의 입장에서 다른 학자들의 견해를 종합했다고 볼 수 있다.

1. 대립적 유형

이것은 두 학문간에 본질적 갈등이 존재하여 서로 호환될 수 없으며 통합의 가능성이 전혀 없다는 가정에서 출발한다.

1) 세속적 대립 유형

이는 합리주의와 경험주의만이 진리를 찾게 해 주는 유일한 수단이며 신학과 심리학은 필연적으로 상충할 수밖에 없다는 입장이다. 따라서 이 두 학문간에는 많은 갈등이 존재할 것이라고 가정하며 두 학문은 서로 다른 시각에 기초하고 있기 때문에 대립된 견해들을 조화시킬 수 없다는 것이다. 이 입장은 과학으로서의 인간 이해를 시도하는 것 외의 자세는 부적당, 비과학, 구세대적 발상으로서 학문의 퇴보라고 인식하고 있다. 종교란 아동이나 원시인에게 환영받을 만한 것이며 최악의 경우에는 미숙함

---

49 Stanton L. Jones, ed., "Relating the Christian Faith to Psychology," in *Psychology and the Christian Faith* (Grand Rapids: Baker, 1986), 15-34.

50 Gary R. Collins, *Psychology & Theology: Prospects for Integration* (Nashville: Abingdon, 1981), 102.

과 비이성적인 행동을 야기시키는 것이라고 본다.

심리학자 중에서 가장 강력하게 종교를 비판한 사람은 바로 Sigmund Freud였다. 사람들은 왜 신앙을 가지고 있는가에 대한 Freud의 이론은 「환영의 미래」(Future of the Illusion)라는 저서에 잘 나타나 있다. 그 내용은 기독교가 있지도 않은 것들을 만들어 냈다는 것으로, 그는 이 책에서 궁극적인 존재는 없다고 단정했으며 따라서 Freud는 종교적인 지각은 모두 환상에 지나지 않는다고 했다. 사람들은 종교를 통해서 위안을 찾으려고 하는데 종교가 주는 평안과 위안은 아편과 같은 것이라고 했다.51) Johns는 "Freud는 영혼 불멸이나 하나님에 대한 어떤 신앙도 없이 성장했고 그런 필요성을 느끼지도 않은 것으로 본다"고 했다. Freud는 "종교를 인류의 강박성 노이로제 현상으로 규정하고 과학 이전 시대의 산물인 종교는 현대인에게 유치한 것일 뿐만 아니라 해롭다"고 주장했다. 이 높은 도덕적 기준인 초자아(super ego)가 발달하면 갈등만이 유발되어 정신 질환이 발생될 수 있다는 것이다. 그래서 Freud은 종교는 없어져야 한다고 주장했다. Freud는 "하나님에 대한 생각은 단순히 원시인들이 자연의 재난에 대한 두려움을 극복하기 위해 만들어 낸 환영(illusion)"이라고 했고, 종교는 종교 의식을 제공하게 되는데 그 의식의 공간 안에서 우리는 이생의 고통을 내세의 축복으로 보상해 주실 전능하신 아버지 하나님의 아들이라는 환상을 갖는 것이라고 공격을 가했다. 그럼으로써 기독교를 집단 망상 또는 집단 신경증의 형태로 이해했다. 따라서 Freud는 그의 이론에서 인간의 영적 요소를 전혀 다루지 않았고 오히려 영적 요소를 제

---

51 Freud는 정신 분석 학자가 되기 이전, 이미 어린 시절부터 무신론자(無神論者)였다. Freud의 아버지는 유태인이었는데, 그의 유대교 신앙을 아들에게 전달해 주지 못했다. 이것에 대해서 Ernest Jones에 따르면 Freud가 네 살 때에 비엔나로 이사간 후 그의 아버지는 정통적인 유대교 관습을 더 이상 따르지 않았다는 설이 있다. 따라서 Freud가 종교적 관습이 사라진 가정에서 자랐다는 증거가 된다.

거해야 한다고 주장했다.

Albert Ellis는 대립 유형을 지지하는 학자 가운데 한 사람인데, 그는 종교에 가까울수록 과학적인 태도와는 멀어진다고 보았으며, 종교와 과학이 어울릴 수 없다는 입장을 분명히 했다. 이들의 공통적인 견해는 과학만이 진리의 유일한 근원이며 종교는 그러한 과학적 사고에 정면으로 위배된다는 것이다.52) 또한 세속적인 대립 유형의 특성은 종교가 정신 건강에 부정적인 영향을 준다는 생각이다. 이것도 역시 세속적 대립 유형을 지지하는 학자들의 전형적인 입장이다. Ellis는 종교는 초월적 힘에 대한 의존이라고 정의했지만 종교는 정신 건강에 심각한 피해를 준다고 보았으며, 자아 학대를 한 뒤 죄책감을 덜어 주고 스스로에게 위안을 주는 것이므로 신앙이란 본질적으로 자아 학대를 요구하는 정신병적 상태라고 주장했는데, 이런 시각은 단지 Ellis만이 가진 것은 아니었다. Eli S. Chesen도 종교가 개인과 사회를 억압하며 근거없는 신경증적 죄책감을 조장하기 때문에, 종교는 정신 건강을 해롭게 하고 정상적인 정서 발달 과정에 긍정적인 영향을 주지 못한다는 입장을 밝혔다.53) 세속적 대립 유형의 또 다른 가정은 인간이 겪고 있는 정신적 고통의 근원, 개인의 부적응 등은 사회적 원인에서 기인한 것이며 이러한 어려움들은 오직 심리적, 사회적 치료를 통해서만이 해결될 수 있다고 보는 것이다. 정신적 고통에는 영적인 요인이 전혀 없으므로 영적인 해결책은 필요없다고 보고 있다. 즉 신앙을 통한 신경증적 영향을 제거하는 것을 전면 부정한 것이다.54) 대개의 심리학자

---

52 John D. Carter & Bruce Narramore, *The Integration of Psychology and Theology* (Grand Rapids: Zondervan. 1979), 92.

53 Eli S. Chesen, *Religion May Be Hazardous to Your Health* (New York: Wyden, 1972), 26. 기독교에서 말하고 있는 지옥의 개념 역시 쓸모없고 위험하기 짝이 없는 것이라고 보았고, 지옥과 같은 부정적인 실체로 사람들을 환기시키는 일은 흥미 위주의 책이나 공포 영화를 만드는 일과 다를 것이 없다고 했다.

54 Carter & Narramore, *The Integration of Psychology and Theology*, 95.

들은 이러한 극단적인 대립 또는 부정적인 사고를 가지고 있거나 다소 소극적인 입장으로는 성경에 인성 이론의 이해나 심리 치료에 대한 방법에 대하여 진술한 바가 없다는 입장이다.55) 이러한 입장은 신학에서도 심리학에 대해 동일한 태도를 취하고 있다. 일부 신학자들 가운데는 심리학에 대한 철저한 대립적 태도야말로 성경에 충실한 증거라고 생각하는 경향이 있는데 그것은 신학적 대립 유형이라고 한다. 이러한 일반 심리학에 기초하여 목회상담학을 수립한다는 것은 대단히 위험한 일이다.

2) 신학적 대립 유형

이는 세속적 관점과 극명한 대비를 나타낸다. 이 입장을 지지하는 학자들 역시 상호 협조의 가능성은 생각조차 할 가치가 없는 것으로 여긴다. 대개 보수주의 신학 계열의 목회 상담 학자들은 심리학의 장점을 이용하려는 것에 대하여 강한 반대 감정을 나타내는 것을 볼 수 있다. 극단적인 입장으로는 일반 심리학에 기초한 심리 치료를 "사단적"인 것으로 몰아붙이기도 한다.56) 세속적 대립론자와 마찬가지로 신학적 대립론자들 역시 자신들만이 유일한 진리를 가지고 있다고 주장하며, 이성이나 과학적인 검증보다 계시가 진리의 원천이라고 강조하며, 사람들이 온갖 종류의 학설들을 주장하면서 인간 행동에 대한 이론을 전개하지만 이것은 무익한 노력이라고 주장한다. 그래서 P. Billheimer와 같은 사람은 기독교 정신의학자라고 주장하는 사람들이 있기는 하지만 그것은 잘못된 표현이라고 했다.57) Charles Smith는 1975년에 발표한 "신학 속에 무슨 심리학이 들어 있는가?"라는 논문에서 심리학이 신학 속으로 침투해 오고 있다고

---

55 Jones, "Relating the Christian Faith to Psychology, 173.
56 Stanton L. Jones & Richard E. Butman, *Modern Psychotherapies* (Downers Grove, IL: InterVarsity Press, 1991), 18.
57 P. Billheimer, *Don't Waste Your Sorrows* (Fort Washington, PA: Christian Literature Crusade, 1977), 94.

전제하며 그것은 "순수한 말씀의 젖을 희석시키고 있다"고 공격했다. 또
Dave Hunt는 심리학을 가리켜서 일찍이 교회에 침투해 들어온 현대 사
상 중 가장 위험하며 동시에 가장 강력한 사상이라고 했다.58) O. Hobart
Mowrer는 전통적인 복음주의 교회가 말씀을 맡은 자로서의 위치를 잃어
버리고 하나님이 주신 장자권을 인본주의와 심리이설(psycho-heresy)
의 팥죽 한 그릇과 바꾸었다고 한탄했다.59) 신학은 기본적으로 그 학문의
대상이 하나님과 예수, 그리고 성령과 성경을 공부하는 것이며 심리학은
그 학문의 대상이 인간이라고 하는 데서 전혀 다른 성격을 가지고 있기
때문에 하나님과 인간이 서로 비교될 수 없는 성(聖)과 속(俗)이었듯이
신학에서 본 심리학의 위치는 극단적으로 "속"으로써 취급되어 왔었다. 뿐
만 아니라 신학을 연구하는 바른 자세란 반심리학적 태도와 독단적으로
성경과 신학만을 연구하는 것이 바른 자세로 여겨져 왔기 때문에 심리학은
신학의 범주에서 무시되어 온 것이다.

　신학적 대립 유형의 대표적인 학자로는 Adams를 꼽을 수 있는데, 그
는 성경을 모든 신앙과 인간 행동을 위한 오류없는 표준임을 인정한다.
그러므로 인간의 모든 행동과 판단의 기준은 성경에 기초되어야 한다는
것을 주장했다.60) 대립 모델을 지지하는 신학자들은 공통적으로 진리의
원천은 하나 뿐이라는 확고한 입장을 견지하는 동시에 비성경적 주장들에

---

58 Dave Hunt, B*eyond Seduction* (Eugeone, OR: Harvest, 1987), 130.
59 O. Hobart Mowrer, *The Crisis in Psychiatry and Religion* (Princeton, NJ:
　　Van Nostrand, 1961), 42.
60 Adams, *Competent to Counsel*, xx. 이 유형에 속한 학자들은 성경의 내용에서
　　상담의 원리를 이끌어 낼 뿐만 아니라, 결국 성경이 상담의 원리라는 입장을 주장하고
　　있다. 이 학파에 속한 대표적인 학자들을 든다면 Jay E. Adams, Charles R.
　　Solomon, William D. Backus, Martin & Deider Bobgan, John Bettler,
　　John C. Broger, John E. MacArthur, Wayne A. Mack, Ed Bulkley, Jim
　　Clark, Bob Moorhead, Franklin E. Payne 등이며, 이 학자들의 신학 성향은
　　대체로 근본주의 또는 보수주의라고 볼 수 있다.

의해 시행되는 치료와 정신 건강 요법들은 치명적인 해를 끼친다고 본다. 또한 성경이 모든 인간의 필요를 만족시키는데 문제가 없다는 것을 전제하고 성경은 심리 치료에 대한 기독교적 접근을 하는데 필수적인 기초가 되며 이 분야에 매우 적합한 것이라고 주장한다.61) 세속적 대립론자들이 기독교를 정신 건강에 부정적인 해를 주는 것으로 여기는 것과 마찬가지로 신학적 대립론자들도 심리학의 부정적 영향에 대해 매우 우려하고 있다. 세속적 대립론자들은 기독교가 인간을 억압하며 지나친 죄책감을 자아낸다고 걱정하는 반면, 신학자들은 오히려 심리학이 사람들에게 올바른 죄책감을 제거함으로써 문제를 바로 볼 수 없도록 만들므로 진정한 치료에 이르지 못하게 만든다고 보는 것이다. 따라서 이 유형에서는 인간의 부적응이 죄에 기인한 것이므로 심리 치료가 필요한 것이 아니라, 영적 상담과 성경적인 해결이 필요하다고 보는 것이다.62) 또한 Solomon은 심리 치료의 목적은 사람들을 더욱 강해지도록 돕는 것인데, 하나님께서는 인간이 자신의 약함을 깨닫고 하나님을 전적으로 의지하기를 바라므로 심리 치료는 이런 하나님의 의도에 어긋나는 것이며 성령의 사역을 가로채는 것이라고 주장했다.63) 또 Adams는 인간이 겪는 정신적 문제에 대해서 정신 의학의 독점물처럼 인식되고 있는데 그렇게 인정할만한 근거가 없다고 했다. "육체적인 문제는 의사, 정신적인 문제는 정신과 의사와 심리학자, 영

---

61 A number of Christians who work in the area of psychology assume that the Scriptures contain a clear model of personality development, psychopathology, and psychotherapy, including techniques and goals. In other words, they assert the Bible contains a unique and comprehensive anthropology and theory of psychotherapy. Jones, *Psychology and the Christian Faith*, 171.
62 영적 상담이나 영적 치유의 개념은 Solomon이 주장하는 목회상담학적인 개념인데 Solomon도 역시 신학적 대립론자라고 할 수 있다.
63 Charles R. Solomon, *Handbook to Happiness* (Wheaton: Tyndale, 1971), 27.

적인 문제는 목사"라는 등식을 가져서는 안 된다는 것이 그의 지론이다. 즉 정신 의학이나 심리학은 인간의 진정한 문제를 해결할 수 없다는 부정적 견해를 기초로 신학과 심리학의 통합적 개념을 갖지 않았으며 심리학 자체를 인정하려고 하지 않았다. 대부분의 경우 신학적 대립 유형을 주장하는 학자들은 신학과 심리학의 상호 접촉에 대해 세속적 대립론자들과 거의 흡사한 강경한 태도를 가지고 있다. 따라서 대립 유형을 통해서 서로가 얻을 수 있는 것은 아무 것도 없다.

2. 병행적 유형

이것은 신학과 심리학을 상호 병행하는 방식으로 전개하지만 실제적인 통합은 거의 나타나지 않는다. 병행적 유형은 신학과 심리학 쌍방에 대해서 긍정하고 인정하는 태도를 보인다는 점에서 대립 유형이나 종속 유형에 비해 상당히 진보된 개념이다. 또한 이 유형은 신학과 심리학의 중요성을 간과하지 않을 뿐 아니라 그 중요성을 감소시키는 시도에 대해서 거절하는 심리학자들이 많이 선택하는 유형이다.

1) 세속적 병행 유형

이는 심리학과 관련된 사람들에게 광범위하게 지지받는 것이다. Frederick Thorne은 심리학 연구에서는 타당성의 입증을 위해 과학적 방법에 주로 의존해야 하지만, 신학과 종교 역시 과학의 영역이 들어설 수 없는 나름대로의 인정할만한 영역을 가지고 있는 것이 사실이라고 언급함으로써 이 입장을 뚜렷하게 드러내고 있다.[64] Thorne의 입장은 신앙 지향적인 영적 상담과 과학 지향적인 인성 상담 사이에는 분명한 선이 그어져야 하며 영적 접근과 과학적 접근의 이론적, 철학적 배경은 근본적으

---

64 Frederick Thorne, "Principles for Personality Counseling," *Journal of Clinical Psychology* (1950): 471.

로 다르다는 것을 애초부터 인식해야 한다고 했다.[65] Thorne은 고립적
입장을 확실히 표명한다. 과학적 근거 위에 형성된 상담은 종교 지향적
상담과 분리되어 있으며 경우에 따라서는 정반대의 입장에 서기도 한다.
그럼에도 불구하고 종교가 지식과 문화의 일부로 간주될 수 있는 여지로
밖에 보지 않았다.

　2) 신학적 병행 유형

　　이 유형에서 강조되는 점은 신학과 심리학은 모두 중요하다는 점이
다. 그러나 이 입장 역시 세속 입장에서와 마찬가지로 두 학문의 입장을
명료화하여 상호작용보다는 불가침의 입장을 표명한다. 그런 면에서 이것
은 신학적 고립 유형이라고 보아도 좋을 것이다. 기독교인 상담자나 심리
치료가들 중 다수는 의식적으로 또는 무의식 중에 이 접근을 채택한다.
그들은 훌륭하다는 세속 기관에서 학문을 수련한 사람들로서 일반적으로
대학원에서 배운 일반 심리학 유형을 적용한다. 그들은 기독교인으로서
그들의 신앙을 학구적이고 전문적인 성과에 접목하려고 하지만 대개 신학
적인 소양이 부족하거나 심리학의 소양이 부족하여, 정립하지도 못하고
비판하지도 못하는 혼란 상태에 빠지는 경우가 상당수이다. 병행 유형의
기본 입장은 신학과 심리학 사이에 본질적으로 상호 관계가 없다는 것이
다. 신학과 심리학 사이에 갈등이 일어날 수 없는 이유는 두 분야가 취급
하는 영역이 본질적으로 서로 다르기 때문이라고 한다.[66] 병행 유형에는
한계가 있는데 그것은 기껏해야 공통적 의미를 나란히 나열할 수 있는 두

---

65 Ibid., 481.
66 이 유형은 상담에서 성경의 중요성을 별로 인식하지 않고 전적으로 일반 심리학에 기
　초해서 상담 이론을 수립하는 성향이라고 볼 수 있으며 이 유형에 속한 대표적인 학자
　들은 미국의 Wundt라고 불리는 크락(Clark)대학교 총장이었던 G. Stanley Hall,
　Starbuck W. James, Gerard Egan, Eugene Kennedy, Mansell Pattison,
　Newton Malony, George A. Coe, Mary J. Meadow, Richard D. Kahoe 등이다.

개의 구별된 실재를 다룬다는 가정에서 시작하는 것으로 이 가정의 나열은 통합은 아니다.

3. 종속적 유형

이 유형은 대립 유형에서와 같이 두 영역간에 조화될 수 없는 차이점을 찾는 것이 아니라 신학과 심리학 사이에 상당한 공통 분모가 있다는 입장을 취하고 있다. 따라서 이 두 영역간에 개방적인 교류가 이루어진다면 서로 상당한 유익을 얻을 수 있다는 입장이다.[67]

1) 세속적 종속 유형

이 유형에서 순수한 신학적 개념이나 그 특성은 무시되며 초자연적 현상은 무조건 거절된다. Philip Rieff는 「심리 치료의 승리」(The Triumph of the Therapeutic)라는 책에서 종교인은 구원을 받기 위해서 태어났지만 심리학자들은 만족을 얻기 위해서 태어났으므로, 만일 누구든지 치료에 성공하려면 심리 치료자들을 영적 인도자로 삼아야 한다고까지 말함으로써 성경과 신앙 등을 비롯한 종교 전체의 치료적 효과에 대해서 부정하고 있다.[68] 이것은 극단적인 경우이며 일반적으로 종속 유형론자들은 흔히 건전한 신학과 불건전한 신학으로 구분짓는다. 건전한 신학만 진보적 입장의 인본주의, 자유주의 성향의 신학 사상을 의미하고 불건전한 신학은 보수적이고 특히 권위적인 체계를 가지고 있는 신학 사상을 의미한다.[69] 그래서 건전한 신학만이 그들과 제휴할 수 있는 신학이라는 입장을 밝히고 있다.

67 Carter & Narramore, *The Integration of Psychology and Theology*, 103.
68 Philip Rieff, *The Triumph of the Therapeutic: Uses of Faith after Freud* (Chicago: University of Chicago Press, 1987), 24.
69 Carter & Narramore, *The Integration of Psychology and Theology*, 104.

2) 신학적 종속 유형

이 유형은 기독교의 초자연적 요소를 부정하며 신학의 입장에서는 진보적인 신학 성향을 띤다. 또 이 유형은 성경의 초자연적, 구속적 측면보다 보편적 측면을 강조하고 과학적 주장과 이성을 성경의 권위보다 높게 평가하는 경향이 있다.70) 이 유형의 또 다른 특징은 다양한 심리학파들의 입장을 신학적으로 해석하려고 시도하며 신학화된 심리학을 목회 현장에서 치료의 수단으로 보급한다. 이 견해를 지지하는 자들은 심리학적 적용에 적합한 다양한 성경 구절들을 선택적으로 해석한다. 성경의 어떤 부분은 일부 심리학파의 문헌에 적용되기도 하고 특별한 이론 체계의 하나로 해석되기도 한다. 목회상담학이라는 것이 태동하게 된 배경도 신학적 종속 유형에서 비롯되었다고 볼 수 있다. W. Temple 주교는 "우리는 지금 심리학에 기초한 신학이 필요하며 서서히 그 방향으로 가지 않을 수 없다. 그 전환은 많은 고통을 가져 올 것이다. 그러나 아무도 그것을 막을 수는 없다"고 주장했다.71) 이런 일련의 심리학과 손을 잡게 된 진보적인 신학

70 Ibid., 108. 이 유형은 성경의 내용이 상담에 있어서 참조되지만 일반 심리학에서 발견된 학문적 결과를 비교적 중요시 여기는 입장이라고 볼 수 있다. 따라서 일반 심리학의 문호를 활짝 열어 놓은 입장이다. 이 학파에 속한 대표적 학자들은 Don S. Browning, Donald E. Capps, Charles Gerkins, Thomas C. Oden, Richard C. Carbot, Donald Barnhouse, Edward E. Thornton, Russell Dicks, Ernest Bruder, Howard J. Clinebell, William Hulme, Seward Hiltner, Anton T. Boisen, Wayne E. Oates, Carroll A. Wise, Paul Johnson, John Sutherland Bonnell, David K. Swizer 등이 여기에 해당된다고 볼 수 있다. 이들 중에서 Anton T. Boisen을 중심으로 William S. Keller, Richard S. Cabot, Russell Dicks, William Hulme, Seward Hiltner, Wayne E. Oates, Carroll Wise, G. Stanley Hall, John Sutherland Bonnell 등 대부분은 C.P.E.에 관련된 학자들이다. 특히 Thornton같은 학자는 C.P.E. 연구를 위해 10년 이상 노력을 기울였던 사람이다. 그리고 박사 학위 논문도 C.P.E.와 관련된 것이다. 이 논문은 일부 C.P.E.에 대한 비평적 내용이 있지만 전체적으로 이를 옹호하고 분석, 해석하며 주장하는 내용이다. Thornton은 "현대 임상목회훈련 운동은 거의 전적으로 천재적인 한 사람(Boisen) 덕분"이라고 했다.

자들의 운동에 대한 반발로 보수 신학에서는 심리학을 배격하게 되었다. 보수적인 입장에서 심리학을 싫어했던 이유 가운데 하나는 순수하고 거룩한 하나님의 계시가 세속적 학문에 의해 희석되는 것을 반대했던 것이다. 신학과 심리학을 자유주의 신학적 입장에서 연계하려는 다양한 시도 속에는 종속적 태도가 반영되어 있으며 종속적 입장을 고수하는 학자 가운데 Hiltner를 예로 들 수 있다. 그는 신학적, 심리학적 개념을 연계하려는 시도 가운데 원죄 개념을 거부하고 자신의 심리학적 신념에 더욱 완벽하게 들어맞는 환경적 입장을 취했다.72)

4. 통합적 유형

이 유형은 "통합 자세"라고도 부른다.73) 이러한 견해를 가진 대표적 학자는 Donald G. Barnhouse인데, 그는 신학과 심리학의 학문적 입장을 두 개의 기차 길(선로)에 비교했다. 단순히 이 비유만을 인식한다면 병행적 유형과 다를 바가 없을 것처럼 이해되는데 병행적 유형은 고립과 무관심에 초점이 맞추어져 있다. 이 개념은 기차의 궤도 중, 만일 한쪽 선로를 없앤다면 기차가 달릴 수 없는 것처럼 다른 한쪽 선로인 심리학의 학문적 입장을 인정하고 두 학문간에 서로 통합을 이룰 수 없으면서 동시에 결코 대립이나 이탈할 수 없다는 입장이다. 이같이 서로 조화를 이루어야 기차가 달릴 수 있는 것처럼 서로를 필요로 하고 도움을 받아야 한다는 것이다. 심리학의 방법론과 자료들은 종종 구별되기도 하지만 통합론자들이 추구하는 개념은 두 학문을 포괄하여 연합시키고자 하는 것이다. 즉

---

71 J. G. McKenzie, *Psychology, Psychotherapy, and Evangelism* (London: George Allen and Unwin, 1940), vii.

72 이 점에서 그는 인간 본성에 대해 근본적으로 Pellagius의 입장을 지지한다고 할 수 있다. Seward Hiltner, *Theological Dynamics* (Nashville: Abingdon, 1972), 83.

73 Collins, *Psychology and Theology: Prospects for Integration*, 120.

두 분야 개념들을 희생하지 않는 통합 원리를 찾는 것이다. 즉 이는 조화론이라고 할 수도 있다. 그래서 Rodney Vanderploeg에 따르면, 기독교 심리 치료와 심리학에 기초된 비기독교 심리 치료간에는 차이가 없다. 그 목표도 같고 방법도 같다. 다만 치료 자체의 차이라기 보다는 치료자의 차이라고 이해할 수 있다. 즉 기독교인과 심리학 관련자들이 하는 것 차이라고 주장했다.74)

1) 심리학적 통합 유형

심리학자들은 종교가 개인 생활에 유익을 가져다 준다고 생각은 하지만 성경을 하나님의 절대적 권위를 가진 계시로 인정하는 믿음을 가지고 있지 않다. 심리학에 기초한 통합론자들은 성경이나 신앙 현상인 기도, 방언, 회개 등을 전적으로 무시하는 것이 아니라 연구의 대상으로만 삼아 고작 종교 심리학의 연구 범위를 넓힐 뿐이다. 심리학자들 가운데 성경적 진리와 신학적 사실을 전적으로 인정하고 받아들이며 통합하려는 학자들은 없다.75) 그러므로 세속 심리학의 입장에서 신학과 심리학의 통합은 가능하지 않은 것이다.

2) 신학적 통합 유형

이것은 신학과 심리학은 서로 동맹 관계에 있다는 입장에서 출발한다. 이 두 학문은 근본적으로 서로 분리된 분야가 아니라 진리의 통일성이

---

74 Rodney Vanderploeg, "Imago Dei as Foundational to Psychotherapy, Integration versus Segregation," *Journal of Psychology and Theology* 9 (1981): 303.

75 1960년대와 1970년대 동안의 미국 심리 학자들을 분석해 보면 그들이 가장 비종교적인 학자들 가운데 속해 있음을 발견하게 된다. 그들 중 3분의 1은(다른 미국인의 10배에 가까운 비율) 하나님의 현존을 부정하였고 단지 3분의 1만이 스스로를 온건하나마 종교적이라고 토로했다. David G. Myers & Malcom A. Jeeves, *Psychology through the Eyes of Faith*, 「심리학」, 박원기 역 (서울: 한국기독학생회 출판부, 1995), 27.

있다는 것이다. 하나님께서 모든 진리의 근원이시고 우주의 창조주이시므로 모든 학문의 종국은 같다는 것이다. Jones와 Butman에 따르면 이를 건설적인 통합이라고 부르면서 심리학과 신학이 가지고 있는 가치있는 것들을 발견하여 대화에 임하는 방법이라고 했다. 이같은 단계는 사상의 취사 선택이라고 볼 수 있는데, 본질적으로 다른 사상들의 좋은 점은 골라내어 정립시키고 나쁜 점에 대해서는 버리는 것이라고 할 수 있다.[76] Crabb은 만일 세속 심리학의 이론을 기독교적인 전제를 가지고 그들의 개념들을 성경에 비추어서 걸러 낸다면 세속 심리학에서도 유익을 얻을 수 있기 때문에 융통성을 가지고 세속 심리학을 보아야 한다고 주장했다.[77] 또 Hulme도 통합 유형을 표방하는 학자 중의 한 사람인데 그는 종속 유형이나 병행 유형에서 성경을 심리학화하는데 만족하지 않았다.[78] 과학을 성경의 권위 위에 놓으려는 것은 대단히 위험한 태도이며 신학에서 얻을 수 있는 인간에 관한 독특한 통찰을 소멸하는 행위라고 할 수 있다. 동시에 과학의 발견들을 무시해서도 안 되며 양자의 유익을 인정해야 한다는 것이 신학적 통합 유형이라고 보았다.[79] Paul Tournier도

---

76 Jones & Butman, *Modern Psychotherapies*, 22.
77 Crabb, *Effective Biblical Counseling*, 48.
78 Stephen, 「기독교 심리학 입문」, 98.
79 Carter & Narramore, *The Integraton of Psychology and Theology*, 133.
　　이 유형에는 많은 학자들이 관여하고 있는데 성경적 접근 방법이라고도 부르며 기독교 상담학파라고도 부르는 광범위한 유형이다. 성경적 접근 방법은 상대적으로 기독교 상담학파에 비해서 좀더 성경적인 접근을 시도한다고 볼 수 있다. 이 학파에 속한 대표적 학자를 든다면 Lawrence J. Crabb, Bob Smith, William E. Crane, Maurice Wagner, Paul Morris, Clyde Narramore, Henry Brandt, William T. Kirwam, Lavaerne Anderson 등이다. 또 기독교 상담학파에 속한 대표적인 학자들을 든다면 Gary R. Collins, Bruce Narramore, Millard Sall, Paul Tournier, Bill Gothard, Keith Miller, Bruce Larson, Ruth C. Stapleton, Howard Hendricks, Tim LaHaye, Allen Peterson, Norman H. Wright, Donald Tweedie, James Dobson, James Mallory 등이라 할 수 있다.

역시 진리의 연합과 통합적 태도를 가지고 있었는데 통합 유형의 기본 가정은 인간의 본질과 관련되어 있다.[80] 인간 존재에 관한 모든 사상들은 따지고 보면 인간의 기원과 행동, 심리 등의 문제들을 여러 견해들로 표현한 것이기 때문에 통합론자의 입장에서 볼 때 인간이라는 공통적 주제로 두 학문은 하나가 될 수 있다는 입장이다. 따라서 이러한 주장을 펴는 자들은 신학과 심리학의 통합을 매우 긍정적으로 보며 기독교 심리 치료를 추구하는데 이것은 성경의 본질과 신학과 심리학의 통합이라는 시각을 가지고 있다.[81] 신학과 심리학 연구가 외형적으로는 다양하게 나타나지만 기본 주제와 가정에 있어서는 상당한 공통점이 있다. 예를 들어 인간론, 부적응, 욕구, 개인 또는 집단적 죄, 죄책감 화해 등의 공통적 과제가 있음을 동의할 것이다. 특별한 기술에 접근함에 따라 견해 차이가 커지는 것을 볼 수 있는데 이것은 상담의 방법과 내담자 이해에 차이가 있기 때문이다. 또한 성경에서는 구체적인 상담 기술을 언급하지는 않았기 때문이기도 하다.[82]

B. 신학과 심리학의 통합을 위한 새로운 Paradigm

"통합"이라는 개념은 둘 이상의 학문이 서로 관여(interdisciplinary)하는 견해를 가지는 것이다. 그렇지만 마치 두 가지의 기계를 완전히 분해해서 하나의 새로운 기계를 만드는 것처럼 신학과 심리학을 분해, 결합하여 하나의 새로운 학문 체계를 수립하려는 시도는 아니다.

1. 통합 과정의 문제점

일부 심리학자와 신학자들이 서로의 통합을 위한 시도를 기피하는 이

---

80 Paul Torunier, *Guilt and Grace* (New York: Harper & Row, 1962), 67.
81 Jones, "Relating the Christian Faith to Psychology," 170.
82 Carter & Narramore, *The Integration of Psychology and Theology*, 142.

유는 자신의 이론의 의미가 약화, 희석, 억압될 것을 두려워하기 때문이다. 신학자들은 성경을 재해석하고 성경에 심리학적 개념을 강요하는 유형에 회의를 느끼고 심리학자들 역시 심리학을 별 의미없는 학문이라는 암시가 내포된 통합적 시도를 거절한다.83) 따라서 통합이라는 명칭은 좋으나 통합을 위해서 신학의 가치가 평가 절하되고 심리학의 가치가 성경보다 더욱 인정받는 것은 신학의 본질을 잃게 되는 우려가 있다.

Van A. Kaam은 진정한 통합의 과정과 통합적 접근을 추구하는 태도는 겸손과 학문적 한계를 인식하는 것이 가장 기본적인 자세라고 주장했다. 그는 신학과 심리학의 통합을 강력하게 지지하면서도 그 해답은 쉽게 얻어지는 것이 아니라는 사실을 인식하고, 자기 학문에 대한 겸손의 태도를 가질 때 상대의 견해와 새로운 시각을 인정할 수 있을 것이라고 했다. 이러한 태도없이 추구하는 통합에서는 별 진전을 보지 못할 것이라고 주장했다. 상대 학문에 대해서 개방성을 갖고 주시하며 새로운 관계를 모색하여 상충되는 문제를 쉽사리 거부하지 않는 태도가 중요하다고 했다.84) 이러한 입장에서는 "Sigmund Freud가 전적으로 나쁜 것은 아니며 또한 Freud가 전적으로 옳은 것도 아니다"라는 입장을 견지하게 되며 그 이론이나 철학의 기초가 어떠하든 모든 심리학 이론으로부터 목회상담학의 응용 및 적용 가능성을 찾으려고 할 것이다. 이것은 상당히 합리적인 방안처럼 느껴지나 엄밀하게 분석해 보면 심리학을 성경과 버금가는 위치로 끌어올리려는 시도로 이해되며 심리학과의 교류를 위해서 성경의 위치를 상당히 끌어 내려놓을 수 있다는 것이다. 따라서 이것은 복음주의 신학적 입장에서는 성경이 이용당하는 것만 같아 용납되기 어려운 견해이며 자유주의

---

83 Ibid., 138.
84 Van A. Kaam, *Religion and Personality* (New York: Doubleday, Image Books, 1968), 99.

적인 신학의 입장으로부터는 통합 의지에 대해서 소극적이며 약화된 견해라고 따돌림을 받아 결국 양자로부터 인정받기 어려운 견해가 될 수 있다. 이처럼 신학적 통합론의 문제는 신학과 심리학을 지나치게 동등하게 인식하는 것에 문제가 있다. 앞서 살펴본 대로 신학적 통합론은 두 분야 모두의 방법론, 분석 수준 등을 희생하지 않는 범위 내에서 통합 원리를 찾는 것인데, 이는 용어처럼 건전한 것도 아니며 간단한 것도 아니다. 실제적으로 아무런 학문적 진보도 기대할 수 없고 서로가 초점을 잃게 되는 것이다.

2. 새로운 통합의 유형: 흡수 통합론

이것은 신학의 입장에서 심리학을 흡수하는 견해이다. Plantinga에 따르면 이 명칭은 "Augustinians"라고 하는데 이는 Thomist처럼 신앙과 학문 사이의 우호성과 관련성이 전혀 없는 것이 아니기 때문에 상호작용을 할 수 있지만, 한 가지 원칙에 다른 원칙을 흡수해야 한다는 "흡수 통합론"을 주장한 것이다.[85] 이것은 앞서 Carter와 Narramore가 분류한 "신학적 종속 유형"과 명칭은 유사하지만 신학적 종속 유형은 기독교의 초자연적 요소를 부인하는 자유주의 신학에 근거하며 성경의 권위보다 이성의 권위를 높게 평가하고 성경의 계시와 초자연적 특성을 심리학에 국한 또는 배제하는 경향이기 때문에 명칭과는 다르게 그 내용은 복음주의 신학적인 종속 유형이라고 할 수 없다. 또 신학적 통합이라는 용어도 매우 합리적인 것처럼 보이지만 문제가 많이 내재되어 있다. 심리학은 신학에 대해서 여전히 무관심하고 고작 관심을 갖는다는 것이 종교 현상의 심리학적 이해 정도인데, 신학적 입장에서는 신학 스스로가 학문적 겸손이라는 이름으로 심리학의 수준으로 내려앉아 그것과 조화를 이루며 놀아나는 수준은 본질적으로 통합될 수 없는 입장이다. 그러므로 Plantinga가 주장한

---

85 Stephen, 「기독교 심리학 입문」, 35.

Augustinians야말로 복음주의적 입장에서 신학과 심리학의 통합적 연구에 적합한 패러다임이라고 할 수 있다. 자신의 독특성을 상실하고는 통합의 의미가 없기 때문에 신학을 지키면서 심리학의 학문적 결과를 취사 선택하여 신학에 유익을 가져오는 범위 내에서 심리학을 흡수하는 유형이 가장 바람직하다. 이 점에 있어서 심리학적 연구는 과학적 방법의 도입, 즉 상담의 기법 등에 있어서 목회 상담을 지원할 수 있게 될 것이다.[86] 목회 현장에서 많은 면담의 기회를 갖는 훈련된 목회자가 더욱 효과적으로 사역에 임할 수 있을 것이다. 또한 신학생과 목회자가 상담에 효과적으로 임하지 못하는 이유는 훌륭한 상담자로부터 면담이나 상담을 받아 본 경험이 없는 데에도 이유가 있다.[87]

Collins도 "통합"은 신학과 심리학의 중도 입장에서 시작하는 것이 아니라, 복음주의 신학의 입장에서 두 학문간을 연합하는 것이라고 설명했는데 이는 매우 타당한 주장이라고 할 수 있다.[88] 이러한 흡수 통합의 개념도 하나님께서 모든 진리의 창시자라는 전제에서 출발한다. 진리 추구에 있어 이성, 계시, 과학적 방법들은 각기 필요한 역할을 담당한다고 보는데 이것은 일반 은총론에 근거한다. 하나님께서는 창조 세계를 통한 일반 계시를 통해 자신을 드러내시므로 일반 학문인 심리학의 학문적 결과로부터 얻을 수 있는 은혜를 전혀 기대할 수 없는 것은 아니다.[89] 하지만

---

86 John Sutherland Bonnell, *Psychology for Pastor and People* (New York: Harper & Brothers, 1948), 16.

87 Ibid., 19. Bonnell은 로마 가톨릭교회의 고백 성사에 대한 사례를 제시했다. 그는 기독교회에 고백 성사를 도입해야 한다는 주장은 아니지만 사제가 되기 전에 많은 고백 성사를 해 왔기 때문에 어떤 사제가 친절하고 감정 이입적이며 이해심이 깊고 마음을 편안하게 하는가에 대한 느낌을 받고 자신이 고백 성사를 받는 사제가 되었을 때 이런 경험이 훌륭하고 합리적인 사제상을 형성하게 된다는 것이다. 그런 뜻에서 신학생 때에 많은 상담을 하는 것이 무엇보다도 중요하다는 것을 피력했다.

88 Collins, *Psychology and Theology: Prospects for Integration*, 120.

89 Carter & Narramore, *The Integration of Psychology and Theology*, 135.

목회 상담의 입장에서는 성경적 입장을 지키는 것이 합당하다. 그 이유는 하나님께서 인류를 창조하실 때 인간의 심리도 함께 창조하셨기 때문에 (시 33:15) 그 창조주의 뜻을 이해하고 그분의 섭리와 경륜이 담긴, 성경에 기초한 이론 수립과, 성경적 방법은 필수적인 것이다. 그리고 신학에서 활발히 연구하지 못한 인간론과 그 심리적인 부분은 심리학의 학문적 성과를 일반 은총론으로 보고 신학적 비판을 통해 취사 선택된 이론을 적용할 수 있을 것이다.

추 천 도 서

Adams, Jay E. *A Theology of Christian Counseling*. Grand Rapids: Zondervan, 1979.

_____. *Competent to Counsel*. Grand Rapids: Zondervan, 1970.

_____. *Lectures on Counseling*. Nutley, NJ: Presbyterian & Reformed, 1977.

_____. *The Christian Counselor's Manual: The Practice of Nouthetic Counseling*. Grand Rapids: Zondervan, 1995.

Benner, David G. *Strategic Pastoral Counseling*. Grand Rapids: Baker, 1992.

Carter, John, & Narramore, Bruce. *The Integration of Psychology and Theology*. Grand Rapids: Zondervan, 1979.

Collins, Gary R. *Effective Counseling*. Carol Stream, IL: Creation, 1976.

_____. *How to Be a People Helper*. Santa Ana, CA: Vision House, 1976.

_____. *Psychology & Theology: Prospects for Integration*. Nashville: Abingdon, 1981.

_____. *The Biblical Basis of Christian Counseling for People Helpers*. Colorado Springs, CO: NavPress, 1993.

_____. *The Rebuilding of Psychology*. 「크리스찬 심리학」. 문희경 역. 서울: 요단출판사, 1996.

Crabb, Lawrence J. *Basic Principle of Biblical Counseling*. Grand Rapids: Zondervan, 1975.

_____. *Effective Biblical Counseling*. Grand Rapids: Zondervan, 1977.

_____. *Understanding People*. Gramd Rapids. Zondervan, 1987.

Gilbert, Marvin G. & Brock, Raymond T. Eds. *The Holy Spirit & Counseling*. Peabody. MA: Hendrickson, 1985.

Granberg, Lars I., and others. *Counseling*. Grand Rapids: Baker, 1967.

Hart, Achibald D., Gulbranson, Gary L., and Smith, Jim. *Mastering Pastoral Counseling*. Portland: Multnomah, 1992.

Martin & Bobgan, Deider. *How to Counsel from Scripture*. Chicago: Moody, 1985.

Meier, Paul D. and others. *Introduction to Psychology and Counseling*. Grand Rapids: Baker, 1991.

Narramore, Clyde M. *The Psychology of Counseling*. Grand Rapids: Zondervan, 1991.

Oden, Thomas C. *Classical Pastoral Care*. Grand Rapids: Baker, 1987.

Sall, Millad. Faith, *Psychology & Christian Maturity*. 「성경과 심리학의 조화」. 김양순 역. 서울: 생명의 말씀사, 1982.

Sla, Harold. *Coffee Cup Counseling*. Nashville: Thomas Nelson, 1989.

Solomon, Charles R. *Handbook to Happiness*. Wheaton: Tyndale, 1971.

Stephen, Evans C. *Wisdom & Humanness in Psychology: Perspects for a Christian Approach.* 「기독교 심리학 입문: 지혜와 인간미를 지닌 심리학」. 이창국 역. 서울: 기독교문서선교회, 1993.

Wimberly, Edward P. *Prayer in Pastoral Counseling.* Louisville: Westerminster, 1990.

Wright, Norman H. *Crisis Counseling: Helping People in Crisis and Stress.* San Bernadino, CA: Here's Life, 1985.

_____. *Making Peace with Your Past.* Old Tappan, NJ: Fleming H. Revell, 1985.

7

기독교 지도자론

김 홍 근

    최근 들어 일반 사회에서 뿐만 아니라 교회에서도 지도자 혹은 리더십에 대한 관심이 고조되고 있다. 특히 그리스도의 몸인 교회가 그 본질에 충실할 뿐만 아니라 지속적인 성장을 위하여 리더십에 대한 연구와 훈련이 그 어느 때보다도 활발해 지고 있다. 예수 그리스도가 완전한 신성과 인성을 가지셨던 것처럼, 교회도 유기체(organism)이면서 동시에 인간적인 조직체(organization)이다. 그러므로 교회는 성령의 인도와 함께 인간의 조직과 리더십을 필요로 한다. 목회 사역을 할 사람들이 갖추어야 할 네 가지는 지식, 인격, 기능, 그리고 리더십이다. 지식만 가지고서는 목회 사역을 할 수 없다. 지식은 많아도 인격이 뒷받침해 주지 않는 한 좋은 지도자가 될 수 없다는 말이다. 또 인격적인 목회자이면서 전도의 기술, 설교의 기술 등이 있음에 리더십이 없으면, 역시 목회 수행이 잘 안 된다. 한 교회를 생동감 있게 성장시키고, 교회의 본질적인 사명을 다하기 위해서는 리더십이 절대적으로 필요하다. 본 장에서는 이토록 중요한 기독교 지도자론에 관하여 연구하기로 한다.

I. 리더십의 이론

A. 리더십에 관한 전통적 이론

리더십 이론에 대한 전통적인 이론으로 다음과 같은 세 가지가 있다. 첫째는 특질론이고, 둘째는 지위론, 셋째는 유형론이다.

1. 리더십의 특질(Trait) 이론

이 이론은 지도자의 특질을 발굴함으로써 효과적인 지도자를 선발하고 효과적으로 훈련할 수 있다는 주장으로 1904년부터 본격적으로 소개되어 왔다. 지도자는 지도자로서의 특질이 있으며 그 특질을 가지고 있는 자를 선발하여 집중적으로 개발하는 것이 지도자 훈련의 가장 큰 관심이 된다. 특질 이론은 잠재적 능력과 인격의 특성들을 주로 다루었으며 "선천적인 요인들"을 강조했다. 특질 이론에서 리더는 타고나는 것이지 후천적으로 되어지는 것이 아니며, 리더는 저절로 생겨나는 것이지 훈련을 통해서 되는 것은 아니라는 주장을 내포한다.

A. W. Gouldner가 이 특질 이론의 한계를 매우 잘 요약했는데, 그는 다섯 가지를 지적하고 있다. 첫째, 이 특질들의 목록은 본질적으로 중요한 특성들과 덜 중요한 특성들의 차이를 거의 구분해 주지 못한다. 둘째, 이 특성들이 때로 상호 배타적인 것은 아니다. 셋째, 리더가 등장하는 데 필

요한 특성들과 리더가 그 지위를 지키도록 해 주는 특질을 구분하는 연구
가 거의 없었다. 넷째, 보통 이 특질을 통한 연구에서는 리더는 리더가 되
기 이전에 그 특성들을 가지고 있었다고 가정한다. 다섯째, 이 연구에서는
종종 인격을 다양한 개인적 특질들과 단순히 함께 놓은 것으로 생각한다.[1]

2. 리더십의 지위(Position) 이론

  조직체 안에서의 높고 권위 있는 지위라는 측면에서 접근하는 것이
다. 다른 것들과 더불어 조직 내에서의 리더십은 형식적인 역할 체제에서
부터 시작되는데, 이를 권위적 위계성으로 정의한다. 권위는 합법적인 힘
이며, 힘은 좀 더 낮은 지위에 있는 사람들이 자신들의 조직체적 역할에
대한 욕구를 얻도록 보장해 주는 특별한 지위에 부여된다. 전통적으로 권
위는 특별한 리더의 역할이나 지위에 주어졌다. 리더십에 대한 여러 정의
를 고찰하면서 C. A. Gibb은 때로 힘을 가지고 있는 지위나 혹은 형식적
으로 힘이 있는 지위를 차지하고 있는 사람이 리더로 여겨져 왔다고 설명
한다.[2] D. W. Johnson은 지위라는 것으로 리더십의 이론에 접근할 때
생기는 어려움을 지적했다. 어떻게 특정한 개인이 높고 권위 있는 지위를
차지하는가 하는 것이 불명확하다는 점이다. 분명 그들의 행동 모두가 리
더십의 행위는 아니다. 더욱이 그룹의 다른 성원이 임명된 리더보다 그룹
멤버들의 행동에 더 영향력을 끼친다. 그래서 리더십을 권위적인 지위라
고 정의할 때 이러한 사실을 설명할 방법은 없다.[3] 그러므로 리더나 리더
십을 단지 리더의 지위를 차지하고 있다는 측면만으로 고찰하는 연구는

---

1 Alvin W. Gouldner, ed., *Studies in Leadership* (New York: Haper and
  Brothers Publ. 1950), 23-25.
2 C. A. Gibb, "Leadership," in *Handbook of Social Psychology*, vol. 2. ed.
  G. Lindzey (Cambridge, MA: Addision-Wesley, 1954), 915-20.
3 D. W. Johnson and F. P. Johnson, *Joining Together: Group Theory and
  Group Skills* (NJ: Prentice-Hall, 1975), 20-21.

부적절하다고 결론지을 수 있을 것이다.

3. 리더십의 유형(Style) 이론

리더십에 대한 특질 이론이나 지위 이론이 만족스러운 것이 되지 못했기 때문에 리더십에 관한 연구는 유형으로 접근하는 것에 관심을 두게 되었다. 이 이론은 전제형(autocratic), 민주형(democratic) 그리고 방임형(laissez-faire)의 세 유형을 주장한다. 전제형의 역할에서 리더는 명령과 엇갈리는 지시를 내리며, 그들에 대한 칭찬과 비판에 있어 주관적이 되는 경향이 있다. 민주형의 리더들은 좀 더 자기 지시(self-direction)를 원조하고 자극하는 데 힘을 쏟는다. 방임형의 상태에서는 어떤 자발적이고 지도를 주는 리더의 역할이 없는 채 문제 해답을 찾느라 시간을 허비한다. 전제형에 대한 반응에 있어서 멤버들은 민주형에서보다는 생산적이다. 민주형의 상황 아래 있던 그룹은 전제형의 그룹에서보다는 과제를 수행하는 데 보다 창의적이고 지속적이다.

민주형과 전제형의 행동을 비교하는 데 치중했던 연구의 대부분은 그룹 과정에 있어서의 효과성과 관련이 있다. 일반적으로 전제형보다는 민주형이 원하는 목표를 더 많이 성취하는 데 적합한 것으로 나타났다. 각 지도 유형을 조금 더 상세히 설명하기로 한다.

첫째, 전제형의 지도력은 조직 운영의 목표와 방침을 정할 때 구성원의 의사를 참고하거나 받아들이지 않는다. 독단적으로 결정하여 부하 직원에게는 복종만을 요구하고 명령과 지시 사항의 관행만을 강조할 따름이다.[4] 이런 겨우, 명령 계통은 불가침이다. 이러한 체계 안에서는 지도력의 특성을 갖추지 못한 개인이 효과적으로 활동할 수도 있다. 목표는 지도자에 의해 성원의 활동이 그때 그때 지시되고 성원은 앞일에 대하여 잘 모른다.

---

4 박연호, 『인간관계론』 (서울: 선명문화사, 1967), 327.

또한 지도자가 해야 할 일이나 같이 일할 자 등을 정하고 불평하지 못하게
한다. 그리고 지도자는 개인적인 감정으로 칭찬이나 비판을 한다. 그 외에
는 집단에서 분리되어 있다.5)

둘째, 민주형의 지도 유형은 민주주의적 제도가 채택되고 있는 사회의
유형이다. 이는 지도자가 독단적으로 결정하는 것이 아니다. 그렇다고 성
원들에게 일임하는 것도 아니다. 성원들의 의사를 반영하여 결정하는 것
으로서 집단 목표 설정과 달성에 대한 책임을 지도자와 집단 성원이 함께
가지고 있다. 따라서 지도자는 활발한 집단 토의를 통하여 각자의 능력과
창조력을 최고도로 발휘하고자 노력하며 또한 집단 성원간의 건설적 관계
를 견고히 하는 형이다. 그러나 이러한 유형은 집단 의견 결정에 시간이
많이 걸리며 위기에 대한 신속한 대처가 어렵고 불안정한 사회나 민주의식
이 희박한 성원간에는 비능률적일 수도 있다. 이런 유형의 특징은 집단의
방침은 필요시 지도자의 도움을 받아 집단 동의에 의해 결정된다. 목표는
지시된 여러 가지 중에서 집단이 선택한다. 그리고 일의 분담은 지도자가
암시만 하고 효과적인 방침을 성원들이 정한다. 실제적인 일을 하지는 않
지만, 객관적으로 비평하고 지도자는 한 성원으로서 활동한다.6)

셋째, 자유 방임형 지도자는 지도자가 스스로 결정하려 하지 않는다.
오히려 구성원들의 재량이 최대한도로 인정되는 경우이다. 그러므로 이러
한 유형에는 성원들이 자유 행동을 당연한 권리로 착각하게 되며 정당한
명령 지시에도 불만을 품게 된다. 따라서 지도자의 역할이 소극적이어서
집단 안에서 불만이 발생하면 능률이 저하된다. 그러나 성원들이 고도의
지적 능력과 지혜를 겸비한 집단인 경우에는 효과적일 수도 있다. 왜냐하
면 자각하면서 자율적으로 활동할 수 있기 때문이다. 또한 전문화, 세분화

5 박동서, 「한국행정학」 (서울: 법문사, 1972), 375-77.
6 최창호, 「행정학」 (서울: 법문사, 1974), 155.

등의 다기능 조직에서는 지나친 간섭보다 차라리 방임함으로써 각자의 의사에 일임하는 편이 능률적이라 할 수 있겠다. 이 유형의 특징을 요약하면 다음과 같다: 의사 결정시 성원들이 좋은 대로 자유롭게 결정하고 지도자는 통제하지 않는다. 목표는 활동이 있을 때만 알려 줄 뿐 일에 대해 왈가왈부하지 않는다. 그리고 지도자는 활동에 전혀 참여하지 않는다. 또한 지도자는 어떤 종류의 비평도 하지 않고 일에 대하여 강요하려고 하지 않는다.

이상의 세 가지 유형 가운데 어느 것이 다른 것보다 효과적이라거나 바람직하다고 규정하기는 어렵다. "전제"라거나 "자유 방임"이라는 호칭이 주는 어감 때문에 민주형이 가장 이상적인 방법으로 생각될지도 모른다. 그러나 이러한 호칭은 편의상 그렇게 붙여 놓은 것일 뿐이다. "전제"가 반드시 전제 정치나 독재자와 연결되는 것도 아니며, "자유 방임"이 제멋대로 내버려둔다는 것을 의미하는 것은 아니라는 사실에 유의할 필요가 있다.

B. 리더십의 최근 이론

전통적인 리더십 이론은 단순히 리더에만 국한하여 생각하여 왔으나 오늘날의 관심은 상황, 기능, 교류, 욕구 등과 더불어 생각한다.

1. 상황(Situation) 이론

Fred Fiedler가 이 접근 방법을 제창한 제일 유명한 사람이다.[7] Fiedler는 어떠한 상황이든 가장 효과적인 리더십의 유형은 세 요소에 달렸다고 결론지었다. 리더의 지위에 원래부터 부여된 힘, 수행해야 할 과제의 구조와 본질, 그리고 리더와 그룹 멤버들과의 인간 관계가 그것이다.[8] Fiedler의 결론 속에는 훌륭한 리더란 언제나 그룹에 영향을 끼치는 상황

---

7 Fred Fiedler, *A Theory of Leadership Effectiveness* (New York: MsGraw-hill, 1963).

8 Johnson, *Joining Together: Group Theory and Group Skills*, 48.

을 주시하며, 효과적이 되도록 자신의 행동을 수정한다고 하는 뜻이 함축되어 있다.

다른 중요한 상황적 요인들로는 과제의 구조, 멤버들이 그룹의 목표를 받아들이는 능력, 지도자가 아닌 사람들의 자부심, 그리고 특수한 형태 아래에서 일어난 그룹의 성공의 역사라고 하는 것들이 대두된다. 오늘날 상황 이론적인 견해는 널리 퍼졌고, 다른 이론들을 발전시키는 통로가 되었다. 그래서 상황 이론은 한 걸음 더 나아가 지도자와 구성원과의 관계에서 접근하는 방향으로 발전했다.

2. 기능(Function) 이론

리더십에 있어서 기능 이론적인 접근법은 그룹의 목표를 성취하도록 기여하는 행동은 어떤 것이든, 리더십을 보여 주는 한 개인과는 관계 없이, 리더십으로 여길 수 있다는 가정에 기초하고 있다. 또한 이 이론에서 리더십이란 누구든 최소한의 필요한 만큼 획득할 수 있는 일련의 학습되어진 기술이라는 것으로 이해된다. 이 기능적인 리더십 이론은 다음과 같은 두 가지 기본적인 생각으로 귀결지어졌다. 첫째는 어떤 그룹 멤버라도 그룹의 기능에 기여하는 행동을 함으로 리더가 될 수 있다. 둘째는 어떠한 리더십의 기능도 각기 다른 멤버들이 다양하게 조화된 행동들을 수행함으로 완성될 수 있다. 그러므로 리더십이란 특정 상황 안에 있는 특수 그룹에 대해서 특별한 것이라고 하겠다.

이러한 의미에서 Nathan W. Turner는 "리더십은 기본적으로 전체 그룹에 대한 기능이며 책임이다"9)라고 지적한다. 리더십이란 그룹 안에서 일어나는 특별한 영향력이 있는 기능이다. 리더십은 한 그룹 안에서 다른

---

9 Nathan W. Turner, *Effective Leadership in Small Group* (Valley Forge: Judson Press, 1977), 21.

사람들이 그 그룹의 한 멤버나 혹은 멤버들에게 위임된, 그리고 나누어 받은 특수한 역할이다. 리더십은 다른 사람에게 영향을 주는 자신의 능력을 개발시키는데 관심이 있는 사람에 의해 배워지고 얻어지는 일종의 상호 협력적인 기술이다.

3. 교류(Transaction) 이론

리더십의 효과성을 강조하면서 Edwin P. Hollander는 교류 활동 이론의 실제성을 구성원이 인식하는 리더의 위치와 합법성이라는 것에 집중해서 다루었다.10) 교류 활동적인 접근 이론에서는 리더의 행위와 동기에 대한 구성원들의 인식이 중심적인 것이 된다. 어떻게 그들이 동등한 자격을 가지고 리더의 행위와 동기를 인식하느냐에 의해서 구성원은 리더에 관련된다. 그룹의 자원으로서의 리더에 대한 개념은 상호 교류적인 입장에서는 두 가지 생각으로 나타난다. 즉 구성원들은 리더와 리더의 공헌에 대해 기대를 품고 있다. 그리고 기능적인 그룹은 구성원들에게 압력을 가해서 원하는 것을 산출해 내는 체제를 창출한다.11)

교류 활동적인 이론에서 리더십은 리더와 구성원간의 계속되는 상호 활동을 포함하는 한 영향력의 과정이다. 그러므로 교류 활동적인 접근 방법은 "양방의(two-way) 영향에 대한 과정과 리더와 구성원간의 사회적 교환(exchange)"12)을 강조한다. 리더십은 한 상황 안에서, 어떠한 공동의 목표를 성취하기 위해, 서로 서로 의존하는 두 사람, 또는 흔히 그 이상의 사람들 사이의 영향력 있는 관계이다. 그리고 이런 상황은 "과제" 뿐만이 아니고, 가령 그룹의 크기나 구조, 자원, 역사 등과 같은 다른 요인들을

---

10 Edwin P. Hollander, *Leadership Dynamics: A Practical Guide to Effective Relationships* (New York: The Free Press, 1987).

11 Ibid., 39.

12 Ibid., 152.

포함하고 있다.

이러한 접근 이론에서는 "리더와 구성원의 위치는 바뀔 수 있는 것으로 다루어지고 있으며, 그래서 리더의 역할을 얻는 것과 그것을 유지하는 것을 구분한다."[13] 비록 리더가 권위적인 위치를 차지하고 있는 것으로 보일지라도, 그는 여전히 몇몇 구성원을 필요로 하며 또한 구성원들도 리더가 될 수 있는 잠재력을 가지고 있다는 것이다. 교류 활동적인 리더십은 통상 영향을 주며 또 영향을 받는 상호 활동이다. 이 교류 이론은 상황적 접근 이론으로부터 나와서 그것을 확장했다고 하는 것이 일반적인 평이다.

4. 욕구(Need) 이론

R. V. Harnack과 그의 동료들은 리더십의 발전에 대한 연구를 하면서 욕구 이론을 추가했다.[14] 욕구 이론에 따르면 리더십이란 목표를 성취하기 위해 수행해야 할 기능과 역할을 그룹에게 주려는 필요성에 의해 생겨나는 것이라고 한다. 이렇게 해서 나타난 리더는 그룹의 욕구가 무엇인가를 파악할 수 있고, 또 그룹이 중요하게 여기는 역할을 성공적으로 수행하는 능력을 갖춘 사람이다. 욕구 이론의 영역에서는 그룹이 가지고 있는 욕구의 문제에 관심을 가지는데 그 욕구는 지배 또는 복종, 리더의 기술, 리더의 재질, 리더의 바램에 관한 것이다. 모든 그룹은 성공적으로 그룹을 영위해 나가는 것에서 만족을 주어야만 하는 두 가지의 욕구를 가지고 있다. 첫 종류의 욕구는 우리가 과제 욕구, 혹은 일을 수행해 가는 욕구이다. 다른 하나는 유지 욕구, 혹은 사람들이 일에 대해, 그리고 그 일을 이루는 방법에 대해 어떻게 느끼는가 하는 것이다. 과제 욕구는 이념이나 혹은

---

13 Ibid., 153.
14 R. V. Harnack, T. B. Fest and B. S. Jones, *Group Discussion: Theolry and Technigue* (NJ: Prentice-Hall, Inc., 1977), 182-5.

문제의 본질과 관계된 것들이며, 유지 욕구는 그룹을 조직하고 유지하는 인간 사이의 상호 작용의 과정과 관련이 있다.

그룹에 있어서 주요 문제는 한 때는 이것이 그룹의 욕구라고 평가되고 인식되었던 유용한 능력과 필수적인 기능에 관련된 것이다. 그룹의 욕구를 파악하는 데 필요한 리더십 기술의 본질은 그룹의 욕구를 논의하는 데서 추정할 수 있을 것이다. 유능한 리더는 그룹의 욕구라고 파악된 것에 대처하기 위해 필요한 기술을 스스로 지니고 있음을 보여 주어야 한다. "이러한 일은 스스로 기술을 개발시켜 보여 주든지, 아니면 욕구를 만들어 내는 상황, 혹은 그 상황에 대한 의식에 대처하기 위한 요령을 가지고 조작하든지, 또는 두 가지 모두를 통해서 이루어질 것이다."15)

II 리더십 이론의 기초

A. 리더십의 정의

리더십의 정의는 다양하게 내릴 수 있다. 이 정의는 연구자들의 입장에 따라 다를 것이다. "한 사람이 다른 사람에게 영향을 주어서 그 사람을 움직이게 할 수 있는 능력" 혹은 "어떤 공통적인 목표를 설정해 놓고 많은 사람을 그 목표를 향해서 가도록 움직이는 사람"이라고 정의하고 싶다.

교회 지도력이란 무엇인가? Robert Clinton은 "리더십이란 하나님이 주신 능력을 가지고 어느 사람이 어느 특정한 하나님의 사람들 그룹에서 하나님의 목적을 이루기 위하여 그 그룹에 영향을 끼치는 역동적 과정이다"라고 정의한다.16) Richard Patterson도 교회 리더십을 "교회의 목표

---

15 Ibid., 183.
16 Robert Clinton, *The Making of a Leader* (Colorado Springs: NavPress, 1992), 14.

를 달성하기 위하여 교회에 있는 사람들에게 안내와 방향을 제시하며, 영향력을 행사하는 모든 사람"으로 정의하고 있다.17) 이 영향력은 강력하고 분명하며, 또는 촉발적이며 민감해야 할 것이다.

그러므로 기독교 지도력은 "하나님이 주신 책임"을 이루는 일이다. 이 책임 혹은 사명의 개념은 첫째로 타인을 변화시켜 하나님의 나라 백성이 되게 하는 일 곧 하나님을 위한 사명감과 둘째, 변화를 받는 사람들 즉 추종자에 대한 책임감, 다시 말해서 리더십에 대한 하나님 앞에서의 책무(accountability)가 지도자에게 있음을 암시해 준다.

B. 세속적(Natural) 지도자와 영적(Spiritual) 지도자의 차이

영적 지도력이란 타고난 자연적인 것과 영적 자질의 융합으로 되는 것이다. 심지어 타고난 자질도 자기 스스로 만들어 내는 것이 아니고 하나님이 주시는 것이므로 하나님을 섬기는 일과 그의 영광을 위해 사용될 때에 비로서 최고의 효과에 도달할 수 있는 것이다. 인격은 타고난 지도력에 있어서 최우선의 요인이다. "영향력의 정도는 사람의 인격과 그 사람 속에서 타오르는 불길, 자기를 향하도록 사람들의 마음을 이끄는 자력에 달려 있다"고 Bernard L. Montgomery는 주장한다.18) 그러나 영적인 지도자는 자기 자신의 인격의 힘으로만 다른 사람들에게 영향을 주는 것이 아니고, 성령에 의해 비침을 받고 성령께 사로잡힌, 성령에 의한 능력을 받은 인격으로 다른 사람들에게 영향을 주는 사람들이다. 왜냐하면 이런 사람들은 성령께서 자기의 삶을 의심할 여지없이 주관하시도록 하였기 때문

---

17 Richard Patterson, *Effective Leading* (Wheaton: Evangelical Training Association, 1992), 8.

18 Bernard L. Montgomery, *Memoirs of Field-Marsall Montgomery* (Cleveland: World, 1958), 70.

에 성령의 능력이 자기를 통하여 방해받지 않고 다른 사람들에게로 흘러갈
수 있게 된 것이다. 다음은 Oswald Sanders가 분류한 세속적인 지도자
와 영적인 지도자의 차이점이다.

세속적(Natural) 지도자	영적(Spiritual) 지도자
스스로 자신함	하나님을 신뢰함으로 자신함
사람을 안다	또한 하나님도 안다
스스로 결정을 내린다	하나님의 뜻을 찾는다
야망적	겸손함
새로운 방법을 만들어 낸다	하나님의 본을 따른다
명령을 좋아한다	하나님께 순종하기를 기뻐한다
개인의 상급을 구한다	하나님과 사람을 사랑한다
독립적이다	하나님께 의존한다

Sanders는 "영적 목표는 영적인 방법을 사용하는 영적인 사람들에 의
해서만 이루어질 수 있다. 교회 지도자들이 영적으로 충만하지 않으면 우
리의 교회나 선교 단체가 어떻게 변화될 수 있겠는가! 재능 있고 매력적인
사람이라 할지라도, 세속적인 마음이나 정신을 가진 사람은 교회 리더십
에서 설자리가 없어야 한다"라고 말한다.[19] 세속적이거나 영적인 리더십
은 권력과 권위를 필요로 하는 것에는 둘 다 동일하지만, 최종 목적지와
동기를 유발하는 방법에 있어서는 큰 차이가 있다. 세속적인 지도자는 자
신의 이익을 위하여 자신의 리더십을 발휘하지만, 영적 지도자는 하나님

---

19 J. Oswald Sanders, *Spiritual Leadership* (Chicago: Moody Press, 1994),
   137.

의 영광을 위하여 자신의 리더십을 사용한다. 세속적인 지도자는 자기 중심적인 사람이지만, 영적 지도자는 하나님 중심적인 사람이다. Sanders 가 말한 것처럼, 타고난 재능을 활용하지 않는 사역은 효율적일 수가 없다. 하지만 교회 지도자는 반드시 하나님의 성령에 의하여 지배를 받아야 한다.

C. 교회 지도자의 자질

지도자론을 연구하는 사람마다 각기 다른 지도자의 자질을 요구할 것이다. 그러나 교회 지도자는 다음과 같은 자질을 갖추어야 한다고 생각한다.

1. 비전의 사람이어야 한다

꿈이 없는 지도자, 즉 비전을 품는 거시적 안목이 없는 자는 양무리를 인도하는 훌륭한 지도자가 될 수 없다. 미래를 바라보는 선명한 상상도가 지도자에게 요청된다. 참된 지도자의 머리는 더 높은 이상 속에 있다. 그러면서 그의 발은 현실 문제를 가다듬는 것이다.

그러므로 교회 지도자는 현실을 넘어서서 미래에 대한 가능성을 볼 수 있는 영적, 지적 통찰력을 지녀야 한다. 그 비전은 하나님으로부터 받기도 하고 현실의 상황에서 가져지기도 한다. 그는 비전에 사로잡혀 더 나은 미래를 보고 씨름하며, 고민하고, 기도한다. 그 결과로 현재를 더 발전시킬 수 있다는 확신이 강하게 느껴져야 한다. 비전에 대한 확신이 너무 강하기 때문에 주위 사람들에게도 전달되어야 한다. 느헤미야는 고난받고 있는 예루살렘 주민의 형편과 폐허가 된 그 성에 대한 보고를 받고 앉아 울고, 금식하고, 기도하고, 하나님께 부르짖었다. 재건될 예루살렘의 도성을 비전으로 본 것이다.

2. 강렬한 소명 의식

모든 성공적인 지도자는 하나님께서 자기를 이 세상에 보내신 이유를 알고 부름받았다는 확신을 갖고 있어서 하는 일의 크고 작음을 개의치 않고 유명 무명에 상관없이 자기의 일을 해야 한다는 분명한 의식을 갖고 있다. 하나님께서 주신 비전과 사명 의식이 그 사람을 움직이는 원동력이다. 이 사명 의식이 없으면 삯꾼과 같은 느낌을 갖게 된다.

3. 계획성이 있는 사람이다.

영적 비전을 성취하기 위한 구체적 계획을 세운다. 큰 일을 여러 개의 작은 부분으로 나누어 사람과 일을 조직하고 권한을 위임할 줄 안다. 느헤미야는 성벽의 상황을 파악하고 30여개의 팀을 구성하여 일을 분담시켰고 인원 동원에 대한 계획도 수립했다. 목표와 물적 자원과 인적 자원에 대한 계획이 다 필요하다. 느헤미야는 선하신 하나님의 손의 도우심을 믿고 담대한 계획을 수립하였으며 형통케 하실 하나님을 온 마음으로 신뢰하였다. "하늘의 하나님이 형통케 하시리니 그의 종 우리가 일어나 건축하리라..."(느 2:20). 실로 자기의 시대를 가장 강력하게 그리고 영구하도록 영향을 끼친 사람들은 모두가 다른 사람들보다 더 많이 그리고 더 멀리 볼 수 있었던 사람들이었다.

4. 강한 추진력과 성실

계획된 일을 추진하여 성취한다. 사람을 모아 감화하고 설득하고 조직하여 일을 이루어간다. 즉 계획을 행동화한다. 계획만 있고 행동이 없으면 소용이 없다. 일을 해도 열정적으로 한다. 열심은 동료들에게 전염된다. 느헤미야는 "기도만"하고 게으르게 누워있는 자가 아니었다. 그는 기도하면서 마땅히 해야 할 일에 전념을 다한 것이다. 다시 말하면 그는 기도하면서 현재의 상황에서 최선의 노력을 경주하였다. 그는 기도하면서 언제 적들이 쳐들어올지 모르므로 방비하는 일에 최선을 기울였다(느 4:9). 그리고 그는 성 둘레의 어디가 취약 지구인가를 발견해 내고 그 취약 지구의 경계를 강화하였다(느 4:13). 이처럼 느헤미야는 매사에 최선을 다하였다. 우리는 기도했기 때문에 덜 일하는 것이 아니고 기도의 힘으로 더욱 최선을 다하여야 하는 것이다.

5. 장애물을 극복하는 의지가 있어야 한다.

위대한 비전은 큰 대가를 요구한다. 가치 있는 것은 그만한 값을 지불하게 되어 있다. 영적인 투쟁에는 희생과 수고가 요구된다. 부활의 승리는 십자가가 전제되어야만 했다. 위대한 성취는 누구에게나 오지 않는다. 대가를 지불하는 자들에게만 주어진다. 목적을 달성하기 위해 끝까지 싸우려는 결단과 투지가 절대 필요하다. 오르바는 포기했고 룻은 더 바짝 달라붙었다. 오르바는 역사에서 사라졌고 룻은 다윗 왕과 메시아이신 예수님의 할머니가 되었다.

느헤미야의 사역은 전적인 하나님의 인도이었음에도 불구하고 처음부터 장애물은 존재하였다. 지도자가 되는 것은 비판을 받는 사람이 되는 것을 의미한다. 때로 이 비판은 지도자 자신의 연약성에 기인하지만 또 여러 경우에는 지도자의 잘못과 상관 없이 받은 비판일 수 있다. 느헤미야가 왕의 허락을 받아 예루살렘에 도착하자마자 그의 담대한 계획을 업신여기고 비웃는 산발랏, 도비야, 게셈 등의 도전이 동시에 시작되었다(느 2:19). 그럼에도 그는 "하늘의 하나님이 우리로 형통케 하시리니"(느 2:20)라고 대답하고 있다. 그의 장애물 극복의 견고한 의지를 볼 수 있는 대목이다. 그리고 이런 의지는 원천적으로 하나님께 대한 그의 부동의 신뢰 때문이다.

그러므로 비판은 지도력의 최대의 시험 무대라고 할 수 있다. 비판을 통과한 다음 비로서 지도자는 거목(巨木)으로 서게 된다.

6. 기도의 사람

이 말은 단순히 기도하는 일에 많은 시간을 바친 사람이 아니다. 물론 기도 시간이 많아야 한다. 그러나 기도의 사람이라는 말은 보다 더 근본적인 의미를 지닌다. 기도는 "바라봄"이다. 하나님과의 관계에서 세상을 바라보아야 하며, 하나님의 자리에서 세상에 대한 해답을 바라보아야 한다는 것이다. 우리가 표리적으로 기도하는 성자를 생각할 때 우리는 무엇보다 눈을 감고, 귀를 닫고, 산에 엎드린 고행의 수사를 연상한다. 느헤미야의 기도 출발점은 그의 사랑하는 조국 예루살렘의 형편을 소식으로 듣고, 훼파된 예루살렘의 참상을 보고 기도하였다.

이처럼 역사의 현장을 떠난 곳에 기도는 설자리가 없다. 그러므로 기도는 곧 역사 의식이라고 할 수 있다. 우리가 처한 역사에 대한 올바른 상황 인식은 우리로 하여금 책임의 자리에 서게 한다. 여기서부터 기도는 출발한다. 기도의 사람은 우리가 처해 있는 그 현실에 응답하는 사람이다. 느헤미야의 기도의 눈물은 역사적 현실에 대한 지각의 눈물이었던 것이다. 그는 이스라엘과 백성을 위하여 기도할 때 "나와 나의 아비 집이 범죄하여…"라고 자복한다(느 1:6). 이는 기도의 사람이 가져야 할 동일시의 원리이다.

7. 영광을 자기에게 돌리지 않는다.

영광을 먼저는 하나님께 다음은 동역자들에게 돌린다. 성취의 환희는 오래 지속되지 않는다. 수고는 길지만 성취의 기쁨은 잠깐이므로, 성취감에 도취되지 않는다. 다음에 또 할 일이 기다리고 있기 때문이다.

Ⅲ. 예수님의 지도 유형

Leighton Ford는 예수 그리스도가 지도 유형에 관한 연구의 근거가 되는 이유를 설명한다.[20] 첫째, 예수 그리스도는 완전한 하나님이면서 참된 인간이시다(히 2:14). 둘째, 예수 그리스도는 자신이 우리를 위한 모델이라고 분명히 말씀하셨다(요 13:14, 15). 셋째, 예수께서 선포하고 구현하신 나라는 미래에 나타날 것이지만 지금도 나타나 있다(막 1:15). 넷째, 예수 그리스도는 역사를 통해서도 아주 실제적으로 많은 사람들에게 지도력을 발휘하여 영향을 끼치셨다. 다섯째, 예수 그리스도의 지도력은 문화적으로 자기 시대에 적합했을 뿐만 아니라 문화를 넘어서도 적합했다. 여섯째, 예수 그리스도의 지도력은 가치 중립적이지 않았으며 아무런 명분에 사용될 수 있는 도구가 아니었다. 하나님의 목적에 이끌린 지도력이었다. 일곱째, 예수 그리스도가 완전한 지도자라는 지식이 있으면 다른 사람에게 현실적인 기대를 하지 않을 수 있다. 여덟째, 예수 그리스도는 자신을 따르는 자들에게 할 일을 주셨고, 또한 성령의 은사와 지도력을 주신다고 약속하셨다.

Ford의 이와 같은 지적은 상당히 타당성이 있다고 본다. 이러한 통찰력은 예수 그리스도가 바람직한 지도 유형을 위한 완전한 모델과 원천임을 제공한다. 따라서 예수님의 지도 유형은 가장 발전된 사회 과학적인 방법보다 우선되어야 한다는 것을 일깨워 준다. 그러므로 예수 그리스도의 지도 유형을 연구하는 것은 가치있는 일이다.

A. 예수 그리스도의 "머리됨"의 의미

예수 그리스도의 지도 유형을 이해하려면 먼저 그리스도의 머리됨과 종

---

20 Leighton Ford, 「변화를 일으키는 리더십」, 김기찬 역 (서울: 생명의 말씀사, 1994), 30-33.

의 개념을 이해하여야 한다. Lawrence O. Richard와 Clyde Holedtke
는 신약의 나타난 머리됨의 개념을 이렇게 정의한다. 첫째, 신약 성경의
머리됨은 지위를 의미하기보다는 관계(relation)를 의미한다. 둘째, 머리
로서 예수 그리스도의 기능은 모든 생명의 근원이며 기원이라는 의미이
다. 셋째, 머리됨에 대한 신약의 개념은 구약의 개념과 완전히 다르다. 구
약의 머리됨은 서열적인 것으로서 권위와 책임의 계통을 의미한다. 신약
의 머리됨은 유기체적이다. 넷째, 에베소서 5장에서 바울이 주장하고 있
는 것은 남편이 아내보다 우월한 위치에 있으므로 결정권을 가지고 있다는
것이 아니다. 부부 관계에서 남편은 예수님이 교회와의 관계에서 구세주
의 역할을 하신 것처럼 같은 역할을 해야 한다는 것이다. 상대의 필요에
초점을 맞추고, 높여 주고 잠재력을 발휘하도록 도와 준다는 뜻이다. 다섯
째, 신약에서 교회의 지도자들이 몸 안에서 머리로 간주되어야 한다는 암
시가 전혀 없다.[21]

　이와 같은 머리됨의 개념에 따라 Richard와 Holedike는 에베소서 5
장에서 남편이 가정의 머리됨에 대한 생각에 따라 머리됨의 모델을 세 가
지로 표현한다.[22] 이것은 교회에 대한 예수 그리스도의 머리되심이 그의
몸과 그 지도자에게 어떤 의미를 가지고 있는가를 더 잘 이해하게 한다.
이런 비교를 통하여 예수 그리스도의 지도 유형을 유추할 수 있다.

　첫째 모델은 명령 모델로 머리의 상하 개념으로 구약 성경에 사용된 머
리의 의미와 현시대의 조직 구조에 나타나고 있는 것들이다. 이 모델에서
는 권위, 의사, 결정, 통제 등이 강조되고 있다. 이 모델에서는 복종이 당
연히 기대되는 것이며 지도력에 대한 마땅한 반응으로 간주된다. 둘째 모

21 Lawrence O. Richards & Clyde Hoeldike, 「창조적인 교회지도자」, 황을호 역
　　(서울: 생명의 말씀사, 1994), 25-26.
22 Ibid., 28-29.

델은 공유 모델이다. 수평적인 관계로서 상부 상조가 강조되는 유형이다. 개별 구성원의 기능보다는 생활에, 역할보다는 관계에 더 역점을 두는 "나란히" 개념이다. 여기서는 공유와 지지가 강조된다. 각 개인은 삶 뿐만 아니라 여러 가지 기능들까지 공유한다. 세 번째 모델은 종의 모델로서 "머리"가 다른 사람의 밑에 있다. 긴밀하게 연결되어 있지만 지지와 부양을 추구한다. 이것은 봉사형이라고도 할 수 있는데, 지도자가 다른 사람의 아래에 위치해서 섬기면서 지도력을 발휘하는 모델이다. 여기에서는 에베소서 5장에서와 같이 자신의 희생이 강조된다.

명령 모델은 그리스도인과의 관계에 부적당하다는 것을 알 수 있다. 왜냐하면 신약에서 머리됨이 나타내는 것은 권위가 아니라 관계이기 때문이다. 관계란 명령, 복종의 계급을 의미하는 것이 아니라 지지와 부양을 의미한다. 공유 모델은 권위보다는 관계를 더 중요하게 여긴다. 그리고 친밀함이 소중하게 여겨진다. 그러나 교회에서 예수님의 역할을 완전히 나타내지 못하고 있다. 예수 그리스도가 자신을 완전히 준다라고 말씀하신 것을 생각해 보면 종의 모델이 성경이 말하는 머리됨의 의미와 가장 부합된다는 것을 알 수 있다. 머리는 자발적으로 다른 사람을 위해 자신을 쓰기로 결심한다. 자기와 관계를 가지고 있는 사람을 양육하고, 부양하고, 세우는 것을 목표로 한다.

B. 예수 그리스도의 "종"의 의미

성경적인 지도자의 모습은 섬기는 자 곧 종이다. 성경은 좀처럼 리더혹은 지도자라는 말을 쓰지 않는다. "지도자"라는 말 대신에 "하나님의 종"이라는 말을 자주 사용한다. 그러므로 종의 직분은 기독교 리더십의 가장 중요한 모델이 된다.

예수님은 리더십을 "섬기는 것"으로 이해하셨다. 서로 먼저 지도자가 되어 높은 자리를 차지하겠다고 싸우는 제자들에게 주님은 "너희 중에 누구든지 크고자 하는 자는 너희를 섬기는 자가 되고 너희 중에 누구든지 으뜸이 되고자 하는 자는 모든 사람의 종이 되어야 하리라"고 말씀하셨다(막 10:43, 44). 주님은 자신이 세상에 오신 목적이 바로 섬김을 받으려 함이 아니라 도리어 섬기려 하고 주님의 목숨을 많은 사람의 대속물로 주기 위함이라고 선언하셨다.

예수 그리스도의 지도 유형은 머리됨이지만 이것의 진정한 의미는 종으로서의 지도 유형임을 알 수 있다. Chua Wee Hian은 누가복음 22장 24절부터 27절, 마가복음 10장 45절, 요한복음 13장 3절부터 5절을 예로 들면서, "하나님의 나라에는 근본적으로 새로운 리더십의 모형이 있다: 제일 높은 자가 섬긴다. 리더십은 종됨(servanthood)이다"라고 말하고 있다.

성경은 지도자란 말보다 섬기는 자로서의 하나님의 "종"을 주로 언급하고 있다. 이 개념은 구약에서 파생되었으나 신약에서 예수님에 의하여 구체적으로 실체화되었다. 하나님의 나라가 예수님의 주된 사상이라면 종의 지도력은 예수님의 대원리이다. 예수님은 하나님 나라의 지도력을 세상의 유형과는 정반대로 본다. 하나님 나라의 지도력은 그리스도 안에서 살고자 하는 공동체의 본질과 내적으로 일치한다. 이 공동체에서는 섬김을 기준으로 등급을 매기며 자발적으로 나중 되는 자가 될 때 먼저 된 자가 된다. 그리스도께서 보이신 그대로 지도력을 이해하려면, 언제 힘을 잘못 사용하고 언제 지도력의 형태가 부적절한지를 분별해야 한다. 지도자는 예수님을 따르는 자들의 공동체를 세우는 일에 헌신해야 하며 예수님이 구현하시는 의의를 깨달아야 한다. 예수님은 결국 이 종의 지도력을 십자가에서 완성하셨다.

이와 같이 예수님이 성경에서 보여 주는 지도 유형은 교회의 머리이시지만, 지체들과 무관하게 멀리 있거나 그 위에 군림하는 것이 아니다. 오히려 그리스도의 몸의 부분으로써, 다른 지체들과 더불어 공동체의 코이노니아를 이루는 것이라는 것을 알 수 있다. 공동체 안에서 섬기는 유형이다.

C. 예수님의 삶의 스타일

1) 예수님께서는 그가 이끌고 있던 사람들이 가야 할 행선지, 즉 하나님 나라에 대하여 분명히 가르치셨다. 예수님의 첫 번째 리더십의 원리는 그가 충성된 사람들을 어느 곳으로 인도해야 하며, 그 곳에 어떻게 이르게 할 것인가에 대하여 정확하게 알고 있었다는 점이다(눅 9:51; 22:15, 16).

2) 예수님께서는 어떤 사람에게든지 자신의 가치관을 강요하거나 또는 따르도록 강요하는 일이 없이 무리들을 인도하였다. 다시 말해서, 그분은 각 개인들의 자율성을 박탈하면서 누구나 징집하는 식의 방법은 결코 취하지 않았다. 그분의 사역에 가장 적합한 동료들을 부르시기 전에 많은 기도가 선행되었던 것이다(눅 6:12, 13).

3) 예수님께서는 전적으로 주님을 따르는 결신에의 대가를 치르기를 원치 않았던 자원자들은 그냥 제 갈길로 가게 했다(눅 9:57).

4) 예수님께서는 육신으로 오셨던 인간적인 유한성을 굳이 감추려 하시지 않았다. 쉽게 접근할 수 없도록 자신을 바리케이드로 둘러싸지 않으며, 숙식을 같이 하셨다. 어린아이들조차도 그분에게 쉽게 접근할 수 있었다(눅 18:15-17).

5) 예수님께서는 세상적으로 두려움을 가지지 않으셨다. 권력이나 어떤 세력이라도 그분이 세우신 목표를 포기하도록 겁을 줄 수 있거나 좌절시키지 못했다.

6) 예수님께서는 자신이 세우신 목표를 달성하기 위하여 추잡스런 속임수, 선물 공세, 암살, 무모한 약속, 아첨 등을 사용하지 않았다(눅 11:52-

54).

　7) 예수님께서는 사람이 필요로 하는 기본적인 것들을 충족시키기 위하여 구체적인 해결 방안과 재원을 제공하시며, 특별히 각색 병인들의 귀신을 쫓아내심으로써 병을 고쳐 주셨다. 결과적으로 믿은 자들은 영속적인 기쁨의 기초를 가지게 되었다(눅 4:40-44; 9:37-43).

　8) 예수님께서는 자연과 그 자연의 모든 재원을 함부로 낭비하지 않으셨다. 예수님께서는 모든 재원을 아끼시며 낭비를 막기 위하여 적절히 통제하셨다(눅 9:17).

　9) 능력 있는 대중 연설가인 예수님께서는 사람들을 시켜 대중 동원을 시도하지 않았지만 많은 무리들의 주의를 끌 수 있는 분이셨다. 그분의 가르침은 다채로우면서도 쉽게 잊혀지지 않는 것이었다. 열변이나 장광설을 늘어놓는 일은 없었으며, 항상 무리들 사이에는 그분의 깊은 연민의 정이 훈훈하게 배어있도록 하셨다. 그리고 하나님 나라에 이르는 길을 찾는 사람들에게 확실하면서도 쉽게 방향을 제시해 주셨다(눅 5:1; 8:4-15; 13:22-30).

　10) 예수님께서는 결코 하나님 나라를 위하여 사람들로부터 "구걸하지" 않으셨음은 물론, 심리적으로 자극함으로써 헌금을 "취하거나", 내고 싶지 않은 자들로부터 합법적으로 돈을 끌어내지도 않으셨다. 기쁨의 물질을 드리도록 가르치셨다(눅 8:1-3).

　11) 예수님의 매력은 자기 확신과 붙임성간의 완벽한 균형으로 이루어져 있었다(눅 6:20-49).

　12) 예수님 자신은 자신이 가르쳤던 바의 내용에 대한 구체적인 본보기였다(눅 6:20-49).

　13) 예수님께서는 의사 결정시에, 우유부단하지도 또한 조급하지도 않으셨다. 기도의 충만이 그분이 하시던 경영의 지렛대였다(눅 6:12-16).

14) 예수님께서는 그의 나라를 위한 목표 달성을 끝까지 추구함에 있어서 그 결연함이 시종일관 변함이 없었다. 그분은 상황이 어렵게 되어 가고 그분의 리더십이 오해를 받게 될 때에도 설정했던 목표를 수정하거나 포기하지 않으셨다. 따라서 그분은 전적인 리더십의 책임으로부터 뒤로 물러서지 않으셨다(눅 2:45-51).

15) 예수님은 제자들을 잘 아셨으며, 각 사람마다 격에 맞게 대하셨다. 두 달란트를 가진 사람은 두 달란트를 잘 개발해 갈 수 있도록 도왔으며 한 달란트를 가진 자들에게는 적절한 개발 재원을 허락하시는 한편 그 달란트가 배가가 될 수 있도록 격려하셨던 것이다(요 21:17-22).

16) 예수님은 자신을 찬양하는 대중적인 찬사에 심리적으로 무감각하셨음은 물론 자기를 부정적으로 비판하는 세력에도 둔감하였다. 그래서 그분은 온전한 평정과 꾸준함을 유지하는 리더십을 보여 주셨다(눅 4:22, 28, 29; 19:37-41).

지금 우리 사회는 폭발적인 변화의 세례를 사회전체가 체험하고 있다. 역사 변동의 가속화, 총체적 변화, 지구촌적 변화, 질적 변화를 동시에 겪으면서 불확실성의 먹구름으로 뒤덮여 있다. 사회가 복잡해질수록 앞날의 변화 방향을 가리켜야 할 지도자들마저도 미래의 비전을 잃고 방황하고 있다. 이데올로기 시대가 지나가고 사회가 앞날의 지표를 잃을수록 그리스도인들에게는 "복된 소식"을 전할 절호의 기회가 제공되고 있다. "너희는 먼저 그의 나라와 그의 의를 구하라. 그리하면 이 모든 것을 너희에게 더 하시리라"(마 6:33)는 말씀은 우리가 가야할 길을 명시하고 있다. 하나님의 뜻이 이 땅에서 이루어지기를 기도해야 한다. 교회 지도자들이 "하나님의 나라"를 위해 희생적으로 헌신할 수 있느냐에 오늘의 "리더십의 위기"를 극복할 관건이 달렸다고 생각한다. 그러므로 교회 지도자는 파울처럼 하나님 나라의 비전으로 불타올라야 한다.

추 천 도 서

박연호. 「인간관계론」. 서울: 선명문화사, 1967.

박동서. 「한국행정학」. 서울: 법문사, 1972.

최창호. 「행정학」. 서울: 법문사, 1974.

Clinton, Robert. *The Making of a Leader*. Colorado Springs: NavPress, 1992.

Fiedler, Fred. *A Theory of Leadership Effectiveness*. New York: MsGraw-hill, 1963.

Ford, Leighton. 「변화를 일으키는 리더십」. 김기찬 역. 서울: 생명의 말씀사, 1994.

Gibb, C. A. "Leadership" in *Handbook of Social Psychology*, Vol 2. Ed., G. Lindzey. Cambridge, MA: Addision-Wesley, 1954.

Gouldner, Alvin W., ed. *Studies in Leadership*. New York: Haper and Brothers Publ., 1950.

Hollander, Edwin P. *Leadership Dynamics: A Practical Guide to Effective Relationships*. New York: The Free Press, 1987.

Johnson, D. W. and Johnson F. P. *Joining Together: Group Theory and Group Skills*. NJ: Prentice-Hall, 1975.

Montgomery, Bernard L. *Memoirs of Field-Marsall Montgomery*. Cleveland: World, 1958.

Patterson, Richard. *Effective Leading*. Wheaton: Evangelical Training Association, 1992.

Richards, Lawrence O. & Hoeldike, Clyde. 「창조적인 교회지도자」. 황을호 역. 서울: 생명의 말씀사, 1994.

Sanders, J. Oswald. *Spiritual Leadership*. Chicago: Moody Press, 1994.

Turner, Nathan W. *Effective Leadership in Small Group*. Valley Forge: Judson Press, 1977.

8

평신도 신학

김 성 욱

Ⅰ. 서 론

  평신도신학이란 교회 안에 안수받지 않은 다수의 평신도의 정체성과 사역에 대해서 신학적으로 연구하는 분야이다. 이러한 주제는 21세기 실천신학에서 많은 관심을 끌고 있는 분야이며 요즈음 한국 교회의 관심도 우후죽순처럼 많이 일어나고 있다. 그러나 평신도에 대한 열의가 어떤 신학적 기초도 없이 단순한 교회 성장의 한 프로그램 정도로 여기는 풍토로 말미암아 현실 교회에서 여러 문제들을 양산하기도 한다. 그러므로 평신도에 대한 바른 신학적 정립이 무엇보다 필요한 시점이라고 본다. 평신도

에 대한 관심이 시대의 유행 사조에 따라 잠시 나타났다 사라지는 일시적
인 것이 아니라, 21세기 하나님의 교회의 효율적인 사역을 위한 분명한
평신도의 위치와 역할에 대한 정립을 위한 시대적 요청이기 때문에, 평신
도신학은 그 의의가 더욱 크다고 본다.

지금까지의 평신도신학은 20세기 중반부터 간헐적으로 진행되어 왔는
데, 대부분의 학자들이 그 동안에 교회 안에서 무시되어 왔던 평신도의
중요성과 그들의 정체성에 대한 연구가 주요 내용이었다. 그러므로 오늘
날의 평신도신학은 21세기 실천신학의 주요 과목으로서, 교회 성장을 위
해서 목회학과 함께 강조되고 연구되어야 한다. 필자는 본문에서 평신도
신학에 대한 기본적인 이해를 돕기 위하여, 먼저 평신도신학에 대한 연구
동향을 살피고, 그리고 교회 역사 속에 나타난 평신도의 활동과 그 의미를
찾으며 나아가 평신도 이해를 위한 신학적 기초로서, 예를 들면, 만인제사
장론, 교회의 사역론 등을 언급할 것이다. 그리고 복음주의 입장에서 다루
어진 평신도신학을 기술하고, 마지막으로 한국 교회의 평신도와 그 전망
을 살피면서 평신도신학의 결론을 내릴 것이다.

II. 평신도 신학

A. 평신도 신학의 연구 동향

주후 1950년 이후부터 평신도에 대한 주요한 신학적 연구가 진행되
어 평신도신학이라는 하나의 신학 분야가 형성되어 왔다고 볼 수 있다.
현대 평신도신학의 선구자들과 그들의 저서들을 살펴보면, 먼저 선구자적
인 인물들로서 가톨릭 신학자 Yvs Congar의 *Lay People in the
Church*, Hendrik Kraemer의 *Theology of the Laity* 그리고 Carl
Kromminga의 화란 자유대학 신학박사 학위논문 "The Communication

of the Gospel through Neighboring" 등으로 볼 수 있다. 평신도신학
에 대한 연구는 사실 복음주의 교회 보다 로마 가톨릭교회에서 많은 논문
들이 쏟아져 나오고 있는 실정인데, 이것은 로마 가톨릭교회의 엄격한 계
급 구조적인 교회 형태로 말미암아 평신도의 지위와 정체성, 그리고 그들
의 역할에 대한 연구가 계속 이루어지고 있기 때문일 것이다. 20세기 중반
에 평신도의 중요성에 대한 논의가 로마 가톨릭교회와 함께 또한 에큐메니
칼 교회에서 주로 연구되었지만, 그들의 신학적 경향이 한 쪽으로 치우친
사회 복음으로 기울어지게 되었다.

이런 상황에서 복음주의 교회는 성경 중심으로 평신도의 사역의 중요성
에 대해서 연구하게 되었다. 복음주의 교회는 Billy Graham의 주창으로
Lausanne Covenant for World Evangelization(1974)과 제2차
Lausanne대회(1989)를 개최하여 평신도의 역할과 중요성에 대한 복음
주의 입장을 정리하여 발표하였다.1) 복음주의 학자로는 John R. W.
Stott, Harvie M. Conn, R. Paul Stevens, Findley Edge, 그리고
Charles Van Engen 등이 있다.2)

---

1 J. D. Douglas, ed., *Let the Earth Hear His Voice* (Minneapolis: World
  Wide, 1975); J. D. Douglas, ed., *Proclaim Christ until He Comes*
  (Minneapolis: World Wide, 1990).

2 John Stott, *One People* (Downers Grove: IVP, 1982); Harvie M. Conn,
  "Training the Membership for Witness: Elders and Laity," In *Training
  for Mission* (Cape Town: RES Mission Conference, 1976); Harvie M. Conn,
  "Theological Education and the Search for Excellence," *Westminster
  Theological Journal*, vol. 41:311-63; Paul Stevens, *Liberating the Laity*
  (Downers Grove: IVP, 1985); Paul Stevens, *The Equipper's Guide to
  Every-Member Ministry* (Downers Grove: IVP, 1992); Findley Edge, *The
  Doctrine of the Laity* (Nashville: Convention, 1985); Charles Van Engen,
  God's Missionary People (Grand Rapids: Baker, 1991).

B. 교회사에 나타난 평신도 연구

교회사 전체를 통해서 하나님께서 복음 전파에 있어서 안수받은 목사나 선교사 뿐만 아니라 무명의 평신도를 사용하신 것은 명백한 사실이다.[3] 그러나 교회사가들은 소위 유명한 목회자 중심으로 역사를 기술함으로 평신도들의 활동에 대해서는 많은 사람들의 관심을 끌지 못한 것이다. Conn 은 평신도를 역사에서 "잊혀진 존재"로 부르고 있다.[4] 여러 기록을 살펴보면 기독교 역사상에 나타난 평신도의 놀라운 활동들에 대해서 그 누구도 부인하지 못할 것이다.[5]

1. 초대 교회와 평신도

기독교는 처음부터 교회 사역에 있어서 평신도들의 활발한 참여로 성장하고 확대되어 나갔다.[6] 예루살렘을 중심으로 모였던 초대 교회가 박해로 인하여 뿔뿔이 흩어져, "그 흩어진 사람들이 두루 다니며 복음의 말씀을" 전했다(행 8:4). 특별히 평신도들의 활동은 콘스탄틴 대제의 칙령이전까지 현저했었지만, 그후부터는 교직 제도의 강조로 점차 평신도들의

---

3 J. H. Bavinck, *An Introduction to the Science of Missions* (Phillipsburg: Presbyterian and Reformed Publishing Co., 1960); Kenneth S. Latourette, *A History of the Expanding of Christianity* (New York: Harper & Brothers, 1939).

4 Harvie M. Conn, "Training the Membership for Witness: Elder and Laity," 75.

5 Adolf von Harnack, *The Mission and Expansion of Christianity in the First Three Centuries* (New York: Harper & Brothers, 1962); Stephen C. Neill, Hans-Reudi Weber, *The Layman in Christian History* (Philadelphia: Westminster, 1963); Carl G. Kromminga, *Bringing God's News to Neighbors: Biblical and Historical Foundation* (Nutely: Presbyterian and Reformed, 1977).

6 Michael Green, *Evangelism in the Early Church* (Grand Rapids: Eerdmans, 1991).

활약상은 줄어들게 되었다.

1) 콘스탄틴 칙령 이전의 평신도 활동

교회사의 처음 3세기 동안은 그 어느 시대보다도 평신도의 선교
활동이 컸었던 것으로 전해진다. 그들의 사역은 주로 전도, 선교, 일상 생
활 그리고 생업의 현장 등에서 일어났었다. Roger S. Greenway는 초대
교회에서, "그리스도인이 된다는 것은 바로 그리스도의 구속적인 선교 사
역에 참여하는 것을 의미했다"고 했다.7) 그들은 세상에서 그들의 믿음을
증거하는 것이 마땅한 제자로서의 삶으로 여겼으며 이러한 모습이 "바로
초대 교회의 폭발적인 부흥의 원동력이었다."8) Adolf von Harnack은
그의 *The Expansion of Christianity in the First Three Centuries*
에서 초대 교회의 특징적인 일들로 "신앙 고백자," "순교자," "비공식적인
평신도 선교사"의 존재를 지적했다. 평신도들은 평범한 남녀 신자들로서
그들의 믿음을 전파하여 주위의 이방 족속들에게 큰 영향력을 주었다고
주장한다. Harnack은 "우리는 초대 교회에서 실제로 많은 선교의 역사가
비공식적인 선교사들에 의해서 이루어졌음을 주저 없이 주장한다"고 했
다.9) Michael Green은 초대 교회의 이러한 평신도의 획기적인 사역에
대해서, "교회의 평범한 사람들은 전도를 자기의 직업으로 여겼었다"고 한
다.10) 교회사가 C. J. Cadoux도 복음 전파가 초대 교회의 성도들의 최
대의 의무와 책임으로 받아들여지고 있었음을 주장한다.11)

---

7 Roger S. Greenway, "Confronting Urban Contexts with the Gospel," in
  Discipling the City, ed., Roger S. Greenway (Grand Rapids: Baker,
  1992), 47.
8 Ibid.
9 Harnack, *The Mission and Expansion of Christianity in the First Three
  Centuries*, 368.
10 Green, *Evangelism in the Early Church*, 274.
11 Cecil J. Cadoux, *The Early Church and the World* (Edinburgh: T & T

또한 초대 교회 평신도들은 말씀 선포를 통해서 그들의 뛰어난 사역을 실천했다. Bavinck는 초대 교회의 한 가지 특징으로 사도행전에서 "자주 언급된 평신도 설교자들"을 들었다. Bavinck의 이러한 평신도들을 "비공식적인 설교자"로 불렀는데, 곧 평신도들은 비공식적인 선교사들로서 초대 교회의 복음 전파에 막중한 역할을 했다. 그들은 단지 "신자(信者)"라는 직책 외에는 다른 어떤 지위도 없는 평범한 남녀 신자들이었다.[12] Henry Chadwick은 초대 교회의 집사들의 역할이 대도시 근교의 복음 전도에 큰 역할을 했다고 지적한다. 그는 초대 교회가 선교 정책상 도시 지역을 먼저 목표로 삼고 전했으며 시외 지역에는 집사들을 파견하여 선교 행정을 펴 나갔다고 설명하고 있다.[13]

초대 교회 평신도들은 그들의 일상 생활을 통해서 그들의 사역을 수행했다. Green은 초대 교회에 있어서 "전도는 모든 신자들의 혈액 바로 그것이었다"고 주장하면서, 그들은 예루살렘을 사역 기지로 하여 그들이 가는 모든 곳에 그들이 가진 복음의 기쁨, 자유 그리고 새 생명을 전파하였다고 주장했다.[14] Green은 그들이 전한 내용과 그들의 삶이 일치가 되었기에 전도에 설득력이 있었다고 한다.[15] Harnack은 특별히 그들의 높은 수준의 도덕적인 삶이 비신자들에게 복음을 전하는데 큰 기여를 했음을 지적한다. 그들은 "너희 빛을 비추어 너희의 선행을 통하여 하늘에 계신 너희 아버지께 영광을 돌리게 하라"는 성경 말씀대로 생활함으로써, 많은 사람들에게 그들의 삶의 모습을 통해 복음을 효과적으로 전할 수 있었다.[16]

Clark, 1955), 300.

12 Bavinck, *An Introduction to the Science of Missions*, 39-40.

13 Henry Chadwick, *The Early Church* (Grand Rapids: Eerdmans, 1968), 219.

14 Green, *Evangelism in the Early Church*, 280.

15 Ibid., 178.

16 Harnack, *The Mission and Expansion of Christianity in the First Three*

아울러 초대 교회 평신도들은 그들의 평상시의 생업을 통해서도 복음을 전파한 것으로 나타났다. Latourette은 초대 교회의 기독교의 확장은 성직자들보다 사회 속에서 생업을 가지고 일하던 평신도들이 그들의 생업 현장에서 같이 일하던 불신자들에게 복음을 전함으로 말미암았다고 주장한다.17) 당시에 그들의 직업은 여행자, 상인, 무역인, 노예 등이었다. F. F. Bruce는 2세기말 영국 선교에서 평신도의 활동들에 대해서 언급하면서, 영국에 기독교를 전파한 사람들은 평범한 사람들로서 스페인(Gaul)에서 온 상인들인데 이들은 매일의 사업장을 통해서 선교 사역을 이루었음을 전한다.18)

  2) 콘스탄틴 칙령이후의 평신도의 사역들

    교회사가들에 따르면, 4세기가 지나면서 교회 안에 평신도의 사역에 많은 변화가 일어났는데, 콘스탄틴 이전만 해도 평신도들의 사역은 매우 활발한 역할을 했지만, 콘스탄틴의 정책이 결과적으로 교직주의를 제도화하게 되면서, 교회에서 평신도의 활동과 참여는 줄어들게 되었다는 점이다. Chadwick은 이러한 변화에 대해서 "평신도의 민주주의적 사역에서 성직 제도의 권위주의로의 전환이 일어났다"고 주장한다.19) 5세기 때부터, 네스토리안(Nestorian) 그리스도인의 극동 아시아 선교는 주로 평신도들에 의한 것으로 나타났다. 이들은 주로 극동 아시아를 여행하던 상인들이 대부분이었는데, 중국까지 복음을 전파하였다. Ralph R. Covell은 네스토리안 선교사는 비행기나 배를 타고 바다를 건너 중국에

Centuries, 367-68.

17 Latourette, *A History of Christianity*, vol. 1, 116.

18 F. F. Bruce, *The Spreading Flame: The Rise and Progress of Christianity from Its First Beginning to the Conversion of the English* (Grand Rapids: Eerdmans, 1964), 354.

19 Chadwick, *The Early Church*, 51.

들어간 현대의 선교사와는 달리, 서쪽으로부터 중앙아시아로 무한대의 광야와 사막을 도보로 건너 선교한 평신도임을 강조했다.[20] John M. L. Young은 이들에 대해서 "그들은 신발을 신고 걸어서 전도 여행을 감당했으며 손에는 지팡이, 등에는 성경과 십자가를 넣은 광주리를 멘 채, 깊은 강을 건너며 높은 산을 넘어 수천 마일을 통해 만나는 민족들에게 복음을 전했다"고 밝힌다.[21] Rolf A. Sydal은 이들 무명의 평신도 선교사들은 가난했으며 신앙 때문에 순교하기도 했다고 한다.[22]

2. 중세교회와 평신도

중세 교회(590-1500)에서의 평신도의 활동에 대해서는 많은 자료가 없지만, 중세 교회의 독특한 교회 구조 속에서도 평신도의 사역을 찾을 수 있다. 교황 정치와 엄격한 사회 구조 속에서 많은 핍박을 통해서 계속된 중세 시대의 대표적 평신도 사역은 끊이지 않았다.

1) 시대적 배경 이해

중세 시대의 참된 평신도 사역에 대해서 바른 이해를 위해 그 당시에 성직자와 평신도간의 관계를 살펴보는 것이 유익하다. 중세 시대의 평신도와 성직자간의 관계는 그 지위와 역할에 있어서 너무나 차이가 있었다. Kromminga는 평신도의 역할이란 "가르치는 것이 아니라 항상 가르침을 받는 위치요, 말하는 쪽이 아니라 듣는 쪽이요, 다스리거나 활동하는 지위가 아니라 다스림을 받고 조정당하는 위치에" 있다고 주장했다.[23]

---

20 Ralph R. Covell, *Confucius, the Buddha, and Christ* (Maryknoll: Orbis, 1986), 20.

21 John M. L. Young, *By Foot to China* (Tokyo: Radiopress, 1984), 1.

22 Rolf A. Sydal, *To the End of the Earth* (Minneapolis: Augsburg, 1967), 74-75.

23 Kromminga, "The Communication of the Gospel through Neighboring," (Doctoral Dissertation, Free University), 83.

Roland H. Bainton은 성직자와 평신도간의 교회 예식에서의 차별을 설명하면서, 교회 성찬에서는 두 자세가 있는데, 성직자는 일어서고, 평신도는 무릎을 꿇고, 성직자는 제단에, 평신도는 제단 앞에 줄지어 서게 되어 있었다고 한다.24) 중세 시대에는 평신도 사역이 감소되었는데, 그 원인은 중세 교회의 엄격한 계급적 교직주의 때문이었다. Glen Hinson은 중세 교회에서의 성직자는 막대한 권력을 가졌다고 주장하면서, 그의 권위는 하나님의 권위요, 그의 말을 듣는 사람은 그리스도의 말을 듣는 것이고, 그를 반대하는 자는 그리스도와 성부 하나님을 반대하는 것으로 여겨졌다고 설명한다.25)

2) 중세 시대의 평신도 운동

중세 시대의 평신도 운동으로 초기 수도원 운동과 전기 종교 개혁가들(Pre-Reformers)에게서 찾는다. Kromminga에 의하면, 초기 수도원 운동은 바로 평신도 운동이며 그들의 목표는 순수한 기독교적 삶을 추구하였다고 한다. 그들은 피상적인 중세 교회를 떠나 수도원에서 그리스도의 순수한 덕을 진지하게 찾으며 살아가는데 전 생애를 투자했다.26) 이러한 수도원 운동들은 처음부터 성직자들로부터 많은 반대에 부딪치게 되었다. 중세 시대의 계급적 교직주의가 이들을 환영하지 않았으므로, 이들 운동은 수동적이며 미미하게 시작되었다. 이러한 수도원 운동은 가르침을 통해서 평신도들에게 영향력을 주었으며 이러한 노력이 평신도의 영

---

24 Roland H. Bainton, "The Ministry in the Middle Ages," *The Ministry in Historical Perspectives*, eds., H. R. Niebuhr and Daniel D. Williams, (San Francisco: Harper & Row), 91.

25 E. Glen Hinson, "Pastoral Authority and the Priesthood of all Believers from Cyprian to Calvin," in *Faith and Mission*, 1989, vol. 7, 8-9.

26 Kromminga, *Bringing God's News to Neighbors: Biblical and Historical Foundation*, 59.

적 생활에 힘을 불어넣었다.27) 특히 이러한 수도원 운동은 평신도로 하여
금 성경을 접할 수 있게 했으며, 동시에 평신도의 신앙의 자유로운 전파와
그들의 활동으로 말미암아 교직주의자에 의해서 많은 핍박을 받게 되는
근거가 되었다. 나중에 이 수도원 운동은 기구화된 교회의 강력한 영향력
에 의해 온전히 성직자의 수중에 들게 되었다.

또 하나의 중세 시대 평신도 운동으로 전기 종교 개혁가들의 평신도 운
동을 들 수 있다. 곧, Waldensians, Lollards와 같은 중세 시대를 비춘
평신도 사역자들의 사역이 있다. 12세기 초에 남부 프랑스에서 Peter
Waldo의 지도로 일어난 평신도 운동이 발덴시안이다. Waldo는 매우 부
유한 상인으로 그의 부(富)를 가난한 자들과 나누고 복음을 전하였는데,
그를 따르는 자들을 "Waldensians" 또는 "리용의 가난한 자들"이라 불렀
다.28) Waldo는 성경의 중요성을 강조하고, 신약 성경을 깊이 있게 연구
했으며, 평신도 설교자들을 배출시켜, 프랑스 북부와 라인강 유역에 전도
하게 하였다. 많은 박해 속에서도 발덴시안은 그들의 선교 사역을 계속하
여, 북부 스페인, 오스트리아, 보헤미아, 그리고 동부 독일로 전파하였다.

십사 세기 경에는 평신도 중심의 전도가 John Wycliffe(1330-1384)
의 사역을 중심으로 이루어졌다. 그는 뛰어난 학자로 성경을 영어로 번역
하여 평신도들로 하여금 복음 전파의 사역을 가능하게 하였다. 신약 성경
의 모형대로 둘씩 전도대를 조직해서 전도 여행을 실시했으며 그의 제자들
을 일컬어 롤라즈(Lollards)라 불렀다. 그들은 로마가톨릭교회의 교황
정치의 교직 제도의 비리들에 대항하면서, 죽음을 각오하고서 성경을 담
대히 전파하였다. Wycliffe는 "교회의 법은 오직 성경" 뿐이며 교회란 교
황이나 추기경들을 중심으로 한 것이 아니라, 선택된 하나님의 백성들 전

27 Kraemer, *Theology of the Laity* (Philadelphia: Westminster, 1958), 22.
28 Latourette, *A History of the Expansion of Christianity*, vol. 2, 367.

체임을 가르쳤다. 그리고 교회의 확실하고 유일한 머리는 교황이 아니라
그리스도이심을 강력히 전파하였다. Latourette은 Wycliffe의 제자인
롤라즈들이 영국 기독교 부흥의 원동력 중의 하나라고 평가했다.29)

십사 세기 후반에 John Hus(1373-1415)는 남부 보헤미아를 중심으
로 당시의 로마 가톨릭교회의 교황 제도에 반발하면서, 아울러 평신도의
중요성을 부각시키고, 영국의 개혁가 John Wycliffe의 저작들과 성경 연
구를 통해, 교회의 머리가 교황이 아니라 그리스도이심을 가르쳤다. Hus
의 평신도 운동은 그의 제자들을 통해서 엄격한 중세 교회를 상대로 개혁
을 계속 펼쳐나갔다.30) 이러한 Hus의 영향력은 전 유럽을 향해 퍼져 나
갔으며 17세기 유명한 평신도 운동인 모라비안 선교 운동에 많은 기여를
했다.

3. 종교 개혁기의 평신도 연구

중세 시대의 교직 제도에 종교 개혁 운동은 엄청난 변화를 예고하고
있었다. 특히 성직자와 평신도 사이의 관계가 달라지게 되었다. 종교 개혁
가 Martin Luther는 "평신도와 성직자, 황태자, 주교사이에, 종교적인
것과 세속적인 것 사이에 진정한 차이는 존재하지 않는다"고 했다.31)

1) 종교 개혁기의 평신도 사역

Kraemer에 따르면, 종교 개혁은 Luther에 의해 개혁의 불길이
당겨지고, 수많은 남녀 평신도들에 의해서 이루어진 "평신도 운동"이었다
고 강조한다. 또한 영국의 종교 개혁도 평신도에 의해 이루어진 것으로,

29 Kenneth S. Latourette, *A History of Christianity* (New York: Harper &
    Brothers, 1953), 616.
30 Walker, 323.
31 Martin Luther, *The Works of Martin Luther* (Philadelphia: Muhlenberg,
    1955), vol. 44, 129.

종교 개혁의 불길이 평신도들에 의해 번져 가기 시작했다고 강조했다.32)
종교 개혁가들은 성경의 "만인제사장론"의 진리를 재발견했는데, 이 원리
는 이신득구(以信得救)의 원리와 함께 종교 개혁의 핵심 진리로 평신도가
가지는 위치를 부각하게 되었다. Conn은 종교 개혁이 평신도들에게 성경
에 대한 일깨움과 사회 속에서 빛 된 시민으로서 살아갈 신앙적 교훈들을
제공하였다고 한다.33) 이처럼, 종교 개혁가들은 평신도들을 교육시켜 그
들의 역할을 수행하게 도왔다. 교리 문답 등을 가지고 그들을 가르치므로
평신도의 영적 각성을 도왔다. Latourette은 특히 칼빈주의적 가르침은
많은 평신도들에게 각자의 고유한 소명과 책임을 일깨워서, 그들로 높은
수준의 고상한 활동을 하도록 만드는 자극제가 되었음을 강조했다.34)

2) Luther와 Calvin의 평신도 연구

Luther(1483-1546)는 그의 저작물들을 통해 "만인제사장론"을
강조했다. "모든 그리스도인들에게 이것을 확신하게 하자. 곧 우리 모두가
동일하게 제사장들이며 말씀과 성례에 있어서 동일한 권리를 가지고 있다"
고 주장했다.35)

John Calvin(1509-1564)은 "만인제사장론"을 강조했지만, Luther

---

32 Kraemer, *Theology of the Laity*, 23.
33 Harvie M. Conn, "The Kingdom of God and the City of Man: A History of the City/Church Dialogue," in *Discipling the City*, ed., Roger S. Greenway, (Grand Rapids: Baker, 1992), 256.
34 Latourette, *A History of the Expansion of Christianity*, vol.3, 379.
35 Luther, *The Works of Martin Luther*, vol. 44, 116. "만일 성직자들이 우리 모든 세례받은 자들도 동일하게 제사장으로서, 사역에의 책임을 가진 사실을 허락한 다면, 그들도 더 이상 우리들 위에 군림할 권리가 없으리라. 벧전 2:9에 '너희는 택하신 족속이요, 왕 같은 제사장들이요, 거룩한 나라' 처럼, 우리가 그리스도인인 이상, 우리 모두가 제사장들이다. 그러나 성직자들은 우리 가운데 선택된 자들이다. 그들이 행하는 모든 것은, 우리를 대신하여 사역과 제사장적 사역을 감당한다." Ibid., 112-13.

와는 다른 각도에서 설명했다. Calvin이 Luther처럼 만인제사장론을 주
장한 점은 같으나, 차이점은 Calvin이 Luther보다 목회자의 중요성을
더 강조한 점에 있다. 학자들은 Calvin의 만인제사장론이 Luther의 주
장보다는 덜 조직적인 것으로 평가한다.[36] Calvin은 「기독교강요」에서
만인제사장론을 설명하면서, 그리스도인들은 제사장으로서 자신을 하나
님께 바치는 데 중점을 두어야 한다고 가르쳤다. "그리스도 안에서 우리
모두는 제사장들이다(계 1:6; 벧전 2:9). 우리는 감사와 찬양을 드리고,
나아가 우리 자신과 모든 것들을 하나님께 바친다."[37]

4. 종교 개혁 후의 평신도 사역 (1600-1800)

십칠 세기에 평신도 활동은 경건주의에서 크게 영향을 받아 일어났다
고 볼 수 있다. 경건주의 지도자들 가운데, Philip Jacob Spener(1635-
1705)는 루터교 목회자로 신자들에게 성경 공부와 기도에 대하여 그룹을
만들어 지도하였으며 많은 사람들이 그를 따라 경건 운동에 가담하게 되었
다. Spener에 이어서 August H. Franke(1663-1727)는 독일 경건주
의 목회자로 특히 평신도들에게 그들의 은사를 일깨워 주며 선교의 소명을
심어 주었다. Franke는 할레(Halle)에서 경건주의 운동으로 평신도 선
교 사역에 중점을 두었다. 경건주의 운동은 교회에서 평신도의 참여를 늘
려 나갔고, 경건한 생활과 성경 읽기 운동을 강조했다.

Nicholas Ludwig von Zinzendorf(1700-1760)는 모라비안 선교

---

36 John Calvin, *Institutes of the Christian Religion* (Philadelphia:
   Westminster, 1977), vol.1, 502.
37 Ibid., vol. 2, 1476. "그리스도께서 우리를 위해 하나님 아버지 앞에서 제사장으로
   사역을 하시지만, 또한 우리도 예수 안에서 제사장들이다(계 1:6). 비록 우리 자신이
   부패해 있지만, 예수 안에서 제사장들이며 우리 자신과 모든 것을 하나님께 드리고,
   자유롭게 하늘 보좌에 들어가서 중보의 기도를 드리며 하나님 앞에 받을 만한 향기가
   되도록 찬양을 드리는 존재들이다." Ibid., vol. 1, 502.

운동의 지도자로 많은 평신도들을 선교로 이끄는 큰 활약을 했다. 모라비안 선교사들 중에는 목수 David Nitschmann(1696-1772), 도공 Joann Leonhard Dober(1706-1766) 등이 1732년에 덴마크의 인디안 마을에 가서 평신도로서 선교 사역을 감당했다. 기록에 의하면 1732년부터 1760년까지 226명의 모라비안 선교사들이 Greenland(1733), Virgin Islands(1737), Surinam(1735), Gold Coast, South Africa (1737), North American Indians(1740), Jamaica(1754), Antigua (1756) 등으로 파송을 받았다.38) 이러한 선교 운동은 그밖의 유럽 여러 지역에 엄청난 영향력을 끼쳤는데, 경건주의의 열기 아래 예전부터 수행해 오던 그리스도인들에게 선교의 열심을 불러 일으켰다. 그리고 독일과 스칸디나비아에 선교 단체들을 설립하게 만들었다. William Danker는 모라비안 선교 운동을 이렇게 평가했다: "모라비안 선교 운동이 세운 가장 주요한 공헌은 그들이 강조한, 곧 모든 그리스도인들이 선교사들이며 복음 전파는 그들의 매일의 직업을 통해서 이루어져야 한다는 점에 있다."39)

5. 19세기의 평신도 운동 (1800-1900)

십팔 세기 북미에서 Jonathan Edwards의 지도 아래 일어났던 영적 대각성 운동은 19세기 교회로 하여금 활발한 선교 사역이 일어나게 되는 계기가 되었으며 이와 함께 평신도 운동이 교회와 선교 사역에서 다양한 활동으로 나타나게 되었다. 특히 미국에서의 평신도 운동은 유럽보다 더 활발하게 나타났다. 19세기 말 경에, Student Volunteer Movement 는 괄목할 만한 평신도 선교 운동으로 볼 수 있다. Dwight L. Moody (1837-1899)는 학생 신앙 운동의 설립에 막대한 역할을 감당한 지도자였

---

38 Latourette, A History of the Expansion of Christianity.
39 William Danker, *Profit for the Lord* (Grand Rapids: Eerdmans, 1971), 73.

다. 1886년 여름 메사츄세츠주에 있는 헤르몬산 연합 집회에서 Moody는
설교를 통해 학생들에게 큰 감동을 주어 수많은 학생들이 선교 헌신을 하고
해외 선교사로 나갔다. 이들 중에 John R. Mott는 평신도로서 이 학생
신앙 운동을 이끌면서 부흥시켰으며 YMCA의 지도자로서 평신도 운동을
활성화하는 지도력을 발휘했다. 이 학생 신앙 운동의 표어는 "이 세대 안에
전 세계의 복음화"로 정했는데, 15,000명 이상의 남녀 학생들이 선교사로
선교 현장으로 나갔다. J. Verkuyl은 *Contemporary Missiology*에서
학생신앙운동을 오순절 이후 기독교의 최대의 선교 운동이라고 평가하면
서 그 운동의 의의를 설명했다.40)

6. 20세기 평신도 운동

교회사가 Phillip Scharpff는 20세기 평신도 운동의 성격에 대해서
다음과 같이 말했다: "미국에 있어서 가장 고무적인 일은 새로운 형태의
평신도의 출현이다. 그들은 더 이상 그들의 그리스도께 대한 충성의 표시
로 매주 토요일마다 교회에 가서 페인트를 칠하고, 교회 부엌 바닥에 카페
트를 다시 까는 것 같은 일을 전부라고 생각지 않는다. 오히려 그들은 스
스로 문제들을 찾고, 그 해답을 주려고 노력하는 자들이다."41)

이십 세기 중반부터 점차적으로 평신도 사역의 중요성에 대한 각성이
교회에서 강하게 일어났다. 남아프리카 선교학자 David Bosch는 20세
기 중요한 변화는 바로 평신도 사역이라고 그의 저서 *Transforming
Missions*에서 주장했다.42) Bosch는 이러한 시대적 흐름을 논하면서 다

---

40 J. Verkuyl, *Contemporary Missiology* (Grand Rapids: Eerdmans, 1978),
   180.
41 Paulus Scharpff, *History of Evangelism* (Grand Rapids: Eerdmans, 1966),
   319.
42 David J. Bosch, *Transforming Missions* (Maryknoll: Orbis, 1991), 467.

음과 같이 주장했다: "안수받은 성직자 단독의 사역 개념이, 이제는 전체 하나님의 백성들의 책임으로 변화된 것은, 곧 안수받은 자만이 아니라, 안수받지 않은 사람들도 사역자로 여기게 된 점은, 오늘의 교회에 있어서 가장 큰 변화 중의 하나이다."43)

　이십 세기 평신도 사역의 중요성이 각 교파마다 독특한 형태로 나타나게 되었는데, 로마 가톨릭교회는 제2차 Vatican 회의(1962-1965)에서 여러 가지 평신도에 대한 중요한 결정들을 창출하여 가톨릭교회에서의 평신도의 지위에 있어서 새로운 변화를 시도하였다.44) 곧 평신도들에게 성경 읽기의 허용과 예배 때에 성경을 봉독하게 한 점과 평신도가 세상에서 사도적 역할이 분명히 있다는 점을 강조했다.45)

　세계교회협의회(WCC)에서도 제1회 암스테르담대회(1948) 이후 회집된 모든 대회마다 평신도 사역의 중요성을 강조하여 온 것이 사실이다. 예를 들면, 제4차 웁살라대회(Uppsala, 1968)는 남녀 평신도들은 그들의 선교적 헌신을 교회 안의 봉사 차원 뿐만 아니라, 그들의 일상 생활과 공공 봉사에서도 선교적 사역이 있어야 한다고 주장했다.46) 이러한 20세기 교회의 흐름에 따라서, 복음주의 진영에서도 평신도의 중요성은 복음주의 선교 대회, 곧 휘튼 선언(1968), 제1차 로잔 대회(1974), 제2차 로잔 대회(1989) 등에서 나타났다. 1989년 필리핀의 마닐라에서 계속된 제

43 Ibid., 467.
44 참고: Walter M. Abbott, ed., *The Document of Vatican II* (New York: Guild, 1966).
45 로마 가톨릭교회 안에서 이루어진 평신도에 관한 주요한 연구들은 다음과 같다: Yvs Congar, *Lay People in the Church* (Westminster: Newman, 1965); Hans Kung, *The Church* (London: Burns & Oates, 1967); Leonard Doohan, "Contemporary Theologies of the Laity: An Overview since Vatican II," *Communio*, 7:225-42.
46 WCC, *The Uppsala Report* (Geneva: WCC, 1968), 33.

2차 Lausanne대회에서는 "우리는 하나님께서 전 교회 모든 구성원들을 전 세계 복음화 사역에 부르셨다고 확신한다. 그러므로 우리는 안수받은 자와 마찬가지로 평신도 모두가 이 복음화 사역을 위하여 동원되어야 하고 훈련되어야 한다"고 공언했다.47)

C. 평신도신학의 신학적 기초

평신도에 대한 온전한 이해를 위해서 학자들은 주로 그 신학적인 기초로 교회론, 만인제사장론, 성령의 은사론 등을 연구한다. Howard Synder는 만인제사장론과 성령의 은사론은 평신도신학의 실제 두 기둥과 같다고 주장했는데, 이것은 평신도의 올바른 위상과 역할을 정립하는 데 핵심적으로 이바지하는 성경적 교훈이기 때문이다.

1. 만인제사장론

만인제사장론은 종교 개혁의 중요한 교훈으로, 믿음으로 말미암아 구원을 얻음을 강조하는 "이신득구"와 함께 기독교회의 주요 교리이다. 즉 "모든 신자들이 제사장"임을 강조하는 성경적 교훈이다(벧전 2:5, 9; 계 1:6).48) 이는 하나님과 성도 개개인의 직접적 교통을 강조함으로 로마 가톨릭교회의 교리인 교황과 신부 제도의 오류를 보완하는 진리로서, 하나님과 신자 사이에 그 누구의 중재 없이 기도할 수 있는 신자 개개인의 권리를 나타낸다. 만인제사장론은 성도의 특권과 함께 세상 속에서의 그리스도의 증인이 되는 역할과 책임을 나타내는 말이다. 종종 만인제사장론이 무분별한 교파나 선교 단체에서 반교직주의를 주장하는 근거로 오용되기도 하는데, 한 쪽으로 치우침이 없이 성경의 교훈을 따라야 할 것이

---

47 Douglas, *Proclaim Christ until He Comes*, 26.
48 Charles Cycil Eastwood, *The Priesthood of all Believers* (Minneapolis: Augsburg, 1962).

다. 만인제사장론의 중심 내용은 오직 예수 그리스도만이 유일한 중재자임을 나타낸다. Calvin은 인간이 부패한데도 불구하고 하나님 앞에 제사장적 사역에로 불러주심에 성도는 전체 생애를 헌신하는 제사장들이 되어야 함을 주장했다.

실제적으로 이 교훈의 주요한 의미는 다음과 같다. 첫째로, 모든 성도는 하나님께 직접 나아가는 것이다(마 27:51; 롬 5:2; 히 10:22). 예수 그리스도 외에 다른 중보자가 필요하지 않다. 둘째로, 모든 그리스도인은 영적 제사를 드리는 자임을 나타낸다(벧전 2:5; 롬 12:1; 요 4:21-23). 셋째로, 제사장의 주요 역할이 말씀을 가르치고 증거하는 것으로, 하나님의 복음을 선포함은 성도의 부름의 목적임을 묘사한다(벧전 2:9). 넷째로, 제사장적 사역은 중보하는 기능으로 자신만의 복락을 위하는 데 그치는 것이 아니라, 자신과 이웃을 위하여 "기도와 도고"로 축복하는 일꾼들이다(딤전 2:1). 문제는 아직도 대부분의 교회에서 이 진리가 적용되지 않고 있다는 점이다. 왜냐하면 아직도 교회 안에는 중세 시대나 있음직한 "특별한 계급"이 존재하고 있기 때문이다. 곧 좀더 우월한 직책과 열등한 직책 사이의 간격이 큰 것이다.

Bavinck는 교회의 모든 백성들이 하나님의 소명을 받고 있다고 강조했다. Hans Kung은 "목사들이 교회를 향해서 파송된 성직자라면, 평신도들은 세상을 향해서 파송된 성직자"라고 주장했다. 교직 제도의 강조로 제사장이란 말이 교역자에게만 적용하는 경향이 심해지고, 모든 성도가 제사장이란 이 용어가 사라져 가는 현대 교회에서 우리는 만인제사장의 교훈을 다시 회복하고 적용해야 한다. 한국 교회의 문제점들을 바라보고 개혁과 교회 갱신을 부르짖는 목소리가 서서히 한국 교회를 통해서 흘러나오고 있다. 이런 때에 만인제사장론이 바로 이해되고 적용된다면, 성경적 의미의 "개혁"이 이루어질 것이다. 옥한흠 목사는 한국 교회의 만인제사장론에 대한 무시에 대해서 다음과 같이 비평한다: "로마 가톨릭의 비성경적인 성직 개념을 오른손으로는 밀어내고 왼손으로는 받아들이는 모순을 더 이상 방임해 둘 수는 없다."49)

2. 평신도를 위한 교역자의 역할

Edmond P. Clowney 박사는 교회를 예배, 전도, 그리고 사역을 중심으로 하는 하나님의 백성으로 정의하고, 하나님께서 성도들에게 은사를 나누어 주심으로 그들 각자의 사역을 감당하게 하심을 주장한다. 그러므로 "모든 그리스도인들은 그리스도의 십자가의 사역을 나누어 감당할 책임이 있다."50) 교회의 사역은 살아 계신 그리스도의 사역에 동참하는 것이며 아울러 이것은 성령으로 그 아들 예수 그리스도를 통해서 역사하시는 하나님 아버지의 사역임을 강조한다. 결국 이러한 교회 구성원의 사역은 하나님이 나누어 주신 은사에 의한 것이요, 또한 하나님이 주신 사명이기도 하다.51) Bavinck는 "초대 교회의 놀라운 사역은 단지 '신자'라는 이름만 가지고 사역한 그리스도인들에 의해서 이루어졌다"고 지적하였는데,52) 오늘날 현대 그리스도인들에게 그러한 사실은 의미하는 바가 크다고 할 수 있다. 초대 교회 그리스도인들의 활발한 사역은 그들이 하나님의 백성이 되었다는 그 사실 하나만으로 훌륭히 수행되었던 것이다. 교회의 여러 사역 중에서 목회자의 사역과 평신도의 사역으로 나누어 살펴보고자 한다.

1) 목회자의 사역

목회자와 평신도 사이에 무엇이 다를까? 오늘 이 시대의 목회자의 역할은 무엇일까? 먼저, 목회자는 하나님께로부터 개인적이고 신비스러

49 옥한흠, 「평신도를 깨운다」 (서울: 두란노서원, 1984), 86.
50 Clowney, *Called to Ministry*, 42.
51 Ibid., 64.
52 Bavinck, *An Introduction to the Science of Missions*, 67.

운 소명을 받은 자라 할 수 있다.53) 물론 목회자의 소명이 사적이고 내면적이며 직관적인 느낌을 가지는 것만으로 불충분하다. 만일 그들이 내적인 소명만 가진다면 그들은 독단적이요, 주관적이며, 개인주의적인 자기의의 폐단을 초래할 것이다. 이런 폐단을 막기 위해서 보이는 교회의 확증이 필수적이다. 즉 교역자의 직무를 부과하는 것은 교회이기 때문이다. 목사직은 내적인 소명과 외적인 소명을 통해서 목회자는 부름받음을 볼 수 있다. 내적 소명을 통해서 계속적으로 이끄시며 인도하시는 능력의 결과로 나타나게 되며, 그리고 때가 되면 교역에 대한 교회의 외적인 소명으로 인도된다. 그리스도에 의하여 소명을 받고(내적 소명), 교회에 의하여 위탁을 받지 않은(외적 소명) 사람은 누구도 목사의 어려운 역할을 성취할 수 없는 것이다.

요즈음 신학교 문을 두드리는 사람들의 입학 동기를 조사해 보면 이러한 의미의 소명을 분명히 가진 자가 그리 많지 않음을 알 수 있다. 온전한 평신도를 양육할 수 있는 목회자는 무엇보다 분명한 위로부터의 소명을 지닌 자이어야 한다. 진정한 목회자야말로 모든 양무리의 본이 되며 또한 교회를 위한 진정한 섬김을 감당할 수 있기 때문이다. 유교적 배경에서 목회자는 교회에서 계급상 높은 것으로 오해되는 경향에 모든 성도 위에 군림하는 듯한 양상을 가지고 있어서 종종 교회에서 문제를 야기하기도 한다. 이런 뜻에서 학자들은 목사라는 호칭을 "성직자"보다는 "목회자"라는 명칭을 쓸 것을 제안하기도 한다. 교회 역사 속에 나타난 목회자와 평신도 사이의 잘못된 관계는 교권주의(clericalism)와 반교권주의(anti-

---

53 참고: 박 윤선, 「헌법주석」 (서울: 영음사, 1983); Patrick Fairbairn, *Pastoral Theology* (Edinburgh: T & T Clark, 1992); Charles H. Spurgeon, *Lectures to My Students* (Grand Rapids: Zondervan, 1994); Thomas C. Oden, *Pastoral Theology: Essentials of Ministry*, 「목회신학」 (서울: 한국장로교출판사, 1987).

clericalism)라 할 수 있는데, 교권주의가 가지고 온 목사의 독점적인 폐해들과 아울러 반교권주의가 교회에 가지고 온 무질서들은 둘 다 극단적인 비성경적 양상들이다.

초기 한국 교회에서는 온전한 목회자를 양성하기 위해서 평양신학교에서 그 교훈을 다음과 같이 하여 목회자다운 신학생들을 훈련시켰던 것을 볼 수 있다. 첫째, 신자가 되라. 둘째, 전도자가 되라. 셋째, 신학자가 되라. 넷째, 성자가 되라. 마지막으로, 목회자가 되라. 오늘에 와서 이러한 교훈들은 온전한 목회자가 되는 과정을 알 수 있게 하는데, 오늘의 교회 문제가 목회자의 인격 부재라고 간파한 학자들의 지적이 새삼스럽게 크게 들려 오게 만든다. 목회자가 되기 전에 먼저 진실한 신자가 되어야 온 성도들이 따라 올 수 있는 영적 지도자가 될 수 있다는 주장은 참으로 오늘날 교계에 절실히 필요한 항목이라 여겨진다.

목회자는 누구이며 그 역할은 무엇인가? Paul Stevens는 목회자를 가리켜 "구비자"(equipper)로 부르면서, 그 의미를 의사, 그물을 고치는 어부, 토기장이, 부모, 설계자로서 그 역할을 설명했다.54) 목회자는 하나님 앞에서 자신의 은사를 가지고 그리스도의 몸을 세우는 봉사하는 사역이며, 아울러 교회의 모든 평신도들로 그 사명을 감당하도록 훈련하며 준비시키는 사역자임을 강조했다.

2) 평신도의 사역

최근에는 교회에서 평신도 사역의 중요성이 강도있게 대두되고 있다. 교회 성장과 세계 복음화의 완수를 위해서 그들이 가지는 역할이 분명하게 드러난 것이다. 로잔 대회에서는 "전 세계 복음화를 위해서는 전 교회적인 참여가 반드시 필요로 한다"고 선언하고 있다.55) 제2차

---

54 Paul Stevens, 「참으로 해방된 평신도」, 김성오 역 (서울: IVP, 1985), 128-49.

Lausanne 대회에서도 "하나님은 그의 백성들을 그의 복음 전파의 '동역자들'이 되는 특권을 주신다"고 재차 강조하고 있다. "목사, 선교사, 전도사만이 아니라 그의 모든 신자들에게 그의 증인으로서 부르시며 지역 교회를 통해서만이 아니라, 가족 관계, 사업장, 시장, 친구 관계 등을 통하여 역사하신다."56) 이러한 평신도에 대한 관심은 세계 복음화 뿐만 아니라 "교회 성장"을 위해서도 더욱 커진다. 소위 교회 성장학파들의 한결같은 목소리는 평신도의 잠재된 능력이야말로 현대 교회 성장의 주요 핵심 요소임을 역설한다.57)

D. 복음주의 평신도신학

이십 세기에 이르러 평신도의 참된 위치에 대한 끊임없는 인식이 로마 가톨릭교회와 에큐메니칼 교회에서만 아니라 복음주의 교회에서도 제기되었다. Stott는 현대 교회가 평신도의 역할의 중요성에 대해 재인식하면서 모든 교회에서 평신도 고유의 정체성을 찾아가고 있다고 밝힌다.58) Elton Trueblood는 현대 교회의 평신도의 중요성을 주장하면서 "하나님의 거대한 용사인 평신도가 잠을 자고 있다"고 비유하며 평신도의 사역의 중요성을 지적하고 그들로 본연의 사역을 되찾도록 잠에서 깨워야 한다는 주장을 펼쳤다. Edge는 그의 *The Doctrine of the Laity*에서 지금까지의 수많은 평신도에 관한 연구와 노력에도 불구하고, 현대 교회에서 평신도에 대한 실질적인 면에서의 변화는 아직도 부족하다고 지적한다. 사실

---

55 Douglas, *Let the Earth Hear His Voice*, 5.
56 Douglas, *Proclaim Christ until He Comes*, 31-32.
57 참고: D. James Kennedy, *Evangelism Explosion* (Wheaton: Tyndale, 1970); Donald McGavran, *Understanding Church Growth* (Grand Rapids: Eerdmans, 1985).
58 Stott, *One People*, 15.

그 동안의 평신도에 대한 주장들이 구호에 그치고 실질적인 열매로 나타나지 못했음을 지적하는 말이다.

필자는 복음주의 평신도신학을 먼저 복음주의 세계 선교 대회, 곧 베를린 대회, 로잔 대회와 제2차 로잔 대회 등을 통해서 살펴보고, 그 다음에 복음주의 학자들 Harvie Conn, John Stott, Charles Van Engen의 평신도 연구를 중심으로 복음주의 평신도신학의 발전을 살피고자 한다.

1. 복음주의 세계 선교 대회에 나타난 평신도 연구

복음주의 교회는 1960년대 말부터 세계교회협의회의 자유주의적인 신학의 노선에 대응하여, 복음주의 교회는 휘튼과 베를린에서 세계 복음화 대회를 개최하여 19세기의 선교의 유산을 계승하고 지속적인 세계 복음화를 위해 노력하였다.

1) 베를린 대회와 평신도 운동

베를린 세계복음화대회는 "하나의 인류, 하나의 복음, 하나의 사역"이란 주제로 1966년 10월 31일에 베를린에서 개최되었는데, 세계 100개국 복음주의 교회 대표 1200여명이 참가하였다. 대회 의장인 Billy Graham은 개회 연설에서 "복음 전도의 가장 효과적인 방법은 교회의 평신도로 하여금 전도자의 사역을 감당하게 하는 것이다"고 주장하였다. 여기서 강조된 점은 평신도를 포함한 "전 교회적 참여만이 오늘의 교회 문제를 해결하는 방법임을 강조하고, 성경대로 화목하게 하는 사역이 모든 그리스도인에게 위임되었다는 것을 바로 인식하고, 모든 그리스도인이 모든 계층을 불문하고 세계 복음화의 대열에 가담케 해야 한다고 강조한다".59) 지금까지 교회의 선교 사역이 비효과적이었던 점은 바로 평신도 사역의

---

59 Carl F. Henry and W. Stanley Mooneyham, eds., *One Race, One Gospel, One Task* (Minneapolis: World Wide, 1967), 6.

결여 때문이라고 밝힌다. 목회자의 역할은 평신도로 하여금 세상에서 그들의 사역을 이루도록 돕는 것이며 평신도가 효과적으로 사역을 감당할 때, 목회자의 사역도 효과적으로 이루어졌다고 볼 수 있다고 주장한다.

2) 로잔 세계 복음화 대회와 평신도 운동

Lausanne Congress on World Evangelization는 1973년 7월 16일부터 25일까지 스위스 로잔에서 150개국 135개 교파 대표 2473명이 참가하여 금세기 최대의 복음주의 교회의 선교적 역량을 모으기 위한 모임이었다. 이 대회의 주제는 "온 땅으로 그의 음성을 듣게 하라!"(Let the Earth Hear His Voice!)로 복음 전도에 대한 교회의 관심을 전체 주제로 삼았다. 세계 복음화를 복음주의 교회의 최대 과제로 삼고, 모든 교회의 연합과 관심을 모아 한 마음으로 협력하고자 하였다. 세계 복음화를 이루는데 전 교회의 참여가 필요함을 인식하고 평신도의 복음 전도의 잠재력를 재차 강조하였다. 아울러 목회자와 평신도 사이에 어떤 계급적 차별이 있을 수 없음과 모든 성도가 예수 그리스도에 의해서 세상으로 보냄을 받았으며 땅에서 증인이 되는 책임이 있음을 선언했다.

Madison Ford는 평신도의 사역의 중요성과 그들의 간절한 기대를 다음과 같이 주장했다: 오늘의 평신도는 교회 사역에서 의미있는 일, 곧 "생명을 변화시키는 사역에 참여"시켜야 한다. 여기서 Snyder는 현대 교회에서 바람직한 평신도신학을 위한 네 가지 제안을 발표하였다. 첫째로, 교회는 근본적인 면에서 어떤 기구나 제도가 아니라, 오히려 성령의 공동체임을 깨달아야 한다. 즉 교회관이 정체된 조직이 아니라 성령의 전이요, 하나님의 백성들의 생명적 연합체임을 볼 수 있는 교회관의 정립이 필요함을 주장한다. 둘째로, 모든 그리스도인은 각자의 은사를 가지고 교회에서 각자의 사역이 있음을 알아야 한다. 셋째로, 전통적인 이원론적인 성직자

평신도 구조는 모든 그리스도인이 사역자라는 성경의 교훈에 어긋난다고
지적한다. 마지막으로, 신약 성경이 가르치는 사역론의 두 기둥은 "만인제
사장론과 성령의 은사론"이라고 주장한다. 만인제사장론은 모든 평신도가
제사장적 사역에 초청함을 받은 존재요, 성령의 은사론은 단순히 신비적
인 은사 운동 차원이 아니라 그리스도의 몸의 지체로서 각기 은사를 받은
대로 구체적인 사역에 모습을 나타내는 원리임을 주장한다.

  3) 제2차 로잔 대회와 평신도 운동

    제2차 로잔 대회가 필리핀 마닐라에서 1989년 7월 1일에 개최되
었는데, 세계 171개국에서 3,000여 명 이상의 대표들이 "주님 오실 때까
지 그리스도를 전파하라"는 주제로 모였다. 전체 교회가 참여하여 온전한
복음을 전 세계에 전파하자는 일치된 목표를 선언했다. 특히 이 대회에는
제3세계 출신 복음주의 학자들이 대거 참여하여 세계 복음화를 위한 세계
적인 관심을 나타낸 모임이었다. 여기서 Pete Hammond는 평신도 사역
의 활성화를 위해 몇 가지를 제시하였다.[60] 첫째로, 오늘의 교회가 너무
유급 직원들에 의존함으로 평신도의 사역을 막고 있다고 지적한다. 사역
이 목회자나, 전도사나 선교사만의 전유물이 됨으로 평신도가 그러한 사
역에서 제외된 문제점을 지적한 것이다. 둘째로, 오늘날의 교회 구조는 평
신도가 할 일을 제대로 보여 주지 못함을 지적했다. 방관자나 기껏해야
헌금하고 성직자가 시키는 일에 순종만 하는 것이 평신도의 일이라고 주입
시킨 현실의 목회 구조를 통렬히 비판한다. 이것은 오늘의 교회가 평신도
를 얼마나 잘못 인도하고 있으며 그들을 무시하고 고유의 사역을 방해하여
왔는가를 보여 준다. 셋째로, 교회의 99퍼센트나 차지하는 평신도가 하나
님의 백성으로 그들의 사역에 불참하는 것은 오늘날 세계 복음화를 불가능

60 Douglas, *Proclaim Christ until He Comes*, 81.

하게 할 뿐만 아니라 이것은 비성경적이요, 평신도를 차별하는 것이라 주장했다.

로잔 대회에서 평신도 사역을 위해 성경의 "만인제사장론"은 "만인사역자론"이라고 설명했다. 아울러 성직 독점주의의 오류에 대해서 세계교회에 다음과 같이 경고한다. "성직자에 의한 평신도의 독점적인 지배는 교회역사에 있어서 큰 악으로 존재해 왔다. 그러한 것은 평신도나 성직자 모두에게 하나님의 의도하신 역할을 오해하게 하고 그들의 참 역할을 빼앗는 결과를 가져온다. 이러한 결과는 성직자로 문제에 봉착하게 하고 교회를 약화시키면서 복음의 확장을 방해한다".61)

2. 복음주의 학자의 평신도론

복음주의 교회에서 평신도에 대한 관심이 커지면서 다양한 학자들에 의해 평신도에 대한 신학적인 연구와 이해가 광범위하게 나타나게 되었다. 여기서는 Harvie Conn, John Stott, Charles Van Engen의 평신도론에 대해서 살피기로 한다.

1) Harvie M. Conn

Conn은 개혁주의 학자로서 교회의 평신도의 사역의 중요성에 대해서 많은 관심을 가지고 다양한 연구서를 가지고 있다. 개혁 교회의 선교대회에서 발표했던 "장로와 평신도를 위한 선교 훈련"이란 논문에서 성경적 평신도 정체성에 대해서 개혁주의 입장에서 살피고 있다.62) 그의 논문 "Theological Education and the Search for Excellence"에서는 신학교육과 평신도의 위상에 대해서 상세히 설명한다.63) 선교 잡지 *Urban*

---

61 Ibid., 31.
62 Conn, "Training the Menbership for Witness: Elder and Laith."
63 Harvie M. Conn, "Theological Education and the Search for Excellence," *Westminster Theological Journal* (1979), 41:311-63.

*Mission*에서 Conn은 오늘날 도시 선교를 위해 잊혀진 직분으로서 집사직
의 회복이 시급함을 주장하면서 평신도의 중요성을 부각시키기도 했다.64)

    Conn은 어떻게 교회의 회중이 전체 하나님의 백성의 사역자에 대한 성
경적 비전을 깨닫고 사역하게 할 것인가라는 문제 의식을 가지고 그의 평
신도 신학을 전개한다. 먼저, 그는, 평신도는 누구인가에 대해서 질문하면
서 평신도의 정체성을 성경에서 정의한다. 성경적, 역사적으로 나타난 하
나님의 백성으로서 평신도의 정체성에 대하여 다음 몇 가지 특징을 주장한
다. 첫째로, 평신도는 지금까지의 단순히 성례와 지도와 안내만 받는 소극
적인 모습이 아니라, 그들이 교회와 세상에서 가지는 역할로 그들의 정체
성이 정의되어야 한다고 주장한다. 둘째로, 하나님의 백성의 사역이 신학
적, 문화적으로, 성직자 중심의 계급적 성직주의에 매여 있지 아니하며 또
한 성직 그 자체가 교회 성도간의 어떤 차별을 가져오는 것이 아님을 강조한
다. 셋째로, 교회 안의 교직 체계가 계급적인 조직이 아니며, 성령의 은사로
서 모든 성도를 섬기는 청지기 원리임을 강조한다. 한 성령과 한 몸으로 교
회의 모든 지체는 다양한 사역을 위해 존재하고 모든 구성원들이 한 몸을
섬기는 다양함이 있음을 강조한다(엡 4:4; 고전 12:4-6; 롬 12:7-8).65)

    Conn은 그 동안의 평신도에 대한 오해들이 바르게 인식되어야 함을 지
적했다. 기독교에서 여전히 평신도는 "잊혀진 존재"라고 주장하면서 기껏
해야 평신도는 목회자에 비해서 그들의 능력은 이류(二流)로 취급하는 경
향이 있다고 지적하고, 이러한 오해는 목회자나 교회 사역에 대한 오해에
서 비롯된 것으로, 그리고 "만인제사장론"을 잘못 이해함에서 기인했다고
진단한다.66) 특히 오늘날 집사 직책이 복음 전파에서 여전히 "잊혀진 도

---

64 Harvie M. Conn, "Deacons: A Forgotten Tool for Urban Mission," *Urban Missions* (1991), 9:3-5.
65 Conn, "Training the Menbership for Witness: Elder and Laith," 85.

구"라고 부르면서, 오늘의 효과적인 선교를 위해서 집사직의 회복이 시급하다고 주장한다. 곧 사도행전 6장에 나타난 초대 교회에서 집사들의 활발한 사역이 복음 전도와 사회 활동 등에서 다양하게 나타난 모습은 오늘의 평신도상의 회복에 도전이 됨을 주장한다(행 6:1,7; 7:1-60; 8:5-13).

Conn은 다른 교파에 비해서 개혁주의 교회가 평신도 연구와 이해에 둔하다고 지적하면서 신학교 교육이 오직 목회자 배출에만 치우쳐 있고 평신도 훈련에는 거의 관심이 없음을 지적한다. 성직자 중심 구조의 교회는 평신도의 복음 전도 사역을 약화시키고 하나님의 백성들의 사역의 개념에 대해서 참된 이해를 방해하고 있다고 주장한다. 현재 평신도의 복음 전파는 교회 기구와 조직에 의해서 거의 질식될 수밖에 없음을 지적한다.67) Conn은 평신도의 활발한 사역을 위해서 적극적으로 평신도에게 신학교를 개방하여 그들도 합당한 "신학 교육"을 받음으로 그들이 사역을 감당하는 자로 훈련되어야 함을 강조한다.

2) John Stott

Stott는 로잔 대회의 지도자로서 다양한 활동과 다양한 저술 작업을 통해서 평신도신학의 정립에 공헌한 학자이다. 그의 저서 *One People*(1982)을 비롯해서 *The Message of Ephesians*(1979)등에서 평신도에 대한 성경적이며 균형잡힌 논리로서, 오늘의 현대 교회에서 어떻게 평신도로 하여금 그들의 주님께 대하여 그리고 이 세상에서의 사역을 성취하도록 도울 수 있는가에 대해서 그의 평신도신학을 일관성 있게 발전시키고 있다.

먼저 Stott는 평신도의 정체성에 대해서 다음과 같이 정의한다. 평신도

---

66 Ibid., 79.
67 Ibid., 93.

란 전체 하나님의 백성들이요, 예수 그리스도의 보혈로 속량함을 받은 자
요, 또한 그들은 복음 전도와 사회 봉사에 부름받은 존재임을 밝힌다.68)
여기서 나타난 평신도상은 소명을 받은 하나님의 백성들의 모습으로 그려
져 있으며 그 역할도 분명함을 주장한다. 평신도의 역할은 섬기는 존재요,
봉사하는 자로 확실한 평신도의 사역을 제시한다. "우리는 모두 다스리기
위해서가 아니라, 섬기기 위해서 부름을 받았다. 우리는 그리스도의 종들
이요, 심부름꾼들이요, 시중드는 존재들이며 또한 그리스도 때문에 다른
사람들의 종들이다."69)

오늘날 교회에서 가장 민감한 사항인 평신도와 목회자와의 관계에 대해
서 Stott는 많은 지면을 할애하여 충분히 설명한다. 신약 성경의 목회자
개념은 경쟁적으로 교회의 모든 사역을 한 사람의 수중에 장악함으로 평신
도의 사역을 무시하는 그런 목회자가 아니라, 평신도를 하나님의 백성으
로 격려하고 도와 각각 은사들을 발견하고 계발하여 사역하는 자들로 세우
는 자임을 목회자라 주장한다.70)

Stott는 지금까지 존재해 온 목회자와 평신도와의 관계들을 네 가지로
구분하여 설명하였다. 첫째는 그 관계가 불균형적이고 한 쪽으로 치우친
관계인데, 그것은 너무 성직자를 높이므로 상대적으로 평신도를 낮추는
결과에서 온 것으로 설명한다. 그는 성직자와 평신도 사이에 대한 균형잡
힌 이해가 필요함을 강조한다. Stott는 "평신도에 대해서 너무 낮게 보게
되는 것은 성직자를 너무 높게 보기 때문이요, 성직자에 대해 너무 높게
보는 것은 상대적으로 교회를 너무 낮추어 본 결과 때문이다"고 주장한
다.71) 두 번째는 로마 가톨릭교회의 교회 구조는 이원론적인 것으로 이것

68 Stott, *One People*, 48.
69 Ibid.
70 Ibid., 167.

은 비성경적인 구조라고 비판한다. 곧 서로간에 불간섭을 원칙으로 힘의 논리가 지배하는 결과를 맞이할 수 있기 때문이다. 세 번째는 성직자의 독점적인 평신도 지배는 역시 비성경적임을 지적한다. 성경에는 교회의 모든 사역이 오직 한 사람의 수중에 집중되어 모든 평신도의 사역들을 부정하는 그런 세속적이고 계급적인 성직 독점주의는 발붙일 곳이 없다고 강조한다.72) 마지막으로, 성경에서 제시하는 목회자와 평신도의 관계는 모두가 받은 은사를 따라 그리스도의 몸인 교회를 세우고 섬기는 관계임을 천명한다. 목사의 은사는 섬기는 직책임을 강조하는데, 이것은 한국 교회가 필요로 하는 목회자와 평신도와의 관계 정립에 크게 이바지하리라 본다.

3) Charles Van Engen

　　Charles Van Engen은 그의 저서 *God's Missionary Church* (1991)에서 교회의 95퍼센트나 차지하는 평신도의 중요성과 그들의 선교적 역할에 대해 강조하였다. 그는 현대 교회가 교회의 선교적 이해와 평신도에 대한 새로운 이해를 가져야 함을 주장한다.73) Van Engen은 평신도의 온전한 사역이 이루어지지 않고 있는 현상을 가지고 교회 안에 두 종류의 성도가 존재한다고 밝힌다. 사역에 "헌신된 소수"와 "소외된 다수"로 지적하며, 교회는 헌신적으로 활동하는 핵심적인 10퍼센트의 성도들과 항상 주변에 머물며 거의 참여하지 않는 90퍼센트의 그리스도인들로 이루어져 있다고 진단한다. Van Engen은 성직자-평신도의 차별은 3세기 경의 사상으로, 기독교회의 "쇠퇴, 세속화, 죄악"의 산물임을 지적한다.74)

　　그는 평신도의 정체성으로 고린도후서 5장 17절의 "그리스도안에 있는

71 Ibid., 18.
72 Ibid., 167.
73 Van Engen, *God's Missionary People*, 27.
74 Ibid., 151.

새로운 피조물"로 제시한다. 그리고 목회자와 평신도의 구별에 있어서 획기적인 기준을 제시하여 현대 교회로 목회자나 평신도 모두의 온전한 정체성을 찾는데 도움을 준다. 그는 목회자와 평신도 사이에는 "은사, 기능, 사역에 있어서 다양함"이 있지만, 그러나 "거룩성, 특권, 권세, 헌신, 활동"에서는 결코 차별이 있을 수 없음을 강조한다.75)

Van Engen은 신학교의 신학적인 교육이 평신도의 활발한 사역을 위해 개방되어야 함을 강조한다.76) 평신도의 성숙한 사역을 위한 안수받은 목회자의 역할은 평신도를 준비시켜 하나님의 사역자로 나타나게 하는데 있음을 주장한다. "안수받은 목회자가 교회의 다른 평신도보다 더 높은 지위나 더 중요한 역할이나, 더 높은 수준의 영성을 소유함이나, 더 많은 능력을 소유함이 아니다."77) 그의 주장에 따르면 목회자가 안수받은 의의가 있다면 그것은 지교회에서 모든 평신도를 섬김으로 평신도들이 이 세상에서 자신의 고유한 사역을 수행케 하는데 두고 있다.78)

E. 한국 교회와 평신도신학

"평신도신학"이 한국 교회에는 어떤 의미를 갖는가를 살펴보면, 대부분의 교회에서 평신도 사역의 중요성은 인식하지만, 실제로 목회자나 평신도 각자가 온전한 평신도에 대한 신학의 부재로 혼미한 가운데, 목회 현장에서는 여러 다양한 형태의 문제가 끊임없이 발생하기도 한다. 참으로 평신도신학은 한국 교회에서 이러한 문제에 대하여 필요한 성경적 원리를 제공함으로 목회자와 평신도 사이에 보다 온전한 관계가 정립될 수 있으리라 본다.

---

75 Ibid.
76 Ibid., 153.
77 Ibid., 157.
78 Ibid.

오늘의 한국 교회의 문제 중에 하나는 교회의 "교직"(church office)에 대한 오해들에서 온다고 볼 수 있다. 한국 사회가 전통적으로 유교적인 배경 속에서 사회 구석 구석에 유교적인 질서를 숭상하는 문화적인 특성이 있다. 유교의 탄생지인 중국보다도 더 엄격하게 지켜지는 위계 질서 의식은 누구도 부인하지 못하는 한국인의 가치관으로 자리잡고 있다. 유교의 삼강오륜(三綱五倫)과 같은 주장에서 한 예를 들면, 소위 "군사부일체"(君師夫一體)라는 말은 사회에서 임금과 스승과 아버지는 수직적으로 하늘과 같은 존재요, 상대적으로 백성과 학생과 자녀들은 땅과 같은 존재라는 수직적인 계급적 사회 구조에 대한 인식이 한국인의 철학으로 깊이 배어 있기에 여러 가지 문제를 야기할 수 있다. 이러한 맥락에서 교회 안에서의 직분을 계급적으로 보면서 수직적 계급적 구조로 인하여 교회 안에 많은 문제가 발생하고 있다. 교회 안에서 누가 높은가에 대해 보이지 아니하는 알력이 존재하고 그것이 교회의 갈등 구조로 발전하면서 더욱 교직에 대한 왜곡된 형태를 양산하게 됨을 본다. 이러한 한국 교회의 유교적 배경에서 나온 계급적인 교회 직분 이해를 해결하는 것은 성경적 평신도신학의 정립에서 가능하다고 하겠다. 평신도신학은 목회자로 자신이 세도가로서 어떤 권위주의의 유혹에 빠지지 않고 겸손히 주님의 몸된 교회의 한 지체로서 다른 평신도를 도와 그들로 하나님이 주신 소명을 다 이루도록 도움을 줄 것이다. 아울러 평신도에게는 평신도가 아무런 능력 없는 자들의 그룹이 아니라 하나님의 교회의 중요한 지체로서 위로부터 받은 은사를 가지고 각각 부르심을 따라 사역하는 사역자로서 그들의 역할과 책임을 다하게 하는데 기여하는 학문이다.

1. 한국 교회 성장과 평신도의 역할

한국 교회가 선교 1세기가 지나는 짧은 역사에 그 부흥은 세계사에서 찾아 볼 수 없는 역사였다. 1884년 처음 기독교 선교사로 들어온 Horace N. Allen 박사가 평신도로 한국에 입국해서 선교한 이후 지금까지, 한국 교회는 Roy E. Shearer의 증언대로 "격렬한 불길"과 같은 성장을 거듭하였는데[79] 그러한 한국 교회의 부흥에 있어서 한국 교회의 평신도의 활동이 눈부시게 나타났다는 점이다. 초대 교회에서 평신도들이 놀라운 교회 성장과 복음 전파를 위하여 활약했듯이, 한국 교회에서도 초기 평신도들은 선교사가 입국하기 전부터 중국이나 일본으로부터 선교사들에게 성경을 배우고 심지어 성경을 번역하여 초기 한국선교에 중추적인 역할을 한 것으로 나타난다. 초기 한국 선교사였던 Shearer는 이렇게 증언한다. "한국 사람들은 예수를 믿고 그리스도인이 될 뿐만 아니라 열심 있는 평신도들에 의하여 성경을 배워서 세례 신자로 성장해 갔다."[80] 이처럼 초기에 평신도들은 복음 전도와 교회 성장에 큰 역할을 하였다.

한국 교회의 부흥의 원인 중에 하나인 "사경회"는 일종의 부흥회였는데, 말씀을 가르치고 묵상하는 모임으로 주로 평신도에 의하여 인도되었다. 이러한 사경회는 한국 교회의 오순절이라 할 수 있는 1907년의 대부흥의 원동력이 되기도 하였다. 오늘날도 한국 교회가 다른 어느 교회보다도 성경 중심의 교회로 부흥한 것도 초기 시대에 많은 평신도들이 그 기초를 놓았다고 볼 수 있다. 한국 교회 초기의 부흥을 놓고 연구할 때 반드시 언급하는 선교 정책으로 "네비우스 선교 정책"(Nevius Plan)이 있는데, 이것의 핵심은 모든 그리스도인들을 격려하여 그들로 성경을 공부하게 하여 다른 불신자에게 가서 그 배운 말씀을 나누어 주는 것으로,[81] 역시 평

---

79 Roy E. Shearer, *Wildfire: Church Growth in Korea* (Grand Rapids: Eerdmans, 1966), 53.
80 Ibid.
81 Allen D. Clark, *A History of the Church in Korea* (Seoul: Christian Literature Society, 1971), 115.

신도의 놀라운 활약을 보여 준다. 이처럼 초기 한국 교회에서 평신도의
사역은 네비우스 선교 정책과 함께 사경회를 통해서 교회 부흥으로 그 결
실을 맺었다고 볼 수 있다.

　주후 1950년대에는 한국 교회에 다양한 학원 선교 단체들이 들어와 한
국 교회에 평신도의 훈련에 많은 영향력을 주어서 한국 교회 부흥의 한
요인이 된다. 대부분의 학원선교 단체들은 주로 평신도를 훈련하여 복음
전파의 사역을 감당하게 하는 것에 그 목표를 두고 있고, 그들은 대부분
복음주의적 열정을 소유하고 있다. 과거 한국 교회에서 이러한 선교 단체
와 교회사이에 갈등 구조가 없지는 않았지만, 지금은 선교 단체의 평신도
훈련의 모델은 한국 교회에 직접적으로, 간접적으로 영향력을 주었던 것이
사실이다.

　한국 교회는 1960년대부터 70년대를 전후하여 고속 성장하는 진기록
을 남길 정도였다. 많은 교회 성장 학자들은 이러한 한국 교회의 성장의
배경에는 이름 없는 평신도의 놀라운 헌신이 있었음을 지적한다. 한국 교
회의 성장에 대한 연구가 이러한 관점에서 많이 이루어지고 있으며 또한
한국 교회의 구역 조직에 대해서 활약하는 평신도의 사역을 오늘의 부흥의
원동력으로 삼고 있다. 1980년 이후로 평신도에 대한 교회의 관심이 "사
랑의 교회"를 중심으로 일어나 보다 효과적으로 한국 교회의 평신도를 무
장하여 세계선교의 지상명령을 앞당기고자 하는 움직임이 빨라지고 있다.
옥한흠목사는 "평신도를 위하여 투자하고 훈련을 하는 것은 오늘의 한국
교회를 향하신 하나님의 뜻이다"고 주장한다.[82]

2. 21세기 한국 교회와 평신도

　이십 일 세기 한국 교회는 과거 그 어느 때보다도 세계 복음화를 위해

---

82 옥한흠, 「평신도를 깨운다」, 34.

서 평신도의 구체적인 사역이 요청된다. 목회자 혼자만으로는 교회의 사역을 효과적으로 감당할 수 없기에, 성경적인 평신도신학을 정립하여, 평신도로 이 세상에서 "빛과 소금"이 되게 하며, 하나님의 복음이 땅끝까지 전파하게 도와야 한다. 먼저 지역 교회의 부흥에 있어서 하나님의 거대한 도구인 평신도를 일깨워 그들로 자신의 사역을 인식하게 하여 그들의 생애에 그것을 온전히 이루도록 격려하고 훈련하는 자세를 견지해야 한다. 아울러 교회의 우수한 평신도로 사회 다방면에서 그 역할을 다하게 함으로 복음 전파에 열매를 맺게 한다. 하나님의 도구로서 평신도는 지역 교회의 성장을 위한 주요한 열쇠일 뿐만 아니라, 세계 선교를 위한 평신도 선교사로서의 소명을 지닌 "전문인 선교사" 또는 "자비량 선교사"(tent-maker)들이다. 단순한 평신도의 지위나 권리에 대한 집착으로서의 평신도신학이 아니라, 복음 전파와 교회 성장을 통한 하나님 나라의 확장을 위하여 평신도를 훈련하고 격려하는 사역자가 필요한 것이다.

Ⅲ. 결　론

현대 그리스도의 교회는 잠자는 거인과 같다는 Elton Trueblood의 주장처럼, 교회 구성원의 대부분인 평신도들이 세상에서 자신들의 참된 소명을 이해하지 못하고, 그들이 유능한 하나님의 일꾼들로서 무한한 가능성을 가지고 있지만, 그들 대부분은 사역은 제대로 하지 않고 구경만 하고 있는 실정이다. 그래서 "평신도를 깨운다"는 말이 오늘날 누구나 알고 있는 유행어가 되었으며 이러한 평신도에 대한 관심은 지대하다. 로마 가톨릭 교회의 엄격한 계급 구조에 기초한 논리와는 달리, 그리고 에큐메니칼의 무분별한 신학과는 구별되는 복음주의 평신도신학은 그 동안에 교회에서 무시되었던 평신도의 위치와 역할을 성경적 기초에 충실하게 정립하여 왔다. 복음주의 평신도신학은 먼저 교회 안에서 목회자와 평신도의 바른 관계를 제시할 뿐만 아니라, 교회의 지체로서 모든 구성원들로 각기 받은 은사를 가지고 주님의 몸을 세우고 그 역할을 감당하게 하는데 유익한 것이다.

필자는 이 글을 마치면서 한국 교회의 평신도신학을 위한 몇 가지 제언을 하고자 한다. 첫째로, 역사적으로 평신도는 초대 교회부터 시대마다 전도와 교회 성장 그리고 세계 선교에 그들의 삶과 일생을 바쳐 왔다. 특히 초대 교회 평신도 운동은 오늘날 현대 교회의 평신도 활동에 훌륭한 본보기로서 귀중한 가치가 있다. 둘째로, 성경적으로 평신도는 하나님의 백성으로서 마땅히 이 세상에서와 교회 안에서 그들 고유의 귀중한 위치와 역할을 가지고 있다. 신구약 성경은 그 무엇보다도 하나님의 백성에 대한 하나님의 관심을 잘 나타내고 있다. 이러한 진리는 오늘의 평신도들에게 바로 선포되고 가르쳐져야 한다. 셋째로, 평신도들의 활발한 역할을 다하기 위해서, 교회는 종교 개혁가들의 유산인 만인제사장론의 진리는 반드시 오늘날에도 강조되어야 하며 아울러 성경적 은사론에 대한 가르침으로 평신도가 받은 은사를 사용하는 사역자가 되도록 세워 주어야 한다. 넷째로, 평신도신학은 교회 안에서 목사와 평신도들의 관계 정립을 위해 요긴하게 사용될 수 있으며 온전한 평신도신학은 하나님의 백성 전체에 대한 사명—세계 복음화(마 28:19-20)—을 수행하고, 예수 그리스도의 몸인 교회를 세워 가는 목적으로 나아가야 한다고 본다. 마지막으로, 목회자들은 목회 현장에서 권위주의적 자세가 아니라, 겸손히 섬기는 심령으로 목회에 임하며, 평신도가 가지는 성경적 정체성 확립과 그들의 사역을 이해하고 감당할 수 있도록, 목회자들은 평신도들을 훈련하는 사역을 실천해야 한다. 이 모든 것 위에 성령의 역사를 위해 기도해야함을 잊지 말아야 한다.

추 천 도 서

김성욱. 「하나님의 백성과 선교」 서울: 기독교문서선교회, 1998.

옥한흠. 「평신도를 깨운다」. 서울: 두란노서원, 1984.

Ayres, Francis O. *The Ministry of the Laity*. Philadelphia: Westminster, 1962.

Boice, James Montgomery. *Ephesians: An Expositional Commentary*. Grand Rapids: Zondervan, 1988.

Congar, Yvs, *Lay People in the Church*. Maryland, Westminster, 1957.

Conn, Harvie M. "Training the Membership for Witness," in *Training for Missions*. Cape Town: RES Mission Conference. 1976.

De Ridder, Richard R. *Discipling the Nations*. Grand Rapids: Baker, 1975.

Douglas, J. D., Ed. *Let the Earth Hear His Voice*. Minneapolis: World Wide, 1975.

_____., Ed. *Proclaim Christ until He Comes*. Minneapolis: World Wide, 1990.

Edge, Findley. "Priesthood of Believers," in *Review and Expositor*. 50: 9-21.

_____. *The Doctrine of the Laity*. Nashville: Convention, 1985.

Flannery, Austin D., Ed. *Documents of Vatican II*. Grand Rapids: Eerdmans, 1975.

Kaiser, Walter C., Jr. *Toward an Old Testament Theology.* Grand Rapids: Zondervan, 1978.

Kennedy, James. *Evangelism Explosion.* Wheaton: Tyndale, 1985.

Kim, Seong-Uck. "A Missiological Study of the Laity from the Protestant Perspective," Reformed Theological Seminary Doctoral Dissertation, 1995.

Kraemer, Hendrik. *A Theology of the Laity.* Philadelphia: Westminster, 1958.

Kromminga, Carl G. "The Communication of the Gospel through Neighboring." Free University Doctoral Dissertation, 1964.

_____, *Bringing God's News to Neighbors.* Nutley: Presbyterian and Reformed, 1964.

Minear, Paul. *The Nature and Mission of the Church.* Richmond: John Knox, 1960.

Mott, John R. *Liberating the Lay Forces of Christianity.* New York: MacMillan, 1932.

Neill, Stephen C. and Hans-Reudi Weber. *The Layman in Christian History.* Philadelphia: Westminster, 1963.

Stevens, R. Paul. *Liberating the Laity.* Downers Grove: IVP, 1985.

_____. *The Equipper's Guide to Every Member Ministry.* Downers Grove: IVP, 1992.

Stott, John R. W. *The Message of Ephesians.* Downers Grove: IVP, 1979.

_____. *One People.* Downers Grove: IVP, 1982.

Van Engen, Charles. *God's Missionary People.* Grand Rapids:
Baker, 1991.

9
교회행정학

현 유 광

Ⅰ. 교회 행정 개관

A. 행정의 정의

　"행정"이란 단어를 국어사전에서는 "정치나 사무를 행함; 법률을 집행하여 나라일을 실현하는 통치 작용"1)으로 풀이하고 있다. 행정이란 단어와 통하는 말에 "경영"이 있다. "경영"을 국어 사전에서는 "일정한 조직을 베풀어 기업이나 사업을 관리하고 운영함"2)으로 설명하고 있다.

---

1 한글학회, 「우리말 큰사전」 (서울: 어문각, 1992).

행정이라는 말은 영어로 "public administration"이고 경영은 "business administration"이다. 국어 사전의 풀이나 영어표현에서 보는 바와 같이, "행정"이란 단어는 주로 공익을 최우선으로 하는 국가 공공 기관의 효율적인 운영과 연관지어 사용되고, "경영"은 대개 이윤을 추구하는 기업을 조직하고 관리하는 활동을 가리킨다.

경영이나 행정은 그 대상이나 목표에 있어서 서로 차이가 있으나, 실제적인 활동면이나 방법적인 면에 있어서 두 단어는 매우 공통된 내용을 다루고 있다. 즉 목표를 세우고 계획하며, 목표를 달성하기에 합당한 조직을 세우며, 사람들을 선발하고 교육하고 배치하고 동기를 부여하며, 책임을 맡기고 지시하고 조정하며, 예산을 세우고 집행하고 결산하며, 이상의 모든 일들을 평가하여 새로운 목표를 세우는 순환 과정의 활동들을 가리켜 경영 또는 행정이라 하며, 영어로는 "administration"이라고 부른다.

B. 교회 행정의 정의

영한 사전에 보면 "administration"을 "관리, 경영, 정치, 통치, 행정" 등과 같은 단어와 결부시키고 있다.[3] 따라서 "church administration"은 교회 행정이라고 번역할 수도 있고, 교회 경영으로도 번역이 가능하다. 그러나 "경영"이라는 단어가 이윤을 추구하는 기업과 연관지어져 있기 때문에 "교회 경영"이라는 말 대신에 "교회 행정"이라는 말이 보편화되었다고 하겠다.[4]

---

2 Ibid.
3 「뉴월드 영한대사전」 (서울: 시사영어사, 1990).
4 시중에 번역되어 나온 교회와 관련된 책들 가운데서 "경영"이라는 단어를 사용한 책들이 드물지 않다. 곧 부루스 존스, 「목회리더십과 경영」 (서울: 생명의 말씀사, 1994), 스테펀 더글라스, 브루스 쿡, 하워드 헨드릭스 공저, 「교회 경영, 이렇게 한다」 (서울: 순 출판사, 1991), 케네스 강겔, 「성공적인 경영자로서의 목회자」 (서울: 한국로고스 연구원, 1996) 등이 있다.

교회 행정을 정의한다면, 하나님이 교회에 맡기신 일(예배, 교육, 전도와 선교, 교제 그리고 봉사)을 하나님의 뜻을 따라 교회의 거룩함을 지켜나감과 동시에 교회에 주어진 사명을 보다 효과적이며 효율적으로 수행하기 위해 목표를 제시하며, 성도들을 가르치고 봉사의 일을 하도록 하고, 교회 내의 다양한 자원들을 계발하고 동원하고 배치하며, 교회의 화평과 성장을 위해 성도들과 그들의 사역을 감독하고 조정하며, 나타난 결과를 평가하여 다시 시도하도록 함으로 하나님께 영광을 돌리며 교회를 유익하게 하는 교회 지도자의 활동을 말한다. 따라서 교회 행정에는 다음과 같은 과정들이 따르게 된다.

1) 교회의 존재목적 위에 교회의 장기 및 단기 목표를 세우는 일 (Establishing Goals and Objectives).
2) 목표에 근거하여 계획을 세우는 일 (Planning).
3) 계획을 효과적이며 효율적으로 수행하기 위해 조직을 만들거나, 성도들을 교육하고 그들의 은사를 따라 직분과 책임을 맡기는 일 (Organizing/Staffing).
4) 개인과 교회 내의 기관의 일을 지시하고 상호간의 관계를 감독하고 조정하는 일 (Directing and Coordinating).
5) 예산을 세워 사람과 사역을 지원하는 일(Budgeting).
6) 일정 기간이 지난 후 나타난 결과와 사람을 평가하므로 기존의 목표를 조정하고 사람을 성숙하도록 돕는 일 (Evaluating).

C. 교회 행정의 필요성

교회는 과거와 현재와 미래에 있어 모든 하나님의 백성을 망라한 우주적 교회도 있으나, 예수 그리스도를 믿는다고 고백하므로 세례를 받은 사람들이 하나의 교회의 이름으로 조직되어 모이는 지역 교회도 있다. 일반적으로 교회행정학은 하나의 지역 교회를 그 연구와 적용의 대상으로 한다.

행정이나 경영이란 첫째로, 이타적인 면이 없지는 않으나 자기중심성이 강한 사람들에게 공동의 목표를 갖도록 하기 위해 필요하다. 교회 내에는 신앙이 성숙한 사람이 있는가 하면 믿음이 어린 초신자도 있고, 심지어 거듭나지 못한 사람도 있다. 교육적 배경을 보더라도 박사학위를 가진 사람이 있는가 하면 초등 학교 교육도 제대로 받지 못한 사람도 있다. 부유한 사람이 있는가 하면 끼니를 잇기 어려워하는 사람들도 있다. 이런 다양한 사람들이 그리스도를 머리로 하여 지체로서 한 목표를 가지고 움직여 나아가기 위해서는 교회 행정이 필요하다.

둘째로, 행정이나 경영은 목표를 성취하기 위한 목표를 세우는데 요긴하다. 교회는 하나님을 사랑하고 이웃을 사랑하며, 하나님의 영광을 위해 모든 족속으로 제자를 삼는 목표를 가지고 있다. 이를 위해 교회는 예배, 교육, 전도와 선교, 교제 그리고 봉사의 일들을 하게 된다. 이러한 일들은 주먹구구 식이나 임기응변 식으로 이루어질 수 없다. 즉 교회 내의 형편과 교회 밖의 현실을 면밀히 검토하는 가운데 장기와 단기의 계획을 세우고 실천해야 한다. 이를 위해 교회 지도자들은 행정 또는 경영에 대한 이해가 있어야 한다.

셋째로 계획이 있으면 그 계획을 수행하기 위해 인적 자원을 계발하고 적재적소에 배치하는 조직이 필요하게 된다. 특별히 성령님은 교회의 성도들 개개인에게 각양 은사를 부여하신다. 따라서 교회 지도자는 성도들이 이러한 은사를 계발하고 사용하여 그리스도의 지체로서의 기능을 발휘하도록 도와야 한다. 이를 위해 교회 행정은 필요하다.

넷째로, 행정이나 경영은 일을 지시하고, 개인과 개인 또는 부서와 부서 사이에 생기는 불화나 충돌을 조정하는 역할을 한다. 신약 성경은 교회 내에 있는 여러 가지 갈등 상황들을 보여 주므로 교회도 조정의 역할이 필요함을 알려 준다. 따라서 교회 지도자들은 행정을 통해 이러한 갈등을 조정하고, 이러한데 소모되는 에너지를 보다 생산적인 데 사용할 수 있도록 도와야 한다.

다섯째로 교회 행정은 헌금을 수납하고 지출하는 데 있어 성경적인 원리를 따라 재정 운용을 하는 데 도움을 주게 된다. 오늘날 금융 산업이 발달함에 따라 교회 재정을 운용하는 데는 특별한 지혜가 필요하다. 이러한 지혜를 무시할 때에 재정 담당자나 교회 전체가 시험에 들 수도 있고, 불필요한 재정적인 어려움에 허덕일 수가 있다. 따라서 교회 지도자는 교회 행정을 통하여 재정 관리를 지혜롭게 함으로써 교회의 구령 사업과 운영에 도움을 받아야 한다.

여섯째로 행정은 일정 기간의 일들을 평가하므로 새로운 목표와 계획을 세우는 데 기여하게 된다. 하나님은 우리의 말과 행위를 심판하시는 분이시다. 우리의 행한 대로 갚으시는 분이 하나님이시다. 따라서 교회는 하나님의 심판을 준비하며 정기적인 또는 비정기적인 평가를 해야 한다. 교회 행정은 이러한 평가 작업을 위해 많은 도움을 준다.

마지막으로, 행정이란 조직에 있어서 효과적이며 효율적인 관리와 운영을 목표로 한다. "효과적"이란 말은 일정 기간의 활동을 통해 나타난 결과와 관련되는 말이다. 반면에 "효율적"이란 말은 투입된 자원에 비추어 나타난 결과를 대비하는 말이다. 예를 들면, 총동원 전도를 위해 A라고 하는 교회가 1000만원의 경비를 들여 100명의 등록자를 얻은 것과 B라는 교회가 100만원의 경비를 들여 100명의 등록자를 얻었다고 하자. 이 때에 효과적이라는 면에서는 A교회와 B교회는 같다고 하겠다. 그러나 경비의 효율성에서는 B교회가 보다 낫다고 하겠다.

교회 행정은 하나님께서 허락하신 인적 물적 자원을 보다 효과적이며 효율적으로 사용하는 데 관심을 가진다. 착하고 충성된 청지기가 되기 위해 교회 지도자들은 마땅히 행정에 관심을 가져야 한다.

교회 행정은 성경 신학, 교회사, 교의학 등의 신학의 제 분야를 통해 발견되고 확증된 하나님의 뜻을 지역 교회와 이 세상에서 구현하는 방법을 다루는 실천신학의 한 분야라고 하겠다.

D. 교회 행정의 특수성

지금까지 설명해 온 것과 앞에 제시된 교회 행정의 여섯 과정에서 우리는 교회 행정이 일반 공공 행정이나 기업 경영과 구별되는 몇 가지 특수성을 지적할 수 있다.

첫째로, 교회 행정은 하나님이 성경에 계시하신 하나님의 뜻에 철저하게 근거한다. 국가 행정은 국가의 정통성이나 헌법, 역사적 전통과 시행착오에 의한 교훈, 그리고 국민적 합의에 의해 시행된다. 또한 기업 경영에 있어서는 출자자들과 경영인의 최대의 이윤을 추구하려는 의도가 경영의 과정에 강하게 작용한다. 그러나 교회 행정에 있어서는 이와 달리 성경에 계시된 하나님의 뜻이 절대적인 표준이 된다.

둘째로, 교회 행정은 교회의 거룩성과 평화의 유지와 성도들의 신앙적 성숙을 도모하는 것이 일차적으로 중요한 목표가 된다. 그리고 이와 더불어 교회의 양적 성장이 이차적인 목표가 된다. 그러나 국가 행정에 있어서는 대체로 국민 총생산이나 경제 성장률의 증가가 정책 수립과 집행에 있어서 일차적인 관심사가 될 수밖에 없다. 기업도 총매출액이나 당기 순이익을 어떻게 증가시킬 것인가가 우선적인 관심사라는 점에서 교회 행정과 차이가 있다.

셋째로, 교회 행정은 국가나 기업이 주로 결과에 관심을 많이 가지는데 비해 과정에 관심을 많이 가진다. 교회 행정이 질적 성장이나 양적 성장이라는 결과에 대해서도 관심을 기울이나 과정에 있어서도 하나님과 사람 앞에 거리낌이 없도록 하는 데에 특별한 관심을 기울인다. 국가나 기업도 윤리적인 면에 부끄러움이 없어야 한다. 그러나 교회 행정은 세상과 구별된 그리스도의 몸이라는 점에서 더욱 그러하다는 것이다.

넷째로, 국가나 기업은 목표를 세우고 조직을 하며, 그 직분을 수행할 수 있는 사람을 선발하여 책임을 맡기게 된다. 그러나 교회 행정에 있어서는 그렇게 할 수도 있으나, 모든 성도에게 성령께서 부여하신 은사를 발견하고 계발하도록 돕는 가운데 그리스도의 지체로서의 역할을 담당하도록 한다는 점에서 국가나 기업과 다르다. 국가나 기업은 그들의 일에 모든 사람이 적합한 것은 아니라고 전제한다. 그러나 교회는 모든 성도들이 교회의 일에 각각 역할이 있다고 믿는다. 따라서 교회의 지도자들은 각 성도들을 일깨워 각자의 은사를 따라 봉사의 일을 하도록 도울 책임이 있다는 점에서 교회 행정의 독특성이 있다.

다섯째로, 일반 행정이나 경영은 합리적이고 상식적인 계획과 실행만을 고려하나, 교회 행정에 있어서는 하나님의 초자연적인 능력을 통해 주어지는 은혜에 대해 개방적인 자세를 가진다.

마지막으로 교회는 일도 중요하지만 사람을 더욱 중요하게 여긴다는 점에서 국가 행정이나 기업 경영과 구별된다. 국가나 기업은 사람을 선발하여 직분을 맡긴 후라고 할지라도 실수가 있고 유익이 안 된다고 판단이 될 경우 그 사람을 면직시키고 관계를 끊어 버린다. 그러나 교회는 직분을 맡은 사람이 효과적이지 못하고 그에게 주어진 은사와 맞지 않을 때에 다른 일을 맡기기도 한다. 또 범죄한 사실이 있게 될 경우에는 면직을 시키기도 한다. 그러나 그를 교회라고 하는 공동체에서 출교하는 경우는 분명한 범죄 사실이 있음에도 불구하고 이를 인정치 않고 회개하지 않는 경우 외에는 없다. 교회 행정은 어떤 직분자가 얼마만큼의 성과를 올렸는가에 대해서도 어느 정도 관심을 가지나, 그 보다는 그가 얼마나 그리스도와 교회 안에서 성장하고 있는가에 더 관심을 가진다는 점에서 특별하다.

이상에서 보는 교회 행정의 특수성은 교회가 하나이며 거룩하며 보편성과 사도성을 지닌(one holy catholic apostolic church) 공동체라는 점과, 단순한 조직체(organization)가 아닌 그리스도의 몸이라고 하는 유기체(organism)의 성격 때문이라고 하겠다.

E. 한국 교회의 행정의 문제점

한국 교회의 현실에서 교회 행정이 보다 효과적으로 적용되기 위해서는 다음과 같은 장애 요소를 극복할 필요가 있다.[5]

첫째로, 서구 교회에 비해 한국 교회는 등록 교인의 관리나 책임 의식이 불분명하다는 것이다. 서구 교회는 한 사람이 교회에 참석해서 등록 카드를 쓴다고 해서 자동적으로 그 교회의 등록 교인이 되는 것이 아니다. 당회가 수세 여부와 책벌 여부 그리고 자질에 대해 그 사람을 심사하고 교인으로 받아들이기로 의결을 할 때에 정식 교회원(member)이 되는 것이다. 교회를 옮길 때에는 이명 증서를 받아서 새로이 등록하려는 교회에 접수를 시키므로 등록 과정이 시작된다.

서구 교회의 당회는 또한 오랫동안 교회원으로서의 책무를 다하지 않는 사람에 대해서는 정기적으로 심사하여 제명을 하거나 별명부에 올리게 된다. 그러나 한국 교회의 헌법에도 이러한 조항들이 있지만 실제로 이를 적용하는 교회는 드물다. 또한 우리나라의 교인들은 다른 교회에 출석하면서도, 전에 다니던 교회의 요람에서 자기 이름이 빠지면 굉장히 불쾌하

---

5 이성희, 「교회행정학」 (서울: 한국장로교출판사, 1994), 23 이하에서 한국 교회의 목회 현장에서 교회 행정을 무력화시키는 다섯 가지 요소를 제시하고 있다. 첫째는 대형교회 회의 익명 심리, 둘째는 다원화와 혼합주의, 셋째는 정적 사고, 넷째는 결과론 중시, 다섯째는 의존 성향이 그것이다.

게 생각하는 경우가 많다.

이러한 행태들은 교회 행정의 효율성을 저하시키는 중요한 이유이다. 왜냐하면 교회 행정이 추구하는 조직화에 있어서 출발점이 되는 교회원의 분명한 관리가 어렵기 때문이다. 한국인의 끈끈한 정을 중요시 여기는 정서를 완전히 무시해서는 안 되겠지만, 교회원의 관리를 철저히 하는 것은 교회 행정의 효과를 증진시킬 것이다.

둘째로, 한국교인들은 신비주의적인 경향이 많이 있다. 교회에 어려움이 있다던가 교회의 성장이 지지부진 하다고 할 때에, 하나님이 주신 이성을 사용하여 문제를 파악하고 다양한 해결책을 강구하고 그에 따르는 결과를 예측하여 가장 바람직한 해결 방법을 채택하는 과정을 영적이지 못하다고 생각하는 경향이 있다. 문제가 있을 때에는 무조건 엎드려 기도하고 영적인 감동이 있을 때에 그 일을 하는 것만을 영적인 것으로 오해하고 있다. 물론 하나님의 말씀과 성령님의 인도하심이 상식적이거나 합리적인 판단보다 우선(supersede)한다는 것은 누구도 부인할 수 없다. 교회의 일에는 시작과 중간과 끝이 기도와 함께 진행되어야 한다. 그러나 우리가 일을 추진하는 과정에서 하나님의 말씀과 성령님의 인도하심이 예외적으로 분명하게 나타나기 전에는, 우리는 이미 드러난 성경의 원리 위에 우리의 이성을 활발하게 사용하여야 한다. "영적"이라는 말을 오해하여 교회행정학을 통해 주어지는 하나님의 지혜를 무시하는 경향을 우리는 경계해야 한다.

셋째로, 민주적인 과정을 무시하는 태도가 교회 행정을 파행적으로 만들기도 한다. 어떤 교회 지도자는 "교회는 민주주의를 해서는 안 되고 신주주의를 해야 한다"고 주장한다. 그의 말에 일리는 있다. 교회는 하나님 중심, 성경 중심으로 움직여야 한다는 점에서 그 말은 옳다. 민주주의 곧 성경의 원리에 어긋남에도 불구하고 대다수의 교인들이 원하면 한다고 하는 방식은 분명히 틀린 것이다. 이러한 잘못의 구체적인 예를 출애굽기

32장에서 아론이 백성들의 요구를 따라 금송아지를 만드는 사건에서 볼 수 있다.

하나님이 교회의 절대 주권을 가지고 계심은 분명하나, 하나님이 교회를 민주적인 방식으로 이끄실 때가 있다는 점을 간과해서는 안 된다. 사도행전 6장에서 예루살렘 교회는 구제를 위해 일군을 택할 때에 교인들 전체의 판단을 따라 민주적으로 일곱 사람을 택한 것을 볼 수 있기 때문이다. 신주주의를 표방하면서 다른 사람의 의견을 무시하고 자기 개인의 뜻을 고집하는 태도는 교회 행정의 발전을 저해한다.

넷째로, "빨리 빨리"성향은 한국 교회의 행정 절차상 많은 문제를 야기해 왔다. 한국인의 정서 가운데 즉흥적으로 일을 처리하고, 일들을 장기적으로 전망하지 못하는 면과, 과정을 무시하고 결과만을 중시하는 경향이 그러하다.

여러 사람이 토의를 하는 가운데 장기적인 목표를 세우고 단계적으로 일을 계획하고 추진해 나아가기보다는, 수단과 방법을 가리지 않고 어떤 결과나 업적을 이루어 놓기만 하면 인정과 칭송을 받는 분위기가 교회의 거룩성을 훼손시키며 교회 행정을 불필요한 것으로 만든다.

교회행정학은 하나님의 말씀에 근거하여 교회가 보다 나은 생산적인 일을 이루어 가기 위한 것이다. 이 일을 위해 교회 지도자들은 민족적인 정서나 신앙적인 경향을 무시해서는 안 된다. 그러나 성경의 가르침에 어긋나는 것들에 대해서는 인내심을 가지고 이를 교정하고 극복해 나아가야 한다.

II. 교회 행정의 성경적 근거

성경은 교회 행정이란 주제를 중심으로 기록된 책이 아니라, 하나님의 창조와 인간의 타락과 죄인을 구원하시는 하나님의 일에 관한 계시이다. 따라서 교회 행정에 대해 체계적이고 종합적인 내용이 성경에 일목요연하

게 제시되어 있지는 않다. 그러나 단편적이기는 하지만 성경에는 교회의
지도자들이 어떻게 교회를 돌아보고 섬기고 지도해야 하는가(교회 행정)
에 대해 많은 가르침이 나타난다.

A. 구약

스데반은 그의 설교에서 출애굽하여 광야에 있던 이스라엘을 "광야 교
회"(행 7:38)로 묘사하고 있다. 또한 가나안에 정착하게 된 이스라엘과
바벨론에 포로가 된 이스라엘과 예루살렘으로 돌아온 유대인의 무리들은
모두 교회적인 성격을 가지고 있다. 이러한 상황에 나타난 행정의 예들은
오늘의 교회 행정에 많은 도움을 제공한다.

1. 이스라엘의 장로들

"이스라엘 장로"라는 명칭은 출애굽기 3장 16절에 처음으로 나타난
다. 하나님은 모세를 호렙산에서 불러 사명을 주시면서, 하나님의 뜻을 이
스라엘 장로들에게 전하라고 명하신다. "장로"의 어원적인 뜻은 나이가 많
은 사람을 의미한다. 그러나 이와 더불어 장로는 많은 사람들에게 영향력
을 끼쳐 그들을 이끄는 지도력을 행사하는 사람을 가리키고 있음을 알 수
있다. 즉 어떤 과정을 거쳐 그들이 세워졌는지는 불분명하나, 성경은 이스
라엘이 애굽에 머물 때에 장로들을 통해 행정적인 체계를 가지고 있었음을
보여 준다.

2. 천부장, 백부장, 오십부장, 십부장

구약 성경에 있어서 교회 행정의 근간이 되는 조직 체계를 분명히 보
여 주는 곳은 출애굽기 18장 13절부터 27절이다. 출애굽한 이스라엘 백성
들이 광야에서 머물 때에 그들 사이에 각종 소송 사건들이 생겼다. 백성들

은 이 문제를 모두 모세 한 사람에게 가져와 판단을 해 주도록 요청하였다. 완전하지 못한 200만 명이 넘는 사람들 사이에서 발생하는 송사를 한 사람 모세가 다 처리한다는 것은 불가능하고 서로를 지치게 만드는 일임을 간파한 이드로는 효율적인 행정을 위해 중간 지도자들을 세울 것을 제안한다. 모세는 이 제안을 받아들여 재덕이 겸전한 사람을 뽑아 천부장, 백부장, 오십부장, 십부장을 세워 체계적으로 백성들을 돌아보도록 한다.

이드로의 제안은 하나님의 특별 계시에 의한 것이 아니라 일반계시에 의한 것임을 볼 수 있다. 그의 제안은 광야 교회의 사람들에게 적용이 되어 효과적인 관리가 이루어졌다. 교회행정학은 특별 계시인 성경에 온전히 기초하나, 일반 은총에 의해 주어진 행정학, 경영학, 사회학, 심리학, 통계학, 문화인류학 등의 도움을 성경이 허용하는 범위 안에서 받아들인다.

3. 느헤미야

교회 행정의 가장 체계적인 모델을 제시하는 구약 성경은 아마도 느헤미야서가 될 것이다. 느헤미야는 예루살렘 성벽을 재건한 유대 총독이었다. 느헤미야서에는 그가 예루살렘 성벽 재건을 자신의 목표로 갖게 된 과정에서부터 시작하여 그 일을 이루어 가는 과정과 그 일을 완공한 후의 그의 사역을 자세하게 보여 주고 있다.

느헤미야서는 하나님의 경영학 교과서로 불릴 만큼 교회 행정에 도움이 되는 교훈들을 많이 제시하고 있다. 예를 들면 다음과 같다:

1) 하나님의 백성들의 형편에 깊은 관심을 가져라(1:2이하).
2) 하나님의 은혜를 구하면서 계획을 세우라(1:4이하).
3) 기회를 포착하고 활용하라(2:1이하).
4) 자원을 동원하라(2:7이하).

 5) 현실을 파악하라(2:12이하).

 6) 비전을 나누라(2:17이하).

 7) 일을 조직하고 분담하라(3장).

 8) 외부로부터의 조롱과 위협에 대처하라(4장).

 9) 내부적인 갈등을 관리하라(5:1이하).

10) 지도자로서 청렴결백 하라(5:14이하).

11) 목숨을 아까워하지 마라(6:1이하).

12) 후속조치를 철저히 하라(7:1이하).

13) 축제의 이벤트를 만들라(12:27이하).

14) 도질서를 확립하라(12:44이하).

B. 신약

신약에는 복음서를 통해 예수님의 행정적인 면모와 사도행전과 서신서를 통해 사도들을 중심한 교회 행정의 예들을 볼 수 있다.

1. 예수님의 행정적인 면모

예수님은 장기적인 계획을 따라 그의 공생애를 이루어 가신 흔적들을 볼 수 있다. 그는 항상 하나님의 뜻에 관심을 가지셨고, 또한 자기의 "때"를 염두에 두시고 행동하신 것을 알 수 있다.

예수님은 또한 그의 제자들을 동심원 형태의 조직을 형성하여 훈련시키셨다. 예수님은 베드로를 중심으로 하여 야고보와 요한을 중심원에 두시고, 그 외의 아홉 제자를 그 다음 원(circle)에 두셨다. 또한 제자단의 재정을 가룟 유다에게 맡기시므로 일을 분담케 하신 것을 볼 수 있다. 그리고 그는 열 두 제자 외에 70인의 제자를 두시고 양육하셨다.

예수님은 어느 정도 훈련이 되었다고 판단되었을 때에 열 둘을 보내시고, 또 70인의 제자들을 전도를 위해 파송하셨다. 또한 그들이 전도 여행을 마치고 돌아왔을 때 보고를 받으시고 평가하신 것을 볼 수 있다(막6:30).

예수님은 결코 조직이나 계획 없이 일을 하신 것이 아니다. 그는 모든 지혜의 보화를 소유하신 분으로서 구속의 사역을 이루시며, 제자들을 훈련시킴에 있어 행정적인 수완을 발휘하셨다.

2. 예루살렘 교회

예루살렘 교회는 오순절 성령 강림으로 말미암아 갑작스럽게 설립되었다. 베드로의 설교를 듣고 회개하여 세례를 받은 사람들은 3천명이나 되었다. 사도들은 이들을 성전에 모이게 하여 가르치며 교제하며 기도하게 했다. 뿐만 아니라 사도들은 그들을 소그룹으로 나누어 여러 집에서 모이게 했다. 또한 사람들의 헌금과 헌물을 모아 어려운 사람들을 돕는 일에 힘썼다. 그러나 예루살렘 교회가 수적으로 급성장하게 되었을 때에 교회는 행정적으로 충분히 대응을 하지 못하는 가운데 내적인 갈등을 경험하게 되었다. 곧 헬라파 유대인들과 히브리파 유대인들 사이에 공궤문제로 말미암아 감정적인 대립과 충돌이 있게 된 것이다. 이 때에 사도들은 기존의 조직으로서는 교회의 기능이 원활하게 이루어질 수 없음을 깨닫고 조직 개발을 시도하게 된다(행 6장).

사도행전 6장에서 교회 행정과 관련하여 다음과 같은 사도들의 활동을 볼 수 있다:

1) 그들은 문제에 부딪치게 되었을 때 교회의 목적과 자신들의 책임을 확인하였다.
2) 그들은 자신들의 문제를 파악하였다.
3) 그들은 교인들을 소집하여 문제점을 나누고, 문제를 해결할 수 있는

방안을 제시하였다—기존의 조직으로서는 문제를 근원적으로 해결할
수 없음을 알고 공궤를 전담할 직분자를 세우고자 하였다.
4) 직분자를 선택하는 기준을 제시하고, 선택권을 교인들에게 주었다.
5) 일곱 사람이 선출되었을 때 안수를 통하여 공식적으로 직분을 맡겼다.

사도들의 이러한 기민하고 지혜로운 조치는 예루살렘 교회 내의 불평과
불만을 해소시켰다. 뿐만 아니라 사도들의 과중한 일의 부담을 덜어 주고
기도와 말씀 전하는 일에 전무할 수 있도록 만들었다. 그리하여 예루살렘
교회에 다음과 같은 결과가 있게 되었다: "하나님의 말씀이 점점 왕성하여
예루살렘에 있는 제자의 수가 더 심히 많아지고 허다한 제사장의 무리도
이 도에 복종하니라"(행 6:7).
예루살렘 교회는 사마리아에 교회가 세워졌을 때 베드로와 요한을 보내
어 그들을 지도하게 조치하였다. 안디옥에서 복음을 듣고 예수 그리스도
를 믿는 자들이 많아졌을 때에 바나바를 파송하여 그들을 돌보게 하였다.
안디옥에 있는 교회가 할례 문제로 말미암아 어려운 가운데 바울과 바나바
가 예루살렘에 왔을 때 예루살렘 교회는 회의를 소집하여 합당한 해결책을
제시해 주었다.
이러한 여러 가지 일들은 예루살렘 교회에 있던 사도들과 지도자들이
행정적인 업무에 종사하였음을 보여 준다. 또한 이로 말미암아 교회가 질
서를 유지하고 성장하게 되었음을 증거한다.

3. 서신서의 증거

서신서에는 교회 행정에 관하여 많은 교훈들이 들어있다. 서신서들
중에서 목회 서신으로 불리워지는 디모데전,후서와 디도서는 더욱 그러하
다. 서신서에서 볼 수 있는 교회 행정과 관련한 내용들은 다음과 같이 분

류될 수 있다.

1) 인사 관리--장로(딤전 3:1-7; 딛 1:5-9 등)와 집사(딤전 3:8-13 등)
   의 자격.
2) 갈등 관리--교회 내에서 일어나는 분쟁이나 파쟁을 관리하는 방법(고
   전 1:10-17; 빌 2:1-11 등).
3) 재정 관리--헌금하는 방법과 성도의 자세와 헌금을 관리하는 자의 자
   세(고전 16:1-4; 고후 8-9장 등).
4) 교인 관리--은사를 계발하여 교회의 덕을 세우도록 하며, 모든 일을
   사랑으로 행할 것(고전 12-14장 등), 소송 문제(고전 6장), 결혼 문제
   (고전 7장), 우상의 제물 문제를 중심으로 믿음이 연약한 자에 대한
   자세(고전 8장), 그리고 음행을 비롯한 범죄자에 대한 처리(고전 5장)
   와 이단에 대한 처리(유다서, 요이 9-11 등) 등.

이상에서 구약과 신약에 나타난 행정의 대표적인 경우들을 살펴보았다.
성경은 교회 행정과 관련된 여러 중요한 교훈들을 제시하고 있으며, 일반
은총으로 주어진 여러 학문을 통해 발견되고 성경의 지지를 받는 진리를
교회 행정에 사용할 것을 권하고 있다.

III. 교회 행정의 내용

교회 행정에는 여섯 단계가 있음을 앞에서 살펴보았다. 이제 각 단계에
대해 구체적으로 살펴보자.

A. 목표를 세우는 단계
(Establishing Long-and Short-Termobjectives Stage)

1. 정의

목표란 일정한 기간에 걸쳐 인적 물적 자원을 투입하므로써 얻고자 기대하는 결과를 말한다. 예수 그리스도의 교회는 하나님을 사랑하고 이웃을 사랑하는 성도들을 양육하며 모든 족속을 제자로 삼는 목적을 가지고, 예배, 교육, 전도와 선교, 교제 그리고 봉사의 일을 한다. 이러한 목적과 일을 효과적이며 효율적으로 이루어 가기 위해서 지역 교회는 장기와 단기의 목표를 세워야 한다. 교회의 목적은 목표를 통해 구체화되고 현실화될 수 있기 때문이다.

2. 목표를 세울 때의 유익

목표가 있을 때에 교회는 많은 유익을 얻을 수 있다. 첫째로, 목표는 교회의 나아가야 할 방향을 제시해 준다. 목표가 분명할 때에 교회는 꼭 해야할 일과 꼭 할 필요가 없는 일을 쉽게 구분할 수 있게 되기 때문이다.

둘째로, 교인들이 연합할 수 있는 구심점을 제공하게 된다. 지역 교회가 교인들의 의견을 수렴하여 성경적이고 구체적인 목표를 분명하게 교인들에게 제시하게 될 때에 교인들은 보다 적극적으로 하나되어 목표를 달성하기 위해 헌신하게 된다.

셋째로, 목표가 분명히 제시될 때에 그 목표를 달성할 수 있는 방법들을 보다 용이하게 개발할 수 있다. 목표가 분명하지 않으면 임기응변적으로 프로그램을 만들고, 문제가 발생할 때에 즉흥적으로 대응하게 된다. 그러나 교회가 이루어야 할 목표가 뚜렷하면, 이를 이루기 위한 장기와 단기의 계획을 세우고 구체적인 방법을 개발하기가 훨씬 쉬워진다.

넷째로, 교회가 내세운 목표가 하나님의 뜻과 일치한다는 확신을 교인들이 갖게 되면, 교회 내의 인적 물적 자원을 절약하거나 동원하는 데 많은 도움을 받게 된다. 교회가 하나님의 일을 한다는 것을 교인들이 신뢰하면, 교인들은 헌신적으로 헌금 생활을 하고, 자신의 시간과 노력을 들여 교회의 일들에 참여하게 된다.

다섯째로, 일을 시작하기 전에 목표가 분명하면, 일을 마친 후에 그 일에 대해 평가할 기준을 갖기 때문에 평가하는 일이 보다 객관적으로 보다 효과적으로 이루어지게 된다. 따라서 목표한 것보다 나은 성과가 있게 될 때에는 성취감을 누리며 하나님께 영광을 돌릴 수 있고, 목표한 대로 이루어지지 않을 경우에는 회개하고 반성하는 가운데 잘못된 것을 고치므로 새로운 시도를 할 기회를 얻게 된다.

3. 목표를 세우는 과정

미국에서 급성장하고 있는 교회 중 하나인 새들백교회의 담임 목사인 Rick Warren은 그의 교회의 성장의 비결을 담은 책의 이름을 「목적이 움직여 가는 교회」(Purpose-Driven Church)라고 붙였다. 목적이 분명한 교회는 건강한 교회요, 목적에 의거하여 목표를 세우고 사역을 이루어 가면 교회가 조만간 성장하게 된다.

지역 교회에 있어서 목표는 그 교회가 지향하는 목적을 성취하기 위한 수단으로서 세워지게 된다. 따라서 목표를 세우기 위해서는 무엇보다도 교회가 지향하는 목적이 성경에 근거하여 세워져야 한다. 이러한 목적은 그 교회나 목회자의 신학이 영향을 미치게 된다.

교회가 오랜 전통을 가지고 있는 경우, 교회의 존재 목적이 교회의 정관에 명문화되어 있거나 아니면 당회원(또는 실행 위원)을 비롯한 교회의 지도자들이 묵시적으로 합의하고 있는 목적이 있을 것이다. 이러한 교회에 있어서 새로이 부임한 목회자는 기존의 목적이 성경에 위배되지 않는 한 그 목적을 존중하면서 목표를 세우고 사역해야 한다. 그러나 명문화되거나 합의된 교회의 존재 목적을 가지지 않은 교회일 경우, 목회자는 성경과 신학에 기초하여 목적을 신중하게 세워야 한다. 그리고 교회의 존재 목적을 설교와 교육을 통해서 부지런히 가르쳐야 한다.

목회자는 일반 성도들에게 교회의 존재 목적을 주지시킬 뿐만 아니라, 특별히 자기와 긴밀하게 협력해야 할 지도적 위치에 있는 이들이 공감할 수 있도록 도와야 한다. 이렇게 교회의 존재 목적에 대해 합의가 이루어질 때에 비로서 장기와 단기의 목표를 수립할 수 있다.

교회 성장 학자들은 3:5의 원리를 이야기한다. 이 원리는 성장하는 교회가 되려면 교회의 지도자 다섯 사람 중 적어도 세 사람(즉 과반수 이상)이 "가서 모든 족속으로 제자 삼으라"는 지상명령에 헌신되어야 한다는 것이다.

교회의 존재 목적에 대해 공감대가 형성이 되면, 비로서 목회자는 성경 말씀을 묵상하며, 기도하며, 또 여러 목회 자료를 참고하면서 50년, 25년, 또는 10년의 장기 목표와 1년 또는 2년 간의 단기 목표를 구상할 수 있다. 이러한 목표들은 가능한 한 치밀하고 완전하게 세워져야 한다. 그러나 목회자 개인이 세운 목표를 절대화해서는 안 된다. 이러한 목표를 교회의 다른 지도자들과 나누는 가운데 더 성경적인 의견, 더 생산적인 의견이 있을 경우에는 항상 수용하여 수정할 자세가 되어 있어야 한다.

목회자는 이러한 목표를 당회에서 공론화하기 전에, 가능하면 당회원들과 비공식적이며 개인적인 차원에서 의견을 나누는 것이 필요하다. 그래서 목회자는 그들의 의견을 수렴하여 자신의 구상을 수정 보완할 수 있으며, 이렇게 하여 조정된 목표에 대해 당회가 보일 반응을 예측할 수 있고, 자신의 구상에 대한 공감을 얻어낼 수도 있다.

목회자는 교회당 건축이나 선교사 단독 파송이나 개척 교회 설립과 같은 당회원을 비롯한 교인들의 많은 희생이 요구되는 목표에 대해서는 당회원들을 개인적으로 접촉할 뿐만 아니라, 당회가 열리게 될 때에 비밀 투표를 한다든지, 당회원 한 사람 한 사람의 의견을 들어보는 것이 필요하다. 당회의 동의와 이에 따른 당회원들의 헌신을 얻지 못한 목표는 교회의 분란과 혼란을 가져오는 치명적인 원인을 제공할 수 있다. 따라서 목회자는 가능한 한 모든 당회원들의 공감과 헌신을 유도할 수 있는 장,단기 목표를 세우도록 해야 한다.

당회원으로서는 목회자의 목표에 대한 구상을 진지하게 듣고 이에 대한 자신의 의견을 진솔하게 말하므로 당회가 공동으로 추구하는 목표가 되도록 해야 한다. 목회자가 자문을 구할 때에는 침묵하거나 동의를 암시적으로 표하고서는 뒤에서 이에 대해 비방하거나 공개 석상에서 반대하는 것은 옳지 않다.

당회의 의결을 거친 교회의 장,단기 목표일지라도, 교인들 모두에게 많은 희생을 요구하는 경우에는 교회의 예결산안처럼 공동 의회를 통해 모든 교인들의 의견이 반영되도록 해야 한다. 목회자와 당회원들은 공식 비공식 경로를 통해 공동 의회에 임하기까지 당회에서 결정된 장,단기 목표를 홍보하므로 많은 사람들의 의견을 수렴하고 공감과 헌신을 얻도록 해야 한다.

B. 계획 단계 (Planning stage)

1. 정의

계획이란 목표를 달성하기 위해 필요한 일들을 예측하고 구체적으로 해야 할 일들을 미리 결정하는 과정을 말한다.

교회의 장,단기 목표가 수립되면, 목회자는 목표를 달성하기 위한 계획을 구상하고 당회와 교회에 제시해야 한다. 목표가 제시될 때에 그 목표를 이루어 나아가는 계획도 일부 제시되는 것이 보통이다. 그러므로 목표가 통과된 후에는 보다 구체적이고 현실적인 계획이 마련되어야 한다.

2. 계획의 원리

계획 단계에서 목회자는 다음의 원칙을 기억해야 한다:6)

1) 목표와 목표를 달성하기 위한 계획은 일관성이 있어야 한다. 계획은 항상 목표를 성취하기 위한 것이어야 한다.
2) 계획은 당장 급한 일보다는 장기적으로 중요한 일에 더 비중을 두어야 한다. 교회는 항상 많은 문제에 부딪치게 된다. 이러한 문제들을 해결하는 것에 급급하다 보면 정작 중요한 교회의 사명을 이루는 일에 소홀하기가 쉽다. 따라서 교회는 항상 가장 중요한 사명이 무엇인가를 확인하고 부차적인 일들은 때로 무시할 수도 있어야 한다. 예수님도 많은 사람들이 그를 찾음에도 불구하고 다른 마을로 떠나 가셨다(막 1:38).
3) 계획은 교회 안과 교회가 위치하고 있는 지역 사회와 관련된 필요한 정보를 수집하되, 정확하고 최신의 정보에 근거하여 세워지도록 노력해야 한다.
4) 계획에는 전략과 전술이 포함되어야 한다. 전략(strategy)이란 목표를 달성하는 데 필요한 전반적이고 원리적인 것을 말하고, 전술(tactics)은 목표를 달성하는 데 요구되는 실제적인 기술을 가리킨다. 예를 들면, 세계 복음화에 있어서 유용한 전략은 제자 훈련 방법이다. 제자 훈련에 있어서 중요한 전술은 공동 생활을 하며 삶을 나누는 방법이다.
5) 계획은 인적, 물적 자원을 가능한 한 최대한 동원하고 활용하는 내용을

---

6 Melville C. Branch, *Comprehensive Planning: General Theory and Principles* (Pacific Palisades: Palisades, 1983), 33-191.

포함해야 한다.

6) 계획은 가능한 한 합리적이고 과학적이어야 한다. 그러나 또한 하나님의 능력과 사랑에 대한 믿음 안에서 이성적인 판단을 초월하는 하나님의 섭리를 결코 배제해서는 안 된다. 영국인으로서 인도 선교사였던 근대 선교의 아버지로 불리는 William Carey의 말을 기억할 필요가 있다. "하나님으로부터 오는 엄청난 선물을 기대하라, 그리고 하나님을 위하여 위대한 일을 시도하라."(Expect great things from God, attempt great things for God.)

7) 계획은 자연적 또는 인위적인 변화에 대처할 방법들을 어느 정도 고려하면서 수립해야 한다.

8) 계획은 공식적 또는 비공식적 평가와 교인들과 주위 사람들의 반응(feedback)을 참고하여 목표를 보다 효과적으로 달성하기 위해 조정되고 개선되어져야 한다.

3. 계획 수립의 과정

1) 하나님의 인도하심을 구하면서 정보를 수집하라. 계획을 세우기 위해서 목회자는 말씀을 묵상하고 기도하면서 하나님의 인도하심을 구해야 한다. 그리고 많은 목회에 도움이 되는 세미나에 참석하고, 여러 자료들을 참고하면서 다양한 전략과 전술 그리고 프로그램을 익혀야 한다.

이러한 내용들을 자신의 교회에 접목시키기 위해서 목회자는 교회의 역사와 전통을 살펴야 한다. 과거에 어떤 프로그램이 시행되었고, 그 결과가 어떠했는지를 확인해야 한다. 새로운 계획과 시도는 교인들을 불편하게 만들고 저항을 불러일으킬 수 있으므로 이러한 내용을 파악하는 것은 필요하다.

　교인들의 신앙적인 성숙도와 구성원들의 남녀 비율, 연령 분포, 사회적 경제적 위치, 교육 배경, 직업, 가족 및 교제 관계 그리고 그들이 가지고 있는 재능과 은사들에 대해 파악해야 한다. 다른 교회에서 성공한 프로그램이 본 교회에서는 실패할 가능성은 항상 존재한다. 따라서 목회자는 새로운 계획이 교인들로부터 어떤 반응을 가져올 것인가에 대해 예측하기 위해 교인들의 형편을 충분히 고려해야 한다.

　나아가 목회자는 교회가 위치하고 있는 지역 사회의 형편을 고려해야 한다. 교회에 주어진 전도의 사명을 효과적으로 수행하기 위해서는 교회 주변의 상황을 이해하는 것이 필수적이다. 따라서 지역주민들의 가정 형편, 직장과 경제적 수준 그리고 이들의 관심사와 취향들을 세밀하게 파악하므로 보다 효과적인 접촉점을 제시하고 전도의 열매를 맺을 수 있을 것이다.

2) 목표를 달성하는데 유용한 전략을 선택하고 이에 따르는 전술 또는 프로그램을 정하라. 앞에서 수집한 정보를 기초로 교인들을 양육하기 위한 전략과 지역 주민들을 전도하기에 합당한 전략을 검토하라. 대체로 전략은 전도전략, 제자 훈련 전략과 같이 몇 가지에 국한되어 있다. 그러나 프로그램이나 전술은 다양하다. 따라서 그것들의 장점과 단점을 평가하는 가운데 하나의 프로그램을 택하든지, 아니면 몇 가지의 방법을 종합하여 독특한 프로그램을 개발하도록 한다.

3) 세부적인 계획에 있어서는 다음과 같은 과정들이 포함된다. 즉 프로그램을 확정하게 되면, 그 프로그램을 통해 성취하고자 하는 보다 구체적인 목표를 세운다. 예를 들면, 제자 훈련이라는 전략을 세우고 제자 훈련반 프로그램을 개설하기로 확정했다면, "이번 제자 훈련반을 통해 10명의 교인들을 훈련에 참여케 하고, 경건의 시간을 매일 갖도록 돕

는다"와 같은 목표를 세우는 것이다.

4) 이제는 그 목표를 달성하기 위해 프로그램을 시행하는 기간을 정하고, 시간과 장소를 정하고, 참여 대상을 한정하고, 교육내용을 정하고 책임자를 정하는 등의 실제적인 계획을 세운다. 아울러 그 프로그램을 진행하는 데 소요되는 경비를 예측하여 예산을 세우고, 재정의 조달 방법을 계획에 포함시킨다.

5) 기존의 프로그램이나 다른 부서의 활동과의 충돌이나 중복이 되지 않는가를 점검하라. 그리고 문제될 것이 없다고 판단되면 그 계획을 확정짓는다.

C. 조직 및 책임자 배치 단계(Organizing/Staffing Stage)

1. 정의

조직이란 여러 사람이 공동의 목표를 달성하기 위해 상급자와 하급자 간의 위계적이며 수직적 질서와 동료간의 수평적 협동적 관계 속에서 업무 분담이 이루어지는 인간 관계의 구조를 말한다.

2. 교회 조직의 특수성

교회는 조직체이기 이전에 예수 그리스도를 머리로 하는 유기체이다. 따라서 교회 지도자들은 교인들을 조직적인 차원에서 접근하기 이전에 예수 그리스도의 지체로서 인식해야 한다. 즉 목회자는 교인들이 머리되신 예수님과의 관계가 친밀한가에 가장 우선적인 관심을 갖고 그들을 지도하고 양육해야 한다.

교회의 조직은 주로 자원 봉사자들로 이루어지게 된다. 그들의 수고에 대한 물질적인 반대 급부는 전혀 없다고 할 수 있다. 따라서 그들이 예수 그리스도와의 관계가 소홀해지게 되면 책임감을 쉽게 잃어버릴 수 있다. 따라서 목회자는 교인들이 일보다 예수 그리스도 안에 있는 은혜를 풍성히 누리도록 배려해야 한다.

교회는 유기체일 뿐 아니라 또한 조직체이다. 모든 교인들이 신분상으로는 평등이지만 직분과 역할에 있어서는 차이가 있다. 따라서 교회 내에서는 우월 의식이나 열등 의식이 존재해서는 안 된다. 모든 교인들은 서로에 대해 존경하며 섬김의 자세를 유지해야 한다.

교회의 조직에 있어서 특별한 점은 국가 기관이나 기업체는 조직이 먼저이고 그 다음에 일군들을 선발하여 조직을 운용하게 된다. 교회도 그러한 경우가 없지는 않다. 특별히 목회자를 청빙하는 과정은 이와 별다를 바가 없다. 그러나 교인들이 교회의 일을 맡는 과정에 있어서는 이와 다를 수가 있다. 즉 각 교인들에게 주어진 은사를 따라 일이 먼저 주어지고 그 다음에 조직이 생겨나는 경우도 있게 된다. 다시 말하면, 교회에 제직회와 같은 조직이 먼저 있고, 이 조직에 교인들을 그들의 은사를 고려하여 배치하는 경우도 있지만, 제직회 조직에 들어있지 않은 일이나 부서라고 할지라도, 특별한 은사를 가진 사람이 있게 될 때에 교회는 그러한 것들을 만들 수 있어야 한다는 것이다.

예를 들면, 어떤 교회에 교도소 사역이 없었다고 하자. 그런데 군대에서 영창에 근무하면서 죄수들을 돌보는 은사를 계발한 청년이 제대하여 교회에 돌아오게 되었다. 그가 교회에서 이러한 사역의 필요성을 절감하고 이 일에 헌신하고자 할 때에 교회는 마땅히 교도소 선교부를 조직하고 그를 지원하여야 한다는 것이다.

3. 교회 내의 조직의 필요성

교회가 세운 목표는 한 개인의 힘으로 수행하기에는 너무도 많은 작업과 막대한 재정이 요구된다. 따라서 교회의 일은 혼자서 다 할 수는 없다. 더욱이 교회는 그리스도의 몸이요 성령님의 거하시는 전으로서 모든 교회원들은 서로간에 유기적인 관계를 맺고 있다. 따라서 교회의 일은 혼자서 하기가 어려울 뿐만 아니라 설혹 한 사람이 할 수 있다고 할지라도 혼자해서는 안 된다. 왜냐하면 교회 내의 모든 사람들은 교회의 유익을 위해 은사를 받았기 때문이다. 또한 모든 교회원들이 참여하여 일할 때에, 보다 짧은 시간 내에 보다 많은 일을 능률적으로 할 수 있게 된다. 이를 위해 교회는 조직을 필요로 한다.

조직을 이야기할 때에 George Whitefield와 John Wesley를 비교할 필요가 있다. 이 두 사람은 모두 당대에 위대한 설교자로서 당시의 영국 사회에 큰 영향을 끼친 사람들이었다. 그러나 한 세대가 지난 후 Whitefield의 영향력은 급격히 감소되었지만, Wesley의 영향력은 감리교회를 통해 오늘날까지 미쳐지고 있다. 그 이유는 무엇인가? Wesley는 조직을 확장하면서 많은 일군이 양성되고 책임을 위임하므로 영향력이 커진 반면에, Whitefield는 조직을 키우지 않으므로 상대적으로 지속적인 영향력을 발휘할 수 없게 되었다고 할 수 있다.

Wesley는 설교자로서 알려져 있을 뿐만 아니라 행정 조직가로서도 크게 평가받고 있다. 그는 그의 조직에 있어서 12명을 기준으로 속회를 구성하여 매주 1회씩 모임을 갖도록 하였다. 그 결과 많은 사역자들을 양성할 수 있었던 것이다.

조직은 교회의 목표를 능률적으로 달성하기 위해 필요할 뿐만 아니라, 조직 안에서 책임을 맡아 일하는 사람들을 책임감 있고 유능한 사역자로 자라가도록 하는 데 기여하므로 유익하다.

교회는 책임을 가능한 한 많은 사람에게 나누어줌으로써(직무 위임, delegation) 조직을 자연스럽게 확장시킬 수 있고, 동시에 사람을 키울 수 있게 된다.

4. 조직과 책임자 배치에 있어서 유의할 점

교회가 가진 목표를 효과적으로 달성하기 위해 교회는 조직을 세우게 된다. 이 조직에는 각 직책에 적합하고 능력이 있으며 섬김의 자세를 갖춘 사람이 배치되어야 한다. 교회에서 책임을 맡는 사람들은 다음의 것들에 유의해야 한다.

1) 목표 지향적, 관계 지향적

교회는 목표를 달성하는 것을 귀하게 여길 뿐만 아니라, 한 영혼을 보다 귀하게 여기는 예수 그리스도의 몸이다. 따라서 교회의 조직과 그 책임자는 목표나 과업 지향적(goal or task oriented)이어야 할 뿐 아니라 사람 또는 관계 지향적(person or relationship oriented)이어야 한다.

목회자는 과업 지향적인 교회를 이루어가기 위해 교회 전체의 비전과 목표를 제시할 뿐만 아니라, 교회 내의 각 직분에 대해 세밀한 직무 설명서(job description)를 작성하여 책임자를 임명할 때에 제공해야 한다. 직무설명서에는 다음의 내용이 반드시 들어있어야 한다: 첫째, 수행해야 할 일들의 목록. 둘째, 일에 따르는 권한. 셋째, 지시를 받고 보고를 해야 할 상급자. 넷째, 지도하고 감독해야 할 하급자.

목회자는 교회 내의 중요한 직분을 맡는 사람에게 직무 설명서를 전달하기 전에 개인적으로 만나서 그 내용을 읽고 검토하므로 책임과 권한을 정확하게 위임하는 것이 필요하다. 이와 더불어 목회자는 그로부터 헌신의 약속을 받는 것도 유익할 것이다.

교회는 과업 지향적이어야 할 뿐 아니라 또한 관계 지향적인 분위기를 유지해야 한다. 이를 위해 목회자는 지속적으로 성령께서 하나되게 하신 것을 힘써 지켜가도록 직분자들을 격려하고, 섬김의 자세를 잃지 않도록 주의를 환기시키며, 그리스도의 사랑으로 모든 일을 하도록 권면해야 한다.

2) 수직적, 수평적 관계

조직에는 수직적인 관계(또는 계선 조직, line)와 수평적인 관계 (또는 막료 조직, staff)가 있다. 수직적인 조직은 담임 목사와 부교역자 그리고 교회학교 부장과 교사의 관계에서 볼 수 있는 바, 업무와 관련된 지시가 위에서부터 아래로 전달되고, 업무 수행의 결과가 아래로부터 위로 보고되는 체계를 가리킨다. 이러한 수직적인 조직에 있어서는 일의 전달이 빠르고 책임의 소재가 분명하기 때문에 목표를 달성하는 데 능률적이다. 그러나 상급자가 비전을 제시하지 못하거나 도덕적인 면에 하자가 있어 하급자로부터 존경을 받지 못하든가, 하급자가 나태하거나 능력이 부족하여 책임을 수행하지 못하는 경우 자율성보다 강제성이 작용하게 되므로 조직의 역동성이 상실되고 책임을 형식적으로 수행하는 경우에 빠질 수 있으므로 주의해야 한다.

수평적인 조직은 당회와 같은 조직에서 볼 수 있는데 명령 계통이 아닌 보완적이며 자문하는 기능을 가지는 체계를 말한다. 수평적인 조직은 책임의 소재가 불분명하고 역할이 모호한 경우도 있으나, 구심점의 역할을 하는 사람이 있어 목표가 분명하게 제시되고 동기 부여가 효과적으로 이루어질 때에 공동 상승 작용(synergy)을 발휘할 수 있다.

D. 감독 및 조정 단계(Directing and Coordinating Stage)

1. 정의

감독이란 사람들의 직무 수행 과정과 작업의 결과를 돌아보아 그들로 하여금 올바른 태도를 가지고 보다 효과적인 사역을 하도록 지도하는 활동을 말한다.

조정이란 사람과 사람 사이, 또는 부서와 부서 사이에 의사 소통의 부족이나 장애, 인적 물적 자원의 부족으로 말미암은 대립이나 불화, 공명심으로 말미암은 경쟁 심리, 정의감으로 말미암는 비판 등으로 말미암아 야기된 조직의 마비 증세나 기능 저하 증세에 대해 문제를 진단하고 해결책을 제시하여 유기체와 조직체로서의 교회의 기능을 증대시키므로 목표를 효율적으로 달성해 나아가도록 돕는 활동을 말한다.

2. 감독과 조정에 있어서 유의할 점

감독과 조정의 단계에서 지도자는 교회가 유기체이면서 조직체라는 점을 깊이 인식하고 있어야 한다. 교회의 일군 개개인이 예수 그리스도와의 관계가 올바르고 친밀한가를 살펴야 한다. 그리고 그들이 예수 그리스도께 헌신적인 태도를 잃어버리지 않도록 권면해야 한다. 나아가 교회의 조직체로서의 성격을 기억하고 책임을 맡은 사람들이 과업 지향적이면서도 관계 지향적이 되도록 주의를 환기시켜야 한다. 그리고 수직적인 관계와 수평적인 관계에서 사랑과 섬김의 자세를 가지므로 책임을 성실하게 수행하며, 좋은 인간 관계 속에서 효과적으로 책임을 감당해 나아가도록 동기를 부여해야 한다.

감독과 조정의 단계에서 반복적으로 나타나거나 만성적인 형태로 해결되어지지 않는 문제가 있을 수 있다. 이러한 문제는 현재의 조직의 한계를 드러내는 것일 수 있다. 따라서 목회자는 조직의 구조 조정이나 새로운 직책을 만드는 조직 개발의 여지를 검토해야 한다.

3. 감독과 조정의 단계

1) 실행 기준을 마련하여 주지시키라. 교회 지도자들은 직무 설명서를 각 책임자들에게 제공해야 한다고 앞에서 말했다. 이 직무 설명서와 함께

각 직분자는 그 직무를 성공적으로 수행했을 때에 나타나게 되는 결과(이를 실행 기준이라고 한다)를 구체적으로 알고 있어야 한다. 이 과정에서 management-by-objectives라는 방식이 사용될 수도 있다.7) 이러한 직무 설명서와 실행 기준은 감독과 조정에 있어 중요한 기준을 제공하게 된다. 이러한 기준은 수치로 표시되는 부분도 있고(출석 인원의 증감과 같이), 감독자의 직관에 의해 판단되는 부분(유년부 예배의 분위기의 좋고 나쁨과 같이)이 있다.

2) 감독자는 통계나 보고서 또는 직접 관찰을 통하여 책임을 맡은 사람들의 일을 평가하고, 직무 설명서와 실행 기준에 근거하여 평가를 하게 된다.

3) 평가에서 드러난 장점과 성과에 대해서는 칭찬과 격려가 주어져야 하며, 문제점에 대해서는 본인의 설명을 먼저 진지하게 들어야 한다.

4) 문제점의 원인과 개선안에 대해 의견을 나누면서 여러 가지 대안을 찾아야 하고, 그 중 가장 효과적이고 현실적인 방법을 택하고 개인에게 적합한 새로운 실행 기준(목표)과 구체적인 계획을 세워야 한다.

5) 그를 신뢰하여 다시 실행해 보도록 격려해야 한다.

6) 중간평가를 통하여 점검하고 격려한다.

감독과 조정의 단계에서 요구되는 것은 목회자의 지도력이다. 이 부분은 앞에서 이미 다루었다.

---

7 목표에 의한 관리 방법은 도급 형태의 관리 방법이다. 즉 상급자가 하급자에게 일정 기간 동안 달성하고자 하는 목표를 세우도록 하고, 두 사람이 상의하여 목표를 확정짓는다. 하급자는 목표를 달성하기 위해 노력한 후 그 결과를 평가하므로 조직과 사람을 관리하는 방법이다.

E. 예산 수립 및 집행 단계 (Budgeting Stage)

1. 정의

예산이란 개인이나 조직에 있어 목표를 달성하기 위해 계획을 수행하는 과정에서 필요한 제반 경비를 추정하고 이 경비를 마련하기 위한 방법을 강구하는 활동을 말한다.

2. 예산의 원리

1) 예산은 교회의 본연의 목적과 목표, 이에 따른 계획을 수행하기 위해 수립되어야 한다. 교회의 재정은 특별히 교육과 전도(선교)에 집중적으로 할당되어야 한다. 교육은 교회의 내일이 달려 있기 때문이요, 전도는 교회가 받은 주님의 지상명령이기 때문이다.
2) 예산은 교회원들의 자발적이며 최선을 다한 헌금을 기대하는 가운데 수립되어야 한다.
3) 교회 재정은 모든 교인들이 책임을 가지고 하나님 앞에서 최선을 다하도록 해야 한다.
4) 개인이나 가정의 예산은 수입을 고려해서 지출이 결정되고(양입 제출), 국가의 재정은 지출을 고려해서 세입을 결정(양출 제입)한다. 교회도 교회적으로 지역 사회적으로 할 수 있는 일들을 최대한 고려하여 예산을 세우는 양출 제입의 원칙을 적용해야 한다. 이것은 교인들의 믿음이나 경제적인 능력을 고려해야 하지만, 하나님이 그 교회를 통해서 이루기를 원하시는 일이 무엇인가를 더 중요하게 생각하라는 것이다.
4) 교회 재정으로 수익 사업에 투자해서는 결코 안 된다. 교회의 헌금을 단기간 또는 일정 기간 은행에 예치하여 이자를 받는 것은 나쁘지 않으나, 주식에 투자한다든지, 부동산에 투자한다는 것은 옳지 않다..

5) 교회의 재정에 있어서 건덕상 지장이 없는 부분은 최대한 공개되어 검증될 수 있어야 한다

6) 교회 재정 담당자는 두 사람 이상 담당해야 하며, 시험에 들지 않게 깨어 있어야 하며, 교회 재정을 공정하고 효과적으로 관리하기 위해 전문지식을 갖도록 노력해야 한다.

7) 목회자는 교회의 대표로서 재정에 있어서도 전적인 책임을 지게 된다. 따라서 전체 예산 수립과 집행 과정을 철저하게 감독해야 하며, 특별히 재정담당자들을 지도 감독 격려하는 데 힘을 기울여야 한다.

F. 평가 단계(Evaluating Stage)

1. 정의

평가란 일정 기간에 걸쳐서 교회와 각 부서와 개인의 활동과 사역을 통해 나타난 결과를 목표와 현실에 비추어 점검하고 성공과 실패, 좋음과 나쁨 등을 판단하는 활동이다.

2. 평가의 기준

1) 평가는 교회의 본질적인 목적과 장,단기 목표, 그리고 직무 설명서와 실행 기준을 근거로 이루어져야 한다.

2) 평가는 사회나 교회가 현실적으로 처한 상황의 변화나 개인적인 문제들을 반영하여 이루어져야 한다.

3) 평가는 단지 물질적이거나 유형적인 결과를 대상으로 해서 시행되어서는 안 되고 개인의 신앙의 성숙이나 교회의 영적인 분위기(하나됨, 기도 생활 등)의 변화 등도 고려해야 한다.

4) 평가는 효과적인 면 뿐만 아니라 효율적인 면에서도 고려해야 한다.

5) 금번의 평가는 반드시 새로운 목표를 세우는 일에 반영되어야 한다.

6) 평가는 문서화되어지므로 보존되며 지속적으로 참고할 수 있어야 한다.

추 천 도 서

김득용. 「현대 교회행정학 신강」. 서울: 총신대학출판부, 1989.

김수영. 「행정학원론」. 서울: 법지사, 1990.

김영종. 「현대 교회행정학」. 서울: 무림서원, 1991.

김정기. 「교회행정신론」. 서울: 성광문화사, 1992.

이성희. 「교회행정학」. 서울: 한국장로교출판사, 1994.

조동진. 「현대 교회행정학」. 서울: 별, 1993.

Alston, Wallace M. Jr. *Guides to the Reformed Tradition, the Church*. Atlanta: John Knox Press, 1984.

Anderson, James D. and Jones, Ezra E. *The Management of Ministry*. San Francisco: Harper & Row, 1978.

Burke, W. Warner, *Organization Development*. Boston: Little Brown. 1982.

Cousins, Don, Anderson, L. and DeKruyter, A. *Mastering Church Management*. Portland: Multnomah Press, 1990.

Douglas, Stephen B., Cook, Bruce E. and Hendrix, Howard G. 「교회경영 이렇게 한다」. 서울: 순출판사, 1991.

Drucker, Peter F. *Managing in Turbulent Times*. New York: Harper & Row, 1980.

Engstrom, Ted W. *The Making of a Christian Leader*. Grand Rapids: Zondervan, 1976.

_____. *Your Gift of Administration*. Nashville: Thomas Nelson Publishers, 1982.

Engstrom, Ted W. and Dayton, Edward R. *The Art of Management for Christian Leaders*. Waco, TX: Word Books, 1982.

Hendrix, Howard G. *Chruch Management Manual*. Dallas: Dallas Theological Seminary, 1967.

Hendrix, Olan. *Management for the Christian Leader*. Grand Rapids: Baker, 1981.

Jones, Bruce W. *Ministerial Leadership in a Mangerial World*. 「목회리더십과 경영」. 주상지 역. 서울: 생명의 말씀사, 1994.

Knudson, Raymond B. *New Models for Church Administration*. Chicago: Gollett, 1979.

Leith, John H. *An Introduction to the Reformed Tradition*. Atlanta: John Knox, 1978.

Schaller, Lyle E. *Effective Church Planning*. Nashville: Abingdon, 1979.

Tidwell, Charles A. *Church Administration: Effective Leadership for Ministry*. Nashville: Broadman, 1985.

교회성장학

황 성 철

Ⅰ. 교회성장학이란 무엇인가?

교회성장학은 교회의 성장과 퇴보의 원인들을 성경적, 역사적, 사회학적 그리고 행동적 연구를 통하여 밝히려는 학문이다. 이 학문은 교회 확장에 관한 하나님 말씀의 신학적 원리와 현대 사회 과학과 행동 과학의 좋은 점을 결합하려고 노력한다. 교회성장학이 하나의 학문으로서 연구가 시작된 것은 Donald McGavran의 창시적 사역으로부터이다.

교회성장학은 그 학문적 성격상 진취적이고 적극적이며 낙천적이고 결과적이다. 교회의 본질상 교회의 성장과 부흥은 필연적이기 때문이다. 그러므로 교회성장학은 학문적 결과에 긍정적인 태도를 가진다. 교회성장학에서는 뿌려진 복음의 씨앗이 어떤 교단이나 교회를 세우는 것이 아니라 그리스도의 몸된 교회를 세우는 것으로 본다.

교회성장학에 대한 학문적 정의는 다양하다. Kent Hunter의 정의는 공식적이라고 할만큼 간결하게 종합적이다:

> 교회성장학은 교회의 건강, 기능, 본질을 모든 족속으로 제자를 삼으라는 분부의 효과적인 실행과 연관지어 연구 조사하는 신중한 학문이다....교회성장학은 신학적인 이론이지만 또한 하나님의 말씀의 영원한 원리를 현대의 사회 행동 과학의 최상의 통찰력과 결합하려고 추구하는 실제적인 분야이다.[1]

교회성장학에서는 교회의 본질과 기능, 그리고 건강 여부를 측정하고 진단한다. 그리고 교회의 성장 여부, 새로운 교인들의 원입 여부, 다른 교회 교인들의 수평 이동의 유무, 그리고 훈련받는 교인들의 증감 여부 등의 조사와 측정, 그리고 분석과 평가가 있다. 교회 성장에 관한 측정, 조사, 평가를 통하여 그 효과는 반드시 결과를 통해서 나타나게 된다고 본다.

교회는 그리스도의 몸이고, 그리스도는 교회의 머리이다. 그리고 교인들은 그 몸의 지체이다. 교회성장학이 관심을 갖는 것은 교회의 머리가 되시는 그리스도에게 있는 것이 아니다. 그 몸의 지체인 교인들에게 있다. 그러므로 교회의 각 지체의 문제점을 조사하고 평가하는 것이 교회성장학의 학문적 일이다. 그러나 교회성장학은 교회의 문제를 진단하고 평가하는 것으로 끝나는 것이 아니라, 복음을 어떻게 효과적으로 전달하여 모든 사람들을 주님의 제자로 삼을 것인가를 연구하는 것을 그의 궁극적 목적으

---

1 Kent Hunter, *Foundations for Church Growth* (Coruuna, IN: Church Growth Center, 1994), 33.

로 갖고 있다.

교회성장학은 봉사와 헌신을 가르치고 하나님의 선한 청지기로 일하도록 가르친다(고전 4:1-2; 벧전 4:10). 물론 교회성장학은 성경에 기초한 신학적인 이론을 가지고 있다. 교회성장학은 교인들의 신앙 성숙을 전제하고, 복음 전도를 통한 하나님 나라 확장의 의미를 포함하고 있다. 그러나 교회성장학은 어디까지나 교회 성장 신학의 견고한 기초가 있을 때 가능하다.

II. 교회성장학의 배경과 역사

교회성장학은 1950년대 미국에서 McGavran에 의해 처음 소개되어 1960년대 후반부터 미국 풀러(Fuller) 선교대학원(School of World Mission)을 중심으로 하여 전세계로 확산된 하나의 교회 전도를 통한 개체 교회의 양적 부흥 운동을 그 배경으로 갖고 있다. McGavran이 교회 성장 운동의 비전을 가지게 된 것은 인도 선교사로서 수십 년 간의 사역에도 불구하고 원주민 교회가 도무지 성장하지 않는데 대한 신학적 회의에서부터 시작되었다.2)

당시 대부분 선교사들은 인도 사람들이 복음을 싫어하기 때문에 새신자들을 많이 얻을 수 없고 교회 성장을 기대할 수 없다고 생각하였다. 그러나 McGavran은 이들의 생각에 동조하지 않았다. 그는 인도에서도 교회를 성장시킬 수 있는 하나님의 어떤 방법이 반드시 있을 것이라는 확신을 이렇게 표명했다: "효과 없는 교회 성장 원리는 과감히 버리고 사람들을 제자삼고 하나님의 집을 성장시킬 수 있는 생산적인 방법을 배우고 실천하

---

2 McGavran은 어느 한 해의 선교 보고서에서 "선교비를 12만 5천 달러나 썼으나 결신자는 고작 52명 밖에 안 된다"고 탄식했다. C. Peter Wagner, ed., *Church Growth: State of the Art* (Wheaton, IL: Tyndale House Publishers, 1986), 23.

기로 결심하였다."3) 이러한 결심하에 자신이 직접 교회 개척 사업에 참여함으로서 그것을 확인하고자 했다. 교회 개척 사역은 인도 선교 사역에 전례가 없는 1,000명 이상의 개종자들을 순수 전도를 통해서 얻는 결과를 가져왔다. 더욱 중요한 것은 같은 지역과 문화 속에서도 성장하는 교회가 있고, 성장하지 않는 교회가 있다는 사실을 알게 된 것이다.

그는 개척 교회를 통해서 자신이 몸소 체험하고 깨달은 교회 성장에 관한 원리들을 1955년에 저술한 「하나님의 가교」(The Bridge of God)4)에 소개함으로 교회 성장 운동에 이정표를 세웠다.

이 책은 세계 학계에 큰 반향을 불러 일으켰다. McGavran은 곧 미국과 해외의 여러 대학과 신학교에서 강의와 세미나의 요청으로 바쁜 일정을 보내면서, 나름대로 전도와 선교만을 전문적으로 연구할 수 있는 선교대학원의 설립을 꿈꾸었다. 그의 비전은 1960년 미국 Oregon 주 Eugene에 있는 Northwest Christian College의 초청을 받아 대학 캠퍼스 내에 교회 성장 연구소(Institute of Church Growth)를 시작하게 됨으로서 이루어졌다.

McGavran은 교회 성장 운동의 확산을 위하여 전 세계 교회를 대상으

---

3 Ibid.
4 McGavran, *The Bridge of God* (New York: Friendship Press, 1955). McGavran은 이 책에서 교회 성장과 선교에 관한 매우 중요한 네 가지 원리를 주장했다. 첫째, 신학적 논제로 선교의 주요 목적은 불신자들에게 복음을 전하여 영혼을 구원할 뿐만 아니라 교회의 책임 있는 교인이 되어 주님의 제자가 되도록 하는데 있다. 둘째, 윤리적 문제로 하나님의 나라 확장을 위해서 실제 유용한 방법론을 개발하여야 하며, 이러한 일을 위해 재정적, 인적 자원이 충분히 동원되어야 하고, 모든 선교 사역은 반드시 결과에 의해서 평가되어야 한다. 셋째, 선교학적 문제로 사람들에게 복음을 전하는 과정에서 문화 인류학(cultural anthropology)을 전도 전략에 적용하여야 하며 사람들이 결신하는 단계가 각 문화마다 다르다. 넷째, 절차적 문제로 제자삼는 일과 양육하는 일은 중요한 두 가지 단계인데, 선교사들은 제자삼는 일의 단계를 거치지 않고 양육하는 단계로 들어가려는 잘못을 저지르고 있다.

로 *Church Growth Bulletin*(이것은 후에 *Global Church Growth Bulletin*으로 변경됨)이라는 연구 회보지를 격월로 발행하기 시작했다. 이것은 미국과 전 세계의 선교사들과 목회자들에게 교회 성장 운동의 배경과 역사, 그리고 교회 성장의 원리들을 배우는 데 커다란 도움을 주었다.

교회 성장 운동을 하나로 엮어내는 데 있어서 가장 중요한 하나의 발전은 1965년 McGavran이 미국 California 주 Pasadena에 풀러신학교(Fuller Theological Seminary)의 초청을 받고 선교대학원 설립과 동시에 초대 원장으로 취임한 것이었다. 이 때부터 교회 성장 운동은 전 세계적인 운동으로 확대되기 시작하였다.

McGavran 시대에서 마지막으로 중요한 발전은 1970년에 출판된 교회 성장에 관한 최초의 학문적 연구인 「교회성장학」(Understanding Church Growth)[5]이었다. 이 책은 McGavran의 교회 성장의 신학과 실천을 연구한 결정판으로서 전 세계 교회와 선교지의 교회 성장에 관한 사회적이고 실제 방법론적인 문제들을 자세하게 다룬 책이다. C. Peter Wagner는 이 책을 교회 성장 운동의 "대헌장"(Magna Carta)이라고 격찬하였다.[6]

주후 1972년과 73년 사이에는 교회 성장 운동에 기여한 저서들의 출간[7]

---

5 Donald McGavran, *Understanding Church Growth* (Grand Rapids: William B. Eerdmans Publishing Co., 1970).

6 C. Peter Wagner, *Your Church Can Grow*, 14.

7 이 시기에 교회 성장 운동에 기여한 대표적인 저술들은 다음과 같다: Donald McGavran and Win C. Arn, *How to Grow a Church* (Glendale, Ca: Regal, 1973); Dean N. Kelley, *Why Conservative Churches Are Growing?* (New York: Harper & Row Publishing Co., 1972); Vergil Gerber, *A Manual for Evangelism/Church Growth* (South Pasadena, CA: William Carey Library, 1973); Ebbie C. Smith, *A Manual for Church Growth Surveys* (South Pasadena, CA: William Carey Library, 1976); Charles L. Chaney and Ron S. Lewis, *Manuel for Design for Church Growth* (Nashville: Broadman

과 연구소의 개설8)은 교회 성장 운동을 한층 더 활발하게 촉진시켰다.

교회 성장 운동은 전 세계 개체 교회들의 성장에 많은 긍정적인 결과를 가져왔다. 그럼에도 불구하고 교회 성장 운동은 분명한 정체성을 확립하는데 실패하였다. 그 이유는 교회 성장에 관한 연구 자료들이 각기 다른 시각에서 발표됨으로서 실제로 "교회 성장을 말하는 주체가 누구인가?"라는 질문에 대답하기 어려웠기 때문이었다.

1970년대 교회 성장에 대한 비평자들은 한편으로는 교회 성장 운동이 끼친 공헌들을 수용하려고 하였지만, 동시에 심각한 문제점들을 제기하였다. James Sherer는 McGavran의 책 *Understanding Church Growth*를 다음과 같이 비평하였다:

> D. McGavran은 수적 증가가 선교 사역에 관심을 가진 대다수 사람들에 의해 거부되는 것을 믿게 하려 한 것이다. 이 견해는 많은 독자들이 받아들이지 않을 것 같다. 또 McGavran만이 족속들을 제자삼는 사명에 충실하게 남아 있게 하는 반면, 다른 사람들은 사회적 상대성, 에큐메니칼 관계, 기관적 증거 등등의 바알 숭배를 범하러 간 것처럼 믿게 한 것이다.9)

또 다른 비평가들은 교회 성장 운동이 "본문(text)을 현대 인간의 많은 상황들(contexts)에 비추어서 해석하지 못하였다"10)고 비난하였다.

Press, 1977).

8 교회 성장 운동에 기여한 대표적 연구소의 개설은 다음과 같다: Paul Benjamin이 1972년에 미국 내 교회들의 성장에 관심을 갖고 설립한 전국교회 성장연구센타 (National Church Growth Research Center)와 W. Arn이 미국의 평신도들까지 예수님의 지상명령을 성취하기 위해 쉽게 이해하고 적용할 수 있는 교회 성장에 관한 연구를 발전시키기 위한 목적을 가지고 교회성장연구원(Institute for American Church Growth)을 개설한 것이었다.

9 James A. Sherer, "The Life and Growth of Churches in Mission," in *International Review of Mission*, 60 (January, 1971): 127.

이러한 논쟁에 대한 교회 성장 운동의 지지자들의 반응은 혼합적이었다. 그러나 McGavran과 Wagner는 계속적으로 교회 성장 운동의 기본 원리들을 담대하게 주장하였다. P. Wagner는 1970년대 McGavran의 교훈을 추종한 많은 사람들 중의 한 학자로서, 1981년 *Church Growth and the Whole Gospel*[11]의 출간은 그를 교회 성장 운동의 주 대변인으로 부각시킴과 동시에 교회 성장 운동에 대한 비평들에 종지부를 찍었다. 이 책의 출간은 교회 성장 운동에서 하나의 분수령으로 특징지을 수 있고, 교회 성장 운동의 Wagner 시대를 태동케 한 원인이다. 1981년 이후 그의 교회 성장에 관한 책들은 교회 성장에 그의 점증하는 영향력과 공헌도를 나타내기에 충분했다.

오늘의 교회 성장 운동의 현주소는 여러 현상적 요인들을 통하여 보게 된다. 첫째, 사회 학자들과 지역 사회 연구사들로부터의 정보 폭발이다. 예를 들면 George Gallup과 George Barna와 같은 연구자들로부터 나오는 조사 자료들은 인기가 있을 뿐만 아니라 교회 성장에 대단한 도움을 주는 것들이다. 둘째, 교회 성장을 자문해 주는 상담자들과 그들이 경영하는 연구소들의 증가이다. 셋째, 다양한 교회 성장 주제에 관한 출판물, 오디오, 비디오 재료들의 폭발이다. 넷째, 복음주의적이고 복음 전도적인 교회 연합 운동이다. 그리고 마지막으로 현시대에서 교회 성장의 가장 가시적인 영향은 교회 성장이 개교회의 관습과 전통에 도전을 준 점이다. 특별히 평신도 사역에 대한 새로운 인식과 그 강조점은 많은 교회가 사역의 책임을 목회자에게서 평신도에게로 이전시키는 원인을 제공했다.

---

10 Orlando E. Costas, *The Church and It's Mission: A Shattering Critique from the Third World* (Wheaton, IL: Tyndale, 1974), 132.
11 C. Peter Wagner, *Church Growth and the Whole Gospel* (San Francisco: Harper & Row, 1981).

지난 수십 년 간 교회 성장은 복음주의 교회의 변두리에 있는 한 운동으로 인식된 것이 사실이다. 그러나 교회 성장 운동이 탄생한 지 30년이 지난 오늘, 이 운동은 널리 확산되어 교파적, 실천적, 신학적 수용을 받게 되었다. 그러나 교회 성장 운동에 대한 이의들은 여전히 존재한다. 가장 큰 도전은 신학적 이의 제기에 대답하는 것이다. 교회 성장 운동의 신학적 매개 변수를 정의하는 것이다. 물론 교회 성장 운동은 분명하게 정의된 신학적 원리들을 바탕으로 시작되지 않았다. 그렇지만 교회 성장은 "신학이 없는 것"이 아니다.

III. 교회 성장의 근거

성경은 교회를 그리스도의 몸이요, 교회의 머리는 그리스도라고 묘사한다(엡 1:23). 교회는 그리스도에 의해서 설립되었고, 부활하신 후 그의 영인 성령을 통하여 그의 교회를 계속 인도하시겠다는 약속 위에 기초한다. 이 약속은 성경 속에서 그 뜻이 분명히 계시되고 있으며, 이 계시된 사실은 신학적 해석을 통하여 그 진의가 드러나게 된다. 그러므로 교회 성장에 관한 논의는 성경적 계시와 방법론적 의미에서 신학적 원리에 근거할 때 정당화될 수 있다.

A. 성경적 근거

교회성장학은 성경을 기초로 하고 있다. 첫째, "복음을 전하라"는 그리스도의 지상명령이다. 기독교에서는 "너희는 가서 모든 족속으로 제자를 삼아 아버지와 아들과 성령의 이름으로 세례를 주고 내가 너희에게 분부한 모든 것을 가르쳐 지키게 하라"(마 28:19-20)는 말씀을 그리스도의 지상명령으로 받아 들이고 순종해 나간다. 이 말씀은 일체의 타협의 여지가 없는 직접적이고 특정한 선포적인 명령이다. 이 지상명령을 이루는 구체적 근거는 성령의 임재부터 시작하여 복음의 세계성에 기초하고 있다. 즉 "성령이 너희에게 임하시면 권능을 받고 예루살렘과 온 유대와 사마리아와 땅끝까지 이르러 내 증인이 되리라"(행 1:8)는 말씀은 교회 성장이 복음의 계속적인 확장과 성장 발전을 의미하고 있음을 깨닫게 하는 근거이다.

둘째, 계수적(計數的) 성장을 가르치는 성경 말씀들이다. Wagner는 신약 시대의 예루살렘 교회의 성장을 실례로 들어서 다음과 같이 설명했다:

> 예수님은 12명을 자신의 제자로 삼는데 성공하였다. 그의 사역이 끝났을 때, 12명의 제자는 120명 이상이 되었고, 고린도전서 15장 6절의 말씀에 따르면 500명 이상의 헌신된 제자들이 되었다. 3년 동안에 12명에서 500명으로 제자를 만드신 것은 10년 간 성장 수치(decadal rate)로 계산하면 215.343%가 되고, 이것을 연간 성장 수치(annual growth)로 계산하면 115%가 된다.12)

사도행전에는 교회의 양적 성장을 묘사하는 많은 말씀들(2:41; 2:47; 4:4; 5:14; 6:16-17; 9:31; 9:35; 16:5; 21:20)이 있다. 계수적 성장의 중요함을 가르치는 성경 말씀들은 그 이외에도 있다. 특히 누가복음 15장 3절부터 7절과 베드로전서 5장 12절에 보면 목양에는 반드시 양의 계수가 따라야 함을 전제하고 있다. 이러한 성경의 본문을 종합해서 McGavran은 "양화(量化)가 영적인 특성을 저하시키지 않는다. 인간은 측정할 수 없는 영혼과 측정할 수 있는 육체로 되어 있다"13)고 결론을 지었다.

셋째, 성장에 관한 성경의 비유들(마 13:3-23; 13:31-32; 13:33; 요

---

12 Wagner, *Your Church Can Grow*, 165.
13 Donald McGavran, ed., *Church Growth Bulletin*, vols.1-5 (South Pasadena, CA: William Carey Library, 1979), 200.

12:22-24; 15:1-8)이다. 성장 비유들에 관해서 Eugene Wright는 다음과 같이 설명했다:

성경에는 비유들이 많이 있다. 즉 한 알의 씨가 죽어 다시 새로운 생명으로 태어나는 성장의 비유, 겨자씨가 큰 나무로 성장하는 비유, 누룩이 파고 들어가며 영향을 미치는 비유, 나무 가지의 관계 속에서 열매 맺는 성장의 비유들이 있다. 오순절에 몇 명 안 되는 그리스도인들이 3,000명이 되었고, 이어서 5,000명이 되었다. 이것은 성령의 권능으로 교회가 앞으로 전진해 나가는 시작과 변화인 것이다.[14]

Tom Houston은 이러한 견해에 대하여 다음과 같이 주의를 환기시키고 있다. "예수님께서 말씀하신 씨 뿌리는 자의 비유, 알곡과 쭉정이의 비유 등은 모두 언제나 하나님의 나라가 성장하는 것을 강조하고 있는 말씀이다. 그러나 모든 성장이 다 가치 있는 성장은 아니다....부유의 성장, 인기의 성장, 활동의 성장, 성공의 성장은 가치 없는 성장이다."[15]

넷째, 하나님께서 그의 백성들과 맺은 언약의 예언의 말씀이다. 대표적인 말씀은 창세기 12장 1절부터 3절에서 아브라함과 맺으신 언약이다. 이 언약은 15장 1절부터 6절의 말씀에서 재확인되고, 26장 1절부터 5절에서 이삭과의 언약으로 재확인 되었다. 이 언약은 야곱에게까지 계속되고 있다(창 28:10-18). 바울은 갈라디아서 3장 6절부터 9절에서 아브라함과 맺은 언약을 이방인들, 즉 모든 나라들에게 선포하고 있다, "먼저 아브라함에게 복음을 전하되 모든 이방인이 너를 인하여 복을 받으리라..."(갈

---

14 J. Eugene Wright, "Church Growth: Ultimate or Penultimate?" *Christian Ministry* 10 (January 1979): 14.

15 Tom Houston, "Evangelism and Church Growth," in *Evangelism: The Next Ten Years*, ed., Sherwood Eliot Wirt (Waco, TX: Word Books, 1978), 133-34.

3:8). 즉 그리스도를 믿는 믿음의 자녀들은 모두 아브라함의 자녀이다. 아브라함에게 주신 언약 속에는 하나님의 백성은 진실로 그의 약속의 자녀라는 복음이 나타나고 있다. 하나님의 약속에 의해 하나님의 백성인 교회가 하늘의 별의 수와 같이, 땅의 티끌과 같이 성장해야 한다면, 아직 교회성장에는 많은 가능성이 있는 것이다.

B. 신학적 근거

교회 성장의 신학적 당위성은 바로 교회의 본질 그 자체에 있다. 성경에는 교회를 묘사하는 많은 상징적 개념들이 있다. 그 중에서도 교회의 성장과 관련하여 가장 의미있는 것은 "그리스도의 몸"(고전 12장; 엡 4장)이라는 개념이다. 그리스도의 몸된 교회는 그리스도의 장성한 분량에까지 자라야 한다(엡 4:15). 교회가 자라는 것은 필연적이다. 교회는 그리스도의 영적 생명체이기 때문이다.

그러므로 교회는 산 유기체이다. 굳어 빠진 조직체가 아니다. 교회는 그 본질상 역동적(dynamic)이고 변천적(changing)이다. 정적인(static) 상태에 머물러 있는 그런 조직체가 아니다. 교회는 살아 있는 유기체로서 다른 살을 갖다 붙여서 성장하는 것이 아니다. 그 자체 내에서 세포 분열을 통하여 성장한다. 그래서 Daniel Jenkins는 "교회의 이상한 면은 그것이 결코 늙지 않는다는 점이다. 항상 새로 거듭나는 비밀을 알고 있다"16)고 말했다.

불가견적 교회에 깊은 관심을 표명한 신학자 Hans Kung도 그의 책 *The Church*에서 "그리스도의 몸인 교회는 성장해야 하고 하나님의 계획대로 자라야 한다"17)고 언급했다. 그는 계속해서 교회가 "내적으로 성장

---

16 Daniel Jenkins, *The Strangeness of the Church* (Garden City, NY: Doubleday & Co., 1955), 14.

해야 하는데 그것은 복음의 선교를 근거로 해서 새로운 지체들이 탄생함으로써 성취된다"고 보았다.18) 그리고 그는 "예수 그리스도가 교회의 머리시요, 교회 성장의 근원이며 목표이기 때문에 교회는 그리스도에게 순종하므로써만 그 성장이 가능하고 역사적인 활동을 통하여 그리스도가 세상에 깊이 개입할 수 있을 때 참으로 성장한다"라고 그 방법론까지 제시했다.19)

교회 성장은 분명한 신학적 기초 위에 서 있다. 교회 성장의 원인은 성부 하나님이시며, 성장의 토대는 예수 그리스도이시고, 성장의 주역은 성령이시다. 교회 성장은 삼위일체 하나님께 속한 활동이다. 선교와 선교를 통한 교회 성장은 하나님 자신의 일이다. 그러므로 교회 성장의 원인과 결과는 삼위일체 하나님에게 달려 있으며, 결과에 대한 물음이나 평가도 사실은 어려운 일이다. 그러므로 교회 성장은 하나님의 은혜와 자비의 개념으로 이해되어야 한다.

Ⅳ. 교회성장학의 학문적 전제

A. 성경적 전제

교회성장학에서는 성경을 정확 무오한 영감된 하나님의 말씀으로 믿고 있다. 성경의 영감 교리와 권위에 대한 절대적 지지를 전제한다. Arthur Glasser는 성경을 "믿음과 삶에 유일하게 신뢰할 수 있고, 유일한 무오한 법칙으로 믿어야 한다"20)고 말했다.

---

17 Hans Kung, *The Church*, tr. Ray and Rosaleen Ockenden (New York: Sheed and Ward, 1967), 238.

18 Ibid.

19 Ibid.

20 Arthur F. Glasser, "Church Growth and Theology," in *God, Man and Church Growth*, ed. Alan R. Tippett (Grand Rapids: Wm. B. Eerdmans Publishing Co., 1973), 53.

B. 신학적 전제

첫째, 교회성장학에서는 과거의 보수 신학과 복음주의 신학을 거의 정통신학으로 받아들이고 있다.21) 성경의 기본 교리인 그리스도의 신성과 인성, 성령의 신격과 사역, 그리스도를 통한 구원의 유일성, 천국과 지옥의 존재 등을 기본적 전제로 한다.

둘째, 교회성장학에서 하나님은 결과에 관심을 가지고 있다는 것이다. 전도와 선교의 효과는 결단(decisions)으로 측정할 것이 아니라 제자의 수(disciples)로 판단해야 한다는 것이다. 교회 성장 학자들에게는 양적 성장이 가장 중요하다. 그래서 Glasser는 "성장하지 않는 교회는 하나님의 뜻에 없는 교회이다"22)라고까지 했다. Wagner도 교회성장학이 다른 학문과 비교해서 독특하게 다른 점은 "교회성장학은 교회들의 목표를 세워주고 그것을 지켜보는 것을 기본 역할로 삼는다. 우리는 마치 교회의 체중 관찰자(weight watcher)와 같다. 그래서 우리는 교회가 체중이 더 나가도록 돕고자 하지 체중을 감소시키려고 힘쓰는 것이 아니다"23)라고 했다. 교회성장학에서는 교회의 제자 수를 늘리고 교회를 세우는 사명이 있음을 전제로 한다.

셋째, 교회는 사회의 수용성이 있는 사람들에게 복음을 전하는 것이다. 전도를 받을 수 있는 동안에 전도받을 수 있는 사람에게 복음을 전해서 믿게 하자는 것이 교회성장학의 교훈이다. 전도받기를 거절하는 사람들을 방관하고 포기하자는 것이 아니라 먼저 복음을 수용하는 사람들에게 관심

---

21 John H. Yoder, "Church Growth Issues in Theological Perspectives," in *The Challenge of Church Growth*, ed., Wilbert R. Shenk (Scottsdale, PA: Herald Press, 1973), 27.

22 Glasser, "Church Growth and Theology," 52.

23 C. Peter Wagner, "Intensity of Belief: A Pragmatic Concern for Church Growth," *Christianity Today*, 21 (January 7, 1977): 10.

을 기울이자는 것이다.24)

넷째, 구원은 반드시 개인의 결단에 의해서만 이루어지는 것은 아니라는 것이다. 교회성장학에서는 이것을 "다수 개인"(multi-individual), 또는 "상호 의존 결단"(mutually-interdependent decision)이라고 부른다. 교회성장학에서는 전 세계에 전도받지 못한 사람들에게 복음을 전하는 길은 일대일의 방법이 아니라 집단 개종(people movement)의 방법을 통해서라고 한다.

다섯째, 제자를 삼는 것과 양육하는 일은 구분이 되어야 한다고 한다. McGavran은 마태복음 28장 18절부터 20절의 말씀을 두 부분으로 구분하였다. 첫째 부분은 제자를 삼는 일(discipling), 둘째 부분은 양육하는 일 또는 온전케 하는 일(perfecting)이라고 하였다. 제자를 삼는 일은 예수를 그리스도와 주로 고백하고 교회의 성도가 되게 하는 것을 말하고, 양육은 교회와 가정의 그리스도인의 삶을 통하여 윤리적인 삶의 변화를 가져오는 것을 의미한다고 하였다.25) 그는 "제자를 삼으라"는 동사를 세 가지 의미, 즉 D1, D2, D3,로 나누어서 설명한다. D1은 불신자가 성령의 역사로 세례받고 헌신된 그리스도인이 되는 것이고(사회의 기독교화), D2는 명목상의 교인이 처음으로 중생하는 것을 의미하고(개인의 기독교화), D3는 그리스도인이 말씀을 배우고 은혜를 더욱 받아서 완전히 예수 그리스도의 제자가 되는 것(교인의 제자화)이다.26)

여섯째, 그리스도인의 성장은 생물적이고 교육적인 회심의 모델(biological-educational model of conversion)을 그 기초로 하고 있다는 것이다. McGavran이 말하고 있는 세 가지 단계의 제자삼는 일이 여기에

---

24 McGavran, *Church Growth Bulletin*, Vol. 1-5, 25.
25 McGavran, *The Bridge of God*, 13-15.
26 McGavran, *Understanding Church Growth*, 123-24.

적용되고 있다. 불신자가 전도를 받고 예수의 제자가 되면, 말씀으로 교육을 받아 성장하게 되고, 따라서 생물학적인 성장도 가져오게 된다.

일곱째, 교회의 모든 활동 중에 전도를 최우선에 두어야 한다는 것이다. 전도는 제자를 삼는 일이다. 전도를 의식적으로 최우선에 두고 있는 Wagner는 사회 봉사와 사회 활동을 구분하였다. 교회가 사회 봉사하는 것은 당연한 일이지만 사회 활동은 교회의 일이 아니라고 말하면서, "사회 활동을 교회의 최우선에 두어야 할지, 그러한 교회를 교회로 보아야 할지 주저한다"27)고 말했다.

여덟째, 교회성장학에서는 하나님의 말씀과 그의 뜻에 대한 순종을 요구한다. 교회성장학의 목표는 하나님을 기쁘시게 하는 것이며 사람을 기쁘게 하는 것이 아니다.

C. 인류학적 전제

교회성장학에서는 인류의 문화를 중요시하고, 사회 문화와 교회 성장이 매우 밀접한 관계가 있다는 것을 전제하고 있다. 첫째, 기독교와 문화가 서로 모순이 거의 없는 것으로 보고 있다. McGavran은 "98%의 기독교와 문화의 요소들이 서로 상반되지 않고 있다"고 하면서 "혹 기독교와 문화가 충돌되는 점이 있다면, 귀신, 주물 숭배, 요술과 마술 같은 것인데, 이것들은 우상과 정령 숭배의 부속품에 불과하다"28)고 했다. 교회성장학에서는 기독교는 문화와 상치 관계에 있는 것이 아니라 중립적인 위치에 있다고 본다. McGavran은 Richard Niebuhr의 견해와 같이 문화를 변형시키는 분은 그리스도라고 주장했다.29)

---

27 Wagner, *Your Church Can Grow*, 158-59.
28 Ibid., 41-42.
29 Donald McGavran, *The Clash Between Christianity and Cultures* (Washington, D.C.: Cannon Press, 1974), 39.

둘째, 교회가 성장하는 것은 신학적인 이유보다 사회적이고 문화적인 요인 때문인 것으로 보는 경우가 많다. 기독교 복음의 수용성은 사회와 문화에 많이 의존되어 있다는 것이다. McGavran은 "교회 성장은 흔히 무르익은 영적 수확 지역에 달려 있다"[30]라고 말하였다.

셋째, 인간의 삶의 변화가 복음의 수용성에 많은 영향을 미친다고 보고 있다. 인간 사회의 변화는 기독교의 복음을 더욱 수용하게 만든다.

넷째, 사회의 가장 중요한 내부 단위를 동질성의 단위로 보고, 이 단위를 통해서 복음이 가장 잘 전달된다고 보는 것이다. 그 이유는 "복음은 살아 있는 가교들, 즉 가족과 친구들의 통로를 통해서 가장 잘 흐르기 때문이다."[31]

다섯째, 교회성장학에는 반드시 사회 과학이 적용되어야 한다. 즉 인류학, 사회학, 심리학, 커뮤니케이션의 원리, 통계 분석 등이 교회성장학에 적용되어야 한다고 본다. 이러한 방법들은 교회 성장의 원인과 성장하지 못하는 이유들을 찾아내는 데 좋은 도구로 사용될 수 있기 때문이다.[32]

C. 방법론에서의 실용주의적 전제

교회성장학에서는 실제적인 방법을 추구하고 결과에 대한 긍정적인 태도를 가지고 있다. 이 학문은 방법론에 있어서 실용주의적이다. George W. Peters는 "복음은 오직 하나이지만 방법은 여러 가지이다. 복음이 절대적이고 결론적이고 완전하고 온전한 것은 계시로 주어졌기 때문이다. 그러나 방법은 다르다. 방법은 시간과 문화와 심리학의 제한을 받는다. 방법은 상대적이다. 방법은 사람 관계 중심적이다. 그러므로 성경은 방법에

---

30 McGavran, *Understanding Church Growth*, 154.
31 McGavran, *Crucial Issues in Missions Tomorrow*, 262.
32 McGavran, *Church Growth Bulletin*, Vols. 1-5, 84.

있어서 절대적인 수단을 말하고 있지 않다."33) 이와 같이 교회성장학은
실제성을 매우 중요시한다. 사실적으로 나타나고 있는 것만을 인정한다.
"어떻게 사람들을 그리스도에게로 인도할까"를 생각하는 것은 낭비가 아니
라고 본다. 그러나 교회성장학에서는 "현재 어떻게 사람들이 그리스도에
게로 나오고 있는가"에 더욱 큰 관심을 갖는다.34)

그렇지만 교회성장학에서는 방법을 목표보다 더 중요하게 생각하지는
않는다. 목표가 방법에 우선하는 것을 전제한다. 교회성장학에서 방법에
관한 질문은 언제나 "어떻게 이루어지고 있는가?" 과연 "이루어질 것인
가?"라는 것들이다. 그러므로 교회성장학에서는 결과에 긍정적인 태도를
갖는다. 교회 성장의 목표가 살아계신 하나님의 말씀에 기초하고 있기 때
문이다.

Ⅴ. 교회 성장의 원리

McGavran과 W. Arn은 *Ten Steps for Church Growth*에서 교회
성장 원리를 "다른 원리들과 함께 적당하게 적용하여 교회 성장에 의미있
는 공헌을 할 수 있는 세계적인 진리"35)라고 정의했다. 그들의 정의에서
"세계적"이라는 말은 논쟁의 소지가 있다. 모든 교회 성장 원리가 세계적인
것은 아니기 때문이다. 그래서 McGavran 자신도 이 점을 다음과 같이
시인했다:

---

33 George W. Peters, "Great-Campaign Evangelism," in *Crucial Issues in
　　Missions Tomorrow, ed. Donald McGavran (Chicago: Moody Press, 1972),
　　203.
34 Wagner, *Your Church Can Grow*, 140.
35 D. McGavran and W. C. Arn, *Ten Steps for Church Growth* (New York:
　　Harper & Row, Publishers, 1977), 127.

모든 나라의 교회는 당연히 그 나라 문화의 교회가 되어야 하고, 우리 주님께서 한 나라에서 다른 나라에 복음을 심는 데 선교사들을 사용하시기 때문에, 이러한 근본적인 질문을 할 필요가 있다. 어떻게 해외 선교사가 자기 나라의 교회와 같은 교회를 심지 않고 예수 그리스도의 교회들을 증가시킬 수 있는가? 어떻게 선교사들이 성령으로 충만한 그 나라 사람들로 이루어진 교회들을 증가시킬 수 있는가? 중국에서는 중국 교인으로, 볼리비아에서는 볼리비아 교인으로, 상류층에서는 순수한 상류층 교인으로, 대중 가운데서 순수한 대중적인 교인의 교회로 어떻게 증가시킬 것인가 하는 것이다.36)

교회 성장 원리는 언제 어디서나 적용될 수 있는 세계적인 진리가 될 수 없다. 오직 성경적인 원리만이 세계적인 진리가 될 수 있다. 이것은 결코 변경될 수 없다. 그러나 교회 성장 원리는 방법에 의해서 변경될 수 있다. 방법은 자주 변화되지만 원리는 변화되지 않는다는 말이 교회 성장 원리에는 부합되지 않는다. 교회성장학에서는 원리도 방법도 변화될 수 있다.

A. 동질성의 원리(The Homogeneous Unit Concept)

교회성장학에서는 사회의 가장 중요한 내부 단위를 동질성의 단위로 보고, 이 단위를 통해서 복음이 가장 잘 전달된다고 한다. McGavran과 Arn은 동질성의 의미를 "어떤 특징을 공통적으로 가지고 있고, 같은 소속감을 가진 사람들의 한 집단"37)이라고 하였다. 이 원리는 흔히 문화적 동질성을 가진 사람들의 그룹들로 사회가 구성되어 있다는 전제 위에 기초한다. 그러므로 선교와 교회 성장은 문화적, 사회적 동질을 파괴하지 않고 그 테두리 안에서 할 때 효과가 있다. "사람들은 사회적, 언어적, 그리고 계급

---

36 McGavran, *Understanding Church Growth*, 335-53.
37 McGavran and W. Arn, *Ten Steps for Church Growth*, 129.

의 장벽을 거치지 않고 그리스도인들이 되기를 원한다"38)고 McGavran
은 주장했다. 복음은 살아 있는 가교들, 즉 가족과 친구들의 통로를 통해
서 가장 잘 흐르기 때문이다. 그러므로 McGavran은 "교회는 종족을 제
자삼기 위해서는 혈통과 계급의 마차를 타야 한다"39)고 하였다.

이 원리에 의하면 교회 성장의 장애물은 영적, 신학적 요인에 있는 것이
아니라 사회적 요인에 있다. McGavran은 이 점을 다음과 같이 설명하고
있다. "우리가 분명히 해야 할 것은 그리스도인이 되기 위해서 언어와 문
화, 재산과 삶의 스타일을 바꿀 필요가 없다. 모든 사람은 자기 자신의 모
습으로 그리스도인이 될 수 있어야 한다."40) 동질성의 원리는 삶의 사회
학적인 문제들을 심각하게 고려한다.

그러나 McGavran은 성경적인 장벽들, 즉 십자가, 회개의 필요, 세례
를 받는 일, 아는 죄를 버리는 일 등은 반드시 남아 있어야 한다고 했
다.41) 그러나 성경적인 것이 아닌 것들—교육, 재산, 직장, 인종의 차이—
은 장벽으로 남아 있게 할 필요가 없다고 하였다. 이러한 동질성의 단위들
은 서로 인정되어야만 하고 그 차이는 하나님의 영광을 위해 사용되어져야
만 한다. 한 사람을 개종시킬 때 그가 속했던 공동체에서 독립시켜 문화적
장벽을 넘지 않게 하며, 자기 사회에 그대로 머물도록 한다는 동질 집단의
개종을 McGavran은 "하나님의 다리"(The Bridge of God)라고 하였
다. 가족, 부족, 계급 등의 혈연과 친구 관계가 불신자를 하나님께 인도하
는 다리가 된다는 말이다. 동질성의 원리를 체계적으로 발전시킨 사람은
Wagner이다. 그의 저서 *Our Kind of People*42)은 이 원리에 대한 대표

---

38 McGavran, *Understanding Church Growth*, 198.
39 McGavran, *Church Growth Bulletin*, Vols. 1-5, 84.
40 Donald McGavran and W. C. Arn, *How to Grow a Church* (Glendale, CA:
   Regal Books, 1975), 44-45.
41 Ibid.

적 작품이다.

B. 대중 운동의 원리 (People Movement)

대중 운동은 동질 집단 원리의 결과로서 부족 운동 혹은 그룹 개종이라고도 부른다. 이 원리는 동질 집단의 사람들을 한꺼번에 개종시키는 일종의 연쇄 반응에 의한 것이다. McGavran은 대중이란 용어가 "부족"이나 "계급" 또는 "씨족"보다 더 보편적이며 그룹이란 용어보다 더 정확하다고 하였다.43) 그가 대중 운동을 집단 운동(mass movement)이라고 하지 않는 이유는 집단 운동이란 대중이 생각 없이 그리스도를 영접하는 것을 의미하기 때문이다.44)

이 원리는 구원은 반드시 개인의 결단에 의해서만 이루어지는 것이 아니라는 사상에 기초한다. 교회성장학에서는 이것을 "다수 개인", "상호 의존 결단"(mutually-interdependent decision)이라고 부른다. 전세계에 전도받지 못한 사람들에게 복음을 전하는 길을 일대일의 방법이 아니라, 사도행전 9장 35절에서 룻다와 사론의 사람들이 믿은 것처럼 집단 개종(people movement)의 방법을 통해서라고 한다. McGavran은 마태복음 28장 19절의 "족속"을 동일 단위의 사람으로 해석했으며, 사도행전(2:41; 4:4)에서 예루살렘 교회가 120명에서 3,000명, 5,000명으로 회심한 것도 대중으로 해석했다.

이 대중 운동은 인도 남쪽의 하급 계층에서 일어나서 교회 성장의 한 원인을 제공한 원리이다. 이 원리는 토착 원리로서 저수준의 교육을 받은 사람도 신앙을 가질 수 있는 황금같은 기회를 맞이할 수 있고, 고향을 떠

---

42 C. Peter Wagner, *Our Kind of People: The Ethical Dimension of Church Growth in America* (Atlanta: John Knox, 1979).

43 McGavran, *The Bridge of God*, 13.

44 Ibid.

나지 않고 예수를 믿을 수 있는 장점이 있다. 또한 자기 동족이나 친구들에게 전도할 많은 장점을 가지고 있다.

C. 수용성의 원리 (Receptivity)

수용성의 원리란 어느 동일 단위의 집단은 복음을 더 잘 받아 들이는 반면에 다른 집단은 복음에 대해 저항적이라는 전제 위에 만들어진 원리이다. McGavran은 이 원리를 다음과 같이 설명했다:

> 복음이 모든 사람들에게 전파되어야 하기 때문에 복음을 수용하는 자나 배척하는 자가 모두 복음을 들어야 하는 것을 의심할 그리스도인은 아무도 없다. 복음의 수용자가 배척자보다 본래적으로 우선되기 때문에 추수와 복음의 씨앗을 뿌리는 두 가지 선택의 경우에 먼저 추수하기를 하나님께서 명하셨다는 것을 아무도 의심해서는 안 된다.45)

전도받을 수 있는 동안, 전도받을 수 있는 사람에게 복음을 전해서 믿게 하자는 것이 이 원리의 요점이다. 그렇다고 전도받기를 거절하는 사람들을 방관하고 포기하자는 것이 아니다. 먼저 복음을 수용하는 사람들에게 관심을 기울이자는 것이다.46)

교회성장학에서는 인간의 삶의 변화가 복음의 수용성에 많은 영향을 미친다고 본다. 인간 사회의 변화는 사람들로 하여금 복음을 더욱 잘 수용케 만든다고 믿는다. 개인의 삶에서 배우자를 잃을 때라든지, 거주지를 옮기는 때, 또는 새로운 직장에 변화가 있을 때, 사람들은 복음을 더 잘 수용한다고 믿는다. 그 이유는 그들이 어떤 삶의 변화를 기대하고 있기 때문이다.

수용성의 원리에서 중요한 것은 복음 전달의 방식에 관심을 가지고 어

---

45 McGavran, *Understanding Church Growth*, 256.
46 McGavran, *Church Growth Bulletin*, Vols. 1-5, 25.

떤 사람이 복음에 민감한가를 알고 우선적으로 복음에 수용적인 사람들에게 복음을 전달해야 하는 것인데, 그런 사람들을 어떻게 사전에 알 수 있느냐 하는 것은 실제로 어려운 문제이다.

D. 피라밋 원리 (The Pyramid Principle)

이 원리는 애굽의 피라밋에서 유추한 것이다. 피라밋의 기초가 넓음에 따라 피라밋의 규모가 결정되는 것과 같이 교회의 규모도 그 기초의 넓음에 따라 결정된다는 것이다. 다시 말하면 교회의 양적 성장은 반드시 질적 성장으로 균형이 유지되어야 한다는 것을 전제로 한 원리이다. 그래서 David Womack은 "피라밋 원리는, 한 교회가 성장하려면 다수의 교인의 수가 증가되기 전에 모든 교회의 밑받침이 되는 조직과 사역을 넓혀 나가야 한다"[47]고 했다.

피라밋 원리에는 두 가지 대조적인 측면이 있다. 하나는 마비의 피라밋(pyramid of paralysis)이고, 다른 하나는 힘의 피라밋(pyramid of power)이다. 만일 교회에 조직과 지도력이 갖추어지지 않은 채 양적 성장만 있다면 교회는 마비의 피라밋을 쌓는 것이다. 그러나 양적 성장과 함께 조직과 지도력이 갖추어 진다면 교회는 힘있는 피라밋을 쌓는 것이다. 성장하는 교회에 이 원리가 적용되지 않는다면 그 교회는 어떤 지점에 가서는 성장의 한계점을 맞게 될 것이다.

E. 지도력의 원리

교회 성장에 가장 중요한 원리 가운데 하나는 목회자의 지도력이다. 개교회의 성장에 있어서 제 1차적 촉매 요소는 그 교회의 목회자이다. Wagner

---

47 David Womack, *The Pyramid Principle* (Minneapolis, MN: Bethany Fellowship, Inc., 1977), 139, 180.

는 강한 목회 지도력이 교회 성장에 있어서 여러 가지 건강한 증거 중에 제일 우선되는 증거임을 다음과 같이 언급했다. "건강한 교회의 생동적인 제1 증표는 적극적 사고 방식을 갖고, 역동적인 지도력으로 전 교회를 성장에 참여하도록 촉매시키는 목회자이다."[48]

비록 교회의 비지도자적 요소들인 교회의 전통, 교인들의 성숙도, 교회 주변의 목회 환경, 프로그램 등이 교회 성장의 잠재적 요소라고 하더라도, 목회 지도력은 한 교회의 성장에 결정적 열쇠임은 얼마든지 입증될 수 있다. C. Kirk Hadaway는 새로운 목회 지도력이 교회를 어떻게 변화시킬 수 있는지를 이렇게 지적했다. "연구 조사에 의하면 대다수의 침체된 교회가 정체에서 벗어나 성장하기 시작한 것은 바로 전 해나 그 해에 새로운 목회자를 청빙했기 때문이었다."[49] 그는 교회의 침체를 돌파하여 성장의 발판을 마련한 목회자들의 지도력에 있어서의 핵심적 요소들 중 하나는 비전이었음을 발견하였다.

비전 이 외에도 성장하는 교회의 목회 지도력에는 미래 지향적인 추진력, 사역의 위임과 분담, 그리고 청지기직의 개발 등을 그 핵심적 요소로 들 수 있다.[50]

Ⅵ. 교회성장학에 대한 학문적 평가

교회성장학이 학문적 모양을 갖추고 목소리가 커지면서 여기에도 찬반의 양론이 일기 시작했다. 복음주의와 자유주의 뿐만 아니라 개혁주의 진

---

48 C. Peter Wagner, *Leading Your Church to Growth* (Ventura, CA: Regal, 1984), 63.
49 C. Kirk Hadaway, *Church Growth Principles Separating Fact from Fiction* (Nashville: Broadman, 1991), 91.
50 Thom S. Rainer, *The Book of Church Growth* (Nashville: Broadman, 1993), 188-89.

영에서도 조심스런 반응을 보이기 시작했다.

A. 공헌

첫째, 전도와 선교에 새로운 이해를 가져온 점이다. J. E. Wright는 교회 성장 운동이 첫째는 교회를 자극하여 교회 생명과 성장에 관심을 가지게 하였으며, 둘째는 교회의 부정적 측면보다 긍정적인 측면을 보게 하여 구원의 말씀을 적극적으로 제시하게 하였으며, 셋째는 사회 과학을 이용한 전략 개발의 가치성을 인식시켰으며, 넷째는 전도에 적극적으로 관심을 가지게 하였다고 설명했다.51)

둘째, 교회 성장을 위한 문화적인 면의 이해를 강조한 점이다. 교회성장학에서는 복음을 전하는 자의 문화와 복음을 받는 자의 문화 상황의 이해를 중요시 한다. McGavran은 복음을 전하는 자와 복음을 받는 자 사이의 문화적 간격을 간단히 E-0, E-1, E-2, E-3으로 표기했다.52) 또한 교회성장학에서는 성경 본문의 문화적인 배경에도 깊은 관심을 가지고 있다. 그러므로 이 학문의 연구에는 반드시 문화인류학, 심리학, 시장 조사, 의사 전달의 원리, 컴퓨터 기술 같은 것이 전도에 사용되어야 함을 강조한다. 물론 여기에는 동질성 단위의 원리(homogeneous unit principle)도 적용되어야 한다. 이 원리를 가지고 각 문화와 전통을 고수하는 사람들에게 복음을 효과적으로 전할 수 있기 때문이다.

셋째, 신약의 가족 전도를 중요하게 본 점이다. McGavran은 이러한 협력 전도를 통한 개종의 성격을 새로운 말인 "다수 개인적, 상호 의존적인

---

51 J. E. Wright, "Church Growth: Ultimate or Penutimate?" *Christian Ministry*, vol. 10, no. 1 (January, 1977): 12-13.

52 Donald McGavran, "The Dimensions of World Evangelization," in *Let the Earth Hear His Voice*, ed. J. D. Douglas (Minneapolis, MN: World Wide Publications, 1975), 104-8.

결단"이라고 표현했다.53) 다시 말하면 개인 개종을 통한 영적인 추가 (spiritual addition) 보다는 협력 전도 또는 집단 개종을 통해서 영적인 증가(spiritual multiplication)에 관심을 가져야 한다는 것이다. 가족 은 사회 경제의 기본 단위이기 때문에 가족 중에 한 사람, 또는 두 사람이 개종하는 경우 그 전체 가족이 집단적으로 개종하는 경우가 많이 있기 때 문이다. Michael Green은 이러한 전도 방법을 "오이코스 전도"(oikos Evangelism)라고 하였다.54)

넷째, 실제적이고 측정할 수 있는 신앙적인 목표를 세우고 전도할 것을 강조한 점이다. 개교회가 성장을 위해서는 미래에 대한 계획을 반드시 세 워야 하고, 목적 달성을 위한 시장 조사와 헌신이 있어야 함을 인식시킨 점이다.55) 전도의 새로운 방법론을 계속 연구하도록 자극한 것도 빼놓을 수 없는 교회성장학의 공헌 중에 하나이다. 생산적이지 못한 전도 방법론 은 버리고 언제나 새로운 교회 성장 방법론을 강구하도록 한 점이다.

결론적으로 교회성장학의 가장 큰 공헌은 세계 교회들로 하여금 전도와 선교에 자극을 주어서 눈을 뜨게 한 점이다.

B. 문제점

이와 같은 많은 공헌에도 불구하고 교회성장학은 자유주의와 보수주의 양대 진영으로부터 모두 비판을 받고 있다. 거기에는 교회성장학 이론에 다음과 같은 몇 가지 취약점이 있기 때문이다.

---

53 McGavran, *Understanding Church Growth*, 302.
54 Michael Green, *Evangelism in the Early Church* (Grand Rapids: Wm.B. Eerdmans Publishing Co., 1970), 207-23.
55 Edward R. Dayton, "Disciplined Planning and Data Retrieval," in *God, Man and Church Growth*, ed. A. R. Tippett (Grand Rapids: Wm.B. Eerdmans Publishing Co., 1973), 423.

첫째, 성경 신학이 약함으로 인한 성경 본문 해석의 오류가 나타나고 있는 점이다. 교회 성장을 전제로 한 본문 해석의 잘못 중에 대표적인 예는 마태복음 28장 19절부터 20절에서 "제자삼는 일"과 "양육하는 일"을 구분한 것이다. 이 본문의 정확한 해석은 McGavran의 해석과는 상치된다. 즉 세례를 주고 가르치는 것은 모든 사람들을 제자삼는 일에 대한 일시적이고 연속적인 활동이 아니다. 오히려 제자를 삼으라는 명령을 수행해 나가는 데 수반되는 두 가지 방법이다. 제자삼는 일의 한 가지 방법은 아버지와 아들과 성령의 이름으로 세례를 주는 것이고, 제자를 삼는 다른 방법은 그리스도의 명령을 가르치고 지키게 하는 것이다.

교회성장학의 중요한 원리 가운데 하나인 동질성 단위의 원리도 그렇다. Wagner는 예수님의 열 두 사도를 동질성 원리의 예로 인용하면서, 사도들은 모두 아람어를 사용하는 갈릴리 유대인이었지만 가룟 유다만이 예외였다고 설명했다. 그리고 맛디아를 대신 뽑은 것도 그가 아람어를 사용하는 유대인이었기 때문이라고 주장했다.56) 그러나 성경에서 그러한 근거를 찾아볼 수가 없다. 이와 같은 성경 해석은 이미 마음에 결론을 가지고 성경을 보는 태도라고 할 수 있다.

둘째, 신학의 실용주의적 추구이다. McGavran과 Wagner는 윤리적인 질문 이전에 먼저 실용적인 질문을 해야 한다고 도전한다. 실용적인 질문은 "이것이 과연 될 것인가?"라는 것이고, 윤리적인 질문은 "이것이 과연 옳은 일인가?"라는 것이다. 그들은 복음의 사회적 적용을 시도하고 있다. Wagner는 교회가 사회 행동에 우선을 두어서는 안 된다고 말하고 있다. 그는 "만일 교회가 사회적인 사역을 개발해야만 한다면 교회가 사회봉사만을 전념하고 사회 활동을 다른 세속적인 기관과 기독교 기관들에

---

56 P. Wagner, "Should the Church Be a Melting Pot?," *Christianity Today*, 22 (August 18, 1978): 12-13.

맡기면 일을 더 잘 할 수 있을 것이다"라고 말하고 있다.57)

　교회가 선한 사마리아 사람과 같이 되는 것은 옳은 일이다. 그러나 강도
를 당하고 매를 맞고 죽는 상태로 그대로 방치해 두는 것은 잘못된 것이다.
교회성장학에서는 복음의 지상명령을 주신 분이 또한 형제를 사랑하라는
계명을 주셨다는 사실을 기억해야 한다. 교회성장학에서는 하나님 말씀의
선지자적 선포가 없다. 교회성장학에서는 선지자적인 입장에서의 사회 개
혁과 정의를 말하는 것을 꺼려하는 것 같다. 교회는 사회의 문제에 참여해
야 한다. 세상의 고난에 함께 동참해야 한다. 약한 자들과 없는 자들을 대
변해야 한다(참고, 눅 4:18-19).

　셋째, "양적 거대주의"에 빠질 위험성을 내포하고 있는 점이다. 특히
McGavran의 교회성장학에서는 신학 사상의 중심에 그리스도와 세계 그
리고 전 세계를 향한 하나님의 영원한 구원이 주제가 아니라 교회주의가
그 대신 자리하고 있다. 그러므로 교회성장학에서는 교회가 그의 존재 근
거를 상실하게 되는 취약점을 갖게 된다. 특히 교회 중심 신학의 문제는
교회를 신학과 신앙의 출발점과 중심으로 보기 때문에 성경과 교회의 출발
점이며 중심인 그리스도를 몰아내는 위험성이 있다.58)

　McGavran은 교회 성장론을 보다 폭넓은 선교의 개념 곧 "하나님의 선
교"로 이해하고 있기 때문에 "교회 절대주의"를 낳고 교회의 사회 참여 의
식을 약화시키는 것이 문제점으로 지적된다. J. C. Davis는 교회성장학
에서는 "교회와 하나님의 나라를 똑같이 보기 때문에 선교의 목적을 성장에
두는 것은 하나님 나라의 개념을 축소하는 것을 의미한다"고 경고했다.59)

---

57 Wagner, *Your Church Can Grow*, 158.
58 Costas, *The Church and Its Mission* , 135.
59 J. C. Davis, "Church Growth: A Critique," *International Review of
　 Mission* (July, 1968): 293.

넷째, 교회성장학은 교회의 물량적 확장과 숫자에 교인들의 관심을 갖게 하고, 그것이 마치 교회 성공의 유일한 표준으로 인식시킴으로서 교인들의 신앙적 의식을 중성화(neutralization)시킨다는 비판을 받는 점이다. 교인들의 신앙을 교회의 가시적인 확장에 묶어 둠으로 그리스도를 보지 못하게 되어 중성화의 과정에서 교인들은 그리스도의 제자가 되려고 하는 신앙적 열망을 상실하게 되는 위험을 초래하게 한다는 것이다.60) 이것은 아마도 가장 큰 위험의 요소인지 모른다. "제자화"라는 말은 쓰고 있지만 교인들의 신앙적 성숙을 도외시하는 경향이 짙다.

교회성장학에는 이 외에도 여러 가지 다른 문제점들이 있다. 그 중에 하나가 교회 성장이라는 복잡한 현상에 대해 간단하게 처리하려고 하는 기능주의(functionalism)이다. 예를 들면, Wagner는 건강한 교회에는 일곱 가지 표적이 따른다고 "건강한 교회의 일곱 가지 표적"이라는 내용을 그의 책 *Your Church Can Grow*에서 소개하고 있다. 그러나 교회 성장의 원리는 각 교회마다 교단마다 다를 수 있고, 문화의 차이에 따라 다를 수 있다. 그러므로 교회 성장의 원리를 단순화하는 것은 교회성장학의 문제가 아닐 수 없다.

---

60 Ibid., 37-38.

추 천 도 서

Barna, George. *User Friendly Churches*. Ventura, CA: Regal, 1991.

_____. *Without a Vision, the People Perish*. Glendale, CA: Barna Research, 1991.

Bryson, O. J. *Networking the Kingdom*. Waco, TX: Word, 1990.

Chaney, Charles L. *Church Planting of the 21st Century*. Wheaton, IL: Tyndale, 1993.

Clinton, Robert. *Developing Leadership Giftedness*. Altadena, CA: Barnabas, 1993.

Conn, Harvie M., Ed. *Planting and Growing Urban Churches*. Grand Rapids: Baker, 1997.

George, Carl. *The Coming Church Revolution: Empowering Leaders for the Future*. Grand Rapids: Baker, 1994.

Hunter, George. *How to Reach Secular People*. Nashville, TN: Abingdon, 1992.

Hybels, Bill and Wilkins, Rib. *Descending into Greatness*. Grand Rapids: Zondervan, 1993.

Linthicum, R. C. *City of God: A Biblical Theology and the Urban Church*. Grand Rapids: Zondervan, 1991.

MacArthur, John F., Jr. *Charismatic Chaos*. Grand Rapids: Zondervan, 1992.

Malphus, Aubrey. *Developing for Ministry in the 21st Century.* Grand Rapids: Baker, 1992.

_____. *Planting Growing Churches for the 21st Century.* Grand Rapids: Baker, 1992.

Morris, L. J. *The High Impact Church.* Houston, TX: Torch, 1993.

Ogden, Greg. *The New Reformation.* Grand Rapids: Zondervan, 1990.

Rainer, Thom S., Ed. *Evangelism in the Twenty-First Century.* Wheaton, IL: Harold Shaw, 1989.

Schaller, Lyle E. *Growing Plans.* Nashville, TN: Abingdon, 1983.

Stott, John R. W. *The Spirit, the Church, and the World.* Downers Grove, IL: InterVarsity, 1990.

Wagner, C. Peter. *Church Planting for a Great Harvest.* Ventura, CA: Regal, 1990.

_____. *Your Spiritual Gifts Can Help Your Church Grow.* Ventura, CA: Regal, 1994.

_____, Ed. *Engaging the Enemy.* Ventura, CA: Regal, 1991.

White, James Emery. *Opening the Front Doors: Worship and Church Growth.* Nashville, TN: Convention, 1992.

11

영성신학

이 광 희

Ⅰ. 기독교 영성이란?

A. 영성의 일반적 이해가 갖는 의미

영성(Spirituality)이라는 말은 "물욕을 가진 것," "세속적인 것," "육체적인 것"과 구별되는 것으로 "정신적인 것," "높고 깨끗함"을 나타내는 용어이다. 즉 현실적이고 육체적인 것보다 정신적이고 높고 깨끗한 것이 더욱 영향력이 있음을 나타내는 말이다. 이런 점에서 일반적인 영성 이해 는 "어떤 정신을 가지고 현실을 살아간다"는 것을 의미한다.

사람은 자기 판단에 가장 이상적인 정신이나 가치를 자기의 영성으로 받아들여서 자신의 삶을 이끌어 간다. 이런 점에서 모든 사람은 적어도 하나 이상의 영성을 가지고 살아간다. 영성 이해에서 중요한 점은 신령한 것 즉 영성이 우리의 환경인 현실을 지배한다는 사실이다. 많은 경우에 우리의 문제는 이와 같은 영성의 가치에 대한 몰이해이다. 우리는 무엇이 옳고 그름을 알지만 현실 때문에 어쩔 수 없다고 말한다. 다시 말하면 우리의 현실이 우리의 삶을 이끌어 가는 실체라고 믿는다. 그러나 사실상 우리를 이끌어 가는 실체는 우리의 현실이 아니라 우리의 영성임을 기억해야 한다.[1] 즉 영성과 현실의 관계는 영성의 결과가 현실로 나타나는 것이요, 현실을 통해서 우리의 영성을 진단할 수 있는 것이다. 비록 비기독교적인 다양한 종류의 영성이 존재한다는 현실을 인정한다고[2] 해도 이와 같은 영성 이해는 현실보다 영성이 더욱 중요하며, 오늘의 현실은 바로 우리

---

1 성경은 우리가 신령한 것에 대해 무지하기를 원치 않는다(고전 12:1). 마태복음 26장 41절 이하에 보면, "마음에는 원이로되 육신이 약하도다"라고 예수님께서 책망하시는 말씀이 있다. 이 말씀은 우리의 영혼은 하나님을 사랑하는 이상적인 마음을 가지고 있는데 육체가 연약하여 현실 속에서는 어쩔 수 없다는 이분법적인 것으로 해석될 수 있는 위험이 있다. 그러나 이 말씀이 저급한 육체는 비록 연약하여 넘어지지만 고등한 영혼만큼은 배신하지 않았다는 자기 정당화를 이룰 수 없음을 아는 일이 중요하다. 이 말씀은 단순히 영혼과 육체를 나누어 이해하기보다는 높은 가치 즉 아버지의 영은 간절히 원하지만 저급하고 육적인 가치 즉 세상 권세 잡은 자의 영이 나를 사로잡은 것을 경계하시는 말씀임을 알아야 한다. 다시 말하면, 영은 원하는데 육신이 그렇지 못하다는 것이 아니라 육신이 약한 그 순간 우리를 지배하는 것은 아버지의 영이 아닌 세상의 영이라는 사실이다. 그러므로 마태복음 7장 13절에서 21절은 말하기를 "좋은 나무는 좋은 열매를 나쁜 나무는 나쁜 열매를 맺는다"고 한다. 열매가 나무를 만드는 것이 아니라 나무가 열매를 만드는 것이요, 열매는 나무가 무엇인지를 나타내는 증거인 것이다.
2 영성이라는 말은 기독교가 전매 특허를 낸 용어가 아니기 때문에 기독교 영성 뿐 아니라 스토아주의 영성, 불교 영성, 도교 영성, 실존주의 영성, 해방신학의 영성, 심지어는 노동자 영성 등 다양하게 사용될 수 있다. 오성춘, 「영성과 목회」 (서울: 장로회신학대학출판부, 1989), 40.

의 영성에 대한 현주소로서의 증거적 역할을 한다는 사실을 알아야 한다.

B. 기독교 영성의 특징

기독교 영성은 기독교의 가치나 정신을 나의 판단을 위한 기준으로 삼고 살아가는 삶을 가리키는 것으로, 기독교 정신의 기초를 이루는 성경을 신앙과 삶의 유일한 기준으로 여기는 삶의 태도를 지칭한다. 오성춘[3])이 지적한 것 같이, 일반 영성이 역사적 인격의 정신과 사상과 삶을 본 받으려는 인본주의 영성임에 반하여, 기독교 영성은 우리 가운데 찾아 오셔서 우리와 직접적으로 교제하시는 하나님이신 예수 그리스도와 인격적 관계를 추구하는 수직적이요 하나님 중심의 영성이라는 특징을 가지고 있다.

일반 영성은 엄격한 자기 수련과 수양을 통해서 자신의 성품을 바꾸려는 인간적인 노력을 강조함에 반하여, 기독교 영성은 성령 안에서 우리에게 임재하신 우리 주 예수 그리스도와의 인격적인 교제의 삶을 살아가는 동안에 그분께서 우리 안에 의의 열매, 빛의 열매, 성령의 열매를 맺게 해 주신다는 점에 초점을 맞춘다. 기독교 영성은 다음과 같은 특성을 가지고 있다:

1. 예수는 하나님이시다라는 관계성에서 이해를 해야 한다. 일반적인 영성 이해에서 영성은 우리의 현실을 이끌어 가는 모델이지만, 기독교 영성에서 예수님은 우리의 모델이 아니라 구원자이시라는 점에서 특징이 있다. 예수님은 우리가 사모하고 닮아가려고 할 수 있는 대상이 아니라 예수님은 하나님이시요 우리는 피조물로서 우리와 주님의 관계는 질적 차이가 있음을 아는 일이 중요하다.[4] 고린도전서 11장 1절의 "내가 그리스도를

---

3 Ibid., 47 이하를 참조.
4 주님께서 복음을 증거하시기 위해 물 위를 걸으셨지만 우리가 주님을 닮아 간다고

본 받는 자 된 것같이 너희는 나를 본 받는 자가 되라"는 말씀이 예수와 같이 되어 간다는 것을 의미하는 것이 아님을 아는 일이 중요하다. 이 말씀은 예수님이 나의 모델이 되는 것이 아니라 예수님께서 하나님의 영광을 위하여 자신을 순종의 도구로 바치신 것처럼 바울도 예수님의 순종을 본받기 원한다는 것이며, 또한 바울과 같이 이 글을 읽는 모든 성도들도 예수님께서 하나님께 자신을 복종하심같이 순종하는 삶을 살기 원한다는 뜻이다. 즉 예수님과 같이 된다는 것은 본질적으로 예수와 같은 신적인 존재로 바뀌는 것이 아니라 예수님과의 관계가 더욱 깊어지는 것을 의미한다. 참된 영성은 예수님을 닮는 과정을 통해서 예수처럼 되는 것이 아니라 예수님의 하나님과의 관계를 닮아 가는 것을 의미한다. 이것을 그리스도 안에서(in Christ)라는 말로 표현할 수 있을 것이다.

2. 영성은 엄격한 자기 훈련과 수양을 통해서 성취되는 것이 아니라 먼저 찾아오시는 하나님의 은혜에 대한 반응으로써 나를 극기하고 하나님께 순종하게 되는 것이다. 디도서 3장 3절에 보면 사람의 본성 속에는 하나님께 대하여 본질적으로 순종하고자 하는 마음이 없음을 지적하고 있다.5)

하는 것이 우리도 물 위를 걸어야 되는 것을 의미하는 것은 아니다. 물론 주님께서 필요하시면 당신의 종을 물 위로 걷게 하실 수 있음을 우리는 신앙으로 고백한다. 오늘날 한국 교회 안에 만연된 소위 영성이 높은 사람들 중에 마치 자신이 하나님이 된 것처럼 교만하여 다른 사람을 멸시하고 우습게 여기는 것은 매우 잘못된 현상이다.
5 인간이 하나님에게 이르는 방법의 주장에 대하여 세 가지로 나누어서 살펴볼 수가 있는데, 첫째는 인간 스스로의 힘으로 하나님을 찾을 수 있다라고 믿는 펠라기우스주의자들의 견해가 있다. 그들은 인간의 죄로 말미암는 전적인 부패를 부정하고 인간 안에 선하거나 적어도 중립적인 부분이 남아 있어서 스스로의 힘으로 하나님에게 이를 수 있음을 주장한다. 이와 같은 견해는 영성 이해의 주도권을 인간의 노력과 행위에 둔다. 둘째로 인간의 속에 하나님을 향해 갈 수 있는 가능성은 남아 있지만 하나님의 은혜가 같이 협력하여 참된 만남이 가능하다고 보는 견해로 일반적으로 로마 가톨릭의 반펠라기우스주의가 대표적이다. 셋째로 인간은 아담 안에서 범죄함으로 전적으로 부패하게 되었고 스스로의 힘으로는 하나님께 이를 수 없으므로 전적으로 하나님의 은혜에 의존할 수밖에 없다는 복음주의적인 견해가 있다. 미국 웨스트민스터 신학

복음주의 개혁 신학자인 John Calvin은 로마서 1장 과 2장의 주석에서
하나님은 계시를 통해서 인간들에게 당신을 알리기를 원하시지만 인간은
스스로의 힘으로 하나님을 올바로 찾을 수 없음을 지적하고 있다. 하나님
께서는 흑암에 속해 있는 인간에게 참 빛이 되신 예수 그리스도를 보내심
으로 그분 안에서 비로서 인간은 하나님께 대하여 올바로 반응하게 된다.
이런 관점에서 기독교 영성은 그 근거가 사람이 아니라 하나님이시다.

  이런 점에서 "믿는다"는 말의 의미가 "의지한다"라는 뜻을 가지고 있음
은 깊이 새겨 둘 일이다. 믿는다고 하면서도 하나님을 의지하기보다는 자
신의 주장을 하나님의 이름으로 강화하는 행동은 참된 기독교 영성이라
볼 수 없다.6) 호세아는 12장 2절 이하에서 기만적이고 잔꾀가 가득하며

대학원의 Van Til 교수는 목공소에서 톱질을 하던 아버지가 잠시 자리를 비웠을 때에
장난꾸러기 아들이 놀다가 나무를 그만 삐뚤어지게 만들었는데 아버지가 돌아와서 나
무가 그릇되게 놓인 것을 모르고 톱질을 계속하는 예를 들어서 인간의 타락된 현실을
설명한다. 톱은 계속해서 나무를 켤 수 있지만 불행히도 나무는 삐뚤어지게 잘리는
것이다. 이와 같이 인간이 타락한 뒤에도 인간의 이성 및 모든 삶의 자율성은 시행되
지만 사실상 올바른 방향을 향해 나무를 자르지 못하는 톱과 같이 하나님을 향하여
올바로 나아갈 수 없다는 것이다. 올바른 자름을 위해서는 먼저 삐뚤어진 나무를 바로
놓는 일이 필요하다. 이것을 가리켜 Van Til은 중생한 의식으로의 변화 즉 그리스도
안에서 새로운 피조물로 삶의 중심이 바뀌는 것이라고 지적하였다.

6 믿음의 조상 아브라함이 가졌던 '바랄 수 없는 중에 바라고 믿는 믿음'은 남들이 할
  수 없는 것을 자기의 믿음의 능력으로 가능하다는 것을 의미하는 것이 아니었음을 아
  는 것이 중요하다. 성경은 이 문제에 대하여 오히려 아브라함이 매우 소극적이었음을
  보여 준다. 그는 여러 차례 하나님의 약속에 대하여 소극적이었으나 오히려 하나님께
  서 주도권을 가지시고 아브라함을 찾아오신다. 결국 영성은 소극적이던 아브라함이
  하나님의 적극적인 개입에 자신을 비우고 순종함으로 믿음의 조상으로 인정받는 것이
  다. 탕자의 비유에서 흔히 이해되는 대로, 천국의 비유를 이끄는 주체가 탕자 자신이
  아니라 돌아온 탕자를 받아 주시고 그를 다시 아들로 세우시는 아버지의 사랑에 있음
  을 우리는 기억해야 할 것이다. 이런 점에서 세리장 삭개오의 회심 역시 삭개오 자신
  이 예수님을 찾아감이 아니라 예수님이 삭개오를 찾아오심에 초점이 맞추어져야 할
  것이다. 기독교 영성의 주도권은 인간이 갖고 있는 것이 아니라 하나님의 은혜로서
  하나님이 갖는 것이다.

하나님과 쟁변하는 호세아 당시의 이스라엘 백성들을 꾸짖기 위해 하나님께서 과거 패역했던 야곱이 천사와 힘을 겨루어 이기고 울며 그에게 간구했던 행위를 벌주시며 보응하신 것을 선언하고 있다. 야곱은 자신의 생각대로 하나님의 축복을 쟁취하고자 했지만 하나님은 그의 환도 뼈를 위골케 하심으로 심판하셨고 은혜로 그와의 관계를 새롭게 하셨으니 야곱이 변하여 이스라엘이 되었다.

누가복음 17장 11절부터 19절에 보면 주님을 찾아와서 문둥병이 치유된 열 사람의 이야기가 있다. 그들은 모두가 치명적인 질병에서 낫기를 원하였고 불행중 다행으로 능력의 주님을 만나서 모두가 병에서 나음을 얻게 되었다. 모두가 자신의 목적을 이룬 것으로 주님을 떠나갔지만 사마리아인 문둥이 한 사람이 주님께 돌아와 그 발 아래 엎드려 사례하자 주님께서 저를 향하여 나머지 아홉은 어디 있느냐고 찾으시며 "네 믿음이 너를 구원하였으니 평안히 가라"고 축복하셨다. 문둥병이 낫는 일이 구원이 아니라 주님과의 새로운 관계가 시작됨이 바로 구원이었다. 성경은 인간과 하나님의 관계가 동등한 관계에서 맺어진 동맹적 계약(contract) 관계가 아니라 능력 있는 분에 의해 무능한 자가 일방적으로 은혜를 수혜하는 언약(covenant)관계임을 말한다. 우리가 믿을 수 있음은 하나님과의 동등한 관계 속에서 우리의 자의적인 선택이 아니라, 의심 많고 좌절하는 자이지만, 하나님의 일방적인 은혜로 말미암아서 그분을 의지하고 그분 안에서 그분의 뜻을 순종할 수 있는 것이다.

3. 하나님의 찾아오심에 대한 반응으로서의 순종은 반드시 변화된 삶의 열매로 나타난다. 기독교 영성의 목적은 어떤 황홀경에 있는 것이 아니라 하나님의 뜻을 따라서 일상적인 삶의 변화가 나타나는 것이다. 기독교 영성을 위해 오래 기도하고 난 뒤에 마음이 시원해지는 것으로 끝나는 것이 아니라 하나님의 뜻이 올바로 드러나고 실행되어지는 도구로 기도자의 삶

이 바뀌는 것이다.

예수께서도 제자들과 같이 변화산에 오르셔서 영광을 받으신 후에 그곳에 머무신 것이 아니라 제자들과 더불어 아버지의 뜻을 이루기 위해 세상으로 내려오셨다. 이런 점에서 기독교 영성의 궁극은 빛 되신 그리스도 안에서 기독교인들이 세상의 빛과 세상의 소금이 되는 것이다.

C. 제자 훈련과 영성 훈련

제자 훈련과 영성 훈련은 근본적으로 한 뿌리이면서도 전문성의 영역에서는 구별되어져야 한다. 한국 교회 안에서 이해되어지는 이 두 가지 개념의 혼돈을 지적하고 보다 균형 있는 구별을 찾아보자. 본래 "제자를 삼는다"는 말은 마태복음 28장 19절부터 20절에 나오는 말씀의 주동사인 "제자를 삼아라"에서 유래한 것으로 이와 같은 명령은 1) 나가면서, 2) 세례를 주면서, 3) 가르치면서라는 진행형 동사를 동반하고 있다.[7]

한국 교회의 제자 훈련은 성경 공부를 시켜 양육하는 교육 목회의 한 부분으로 이해되고 있는데, 이것은 본래 선교 단체(para-church)에서 주로 시행하던 것이다. 오늘날 일반 교회에서 만족하지 못하는 많은 사람

---

7 교회성장학파의 사람들은 여기의 "세례를 주며"라는 말을 교회 밖에 있는 자들을 전도하여 그리스도와 상관 있는 자로 만드는 행위(제자화)로 보고 "가르치면서"라는 말은 이미 교회 안에 들어온 자를 교회의 책임 있는 일꾼으로 양육하는 것(완전화)으로 나누어서 이해한다. 따라서 넓은 의미의 제자를 삼는 일은 "제자화"와 "완전화"를 모두 포함하지만 궁극적으로 저들의 관심은 제자화를 통해서 교회가 외적으로 성장되는데 초점을 맞춘다. 이런 점에서 교회 성장 운동의 한 기술로서 제자화는 기성신자를 성경 공부를 통해서 양육한다는 개념보다는 다분히 불신자에게 전도하기 위한 방법으로서 기술적인 의미가 강하다. 물론 선교 단체의 활동을 단순히 교회성장학파의 영향 아래 있는 어떤 활동으로 제한 하기는 어렵지만 선교단체의 시동 자체가 기성 교회의 전도에 대한 강조의 부족에 대한 반발로 교회 밖(또는 교회와 더불어)운동이라는 이름을 얻은 것을 볼 때에 선교 단체의 활동과 전도를 먼저 연결시켜서 생각하는 것은 자연스럽다고 볼 수 있다.

들이 선교 단체에 가입해서 성경을 배우므로 기성 교회와 더불어 갈등을 빚고 있는 것도 사실이다. 따라서 기성교회 중에 몇몇 교회가 이들 선교 단체의 방식을 빌어서 개교회에서 제자 훈련을 행함으로 교회 성장의 중요한 역할을 감당했고 이와 같은 연유로 해서 다른 많은 교회들도 제자 훈련을 교육목회의 한 방법으로 교회 안에 정착시켜 가고 있다. 그러나 여기에는 많은 문제점들이 내포되어 있다.

선교 단체는 본래의 목적이 양육이 아니라 봉사라는 점에서 목적 지향적 단체(task oriented structure)이며 sodality적 구조를 가지고 있다. 즉 그 단체의 목적에 동의하는 자들이 일정한 자격을 갖추고 어떤 책임을 나누어 가지는 것으로 그 단체의 목적과 동의하지 않을 때에는 더 이상 그 단체의 회원으로 남을 수 없다. 따라서 선교 단체는 그 단체의 설립 목적이 분명한데, 대부분의 경우에 선교 단체 교육의 목적은 "다른 사람들을 제자로 만들기 위하여 훈련시키는 것"으로서 불신자를 전도하여 개종시키는 것이다. 이와 반면에 신자의 양육은 교회의 몫이다. 물론 교회도 선교의 목적을 가지고 있지만 교회는 그 구조가 modality적인 것으로 어떤 조건이나 목적을 위해 조성된 것이 아니라 그 자체가 목적인 조직이다. 교회의 구성원이 되기 위해서는 어떤 자격이나 조건이 있는 것이 아니라 누구라도 주의 이름을 부르는 자는 그 문을 두드릴 수 있는 곳이다. 교회 안에서 신자는 하나님의 말씀으로 체계적인 교육을 받아야 되고 이와 같이 체계적으로 양육되는 개인훈련의 과정이 바로 영성 훈련인 것이다.

영성 훈련은 "타인"을 위한 구체적인 사역을 하기 이전에 개인의 하나님과의 관계에 초점을 맞추는 것, 즉 "나"에게 초점을 맞춘다. 나로 하여금 주님 앞에 먼저 제자로 살게 만드는 과정이 영성 훈련이라는 점에서 제자 훈련과 구별된다. 영성 훈련은 넓은 의미의 제자를 삼는 과정의 한 영역으로서 하나님과의 관계성에 있어서 개개인의 적당한 소명을 발견하게 하고

나의 은사에 맞게 헌신하여서 다른 사람을 전문적으로 제자삼는 일에 헌신
하도록 하는 것이다. 교회 안에서 양육된 사람 중 어떤 공동 목적을 가진
자들이 모인 곳이 선교 단체가 되어야 마땅할 것이다. 그러므로 제자 훈련
은 어떤 목적을 위한 훈련 개념으로서 선교 단체가 영성 훈련을 통해 교인
을 양육하는 일은 자연스럽지 못하다. 교회는 신자의 양육에 초점을 맞추
되 동시에 제자를 삼는 선교 단체의 기능을 배울 필요가 있다. 교회와 선
교 단체가 서로 불편한 관계가 되어서는 안 되며, 각각의 기능에 있어서
도움을 주고 받는 관계가 되어야 한다. 이런 의미에서 선교 단체는 목적을
향하여 나가는 전문성이 특징이 되어 좀 더 전문화 될 필요가 있다. 제자
훈련은 "제자를 만들 수 있는 자로 훈련시키는 것"이다. 그러므로 먼저 그
사람이 제자가 되기(영성 훈련)보다 다른 사람을 제자로 만드는 훈련을
받았는가를 묻는 것이다. 즉 그리스도 안에서 성장한 사람들이 복음을 효
과적으로 전도하고 또 그리스도를 믿게된 사람들이 영적으로 재생산할 수
있도록 훈련하는 것이 목적이다.

II. 영성 생활의 실제 문제

A. 일반적인 두 가지 선입견의 문제

Urban T. Holmes 3세는 그의 책 「목회와 영성」[8]에서 일반적으
로 우리 가운데 이해되어지는 영성이라는 개념의 혼돈에 대해서 잘 지적하
고 있다. 가장 보편적으로 이해되어지는 영성의 이해는 "영성이란 무엇인
가 특별한 것"이라는 의미이다. 그것은 교회 안에서 행해지는 다양한 여러
가지 프로그램 가운데--예를 들면, 성경 공부, 기도 모임, 예배, 전도, 봉

---

8 Urban T. Holmes, *Spirituality for Ministry*, 「목회와 영성」, 김외식 역 (서울:
대한기독교서회, 1988), 25이하를 참조.

사 등--성령으로 세례를 받는 것 즉 방언을 말하는 등의 반 지식적인 특별한 경험을 하는 것과 교회의 사회적 행동과는 반대되는 것으로 일상적인 삶의 현장에 동참하기보다는 영적인 영역을 분리하여서 세상에 대하여 도피적인 것을 의미하는 것으로 이해한다. 따라서 이와 같은 영성 이해는 영성을 교회 생활의 여러 부분 중의 하나라고 생각하고 특별히 영적인 것의 가치로서 기도를 통한 초월적인 하나님의 계시를 인격적으로 체험하는 것을 강조한다. 소위 "영파"(靈派) 라는 말을 듣는 사람들의 전형적인 모습으로 이들은 새벽 기도 참석, 철야 및 금식을 강조하며, 성경 다독 등을 통해서 영성 생활의 만족을 얻는 반면에 이웃과의 관계에 대해서는 무관심하는 약점을 가지고 있다.

영성에 대한 또 다른 이해는 "생활 자체가 모두 영성이다"는 견해로서 모든 삶의 영역이 영적인 것인데 마치 어느 부분만이 영성인 것처럼 생각하는 것은 옳지 못하다는 것이다. 이와 같은 이해는 기독인의 윤리적 삶을 강조하되 성령의 열매로서 일상적이고 사회 참여적인 생활을 강조한다. 그러나 모든 것이 영성이라는 말을 강조하는 자들은 때때로 초월적인 하나님과의 인격적인 만남으로서의 계시 이해보다는 인본주의적인 관점에서의 규범적이고 행동적인 실천을 이웃과의 관계 속에서 강조하는 반면에 하나님의 말씀을 읽고 기도하는 것 등의 하나님과의 관계성을 등한히 하는 약점을 갖고 있다.

이와 같은 영성 이해의 일반적인 두 가지 특성은 사실상 "이것 또는 저것"(either or)이라는 관점에서 양극으로 이해되어온 것이 사실이다. 흔히 보수적이라고 불리는 교단에서는 초월적이신 하나님과의 개인적인 관계를 강조하는 반면에 이웃과의 관계에 대해서는 소홀하였고, 진보적이고 자유주의적인 입장에서는 이웃과의 일상적인 삶을 강조한 반면에 초월적이고 인격적인 하나님과의 개인적이고 인격적인 교제에 대해서는 등한히

해 온 점을 부인하기가 어렵다. 이런 점에서 오성춘[9]이 올바로 지적한 것과 같이 개인 구원을 강조하는 영성 이해는 죄에서 용서받고 중생한 체험적인 것을 중요하게 여기는 장점이 있으나 하나님의 자녀로 성장하여 십자가를 지는 삶을 사는 일이 부족하며, 반면에 사회 구원을 강조하는 영성이해는 오직 인본주의적 이론만 주입시켜 진정한 의미에서 그리스도 십자가의 삶의 열매를 얻지 못하는 문제점을 가지고 있다. 따라서 개인 구원과 사회 구원의 양 극적인 주장이 하나가 되는 영성 이해의 바람직한 방향은 "이것과 동시에 저것"(both and)이라는 관점에서의 접근이 필요하다.

기독교 영성은 교회 생활 가운데 또는 신학의 한 분야로서 하나님과의 인격적인 관계라고 하는 분명하고 특별한 자리가 있으며 동시에 교회 생활과 신학의 모든 영역을 총괄하는 일반적인 것으로서의 총체적 관점에서 이해되어야 할 것이다. 즉 기독교 영성이란 일상적인 삶과 분리되지 않으면서도 일상적인 삶이 단순히 윤리적, 도덕적인 삶으로 메말라지지 않는 하나님과의 어떤 신비적인 관계가 유지되는 것이다

B. 영성 생활의 실제 중심이 되는 곳

하나님과의 인격적이고 개인적인 특별한 영적 체험(중생)은 우리의 일상적인 삶을 이끄는 마음을 중심처(headquarter)로 해서 내면 세계의 질서로 나타난다.[10] 즉 영성 생활은 내면 세계의 질서가 일상적인 삶으로

---

9 오성춘, 「영성과 목회」, 25이하를 참조.
10 Van Til은 사람의 의식, 즉 마음을 다음과 같이 3단계로 나누어서 설명하였다: 1) 아담의 의식(타락 전)—수용적 재구성적(receptively reconstructive)이다. 하나님의 말씀을 순종하여 받아들이고 이미 명령되어진 것을 다시 이룩하는 제한된 한계 속에서의 자율성을 갖는다. 2) 타락된 사람의 의식—스스로 창조적 구성적(creatively constructive)이라고 생각한다. 하나님이 창조하신 범위 안에서 순종하는 자율성이 아니라, 스스로 독립적이며 자율적이라고 생각한다. 하나님 없이 인간이 만물의 척도가 되는 것이고 이 마음 가운데는 진정한 경건이 있을 수 없다. 3) 중생된 자의 의식—

나타나는가의 문제라고 할 수 있다. 주님의 주되심(lordship)을 단순히 지식적으로 아는 것이 아니고 주님이 내 안에 내가 그 안에 거하는 관계를 말한다(계 3:20). 많은 사람들이 예수님을 따랐지만 "너희가 나의 살과 피를 먹고 마셔야 나의 제자가 되리라"(요 6:47-58, 63-70)는 말씀에 많은 사람이 떠났고 오직 영생의 말씀이 주께 있음을 심령으로 고백하는 자들만이 남았다. 예수 그리스도가 어떤 분인가를 아는 것이 아니라 예수 그리스도 안에 거하는 참 제자가 되는 일이 중요하다.11) 기독교 영성의 실제는 이와 같다. 하나님과 신자의 관계는 매우 특별하고 신비스러운 것이지만 이와 같은 관계는 어떤 특별한 때에만 이뤄지는 것이 아니라 사실은 일상적인 것이다.

　우리 마음의 중심에 예수님이 계신 것은 특별한 것이며 동시에 이 특별한 관계가 우리의 일상적인 삶을 이끌어 가는 중심처로서 "실제적"인 것이다. 기독교 영성의 실제를 위해 이것을 점검할 필요가 있다. 많은 경우에 우리는 주님과의 특별한 관계를 어떤 특별한 활동이나 프로그램과 혼동하는 경우가 있다.12) 축복을 강조하는 어떤 가르침을 따라서 희생적으로 행

　　원리적으로는 첫 사람 아담의 의식으로 동일하게 회복되는 것이나 이 땅에서 사는 동안은 실제적으로 이르지 못하는 부분이 있다. 마치 Martin Luther의 고백과 같이 의인이 되었으나 죄인이요, 죄인이나 의인된 모습을 잘 표현하는 상태이다.

11 항상 예수님을 자랑하고 고백하는 한 자매가 사는 마을에 그 나라의 여왕이 찾아오셨을 때, 그녀를 곤경에 빠뜨리려는 사람들이 찾아 "당신을 찾아온 사람들 중에 누가 가장 귀한 사람입니까?"라고 질문하였다고 한다. 그 때 그녀는 "그야 물론 여왕님이시죠"라고 대답했고 그 대답을 들은 자들은 자매가 평소 예수님을 자랑하던 것을 비난하며 "당신도 별 수 없이 예수님보다 여왕님을 더 자랑하는군요"라고 빈정댔다. 그 때 자매는 "그렇지 않습니다. 예수님은 우리 집에 찾아오는 분이 아니라 우리와 함께 늘 함께 계시는 분이십니다"라고 대답하였다고 한다.

12 입시를 앞에 두고 행해지는 40일 작정 특별 새벽 기도회, 100일 성경 일독 운동, 신년 특별 축복 대 성회 등과 같은 특별한 프로그램에 힘들여 참여할 때에는 영성이 충만한 것 같으나 그렇지 않을 때는 불안하고 허전하게(흔히 컬컬하다고 느끼는 것) 느껴지는 경우가 있다. 경우에 따라서 이와 같은 증상은 우리 영이 하나님을 사모하는 자연

하도록 하는 것 또는 고학력자들을 대상으로 한 성경 공부 프로그램 개발 등을 통해 교회가 성장되다가 어느 날 갑자기 지탱하고 서 있던 바닥이 무너지는 것 같은 경험을 할 때가 있다.13) 예수님과의 특별한 관계를 그리스도 안에서라는 영적 관계가 아닌 교회 안에서의 특별한 활동이나 프로그램과 혼동한데서 오는 문제인 것이다.

신앙 생활의 허전한 구석을 메우기 위하여 프로그램을 개발할 때에 활동 자체가 우리를 지치게 할 수 있어서, 잘 풀릴 때는 좋지만 안 풀릴 때는 좌절을 느끼게 되는 것이다. 교회 안에서의 특별한 프로그램이 우리와 주님과의 특별한 관계를 보장하는 것이 아님을 알아야 한다. 프로그램이나 활동은 주님과의 특별한 관계가 신자의 일상적인 삶 가운데 나타나는 과정 속에서 때때로 요청되어지는 인간의 한계를 극복하기 위해 주어지는 교육적인 목적에서 정당화 될 수 있다.14) 즉 교회의 특별 프로그램이나 활동의 가장 큰 목표는 교육이다. 주님과의 특별한 관계 속에 있던 우리의 많은 신앙의 선배들이 그들의 일상적인 삶 가운데 주님을 주인으로 모시고

스러운 현상이기도 하지만, 많은 경우에 이와 같은 증상은 중독 환자의 금단 현상 같은 것일 수 있음을 주의해야 한다. 기독교 영성은 중독이 아니라 자유한 것이다. 참된 영성은 구속이 아니라 진리 안에서 자유함을 얻는 것(진리를 알지니 진리가 너희를 자유케 하리라)이다.

13 Gordon MacDonald, *Ordering Your Private World*, 「내면세계의 질서와 영적 성장」, 홍화옥 역 (서울: 기독학생회출판부, 1990), 17. MacDonald는 이것을 "The Sinkhole Syndrome"이라고 표현한다.

14 사람들의 삶을 건강하게 이끌기 위해 주부의 절제되어진 식단이 필요함 같이 신자들의 영적인 유익한 삶을 위해서는 주님과의 특별한 관계가 일상적인 것으로 나타나야 한다. 때때로 우리의 신앙 생활 가운데 요청되어지는 특별한 프로그램이나 활동은 어떤 면에서 주부의 일상적인 식단과는 구별되는 외식과 같은 것이라 볼 수 있다. 살아가는 동안 우리는 때때로 외식을 하기도 한다. 그러나 건강을 위해서는 주부의 식단보다 외식을 더욱 좋아하고 일상적인 것으로 만들어서는 안 된다. 우리의 연약함과 풍성한 삶을 위해 때때로 외식이 필요하기는 하나 외식이 주부의 식단을 대신 할 수는 없는 것이다. 지나치게 외식을 즐기는 일은 많은 경우에 우리의 건강을 해치게 되고 마약과 같이 습관이 될 수 있다.

증거하는 삶을 살기 원하지만 너무나 자주 넘어지고 실패하기 때문에 성경은 때때로 우리의 연약함을 위한 특별한 경험이나 프로그램을 말씀하신다. 이런 관점에서 교회 안에서 행해지는 모든 활동이나 프로그램은 그것이 신자들을 주님과 연결시키는 과정이나 수단이 아니라 교육적인 것이 되어야 한다. 프로그램은 주님과의 영적이고 신비한 관계를 대신할 수 없기 때문이다.

오늘날 한국 교회 영성의 실제에 있어서 심각한 문제 중의 하나는 주님 안에서의 특별하고 신비스러운 관계가 일상적인 삶으로 나타나는 것을 이루지 못하고 오히려 특별한 프로그램과 활동을 주님과의 영적 관계인 것처럼 혼동하게 만들었고, 이와 같이 프로그램에 매여서 타율적으로 신앙 생활 하는 것이 당연한 것처럼 되었다는 점이다. 교회 안에서 행해지는 수많은 활동과 프로그램은 우리와 주님의 신비스럽고 영적인 관계를 증거하는 외적인 간증이 될 수 있음을 우리는 부인할 수 없다. 어떤 경우 특별한 활동은 외식과도 같아서 일상적으로 살아가는 삶에 도전과 자극을 준다. 그럼에도 불구하고 이와 같은 특별한 활동이나 프로그램은 결코 기독교 영성의 본질이 될 수 없다. 하나님과의 영적인 신비스러운 관계성 속에서 그 중심에 예수를 주님으로 모시고 살아가는 일상적인 삶에서 기독교 영성의 실제를 찾아야 한다. 특별한 것과 일상적인 것을 분리할 수 없다. 그러나 구별이 필요하다.

C. 기독교 영성 생활을 진단하는 몇 가지 요소

MacDonald에 따르면, 기독교 영성의 가장 중요한 중심점인 인간의 마음과 하나님과의 관계를 내면 세계의 질서라고 하며, 이와 같은 것을 다음과 같은 몇 가지 요소로 나누어서 살핀다. 그의 주장을 근거로 하여 영성 생활을 진단하는 몇 가지 요소들을 위에서 살핀 것과 연결 지어서 살펴보자.

1. 동기 부여를 통해서 살펴보는 일

우리가 행하는 일의 배후에 있는 힘의 근원을 살펴봄으로 우리의 영성을 점검하는 것이다. 위에서 살핀 것처럼 우리의 현실은 그 자체가 목적이 아니라 사실은 우리의 영성이 무엇인지를 간증하는 실체이기 때문이다. 따라서 우리의 현실을 살핌으로 그 현실을 이끌어 가는 실체인 영성을 진단하는 방법이다.

1) 쫓기는 사람 (driven people)

"쫓기는"(driven)이라는 표현에서처럼 무엇인가 또는 누군가에 의해서 비인격적으로 취급되는 상태를 말한다. 즉 나의 삶을 이끌어 가는 영성의 주체가 나를 인격적이고 자율적인 상태15)로 놓기보다는 피동적인 상태로 몰아간다는 것이다. 성경은 세상 주관자인 사단이 죄의 영향하에 있는 인간의 아비로서 인간을 지배하되 본래의 상태인 창조주 하나님과의 인격적이고 영적인 관계가 파괴됨을 보여 준다. 죄의 영향 아래서 인간은 아버지와의 순종의 관계에서 떠나고자 하여 스스로를 자율적 존재로 착각하며(참조, 탕자의 비유), 세상을 다스리고 정복하기보다는 세상의 아비인 죄에게 종노릇함을 지적한다. 그러므로 쫓기는 사람의 가장 중요한 특성은 영성의 주체가 창조주이신 아버지의 명령이 아니라 세상 주관자인

---

15 여기서의 자율적이란 말은 단순히 내가 하고 싶은 일을 내 마음대로 결정한다라는 차원의 의미가 아니라 스스로의 판단과 결정이 적어도 중립적이거나 올바른 상황의 것이 되어서 나의 결정의 결과가 정당하고 올바른 것이라는 것을 의미한다. Van Til의 주장처럼 성경에서 말하는 인간의 자율성은 전적으로 손상된 것이어서 스스로는 자율적이라고 생각하나 사실상은 죄의 영향 아래 지배되고 있다는 점에서 자연적인 인간은 그리스도 안에서 새로운 피조물로 거듭나기까지는 참으로 자율적이라고 말할 수 없다는 점을 유의해야 한다. 죄의 영향 아래에서 인간은 본래적으로 자율적이기보다는 지배되고(driven) 있다.

사단이요 사단의 영향으로 변질되어진 인간의 거짓된 자율성이다.16)

주님이 나의 삶에 있어서 주인 되신 것이 실제로 삶의 현장과 맞물려 있는가? 오늘날 우리 가운데 가장 중요한 것은 자기 통제(self-control)라고 본다. 하나님께서 나를 조정하여 통제시키지 않으실 때 로마서 1장의 지적처럼 우리의 마음은 순리적이지 못하고 역리적인 것, 즉 쫓겨다니는 자의 증상을 나타내게 되는 것이다. 심지어 주님의 교회를 돌보는 목회도 목회의 목적을 하나님의 뜻에 따라 통제하는가 아니면 내가 세운 목회 방침을 위한 것인가에 따라 근본적으로 다른 열매를 맺게 된다.17)

우상이란 보이지 않는 하나님을 썩어질 것으로 만들어 나의 하나님을 만드는 것을 말한다. 쫓기는 사람은 스스로를 자율적이라고 생각하고 자신을 마음의 왕좌에 놓고 하나님을 우상으로 만들어 섬기지만 사실은 자기 자신이 조종줄18) 너머에 있는 세상의 권세 잡은 자 곧 사단에 의해 지배

---

16 많은 경우에 우리는 하나님과의 관계를 간증할 때, "내"가 중심이 되어버리는 잘못을 자주 보게 된다. 본래 간증이란 목격한 것(witness)을 증인으로 증거하는 것이다. 간증이란 나의 일을 말하는 것이 아니라 내가 본 어떤 사실, 즉 누군가가 행한 일을 목격한 자로서 제 3자적인 증언을 하는 것이다. 성경에서 말하는 간증은 내가 하나님의 큰 일 행하심, 즉 하나님께서 일하신 어떤 사건을 목격하고 하나님의 일을 증거하는 것이다. 이런 점에서 나의 일이 내 뜻대로 잘 풀려야만 간증의 내용이 될 수 있는 것이 아닌 것이다. 마음의 왕좌에 누가 계신가에 따라 참된 질서가 생기게 된다. 이러한 삶의 방향을 잃을 때, 즉 주님이 나를 다스리심으로 자기 자신이 통제될 때 비로서 무질서에서 벗어나게 된다.
17 경우에 따라서는 하나님 앞에서의 회개도 누구를 위한 것인가 하는 점에서 회개의 모습이 근본적으로 다르게 나타난다. 과거에 어느 여자에게 몹쓸 죄를 지은 한 남자가 후에 예수를 믿고 그 일을 회개하게 되었는데, 참된 회개는 행함으로 보상해야 한다는 말에 과거에 지은 죄 때문에 그녀를 찾아서 보상해야 한다는 생각을 갖게 되었다. 죄의 값에 대한 심각성을 깨닫고 그녀에게 보상하고자 하는 방향은 건실하지만 그녀를 찾아서 보상하고자 하는 동기가 "나의 양심"을 위한 것인가 아니면 "그녀의 양심"을 위한 것인가에 따라서 회개의 모습은 근본적으로 달라질 것이다. 중요한 것은 나의 관점에서 보는가 아니면 하나님의 관점에서 보는가 하는 점이다. 쫓기는 사람의 전형적인 특징은 남을 배려하기보다는 자신을 위하여 회개하는 것이다.
18 꼭두각시 인형을 커튼 뒤의 어떤 손이 조종하되 무대 밖에 있는 사람들은 마치 인형

되고 있는 삶을 말한다. 이와 같은 것은 아래와 같은 증상을 통해서 진단할 수 있다.

(1) 열등감(inferiority complex)에 사로잡힘: 열등감의 뿌리는 불안인데 이와 같은 불안은 죄에서 기인한다. 죄의 언어적인 기원을 살피면 "그릇 맞추다"로서 화살이 본래 맞추어야 할 곳에 있지 못한 것을 가리킨다. 즉 "있어야 할 곳에 있지 못한 것이 죄"인 것이다. 있어야 할 곳에 있지 않음은 존재적으로 불안을 수반하여 최초의 죄 된 존재인 마귀는 창조주이신 하나님 앞에서 있어야 할 곳에 있지 못하고 스스로를 하나님과 동등한 위치에 놓으려다가 심판을 받게 되었다. 사단은 자신의 파멸과 더불어 인간의 시조를 유혹해서 하나님의 명령보다 자신의 말을 좇게 함으로 죄에 빠지게 만들었고 인간은 죄를 지은 뒤에 불안에 사로잡혀 하나님의 낯을 피하게 되었다. 이와 같이 죄로 말미암아 최초의 열등감을 소유했던 사단의 특징은 "complex로 모든 것을 파괴하는 것"이다.

 오늘날 우리 가운데 있는 열등감의 궁극적인 목적은 하나님 앞에서 올바로 있지 못한 자신을 정당화하는 것이다. 그러므로 열등감은 자신과 더불어 공존하는 이웃의 위치를 존중하지 못하고 파괴함으로 자신의 욕구를 만족시키고자 한다. 즉 자신의 만족을 위해서는 모든 질서를 파괴하는 것이다. 어렸을 때에 지독한 가난으로 열등감에 사로잡혀 있던 아이가 때때로 지나치게 부유함에 집착하는 것은 많은 경우에 열등감으로 기인함을 주의해야 한다. 때로 complex는 어떤 원동력으로 우리의 삶을 도전하기도 한다. 그래서 열등감에 사로잡혀 있는 사람들

스스로 움직이는 것처럼 생각한다.

에 의해서 나타나는 보상으로 어떤 위대한 일들이 이루어지기도 한다.
그러나 이와 같은 일들의 결과가 비록 긍정적인 것일 수는 있지만 본인
에게 있어서 그 일은 자신의 내면적인 열등감으로 기인한 이기적인 산
물일 수 있다. 열등감은 반드시 극복되어야 할 질병이요 동시에 죄이
다. 열등감을 극복한 결과로 나타나는 위대한 승리들도 있지만 열등감
으로 이루어진 결과가 위대할 수는 없는 것이다. 마귀로부터 기인한
열등감은 아래와 같은 많은 문제점을 야기한다.

(2) 표상에 집착함: 과정보다 결과에 집착하되 그 결과가 자신의 열등감
을 보상할 수 있다고 생각한다. 예를 들면, 명함이나 책상 위의 직책
표시 또는 벽에 걸린 액자 속의 내용 등을 통하여 자신을 나타내고자
한다. 교계나 교회 안에서의 자리에 연연하며 특히 자신의 약점을 보
상할 직분(당회장, 목사, 교수, 박사 등)으로 불려지기를 원한다.

(3) 절제되지 않는 팽창력: 믿음은 우리를 "시작은 미약하나 심히 창대
하게 만드는 능력"을 가지고 있다. 그러므로 아브람을 불러서 열국의
아비인 아브라함으로 만드시고, 겨자씨만한 것이 큰 나무를 이루어 새
들이 깃들게도 만든다. 우리는 연약하지만 하나님의 부르심에 순종하
는 약속이라면 팽창은 하나님 나라의 자연스러운 원리이다. 그러나 더
큰 목적이 자신의 유익과 만족을 추구하기 위한 것이라면 별개의 문제
인 것이다. 이솝 우화에 나오는 개구리의 배불리는 모습처럼 하나님으
로 말미암지 않는 욕심은 결국 자신을 파멸에 이끌기까지 절제되어지
지 않는다. 쫓기는 자는 자신이 누구인지를 올바로 보지 못하는 자요
자신을 올바로 인식하지 못할 때 절제되지 않는 팽창력으로 나타난다.

(4) 일을 이루기 위해 원리를 포기하는 것: 윤리적 타락을 감수하고서라
도 현실 속에서 목적을 이루려한다. 일과 원리의 관계는 상호 보완적
이어서 일은 원리를 세우고 원리는 일을 통하여 나타나야 마땅하지만

쫓기는 자에게 있어서 원리는 무의미하다. 오직 일을 이루기 위해 모든 것이 도구로 사용되며 실용적인 것과 윤리적인 것이 갈등을 일으킬 경우에 실용을 택한다. 경우에 따라서는 사람보다 일을 중요시함으로 일을 위해 사람을 희생시키는 것을 정당시한다. 이와 같은 일은 목회 현장에서도 심각한데, 교회 개척 시에 개인의 자본을 들여서 자신의 교회를 세우는 일이나, 개개인이 개척하는 조그만 교회 사이에 대형교회가 큰 자본을 들여서 부교역자를 파송하든지 교회를 세우므로 우월한 경쟁력을 확보하는 일, 그리고 구원을 얻을 영혼을 얻기에 적합한 곳(윤리적)보다는 사람을 많이 교회에 모을 수 있는 곳(실용적)이 교회 개척 시에 우선적으로 고려되어지는 일 등은 비난되어질 대표적인 사례이다.

(5) 늘 이웃과 경쟁 의식을 갖는 것: 이웃을 그리스도 안에서 한 형제요 지체라기보다는 경쟁 상대로 봄으로 협력 관계를 이루지 못하고 각각의 삶을 추구한다. 근래에 들어서 우리 주위에 자주 쓰이는 단어인 "세계화"라는 말은 세계를 경쟁 상대로 삼아서 살아남기 위한 약육 강식의 관점에서가 아니라 세계 속에서 어떻게 더불어 함께 공동체를 이룰까 하는 관점에서 이해되어야 한다. 이런 점에서 세계화는 경쟁의 개념을 넘어서 상호 인정과 상호 계발의 의미를 갖는다.

(6) 내면에 격렬한 분노가 있는 것: 때때로 걷잡을 수 없는 분노를 경험하는데 대개의 경우 두 가지 방향으로 나타난다. 하나는 "왜 나는 이 정도밖에 못한가"하고 기준을 완벽에 두기 때문에 생기는 자기 자신을 향한 것과 "왜 나와 같이 하지 못할까"하고 자기와는 다른 이웃에 대한 이해심의 결여로 말미암는 분노감을 마음에 품는다. 하나님 앞에서 자신의 영성을 정직하게 살피는 훈련의 부족으로 자신을 비하하거나 과대 망상적일 수 있고 또 때로는 타인을 희생시키기도 한다.

(7) 비정상적으로 바쁘면서도 사람이나 일을 줄이면 허전한 것: 바쁘다는 말을 연발하며 살아오던 사람 속에 숨겨진 영성의 동인이 세속적인 것을 알면서도 그것에서 벗어나지 못한다. 바쁜 일의 현실에 대하여 불평하되 바쁘지 않으면 불안해서 견디지 못한다. 왜냐하면 이와 같은 바쁨은 하나님과의 특별한 관계로부터 나오는 것이 아니라 특별한 프로그램에 쫓기며 생기기 때문이다.

  2) 부름에 순종하는 사람 (called people=mission)

  "부름에 순종"이라는 표현 속에서 이와 같은 관계의 가장 기초가 되는 것은 인격적인 관계임을 알 수 있다. 하나님은 사람을 당신의 형상으로 만드시고 그와 더불어 사랑의 관계를 나누시기를 기뻐하셨다. 사람은 하나님의 말씀 안에서 그분에게 순종할 때에 가장 참된 자유를 누리게 된다. 그런데 죄의 영향 가운데 인간은 하나님의 말씀 가운데 누리는 참된 자유를 잃었으므로 인간이 더 이상 자신을 하나님이 주신 방향과 목적에서 자신을 조절하지 못하게 된 것이다.

  제 1계명은 "나 외에 다른 신을 네게 두지 말라"이며 제 2계명은 "우상을 만들지 말며 거기 절하지 말라"이다. 제 1계명에서 말씀 하신대로 다른 신을 섬기지 않는 자는 반드시 하나님의 말씀대로 그분과의 관계를 이끌어야 한다. 이것을 "계시 의존적인 신앙"이라고 한다. 만일 하나님을 섬긴다고 하면서 하나님의 말씀보다 자신의 생각(이성)을 따라서 하나님을 섬기게 되면 그것이 하나님을 우상으로 만들어 섬기는 것이 된다.[19] 하나님이 주

---

19 김동호 목사는, "나의 이성과 상식은 매순간 나로 하여금 세상의 모든 종교는 다 같은 것이라고 속삭이며 꼭 예수를 믿어야만 구원에 이르는 것은 아닐 것이다라고 외치지만 나는 나 자신을 신뢰하기보다는 하나님의 말씀이 예수 그리스도만이 구원이요 생명임을 말씀하시고 있기 때문에 하나님의 말씀을 따라서 세상의 모든 종교가 같은 것이 아니며 예수 그리스도 안에만 참 구원이 있음을 고백한다"고 한다. 이와 같이 자신

인이시고 우리가 그분의 뜻을 따라 순종하는 관계가 아니라 하나님을 주인이라고 고백하지만 하나님의 말씀보다는 내 생각과 주장으로 하나님을 섬기는 일이 과거 이스라엘에게 금송아지를 만들어 주고 너희를 애굽 땅에서 이끌어낸 하나님이라고 이끌었던 것과 비견될 수 있을 것이다. 하나님으로부터 나온 것이 아니라 인간으로부터 나온 표상을 쫓게 되면 우상이 되는 것이요 우상의 특징은 인격적이지 못하고 자신의 생각을 거울에 비추어서 스스로 확인하는 독백에 불과한 것이다. 이런 점에서 하나님과의 관계가 인격적이지 못하고 우상적인 섬김으로 말미암는 독백인 경우에 인간은 하나님의 뜻을 말하지만 뚜렷한 목적을 갖지 못한 채 스스로의 욕심을 따라서 방황하게 된다. 하나님과의 사랑의 관계를 회복한 사람(거듭남으로 새로운 피조물이 되는 것)만이 하나님의 뜻을 분별하게 되고 하나님의 말씀 안에서 자신을 조절하게 된다. 이와 같이 자신을 하나님의 말씀 가운데 조정할 수 있는 사람을 가리켜서 부르심을 받은 사람(called people)이라고 한다. 부르심이 있어야 해야 할 일의 방향도 있게 된다. 따라서 부르심이 없이는 소명(mission)도 없다. 부르심을 받은 사람은 다음과 같은 특징들을 통해서 점검될 수 있다.

(1) 자신이 하나님의 청지기임을 의식하는 삶을 산다. 하나님이 살아 계시고 자신을 창조하셨다는 수용적이고 재 구성적인 의식(Van Til에 따르면 아담의 의식)을 가지고 있다. 이사야 41장 8절부터 16절을 보면 하나님께서 한 사람 한 사람을 지목하여 불러내심으로 당신의 백성을 삼았음을 말씀하신다. 시편 14편에 보면 어리석은 자는 하나님이 없다고 한다. 부르심을 받은 자는 하나님 앞에 선 자기의 모습을 의식한다.

의 생각이나 이성을 삶의 출발점으로 보지 않고 하나님의 계시의 말씀을 참된 진리로 인정하며 순종하는 것이 부르심을 입은 자의 특징이다.

청지기 의식을 가진 자는 다음과 같은 특징을 가지고 있다:

① 내가 누구인지 정확히 안다. 요한복음 1장 19절부터 27절에 보면 세례 요한이 예수님과의 관계 속에서 자신이 누구인지를 정확히 인식하고 있음을 알 수 있다: "아니라. 나는 그의 신들메 풀기도 감당치 못하겠노라." 하나님께서 나에게 맡기신 은사와 직무에 대한 정확한 인식은 사단의 전형적인 수단인 열등감으로 말미암는 온갖 폐단으로부터 자유로와질 수 있으며, 내가 가진 한계를 감당할 때 오는 참된 성취감을 맛보도록 만든다. 하나님 앞에서 자신의 절대적인 위치를 정확히 인식하지 못하고 주위 환경과 사람들과 상대적인 비교를 할 때 우리는 속게 되는 일이 많다. 현재의 내 모습을 내 나름대로 생각하는 이상적인 모습에 비추어 볼 때 항상 불평과 원망 그리고 좌절을 만나게 되지만, 하나님의 밝은 빛 가운데 자신의 원래 모습을 발견할 수 있는 자는 그 죄인 되고 벌레와 같은 모습에 비해 현재의 내 모습이 얼마나 감사하고 놀라운 것인지 새롭게 발견하게 된다. 따라서 현재의 나를 내 나름대로의 거울에 비추어 본 사람은 원망 가운데 불공평함을 호소할 것이요, "눈에서 비늘 같은 것이 벗어져서"(행 9:18) 참 경건을 얻은 자는 하나님의 거울에 비추어진 자신의 현재 모습이 얼마나 "행복한 불공평"인지를 고백하게 된다.

② 요동치 않는 목적 의식을 갖게 된다. 요한복음 3장 29절은 부르심을 입은 자들의 고백이 될 수 있다: "신부를 취하는 자는 신랑이나 서서 신랑의 음성을 듣는 친구가 크게 기뻐하나니 나는 이러한 기쁨이 충만하였노라." 내가 신랑이 되려고 하다 보면 불평과 욕심이 생긴다. Van Engen은 오늘날 교회성장학의 문제점을 지적하면서 사람들을 그리스도와 만나게 하기보다 나의 제자로 삼거나 우리 교회의 교인으

로 만드는 일을 목적으로 하는 일이 많다고 한다. 왜 교회를 성장시켜야 할까? 목회자나 교회를 위해서가 아니라 사람들을 그들의 영혼의 구세주이신 그리스도와 만나게 하기 위해서 목회자나 교회가 존재한다고 하는 뚜렷한 목적 의식이 오늘날 기독교 영성을 올바로 이해한 교회 성장의 방향이 되어야 할 것이다.

③ 결과에 대한 순복이 있다. 요한복음 3장 30절은 늘 우리가 염두에 두어야 할 결과에 대해 명확히 지시하고 있다. 그것은 "누가" 흥하여야 하는가이다: "그는 흥하여야 하겠고 나는 쇠하여야 하리라." 매 순간 하나님의 뜻이 우리 가운데 모호하고 분명치 않을 때 우리는 질문해야 할 것이다. 누구를 위한 목회인가? 누가 흥하여야 하고 누가 쇠하여야 할 것인가? 여기에 주인과 종의 차이가 있기 때문이다.

(2) 부름을 들을 수 있는 귀를 가지고 있다. 들어야만 소명을 알게 된다. 듣지 못하면 할 일을 모르고 무엇을 할지 모른 채 일을 하면 허공을 치는 일이 된다. 그러므로 "부름은 곧 소명"(calling＝mission)"이다. 부름이 없으면 내 속에서 솟아나는 욕망을 하나님의 뜻으로 착각하여 엉뚱한 일을 저지를 수 있다. 바울은 그의 공적인 사역을 시작하기에 앞서 마치 예수님께서 40일을 광야에서 보내심 같이 아라비아 광야에서 하나님과의 교제의 시간을 가졌다. 어떻게 하나님의 부르심을 들을 수 있을까? 성경은 하나님의 뜻을 분별하기 위해 제일 먼저 할 일이 "내가 무엇인가를 해야 한다는 생각을 포기하는 것"임을 말씀하신다. 즉 우리의 본성을 따라 어떤 일을 계획하거나 시작하기 전에 먼저 자신을 멈추고 하나님의 음성을 "기다리는 일"이다.[20]

---

20 출애굽기 14장에 보면, 출애굽한 이스라엘의 뒤를 애굽군대가 쫓고 앞에는 홍해 바다가 길을 막고 있을 때의 상황이 나오는데 이것은 본성적으로 "무엇인가를 내가 해야

우리의 관점에서는 과거와 현재와 미래가 있고 하나님의 예정하심도 있지만 하나님의 관점에서는 어제나 오늘이나 영원토록 동일하시며 하루가 천년 같고 천년이 하루 같으시다. 그러므로 우리는 단번에 다 이루었다 함도 아니요 계속해서 하나님의 뜻을 이루는 방향으로 한 걸음씩 한 걸음씩 나아가는 것이다. 하나님의 구원하심에는 중생과 성화와 영화가 다 포함되지만 우리의 구원을 이루어 가는 과정은 중생과 성화와 영화를 점진적으로 이루어 가는 것이다.

2. 한정된 시간을 어떻게 균형 있게 사용하는가

시간은 곧 삶이요 생명이다. 이와 같은 시간 사용의 분석을 통해서 우리의 영성을 점검할 수 있다. 쓸데없는 일로 바쁘고 가족과도 시간을 갖지 못하고 약속 시간을 잊어버리는 경우는 대개 우리 영성이 균형을 잃은 경우다. 대개의 경우 우리의 시간은 아래와 같이 사용되어진다.

1) 나의 약점을 따라서 보내지게 된다. 쓸데없이 보내지는 대부분의 시간은 우리의 약점을 나타낸다.
2) 내 주변의 영향력 있는 사람에 의해 좌우되어 많은 경우 나의 생각과는 상관 없이 낭비하게 된다.
3) 중요한 일보다는 가치 없어도 긴급한 일을 위해 사용되어진다.
4) 올바른 일을 위해 시간을 보내기보다는 대중의 갈채받는 일을 위해

───────────

한다"는 강박 관념을 갖게 되는 좋은 예가 된다. 10절 이하에 이스라엘 백성들이 저들의 본성을 좇아서 하나님과 모세를 원망하며 "애굽 사람을 섬기는 것이 광야에서 죽는 것보다 낫겠노라"고 대들 때 모세가 백성에게 "너희는 두려워 말고 가만히 서서 여호와께서 오늘날 너희를 위하여 행하시는 구원을 보라"고 외친다. 부름을 들을 수 있는 귀를 가진 자는 내가 무엇인가를 해야 한다는 본능적인 생각을 포기하고 하나님의 일 하심과 예비하심을 기다리는 믿음을 가진 자이다. "가만히 서서"는 아무 것도 하지 않음을 의미하는 것이 아니라 하나님보다 내가 먼저 하고자 하는 일을 멈추는 일이다.

투자되어지기 때문에 시간의 윤리성 문제가 나타난다.

시간의 주인은 주님이시다. 그러므로 그분이 우리에게 맡기신 삶인 시간에 대한 계획이 필요하다. 시간에 대한 계획을 통해서 자신의 사역을 분명히 실행하게 된다. 시간의 제한성을 알므로 시간을 낭비하지 않고 본분에 맞는 일을 하게 되는 것이다. 최대 효과를 낼 수 있는 시간의 리듬에 나를 맞추어서, 시간 사용의 올바른 기준을 갖는 일이 필요하다. 시간 예산을 세우고 시간을 통제하며 시간의 계획표를 가지고 중요한 것과 아닌 것을 표시할 필요가 있다.

3. 지적인 면

우리의 지적인 부분이 어떤가? 즉 독서하는 것, 공부하는 내용을 점검해 보면 우리의 영성을 진단할 수 있다. 지금 현재 읽고 있는 책이 어떤 것인가는 우리의 영성을 점검하는 시금석이 된다. 과연 창조의 진리를 받아들이고 논리적으로 인식하는 자세를 가지고 있는가 하는 것을 통해 참된 기독교 영성이 드러난다. Gordon MacDonald는 많은 사람이 인생을 기독교 영성적인 지적 계발 없이 단순한 오락적(amusement) 삶을 산다고 비판한다. 내면 세계의 지적 차원을 계발하는 것은 다음과 같은 방향을 가져야 한다.

1) 지성은 기독교적으로 사고하도록 훈련되어야 한다. 많은 종류의 책을 읽으므로 지식을 쌓는 것이 목적이 아니라 기독교적 관점, 기독교적 세계관을 갖도록 만드는 일이 중요하다. 본질적인 것 뿐 아니라 주변적인 모든 것을 기독교적으로 추구하여야 한다.21)

---

21 예를 들면, 기독교인이 상대방을 용서한다는 것이 무엇을 의미하는가의 문제에 있어서 용서와 심판은 사람의 권리가 아님을 발견하는 일이 중요하다. 인간은 어느 누구도 상대방의 잘못을 스스로 용서할 수 있는 능력(권리)이 없다. 근본적으로 용

2) 우리의 지성은 하나님께서 피조계 안에 기록해 놓으신 메시지를 관찰하고 목도할 수 있도록 훈련되어야 한다. 왜냐하면 궁극적으로 하나님을 아는 일이 지성이기 때문이다.

3) 기독교 지성은 내 주위의 사람들을 섬기기 위한 목적에서 정보와 아이디어와 통찰력을 추구하도록 훈련되어야 한다. 그렇지 않으면 지식은 사람을 교만하게 만들고 결국 다른 사람에게 상처를 주게 된다. 기독교 지성과 영성은 많은 경우에 서로 갈등할 수밖에 없는 것처럼 인식되나 사실상 지식과 영성은 상반되는 것이 아니다. 지식 없이 참된 영성에 이를 수 없고 영성 없는 지식은 무익하다.

4) 우리는 듣는 훈련을 함으로써 올바른 기독교 영성에 이를 수 있다. 많은 경우에 우리는 듣기보다 말하기를 좋아한다. 자주 질문하고 나의 견해를 비판하는 사람의 말을 들어야 참된 기독교 영성에 이르게 된다.

5) 우리는 독서를 통해서 성장한다. 훈련된 학습을 통해서 성장하기 위해 두 가지 학습 방법을 가져야 한다. 첫째는 방어적인 공부인데 이것은 타인의 주문에 의해 어쩔 수 없이 행해지는 학습이다. 예를 들면, 과제물을 쓰기 위해서라든지 아니면 설교를 준비하기 위해 매 순간 주어지는 계획되지 않은 학습의 방법을 말한다. 또한 공격적인 학습의 방법이 있는데, 이것은 훗날을 위해 하는 예비적인 공부이다. 즉 본인의 영성 계발을 위하여 계획되어진 넓은 범위의 학습을 말한다. 참된 의미의 기독교 지성을 위해서는 방어적인 학습 뿐 아니라 공격적인 학습이 있어야 한다.

서와 심판은 하나님의 몫이요 하나님께 모든 것을 맡기고 그분의 결정에 순종하는 것이 우리의 유일한 방법이다. 하나님께서 때로는 집권자를 통해서 죄인을 심판하시거나 때로는 그를 심판하는 도구로 나를 사용하실 때 나는 개인적인 자격이 아니라 하나님의 도구로 그를 심판할 수 있는 것이다. 이런 순간에도 우리는 심판주가 하나님이심을 알고 심판을 통하여 자신을 겸허하게 돌아보아 온유한 심령으로 그를 바로잡고 나도 넘어지지 않도록 주의하는 것이 옳다(갈 6:1).

4. 영적인 힘이 있는가?

내면 세계의 질서를 점검하는 가장 절정은 영적인 영역, 즉 마음의 중심부에서 "아버지와 교통하는 은밀한 시간이 있는가"하는 문제일 것이다. 아무리 기독교적인 가치와 판단을 따라서 살아간다고 해도 나를 모두 드리는 고요한 시간을 가지고 있는가 살펴보는 것은 대단히 중요하다. 이와 같은 일은 주로 기도를 통해서 나타나는데 기도가 과연 기독교 영성적인가 하는 점은 아래와 같이 세 단계로 나누어서 진단할 수 있다.

1) 묵상

지금까지 내가 주장하고 행하여 오던 모든 일을 멈추는 일, 즉 외부적인 모든 것을 차단하는 일이다. 좀더 엄밀하게 말하면, 내 자신 안에 있는 의도(intention) 자체도 멈추는 일이다(참조: 출 14:13 "가만히 서서") 왜냐하면 우리의 기도는 불행히도 마음의 중심부에서 "아버지와 교통하는 은밀한 시간"이기 보다는 일방적으로 우리의 생각을 하나님께 쏟아 부어 놓는 시간인 경우가 대부분이다. 우리는 많이 기도하지만 영적인 힘을 나타내지 못하는데 바로 한국 교회의 기도 실패 원인은 출발이 잘못되었기 때문이다. 예수님의 지적처럼 우리는 말을 많이 하여야 들으실 것으로 생각하고 "중언 부언"하는 기도를 당연하게 여긴다. 자기가 어떤 일을 이루고자 하는 의도를 가진 사람은 본래 말을 많이 하게 된다. 기도를 통하여 자신의 생각을 하나님께 설득하기 위해 똑같은 내용을 고집스럽게 반복하는 것을 "간구함"이라고 생각하는 것은 오해이다.22) 물론 우리가

---

22) 흔히 한 불행한 과부의 간구를 불의한 재판관이 귀찮아서라도 들었던 것을 예로 들어서 우리의 기도가 낙망치 말고 지속되어야 할 것에 대해 말을 많이 함과 연결시킴은 잘못이다. 불행한 과부의 간구가 옳지 못한 것이라도 억지로 관철시킨 것이 아니라 그의 원한을 푸는 것, 즉 마땅한 것을 이루고자 하는 간구가 불의한 것에 의해 잠시 막혔다가 마침내 해결된 것임을 우리는 기억해야 한다.

연약하기 때문에, 공의로우신 하나님께서 반드시 옳은 일을 행하실 것을 믿고 간구 했다가도 또다시 낙심되고 의심하였다가 다시 기도하는 일을 통해 우리의 믿음을 고백할 수 있다. 그럼에도 불구하고 이와 같은 기도는 우리의 목적을 이루기 위해 하나님을 설득하는 중언 부언과는 구별되어져야 한다.

아버지와 교통하는 은밀한 기도가 되기 위해 첫째로 중요한 점검은 "묵상"이라는 침묵과 고독의 순간을 갖는 것이다. 사실상 묵상이란 "내 주장을 멈추는 일"이다. 가만히 서서 하나님이 일하심을 기다리지 못하고 내가 무엇인가를 해야 한다는 강박 관념, 즉 불신앙을 벗어나는 일이 믿음에 이르기 위해 반드시 넘어야 할 선이다. 그것은 내가 하나님을 설득하고자 했던 우리의 기도 자세를 멈추는 일이다. 고요하게 하나님과 나만의 영적인 은밀한 화원에 들어가 하나님을 아버지요 창조주로 믿고 의지하는 가운데 그분의 일하심을 인정하는 데서 영적인 힘을 체험하게 된다.

2) 기도

노만 빈센트 필은 기도를 설명하면서 머리 속에 그림을 그려 보라는 말로 비전을 설명했다. 그는 질병 가운데 거하는 사람이 자신의 머리 속에 암세포를 잡아먹는 백혈구의 모습을 그려 보고, 교회당 건축 문제로 고민하는 사람은 하나님께서 허락하실 언덕 위의 하얀 예배당의 모습을 구체적으로 그려볼 때 꿈이 현실화된다고 주장한다. 그러나 이와 같은 주장은 기독교 영성과는 거리가 있다. 본래 비전은 내가 그리는 것이 아니라 하나님께로부터 주어지는 것이라는 점에서 근본적인 차이점을 가진다. 기도는 내가 하고 싶은 말을 하는 것이 아니라 즉, 하나님을 설득하는 것이 아니라 하나님께 귀를 기울이는 것이다. 마치 문지기가 자격이 있는 사람(주인)이 올 때 문을 열어 주기 위해 문 밖의 노크 소리에 귀 기울이는 것같이 하나님의 뜻을 분별하기 위해 온 마음을 집중하는 것이 기도이다. 기도는 우리의 상황을 아버지께 아뢰는 것으로 끝나는 것이 아니라 궁극적으로 아버지의 뜻을 분별하는 것이다.23)

3) 행동으로 나타나는 결단

하나님께 귀기울임을 통해서 그분의 뜻을 듣고 그에 대한 우리의 반응을 아뢰는 일이 바로 기도의 절정이다. 즉 하나님의 뜻이 이루어지는 도구로서 내가 동참해야 하는 것을 고백하고 하나님의 부르심에 합당한 소명을 찾는 구체적인 결단이다. 기도는 일단 많이 해놓은 뒤에 살아가면서 그 응답이 나타나는 것을 체험하는 것이 아니라 기도의 과정을 통해 "내 뜻대로 마시고 아버지의 뜻이 이루어지이다"라고 아뢰게 되는 것이다. 그런데 여기서 말하는 아버지의 뜻이 이루어지는 고백은 우리로 하여금 모든 문제를 아버지께 맡기고 부담을 털어 버리는 것을 의미하지 않는다. 많은 경우에 우리는 겸손하게 고백하기를 "저희들은 우리의 형편과 사정을 잘 알지 못합니다. 하나님께서는 모든 것을 아시니 합력 하여 선을 이루어 주옵소서. 하나님의 능력의 손에 모든 것을 맡기옵나이다"라고 간구하고 이와 같은 간구에 나머지 사람들은 아무런 부담과 책임이 없이 "아멘"이라고 화답한다. 왜냐하면 하나님께서 모든 것을 다 알아서 하시기 때문에

---

23) 합심 기도란 한 가지 목적을 놓고 여러 사람이 연합하여 간구함으로 하나님으로 하여금 어쩔 수 없이 기도를 들으시도록 만드는 일종의 공동체적인 활동이 아니다. 오히려 합심 기도는 참으로 하나님의 뜻이 무엇인지를 공동체적인 기도를 통하여 발견케 하는 목적을 가지고 있다. 공동체적인 기도는 자신으로 하여금 우리의 상황 속에 하나님이 주신 은사를 발견해야 하는 책임을 준다. 그리고 서로에게 주어진 은사들을 연합하여 공동체적인 하나님의 뜻을 발견하는 연합의 책임을 우리에게 요구한다. 그러므로 공동체적인 기도는 단순히 우리의 생각을 하나님께 좀더 강력하게 전달하는 기능이 아니라 오히려 공동체를 통해서 하나님의 총체적인 뜻을 분별하는 의미가 있다. 합심 기도를 통해서 우리는 하나님의 뜻을 올바로 분별하는 성숙한 형제와 아직은 미숙하여 자신의 생각에 기우는 형제 사이에 인도함과 중보의 유익을 얻게 된다.

우리는 기도만 하면 끝나기 때문이다. 이와 같은 기도의 자세는 참된 기독교 영성을 이루지 못한다. 기도를 통해 우리는 우리가 한 형제요 자매이면서도 서로 살피지 못하였음을 고백하고 회개하며, 하나님의 뜻이 서로 돌아보아서 연약함을 채우는 것임을 발견하는 것이며, 궁극적으로는 하나님의 뜻을 우리 가운데 이루도록 각자가 행동하고 실천해야 할 것을 결단하는 것이다. 그러므로 기도하는 시간이 많을 수록 하나님과 우리의 마음이 은밀한 영적 화원에서 만나 교통하는 일을 통해 우리의 마음이 하나님을 향해 고정되는 삶을 살게 된다. 이와 같은 기도의 원리를 이용해서 우리는 매일 매일 묵상의 시간(Q.T.)을 실천할 수 있을 것이다.24)

5. 안식과 평화가 있는가?

한국 교회는 휴식에 대한 잘못된 선입견을 가지고 있지 않은가 싶다. 대부분의 경우에 휴식에 대하여 부정적이고 심지어는 죄의식까지 갖는다. 사실상 이와 같은 지적은 대부분의 우리가 갖는 휴식이 세속적이라는 점에서 지지되어질만하다. 일반적으로 우리의 휴식은 스트레스를 해소하기 위해 볼링을 하거나 사우나에서 쉬는 것을 의미하나 기독교 영성을 위한 휴식은 어떤 종류의 휴식을 갖느냐가 아니라 과연 안식과 평화가 있는가라는 관점에서 평가되어야 할 것이다. 참된 휴식은 안식일적 의미로 시행되어

---

24) 혹자는 묵상의 시간을 강조하며 쓰여져 있는 성경 말씀(logos)에만 매달리는 것은 죽은 말씀이요 기도를 통해서 나에게 주시는 살아 역사하는 말씀(rema)을 들어야 한다고 주장한다. 그러나 이와 같이 하나님의 말씀에 대하여 쓰여진 말씀은 죽은 말씀이고 살아 역사하는 말씀은 따로 있는 것처럼 주장하는 것은 대단히 위험하다. 본래 쓰여진 말씀은 죽은 말씀이 아니라 살아 역사하는 말씀이다. Logos와 Rema가 서로 상충되는 것이 아니라 본질적으로 하나임을 아는 일이 필요하다. 그럼으로 묵상의 시간을 통해서 들리는 하나님의 말씀은 쓰여진 성경 말씀인 Logos 외에 또 다시 주어지는 새로운 계시로서의 말씀인 Rema라고 이해해서는 안 된다. 묵상을 통해서 우리는 쓰여진 하나님의 말씀이 오늘의 상황 속에서 우리에게 말씀하시는 세미한 음성을 들어야 할 것이다.

야 한다는 점에서 올바른 휴식은 기독교 영성에서 매우 중요한 요소임을 기억해야 한다. 휴식은 사실상 그 자체가 목적이 아니라 새로운 사역을 위한 과정이라는 점에서 반드시 필요하기 때문이다. 안식일적 휴식이란 휴식을 통해 하나님을 바라보도록 하는 과정이다. 많은 경우에 우리는 주일을 성수 하는 일을 통해서 참된 안식일적 쉼을 얻지 못하는 경우가 있다. 오히려 주일 후 다음날인 월요일은 더 더욱이 피곤한 날이 되기도 한다. 왜냐하면 주일 성수가 우리에게 무거운 짐이 되도록 지켜지기 때문이다. 어떤 목사님은 당신의 전 생애 목회 기간을 통해서 단 한번도 휴가를 가지지 않았음을 강조하며 주의 일을 위하여 쉴 틈이 없어야 할 것을 강조하기도 한다. 따라서 교인들도 주일을 성수하지 않고 휴식을 취한다는 것은 생각할 수 없다.

물론 기독교인이 세상과 더불어 교인의 삶을 산다고 하는 일은 그 자체가 피곤하고 힘든 일이다. 왜냐하면 세상 사람들에 비해 교인으로서의 삶을 하나 더 살아야 되기 때문이다. 그러나 문제는 기독교인의 삶이 기독교인으로서 세상에서 사는 것과 교회에서는 기독교인으로 살아야 되고 또 세상에서는 세상 사람으로 살아야 되는 이중적인 삶은 구별되어야 한다는 점이다. 참된 안식일적 삶은 세상에서 살되 세상에 속한 자가 아닌 하나님의 약속 가운데 사는 것을 의미한다. 이것을 가리켜서 구약 성경은 안식일을 지키는 것으로 표현했다: "또 나의 안식일을 거룩하게 할지어다 이것이 나와 너희 사이에 표징이 되어 너희로 내가 여호와 너희 하나님인 줄 알게 하리라"(겔 20:20). 안식일을 지키는 일을 통해서 우리가 하나님의 백성임을 증거하고 확인하는 것이 바로 오늘날 우리가 주일을 성수해야 할 가장 중요한 의미이다. 주일을 성수하는 일을 통해서 우리의 시민권이 하늘에 있음을 증거하고 확인하며 그리스도인으로 세상에 살지만 세상에 속하지 않은 증인된 삶을 다짐해야 할 것이다. 이런 점에서 주일 성수는 안식일적 의미로 이루어져야지 율법적이고 강박적인 것이 되어서는 안 된다.25) 휴식이 없이는 불안을 벗어나지 못하는데 본래 불안(restless)이라는 말은 휴식(rest)+없음(less)을 의미한다. 이런 관점에서 기독교 영성의 휴식은 계획되어져야 하며, 안식일적 의미의 휴식은 아래와 같이 시행되어야 할 것이다.

1) 모든 사역에 대한 돌아봄 (과거)

우리는 우리가 한 일을 살펴보면서 "나의 일은 어떤 의미가 있는가? 누구를 위해서 이 일을 하였는가? 이 일은 얼마나 잘 되었는가? 나는 왜 일을 했는가? 나는 어떤 결과를 기대했으며 실제로 얻은 결과는 무엇인가?" 등등을 질문해 보아야 한다. 즉 하나님이 제정하신 안식일적 휴식은 무엇보다도 먼저 우리에게 우리의 일을 해석하고, 그 일에 의미를 부여하

---

25 흔히 이와 같이 주일 성수를 율법적으로 이해하는 사람 가운데 잘못된 의미의 "남은 자" 사상을 가지는 경우가 있다. 다른 사람은 다 주님을 버리고 떠났는데 나만 남았다는 주님에 대한 지나친 충성 의식이 다른 사람들의 연약함을 정죄할 뿐 아니라 자신의 눈에 비친 다른 연약한 자같이 되지 않기 위해 자신을 더 더욱 철저히 복종시키는 가운데 스스로를 고립시키는 경우이다. 성경은 이와 같은 잘못된 남은 자 사상이 위험함을 경고한다. 어느 누구도 스스로의 힘으로 세상과 싸워서 끝까지 남아있을 수 있는 사람은 없다. 다만 하나님께서 모든 나무들이 다 베어져도 끝까지 남겨두시는 신령한 그루터기가 있으니 이는 "남은 자"가 아니라 "남겨진 자"일 뿐이다. 이와 같은 나 중심의 강박 관념에서 벗어나서 창조주이신 하나님을 바라보게 함으로 하나님 중심의 신앙을 회복하기 위해 절대적으로 필요한 것이 바로 안식일적인 휴식이다. 소위 잘못된 "남은 자" 사상에 있는 자들 가운데 휴식하지 않고 충성만 하는 자들이 빠지기 쉬운 오류를 주의해야 할 것이다. "나만 남았다"는 것으로 생각하여 교만하며 율법주의자가 되기 쉽다. "남은 자 신학"의 핵심은 소수 정예파를 만들기 위해 좁은 길을 가는 신학이 아니다. 오히려 성경이 말하는 좁은 길은 그 핵심이 "어려운데 있는 것"이 아니고 "매우 찾기 어렵다"는 점에 있음을 아는 것이다. 그 길은 우리 스스로의 노력이나 공로로 발견될 수 있는 것이 아니며, 주님이 은혜로 발견하게 해 주시는 길이다. 좁은 길은 내가 고난을 감당하면서 영웅같이 가는 길이 아니다. 하나님께서 남게 하시고 하나님의 은혜로 말미암아 감당할 수 있는 길인 것이다.

고, 그 일이 누구에게 바쳐져야 바람직한지를 확실하게 알게 하려는 의도로 제정되어진 것이기 때문이다.

2) 삶의 근거가 되는 진리와 헌신을 정리함 (현재)

한경직 목사는 태양이 쨍쨍 내리 쬐는 날 태양을 한참 바라보고 사방을 둘러보니 온통 세상이 컴컴하고 아무 것도 보이지 않더라고 고백하며, "의의 태양이신 예수님을 바라보면 세상은 간데없다"고 하였다. 과연 주님에 대한 참된 충성을 회복하기 위해서 의의 태양이신 예수님을 바라보는 안식일적 휴식은 중요하다. 휴식할 틈이 없이 일하는 충성은 자랑할 필요가 없다.

3) 우리 사명을 분명하게 의식 (미래)

Calvin의 5대 강령 중에 "성도의 견인"은 성도가 끝까지 남는 것을 의미하는 것이 아니라 하나님의 주권 가운데 모든 환난 중에도 하나님께서 택하신 백성은 끝까지 남겨 두실 것을 고백하는 것이다. 그러니까 성도의 견인이 갖는 목적은 "성도의 인내"가 아니라 "하나님의 은혜"이다. 개혁 신학의 가장 중요한 원리인 언약 신학(covenant theology)은 네가 이렇게 하면 나도 이렇게 하겠다는 동맹 신학(contract: federal theology)과 구별되어진다. 동맹 신학은 조건을 이루기 위한 인간의 행위가 강조되지만 언약 신학에서는 인간의 행위와 관계 없이 끝까지 은혜를 베푸시는 하나님의 사랑이 강조된다. 그러므로 언약 신학에서 구원은 자랑할 것이 없다. 성도의 견인은 하나님의 구원의 신실성에 대한 간증으로, 성도가 끝까지 고난에 동참할 수 있는 것은 첫째로 하나님의 은혜로서 좁은 길을 발견하게 되고, 둘째로 주님 안에서 그 길을 넉넉하게 감당할 수 있게 되어지는 것이다.

Ⅲ. 총체적 의미로서의 기독교 영성 (Holistic Spirituality)

A. 총체적 영성이란?

Holms는 기독교의 영성 역사를 연구하면서 기독교 영성을 네 가지로 분류했는데 이를 아래와 같이 도식화해 볼 수 있다.26)

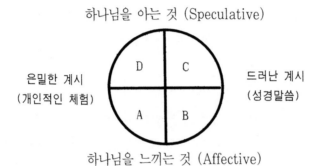

하나님을 아는 것 (Speculative)

은밀한 계시
(개인적인 체험)

드러난 계시
(성경말씀)

하나님을 느끼는 것 (Affective)

일반적으로 우리는 제일 먼저 "영성"을 떠올릴 때 왼쪽 하단의 "A 부분"을 생각한다. 이 A를 "내면 생활(the inner life)을 위한 영성"이라고 말한다. 이 부분에서는 주로 하나님과 하나되는 체험을 추구하는데, 중세의 수도원 전통을 따라서 직관적이고 신비적 체험의 영성이다. 이와 같은 영성 계발을 위해서는 침묵, 기도, 금식, 단순한 생활 양식 등이 추구된다. 이러한 일들은 일반 사람들이 아닌 특수한 사람들이 한다고 생각하여 이들을 "수도사"라고 말한다. 그리고 이 수도사들은 영적 차원이 높은 것으로 생각했다. 이와 같은 영성을 추구하는 자들은 세상에 대해서 부정적이며

---

26 Urban T. Holms Ⅲ, *A History of Christian Spirituality* (New York: The Seabury Press, 1981), 4; Holms, *Spirituality for Ministry*, 233을 참조.

절대적인 것에 대한 헌신·순종·고난을 강조한다. 성경을 덮어 놓고 마음으로 하나님을 생각하는 훈련을 하며, 갑자기 어느 단어가 빛을 발해 마음에 닿게 되고 자신이 하나님의 말씀에 압도되어 하나님과 교제하는 행복한 느낌을 갖는다. 이들은 계시에 대해서 자유로운 태도를 가지며 거룩한 체험 추구를 가장 중요한 덕목으로 생각한다.27)

오른쪽 하단의 "B 부분"은 "개인 경건을 위한 영성(personal renewal)"이라 할 수 있다. 교리적 지식보다 하나님을 향한 마음을 중시한다는 점에서 A와 비슷하다. 하나님과의 주관적이고 신비적인 체험보다는 계시의 말씀을 감정적으로 이해한다는 점이 구별된다. 독일의 경건주의, 청교도, 그리고 대체로 복음주의자들과 제자 훈련을 하는 자들이 이에 속한다. Calvin은 하나님에 관한 참된 지식은 오직 신자의 마음 속에 있는 것으로 성경을 떠나 직접 계시로 비약하는 광신자들을 주의하라고 경계했다. Calvin은 「기독교강요」에서 "하나님께서 내 마음을 온순하게 하셔서 내가 듣도록 하셨다"고 고백하며, 하나님은 사변적이거나 이성으로 찾는 자

27 이와 같이 거룩한 경험에 이르는 주체 에너지가 eros인가 아니면 agape인가에 따라서 전혀 다른 결과에 이르게 된다. 먼저 eros라고 하면 성적 개념이 먼저 오는데, 성적 욕구(sexual desire)는 합일하고자 하는 본능적 에너지이다. 이 에너지는 소유욕이며 타락한 에너지의 속성이다. 하나님을 나의 것으로 하려는 욕구 속에서 하나님과의 합일의 소유욕이 있다. 종교에서도 영적인 성의 희열을 느끼는 경우가 있는데, 이런 면에서 eros는 외설적인 것보다 더 깊은 것으로 영적인 타락된 사람 속에서 하나님과 합일하는 에너지가 잠재된 것을 말한다. 하나님을 찾고자 하는 신지식이 죄의 영향 가운데 잘못 나타난 것이 eros라고 볼 수 있다. 이와 같은 타락된 종교 에너지는 흔히 이단 속에서나 신비주의 종교 가운데 심각하게 나타나고 있다. agape의 본질은 자기를 내어 주는 것, 자기를 부인하는 것, 자기를 비우는 것으로 하나님과의 신비적 합일을 통해 내가 포기되어지고 하나님이 주도권을 가지시는 것이다. 자신을 하나님과의 인격적인 교제 가운데 비울 때에 하나님께서 충만하게 채워 주신다. 조심할 것은 "비운다"는 것의 주체가 내가 되면 내가 나를 비워보려고 하는 노력 역시 eros라는 사실이다. 하나님께서 찾아오셔야 한다. 그래서 그리스도 안에서 우리가 가지고 있는 eros를 agape로 승화시켜야 할 필요가 있다.

에게 알려지지 않고 하나님과의 예배, 사랑, 순종 안에서 알려진다고 주장하였다. 이런 면에서 Calvin은 지식이 아니라 마음으로 하나님을 이해하였다고 볼 수 있으며, 경건이 그의 신학의 주제라고 말할 수 있다.[28]

경건의 영성에서는 성경과 성령의 역사하심을 중요하게 생각하는데, 왜냐하면 성경이라는 렌즈를 통해 하나님을 비로서 알게 되고, 이 성경은 성령의 도우심 없이는 이해가 불가능하다고 믿기 때문이다. 성령께서 우리에게 성경의 가치성에 대해 말하시고 확신시키신다. 성경과 성령 사이에는 상호 뗄 수 없는 연결이 있는데 성경의 이해는 우리가 그 내용을 확신하는 것이 아니고 성령의 능력에 의해서 믿어지는 것이다.

오른쪽 상단의 "C 부분"은 "지적 갱신(theological renewal)을 위한 영성"이라고 하여 신앙의 지적인 면을 강조한다. 대개는 이성이나 지성을 영성과 대조되는 것으로 보아 지적인 것은 영성이 없는 것으로 본다. 그러나 지적인 부분도 영성 안에 들어가는데, 진정한 영성은 하나님의 계시에 대한 지적인 바른 이해를 포함한다. 성경에 나타난 하나님의 섭리와 구속사에 대한 바른 이해를 중요시하므로 지적 연구도 중요시 된다. 기독교적 관점에서 보는 지적인 면이 영성의 중요한 부분인데, 대부분의 종교 개혁

---

28 현대인에게 있어서 경건은 종교적 감상주의나 거짓된 점잖음을 의미하는 외식을 말하고 있는데, 본래 경건의 의미는 자신의 가정, 나라, 하나님께 대한 찬양되어질만한 의무나 신실한 헌신을 의미한다. "경건이 하나님을 아는 올바른 지식에 있어서 필수 불가결한 것"이라고 Calvin은 지적한다. 참된 경건은 하나님을 사랑하는 경외감과 연결되는데 거기서 하나님의 축복들에 대한 앎이 나오게 된다. 즉, 그가 하나님 아버지 되심으로 우리가 양육되고, 하나님이 모든 좋은 것의 근본 되심을 알아서 (우리의 죄 값은 저주되어야 마땅한데) 모든 것을 하나님께 빚지고 있음을 깨닫는 것이다. 이것이 바로 하나님을 즐거워하는 것이요, 경건이다. 경건의 모습은 있으나, 경건의 능력이 없다는 것은 위의 참된 경건의 의미를 잘 이해하지 못하는 데서 비롯된다. 하나님은 경건의 눈으로 볼 때 비로tj 발견되어지는 대상이시다. 경건을 위해서는 먼저 죄에 대한 이해가 있어야 한다. 우리가 회개하기 전에 하나님을 알던 지식은 무의미하다(딤전 4:2, 1:19).

자들 가운데서 이와 같은 영성을 볼 수 있다. 사경회, 설교 중심의 개신교 영성이 이 영성의 주류를 이루고 있으며 특히 한국의 보수적인 교회에서 교리적인 문제로 이 영성에 깊은 관심을 갖는다. 그런데, 문제는 지식적으로 따지다보니 분열하는 일이 자주 일어나게 된다. 갈라디아서 6장 1절에 보면 잘못된 것을 분별할 때는 말씀의 기준과 더불어 온유한 심령이 필요하다고 하였다. 지나치게 지적인 한쪽으로 치우치면 문제가 발생한다.

왼쪽 상단의 "D 부분"은 "사회적 개혁(social regeneration)을 위한 영성"이다. 영혼을 사랑하고 하나님과의 깊은 관계를 가진 자만이 진정으로 사회를 개혁할 수 있다. 사회도 영성을 가지고 있다. 중세 신비주의자들처럼 개인적 무아지경에 빠지는 것을 영성의 목적으로 삼는 것은 옳지 않고 세상의 빛과 소금으로 세상 속에 적극적으로 참여함이 필요하다. 예를 들면, Calvin의 제네바 개혁, D. Bonhoeffer의 사회 참여 신학, M. L. King의 민권 운동 등은 대표적인 사회 변혁 영성의 모형이 된다. 구원에 이르는 길이 단 한길 예수 그리스도를 통해서 만이다. 이런 점에서 교회 밖에 구원이 없다고 말한다. 그런데 이 말은 구원의 영역이 교회 안에만 있다는 말을 의미하는 것은 아니다.[29] 구원의 영역은 모든 영역에 미친다.

영성에는 사회 전체가 그리스도의 복음으로 구원받고 변화되어져 나가는 부분까지 포함된다. 그러나 주관적인 결단을 따라서 나름대로 옳다고 판단 하는 대로 행동하는 일은 대단히 위험하다. 성경은 "검을 가진 자는 검으로 망한다"는 것을 지적하며 성경의 계시를 따라서 자신의 행동을 절제할 수 있는 사회 개혁의 영성을 말한다.

---

29 하나님의 나라를 확장함에 있어서 교회는 임시적·도구적 개념이다. 이런 면에서 교회가 독특한 역할을 하면서 예수 그리스도를 보이는 것처럼, 오늘날 교회는 하나님 나라의 현재성을 나타내 보여야만 한다.

B. 한국 교회 영성의 시대별 분석

복음이 전해진 초기부터 현대까지 한국 교회의 영성을 총체적 영성에 비춰 아래와 같이 시대적으로 살펴 볼 수 있다.

1. 초기 (개신교 전래부터 한일 합방 이전)

처음 기독교가 전파되었을 당시 한국의 정치, 경제는 불안정하였으며 이것을 보상할 도피처로서 종교에 대한 갈망이 컸다. 이와 같은 상황 속에서 기독교는 이들의 비참한 삶에 소망을 줄 수 있는 유일한 종교가 되었다. 신비적인 면에서 천당과 지옥의 내세적 개념, 그리고 복음 전도 중에 여전도사, 매서인들이 무당과 많이 부딪치며 여러 가지 영적인 현상들이 나타난 일, 그리고 1907년의 대 부흥 운동 등의 영성은 신비주의, 내면적 영성이 중심을 이루었다고 본다. 선교사들이 병원을 세우고 학교를 세운 일 등 사회 개혁적인 영성도 강조되었다고 볼 수 있다. 그러나 지적인 면에서 성경을 연구하는 일, 특히 교회의 지도자들을 양육하는 신학 교육에 있어서 저들의 신학 수준을 평신도보다 약간 높은 정도로 기대한 것을 볼 때에 지적인 영성은 부족했다고 보아진다.

2. 중기 (일제 치하부터 6·25까지)

일제 시대와 6·25전쟁을 맞은 한국 교회는 사회적 혼란과 좌절을 겪으면서 특히 신비주의적 부흥 운동이 많이 일어났다. 이 때 영성의 특징 역시 내세 지향적이며 감정적으로 신비주의 내면적 영성이 주를 이루었다고 본다. 이용도는 이 시대 신비주의적 부흥 운동가중 하나이며 황국주는 합일의 원리, 피 갈음을 주장하는 등 많은 이단이 나타났다. 이와 같은 이단들에 대한 반작용으로 신학적으로 극단적인 보수주의가 대두하였는데, 고려신학교의 박형룡, 박윤선 박사 등이 대표적이다. 동시에 김재준 목사

등의 합리주의 신학 개발이 활발하여 지적인 것을 추구하는 영성도 나타났다고 본다. 그러나 개인 경건의 영성은 크게 드러나지 않았다.

3. 현대 (6·25 이후 지금까지)

여러 갈래의 영성 운동들이 일어났는데 이를 특징마다 나누어서 살피면 아래와 같다.

1) 부흥 운동(Revival Movement)

장로교와 감리교 연합 전도 집회, 빌리 그래이엄, 피어슨 목사 등의 대규모 전도 집회 등 외국인들의 대중 운동과 더불어 산 중심의 기도원 운동이 번졌다. 수많은 이단이 출현되었스며[30] 개인 갱신 및 내면 생활의 영성 등이 높이 나타났다. 그러나 바른 성경적 통찰력을 갖는 신앙이 아니므로 사회 갱신이 아닌 물의를 빚고 도피적인 것이 되었다.

2) 번영신학

대기업 위주의 경제 정책 등과 더불어 1970년대 이후 네 차례의 대규모 집회 및 미국의 교회성장학이 소개되면서 대형 교회가 생겼고 전체적으로 교회 성장에 대한 관심이 높아졌다. 내적 평화, 개인적 갱신(거듭남과 예배의 만족) 등이 강조되었으나 신학적 갱신에 있어서의 지적 갱신이 부족하였고 특히 사회 갱신의 영성이 부족하여 교회가 세상의 빛과 소금의 역할을 수행함에 소극적이었다고 본다.

3) 민중 신학과 사회 개혁 운동

서구 신학의 이원론이 동양적인 일원론 토양의 한국에 토착화하

---

30 1. 용문산의 나운몽: 진리는 질에 있다고 하면서 기독교를 전통 종교와 혼합화시킨 신비주의 운동. 2. 신앙촌의 박대선: 기성 교회를 부인하고 신앙촌에 들어와야 구원받는다고 주장함. 3. 통일교의 문선명: 자신을 신격화하고 한국이 세계의 중심이 된다고 하면서 한국의 성역화를 추구하였다.

는 일에 실패했다고 하면서 기독교의 기원을 동양 종교와의 관계 속에서
찾는 것과 더불어서 정치적인 불안정의 상황에서 해방 신학과의 접맥에서
민중 신학이 나타났다. 내면 생활이 강조되고 신앙을 신비스런 연합으로
보는 영성과 사회 변혁의 영성이 강하게 나타난 반면에 하나님 말씀에서
출발하지 않고 혼합주의로 갔다는 점에서 경건의 영성이 절대적으로 부족
하였다.

4) 복음주의 운동

절대적인 하나님의 말씀에서 출발되어지지 않으면 잘못된 영성으
로 빠진다는 지적과 더불어 올바른 성경적 기독교의 상황화를 꾀하는 영성
계발 운동으로 한국복음주의 신학회를 중심으로 사회 참여, 신학적 갱신,
개인적 갱신을 주장하며 묵상의 시간과 제자 훈련 등이 활발하게 나타났
다. 그러나 하나님과의 신비스런 연합을 강조하는 내면 생활 갱신의 영성
은 부족하였다고 본다.

IV. 나가는 말

기성 교회 밖에서 소규모로 또는 기도원 등에서 평신도들 가운데 은밀
하게 이루어져 오던 기독교의 영성에 관한 전통이 1990년대에 들어와서
기성 교회 안으로 들어오고 또 목회자들 가운데 영성 문제를 목회와 연결
하여 관심을 갖게 되었다는 점은 놀라운 변화가 아닐 수 없다. 이와 같은
관심은 교회 성장이라는 관점과 연결되어서 더욱 분명하다.

한국 교회 성장에 있어서 1970년대의 대규모 전도 집회와 기도 운동은
전통적인 농어촌 중심의 사회로부터 도시화를 통한 새로운 변화를 갈구하
는 청년층과 학생들에게 호소되었고, 기독교의 대형화 운동은 산업화를
통해 대기업 중심의 산업 구조 개혁을 추구하던 시대 정신과도 일치하였

다. 그러나 이와 같은 대규모 형태의 기도 운동은 전통적인 한국인의 종교적인 영성과 기독교가 혼동되어진 것으로 비록 그 외형적인 면에서 비약적인 성장을 이루었지만, 그 종교적인 본질상의 문제에 있어서 많은 반성을 요한다는 지적을 피하기가 어려웠다.

이 때에 기독교 영성의 본질을 하나님의 계시인 성경을 통해서 찾아야 한다는 소그룹 형태의 성경 공부와 제자 훈련을 통한 교회 성장 운동이 1980년대에 등장하게 되었다. 이와 같은 성경 공부 중심의 새로운 운동은 기독교의 지나친 세속주의화와 저급화를 우려하던 지식인 계층과 중산층에 호소하여 교회 성장의 새로운 대안으로 각광을 받았다. 그러나 성경 공부와 제자 훈련에 대한 올바른 상황화를 이루기보다는 지식 중심의 교회 성장을 위한 프로그램으로서의 역할에 머물고 교회 성장의 물결을 타고 양산된 신학생들의 대량 배출로 인하여 한국 교회는 몇몇 대형 교회와 대다수의 소형 개척 교회라는 불균형을 이루게 되었다. 이와 같은 교회 성장의 불균형은 1990년대에 이르러서는 급기야 교회 성장의 정체 내지 감소 현상을 야기하게 되었으며, 지금까지의 프로그램을 통한 교회 성장과는 무엇인가 질적으로 다른 형태의 교회 성장 방식을 찾게 되었는데 여기에 호응된 것이 바로 영성 문제이다.

주후 1990년대에 들어와서 나타난 가장 큰 영성 운동의 특징은 반지성주의라는 것이다. 지식 위주의 하나님 말씀 강해를 통해 냉랭해진 가슴에 대한 반작용으로 영적 현상을 통한 체험과 합리주의에 대한 반발로 신비주의에 대한 관심 등으로 나타나는 영성 운동을 통해 교회의 침체 현상을 탈피하고자 하는 운동이 나타났다. 이와 같은 영성 운동에 대한 새로운 관심은 교회 성장이 어떤 프로그램이나 방법을 통한 것이 아니라 하나님의 능력으로 말미암는다는 것을 발견하게 했다는 점에서 인본주의로부터 신본주의로 그 축을 옮긴 긍정적인 면을 가지고 있다. 그럼에도 불구하고

1990년대에 들어와서 관심을 끈 영성 운동의 방향이 1980년대의 상황에 대한 반성으로서 나타나는 교회를 성장시키기 위한 또 다른 방법으로 이해되어진다는 점에서 영성에 대한 재발견이 또 다른 교회 성장을 위한 프로그램화된다는 문제점도 안고 있다.

　기독교 영성에 대한 우리의 이해가 하나님 말씀(절대적인 계시로서 영원히 변치 않는 기준)에서 출발한 것으로 총체적 영성을 지향한 것이 아니라면, H. Dooyeweerd의 지적처럼, 각 시대의 상황에 따라 부침이 있는 영성 이해는 또 다른 시대 상황에 따라 늘 변화되어 온 것을 알 수 있다. 하나님의 형상으로 지음을 받아 살아 움직이는 영적인 생명체가 된 인간의 영성이다. 이미 내 속에 주어진 지워버릴 수 없는 하나님의 형상이 지금 우리가 서 있는 이 곳에서 빛과 소리를 발하도록 훈련함으로31) 성경적인 총체적인 영성을 이루어야 할 것이다.

---

31 김경재, "성서에 나타난 영성훈련," 「신앙세계」, 통권 204호 (1985. 7): 37.

추 천 도 서

류기종. 「기독교 영성」. 서울: 도서출판 열림, 1994.

신내리. 「한국 교회 성장의 비결」. 손성은 역. 서울: 개혁주의 신행협회, 1992.

오성춘. 「영성과 목회」. 서울: 장로회신학대학 출판부, 1992.

Cobb, John. *Theology and Pastoral Care: Process Theology and Pastoral Theology.* 「과정신학과 목회신학」. 이기춘 역. 서울: 대한기독교출판사, 1990.

Holms, Urban T. *Spirituality for Ministry.* 「목회와 영성」. 김외식 역. 서울: 대한기독교서회, 1993.

Keller, Timothy. 「개혁주의 실천신학」. 이은재 역. 서울: 도서출판 나침반사, 1993.

MacDonald, Gordon. *Ordering Your Private World.* 「내면 세계의 질서와 영적 성장」. 홍화옥 역. 서울: 한국기독교학생회출판부, 1991.

MacNutt, Francis S. *Healing.* 「치유」. 변진석 외 역. 서울: 도서출판 무실, 1992.

Thayer, Nelson S. *Spirituality and Pastoral Care.* 「영성과 현대 목회」. 이윤복 역. 서울: 성광문화사, 1992.

간증 서적

나는 어떻게 예수님을 만났는가?
홍성철 편집 / 신국판 / 초판 1쇄, 개정판 11쇄 / 332쪽 / 8,000원
각계각층에서 그리스도의 향기를 진하게 풍기고 있는 21명의 신앙 고백으로, 새신자 및 전도용 선물로 최적인 책.

사망의 골짜기를 지날지라도
볼레터 스틸 크럼리 지음 / 유정순 옮김 / 신국판 / 초판 1쇄 / 158쪽 / 4,500원
말로 다 표현할 수 없는 인간의 비극 가운데서 하나님의 평강을 발견한 저자의 믿음과 용기에 관한 능력 있는 체험적인 이야기.

하나님과 함께 한 스탠리 탬의 놀라운 모험
스탠리 탬 지음 / 류선욱 옮김 / 신국판 / 초판 3쇄 / 334쪽 / 8,500원
하나님의 주권을 인정할 때 얼마나 놀라운 모험을 할 수 있으며, 무엇보다도 영혼을 구원하는 일에 하나님의 동역자가 될 수 있음을 체험적으로 보여 준 책.

하나님의 회초리 능력을 위한 사랑의 매
스탠리 탬 지음 / 성미영 옮김 / 신국판 / 초판 1쇄 / 234쪽 / 6,500원
어떻게 하나님의 능력을 갖게 되고, 기도의 응답을 받으며, 매일 당면하는 문제를 초월하여 승리하고, 열매 맺는 삶을 누릴 수 있는지를 체험적으로 쓴 책.

How I Met Jesus
John Sung-Chul Hong 편집 / 신국판 / 초판 1쇄 / 296쪽 / $9.99 (10,000원)
〈나는 어떻게 예수님을 만났는가?〉의 영어판. 한국 평신도 남녀 각 5인, 한국 목사 5인 및 외국인 5인의 신앙 고백.

전기 서적

거룩한 삶을 산 믿음의 영웅들
웨슬리 듀웰 지음 / 홍성철 옮김 / 신국판 / 초판 1쇄 / 312쪽 / 8,000원
거듭난 후 성령으로 충만함을 경험하고 하나님이 사용하신 믿음의 영웅들 열네 명의 전기집.

수잔나 존 웨슬리의 어머니
아놀드 댈리모어 지음 / 김석천 옮김 / 신국판 / 초판 1쇄 / 230쪽 / 6,000원
존과 찰스 웨슬리의 어머니 수잔나의 경건의 모범, 자녀 교육과 양육, 고난과 어려움을 이겨 풍성한 영적 유산을 남겨 준 이야기.

위대한 그리스도인들은 어떻게 성령의 충만을 받았는가
제임스 로슨 지음 / 홍성철 옮김 / 신국판 / 초판 2쇄 / 298쪽 / 7,000원
하나님의 장중에 사로잡혀 위대하게 살았던 20명의 감동적인 성령 충만의 체험담을 기록한 책.

존 웨슬리 그의 생애와 신학
로버트 G. 터틀 2세 지음 / 김석천 옮김 / 신국판 / 초판 1쇄 / 480쪽 / 13,000원
하나님께 전적으로 헌신하며 살았던 존 웨슬리의 이야기를 통해 독자를 예수 그리스도의 충만한
믿음으로 인도하는 책.

경건 서적

그리스도의 마음
데니스 킨로 지음 / 홍성철 옮김 / 신국판 / 초판 1쇄 / 188쪽 / 6,000원
성령이 믿는 자에게 주시는 "그리스도의 마음"이 의미하는 바가 무엇인지 잘 설명해 주는 명저.

너희는 나를 누구라 하느냐?
존 T. 시먼즈 지음 / 홍성철 옮김 / 신국판 / 초판 1쇄 / 198쪽 / 6,500원
예수님의 인격과 비유와 기적을 통해 "너희는 나를 누구라 하느냐?"에 대한 질문을 신학적으로나
신앙적으로 명쾌하게 제시한 책.

성결의 아름다움
베인즈 에트킨슨 지음 / 홍성국 옮김 / 신국판 / 초판 1쇄 / 184쪽 / 5,500원
성결이라는 성경적 진리의 핵심에 직면하여 마음의 감동과 함께 성결하게 되는 것을 체험하도록
인도해 주는 책.

성령과 동행하라
스티븐 하퍼 지음 / 홍성철 옮김 / 신국판 / 초판 3쇄 / 224쪽 / 5,500원
기독교의 영성이 무엇이며, 또 어떻게 그 영성을 체험하고 유지할 수 있는지에 대한 좋은 안내자가
되는 책.

성령님, 나를 변화시켜 주세요 그리고 사용하여 주세요
커리 매비스 지음 / 홍성철 옮김 / 신국판 / 초판 1쇄 / 180쪽 / 5,500원
분노와 죄의식 등 감정의 문제들이 어떻게 성령의 역사로 변화되어 성장할 수 있고, 주님께 쓰임
받을 수 있는가를 제시하는 책.

성령의 충만을 받으라
존 T. 시먼즈 지음 / 홍성철 옮김 / 신국판 / 재판 4쇄 / 152쪽 / 4,000원
성령의 충만과 능력을 갈구하는 모든 그리스도인에게 그 방법을 단계적으로 제시한 책.

십자가 앞에서
리차드 바우크햄, 트레보 하트 지음 / 김동욱 옮김 / 신국판 / 초판 1쇄 / 156쪽 / 5,000원
십자가 앞에 서 있던 열한 명의 삶의 관점에서 십자가를 묵상하므로 우리의 삶을 깊이 있게 변화시
켜 줄 것을 기대할 수 있는 책.

용감한 사랑, 변화시키는 능력 그리스도를 닮아가는 성령의 능력
테리 워들 지음 / 홍성철 옮김 / 신국판 / 초판 1쇄 / 216쪽 / 7,000원
그리스도인이 온전히 예수님을 닮아가도록 역사하는 성령의 변화시키는 능력을 경험하도록 돕는 책.

주님, 나를 변화시켜 주세요
에벌린 크리스튼슨 지음 / 이혜숙 옮김 / 신국판 / 초판 1쇄 / 280쪽 / 9,500원
하나님이 어떻게 사람들을 변화시키시는지를 경험한 저자는 변화를 이루시는 분이 하나님이심을
확신하게 하며, 실제적이고 획기적으로 변화되는 길을 안내해 주는 명저.

참된 믿음을 가지려면
존 슈와츠 지음 / 전현주 옮김 / 신국판 / 초판 1쇄 / 148쪽 / 5,000원
성경 개관, 기독교 역사 이해, 기독교 특성 이해, 그리스도인의 성장 방법 등을 설명하는 기독교의
기본 안내서.

첫 걸음부터 주님과 함께
션 던 지음 / 전현주 옮김 / 신국판 / 초판 4쇄 / 116쪽 / 3,500원
반복되는 일시적인 결단의 공허함을 극복할 수 있는 원리를 제시하며, 그 원리를 삶에 적용할 때
믿음의 진보와 주님과 하나 되는 매일의 삶으로 인도하는 책.

현대인을 위한 존 웨슬리의 메시지
스티븐 하퍼 지음 / 김석천 옮김 / 신국판 / 초판 2쇄 / 168쪽 / 5,000원
존 웨슬리의 메시지를 현대인을 위해 재해석한 책으로, 그리스도인들에게 빛과 방향을 제시해 주는 책.

제자훈련

건강한 제자가 되자 생명력 있는 그리스도인의 열 가지 특성
스티븐 매키아 지음 / 최언집 옮김 / 신국판 / 초판 1쇄 / 371쪽 / 12,000원
건강한 그리스도인으로서 예수 그리스도의 성숙한 제자가 되는 열 가지 원리를 제시하는 책.

이렇게 예수 그리스도의 제자가 되자
홍성철 지음 / 신국판 / 초판 2쇄 / 238쪽 / 7,000원
예수 그리스도처럼 제자훈련의 모범과 성공을 이룬 사람은 일찍이 없었다. 그분의 훈련 방법과 원리
가 무엇인지에 대한 해답을 성경적으로 명쾌하게 제시한 책.

제자훈련 훈련자용 교재 / 훈련생용 교재
찰스 레이크 지음 / 송한민, 이영기 옮김 / 신국판 / 초판 1쇄 / 112쪽, 332쪽 / 5,000원, 13,000원
제자훈련 4단계, 각 9주의 훈련 과정을 통해 경건한 그리스도인으로 성숙해갈 수 있는 훈련자용 교재와
훈련생용 교재.

QT 서적

날마다 솟는 샘
존 T. 시먼즈 지음 / 이영기 옮김 / 크라운판 (양장본) / 초판 1쇄 / 378쪽 / 12,000원
사복음서에 나타난 예수님의 삶과 가르침을 통하여 1년 동안 큐티를 위한 매일의 영적 양식.

하나님의 임재를 연습하라
로렌스 형제 지음 / 스티브 트락셀 편집 / 류명욱 옮김 / 신국판 / 초판 2쇄 / 172쪽 / 6,500원
일상생활 속에서 하나님을 사랑하라는 명령을 실천하는 것이 무엇인가를 보여 주어 하나님의 임재
안에서 사는 법을 훈련할 수 있는 고전.

목회 서적

가정교회 21세기 목회의 새로운 대안
박승로 지음 / 신국판 / 초판 1쇄 / 214쪽 / 7,500원
소그룹의 특성을 살린 "교회 안의 작은 교회"의 가정교회의 사례 연구와 교회 갱신의 전략으로서
구체적인 방향을 제시한 책.

영혼을 돌보는 목자
캐롤 와이즈, 존 힝클 지음 / 이기승 옮김 / 신국판 / 초판 1쇄 / 248쪽 / 6,500원
잠재력이 있는 영혼들을 돌보는 사역을 감당하고자 하는 목사, 전도사, 평신도 지도자, 구역장 등에게 안내자 역할을 하는 책.

항상 은혜가 먼저입니다
류종길 지음 / 신국판 / 초판 1쇄 / 356쪽 / 9,000원
저자의 목사 안수 30주년을 기념하여 펴낸 책으로, 저자의 신앙 고백과 함께 목회의 비전을 발견할 수 있는 책.

전도 및 선교 서적

당신의 생애도 변화될 수 있다
알란 워커 지음 / 홍성철 옮김 / 신국판 / 초판 2쇄 / 104쪽 / 4,000원
삶의 목적과 변화를 원하는 모든 현대인들에게 예수 그리스도가 제공하는 구원의 은혜로 변화된 생애를 살 수 있도록 도전하고 길잡이 역할을 할 명저.

복음을 전하세 복음전도의 성경적 근거
홍성철 지음 / 신국판 / 초판 2쇄 / 198쪽 / 8,000원
목회자는 물론 평신도에게 복음전도에 대한 뜨거운 열정과 사명을 일으키게 할 책.

불타는 전도자 존 웨슬리
홍성철 지음 / 신국판 (양장본) / 초판 7쇄 / 346쪽 / 12,000원
존 웨슬리가 어떻게 불타는 전도자가 될 수 있었는지를 제시하여, 현대 그리스도인들도 불타는 전도자가 되도록 인도해 주는 책.

서로 사랑하자 성경적 복음전도의 모형
진 게츠 지음 / 하도균 옮김 / 신국판 / 초판 2쇄 / 228쪽 / 7,000원
사랑의 동기로 시작하는 복음전도에서 그리스도인들이 사랑으로 하나됨을 통해 사람들을 그리스도께로 인도할 구체적인 방법을 안내하는 베스트셀러 작가 진 게츠의 명저.

십자가의 도
홍성철 지음 / 신국판 / 초판 1쇄 / 244쪽 / 9,000원
복음의 핵심인 십자가를 집중 조명하는 책으로, 십자가의 사건, 십자가의 모형, 십자가의 의미, 십자가의 능력의 소제목 아래, 각각 5편의 글로 구성되어 있는 명저.

역동적 증인이 되자
H. 에디 팍스, 조지 E. 모리스 지음 / 최재성 옮김 / 신국판 / 초판 1쇄 / 276쪽 / 10,000원
역동적 증인으로서 그리스도인이 가진 믿음을 나누기 위한 동기, 본질, 의미, 원리와 방법을 구체적으로 적용할 수 있게 안내하는 탁월한 전도 가이드북.

전도학
홍성철 편저 / 신국판 / 초판 1쇄, 개정 1쇄 / 442쪽 / 15,000원
전도학의 대가들의 글들을 모아 편집한 책으로, 전도 신학, 전도 전략, 전도 방법을 기술한 전도학의 길잡이가 될 명저.

주님의 지상명령 성경적 의미와 적용
홍성철 지음 / 신국판 / 초판 2쇄 / 218쪽 / 7,000원
주님의 지상명령이 함축하고 있는 의미를 깊이 조명하여 그리스도인들로 하여금 그 명령에 보다 확실히 순종할 수 있게 할 저자가 심혈을 기울인 책.

타문화권 복음 전달의 원리와 적용
존 T. 시먼즈 지음 / 홍성철 옮김 / 신국판 / 초판 3쇄, 2판 3쇄 / 342쪽 / 8,000원
복음과 타종교와의 관계 및 복음 전달의 원리와 방법을 깊게 다루어 복음 전달의 이론적 인도자가
되는 명저.

현대인을 위한 복음전도의 성경적 모델
홍성철 지음 / 신국판 / 초판 2쇄 / 320쪽 / 11,000원
복음적인 안목으로 성경에 접근하고자 하는 그리스도인과 복음전도 지향적인 설교를 준비하는 사역
자를 위해 길잡이 역할을 할 명저.

회심 거듭남의 의미와 적용
홍성철 편집 / 신국판 / 초판 2쇄, 개정판 3쇄 / 224쪽 / 7,000원
기독교에서 가장 핵심적 교리인 "회심"의 문제를 신학적, 경험적, 적용적으로 이 분야의 권위자들이
다룬 9편의 글.

상담 서적

당신의 인생을 다시 시작하라
데일 갤러웨이 지음 / 류선욱 옮김 / 신국판 / 초판 1쇄 / 202쪽 / 6,500원
인생에서 위기를 당하거나 상처를 입었을 때 어떻게 극복할 수 있는지 저자 자신의 경험을 통해
새롭게 일어날 수 있는 길을 감동적으로 조명해 주는 책.

도움의 기술 상처 받은 사람에게 무엇을 말하고 행할 것인가
로렌 리타우어 브릭스 지음 / 전현주 옮김 / 신국판 / 초판 1쇄 / 432쪽 / 13,000원
우리의 도움을 필요로 하는 상처받은 사람들에게 우리가 의미 있는 격려를 할 수 있는 상식적, 실제
적, 구체적인 방법들을 제시해 주는 필독서.

마음의 숨겨진 상처를 치유하시는 예수님 성령님과 치유 사역
브래드 롱, 신디 스트릭클러 지음 / 전현주 옮김 / 신국판 / 초판 1쇄 / 318쪽 / 11,000원
독특하고 실제적인 방식으로 전인적이고 균형 있는 영적인 치료법을 다룬 상담과 치유 사역을 위한
필독서.

상처난 아버지와의 관계 회복
제임스 L. 쉘러 지음 / 이기승 옮김 / 신국판 / 초판 6쇄 / 272쪽 / 8,000원
인생의 풀리지 않는 아버지와의 문제들이 무엇이며 그것을 어떻게 다루어야 할지, 더 나아가 하나님
아버지께로 인도하는 책.

잃어버린 퍼스낼리티를 찾아서
최병전 지음 / 신국판 / 초판 1쇄, 개정판 1쇄 / 206쪽 / 5,000원
구원은 받았지만 인격의 상처는 개인과 가정과 교회와 사회에 문제를 일으키는 것을 진단하고 해결
의 실마리를 제시하는 책.

자살을 애도하며
알버트 쉬 지음 / 전현주 옮김 / 신국판 / 초판 1쇄 / 262쪽 / 7,000원
사랑하는 사람이 자살한 후 남겨진 자살 생존자들을 위한 안내서로, 자살을 실제적으로 예방하도
록 돕는 책.

절망과 소망 사이에서 어떻게 육체의 질병을 이길 수 있는가
알 B. 와이어 지음 / 박현주 옮김 / 신국판 / 초판 1쇄 / 280쪽 / 9,500원
육체의 질병에 대해 심각한 진단을 받을 때, 어떻게 대처하고, 어떠한 선택을 하고, 어떻게 하나님과
함께 동행하며 승리하는가를 보여 주는 책.

신학 서적

복음주의 실천신학개론
복음주의 실천신학회 편 / 신국판 / 초판 9쇄 / 432쪽 / 15,000원
한국 교회의 목회자와 그리스도인들에게 신학의 복음주의적인 안목을 갖게 함으로 목회 현장을 더욱 풍요롭게 하는 지침서.

성령론적 조직신학
전성용 지음 / 신국판(양장본) / 초판 2쇄 / 750쪽 / 25,000원
성령신학의 정립을 지향하는 책으로, 성령이 삼위일체의 제3위로서의 정당한 지위를 확보하는 기독론적–성령론적 신학의 새로운 패러다임을 제시하는 책.

성령은 누구인가 삼위일체론적 성령론
전성용 지음 / 신국판 / 초판 1쇄 / 390쪽 / 13,000원
은사를 중심으로 다룬 성령론이 아니라 성령을 삼위일체 하나님으로, 그리고 성부 성자와 동등한 독자적인 인격으로 다루는 새로운 성령론의 패러다임을 제시하는 책.

신앙과 신학을 위한 요한복음의 삼위일체 하나님
배종수 지음 / 신국판 / 초판 2쇄, 개정 2쇄 / 581쪽 / 15,000원
요한복음에 나타난 삼위일체 하나님이 누구이시며, 어떻게 존재하시고 구원을 위해 무엇을 하시는지를 누구나 읽고 이해할 수 있도록 쉽게 쓴 책.

우주와 창조자
데이비드 퍼거슨 지음 / 전성용 옮김 / 신국판 / 초판 1쇄 / 192쪽 / 7,000원
성경적인 창조신학에 근거하여 신학과 과학의 흐름을 보게 하며, 진화론에 대한 현명한 신학적 태도를 발견하도록 돕는 창조신학 입문서.

웨슬리안 조직신학
오톤 와일리, 폴 컬벗슨 지음 / 전성용 옮김 / 신국판 / 초판 4쇄 / 572쪽 / 15,000원
신학의 기초 과정을 위한 교과서일 뿐만 아니라, 평신도들이 사용할 수 있도록 간략하면서도 체계를 갖춘 기독교 교리를 제시한 신학의 고전.

진리 경험과 이해
이희용 지음 / 신국판 / 초판 1쇄 / 244쪽 / 10,000원
가다머의 철학적 해석학을 분석하고, 진리 경험의 이해 현상을 언어를 통해 해석하는 보편적 매개체를 이해하도록 돕는 책.

최후의 승리
어네스트 젠타일 지음 / 이혜숙 옮김 / 신국판(양장본) / 초판 1쇄 / 398쪽 / 15,000원
예수님의 영광스러운 재림이 어떠할 것인지를 알려 주고, 영적으로 깨어서 기쁨으로 준비할 수 있게 할 역작.

강해설교 서적

가상칠언 그 의미와 적용
아더 핑크 지음 / 전현주 옮김 / 신국판 / 초판 2쇄 / 192쪽 / 7,000원
십자가 위에서 하신 주님의 일곱 말씀을 통해 용서, 구원, 사랑, 고뇌, 고난, 승리, 만족에 대한 교훈을 얻을 명저.

고난 중에도 기뻐하라 (빌립보서 강해설교)
홍성철 지음 / 신국판 / 초판 2쇄 / 506쪽 / 10,000원
고난 중에도 기뻐할 수 있는 사도 바울의 비결을 성경적으로 파헤치고, 목회적으로 제시한 41편의 강해설교집.

기적을 만드는 사람들
워렌 위어스비 지음 / 구교환 옮김 / 신국판 / 초판 1쇄 / 182쪽 / 6,000원
사도로 변화된 베드로의 이야기를 통해 현대의 그리스도인들이 하나님의 기적을 만드며 살아가도록 도전하는 책.

너를 축복하노라 주님의 축복을 받고 나누자
워렌 위어스비 지음 / 한충식 옮김 / 신국판 / 초판 1쇄 / 254쪽 / 10,000원
하나님의 축복의 통로인 그리스도인들이 누려야 할 축복의 다양함을 강해한 명저.

눈물로 빚어 낸 기쁨 (룻기 강해)
홍성철 지음 / 신국판 / 초판 1쇄 / 182쪽 / 6,000원
룻기에 담겨진 아름다운 이야기를 새로운 각도로 접근하여 전개한 강해집.

마가, 예수의 길을 가다 마가의 예수 이야기
이승문 지음 / 신국판 / 초판 1쇄 / 278쪽 / 9,000원
마가복음을 통해 예수의 수난의 길을 따르는 익명의 사람들을 소개하며, 현대 그리스도인들도 예수의 길을 가도록 권면하는 책.

말씀이 육신이 되어
티모시 테넌트 지음 / 최낙철 옮김 / 신국판 / 초판 1쇄 / 166쪽 / 7,000원
마가복음을 통해 말씀이 육신이 되신 예수 그리스도의 영광과 위엄에 대해 공생애 사역을 중심으로 묵상할 수 있도록 구성된 책.

성령 안에서 설교하라
데니스 F. 킨로 지음 / 홍성철 옮김 / 신국판 / 초판 3쇄 / 176쪽 / 4,500원
방법과 기교를 강조하는 현대 설교에서 성령의 임재를 회복할 수 있는 설교의 원리와 방법을 분명하게 제시하는 책.

성령으로 난 사람
홍성철 지음 / 신국판(양장본) / 초판 1쇄 / 443쪽 / 18,000원
요한복음 3장 1~16절을 근거로 복음을 제시한 강해집으로, 말씀을 통해 복음을 전하고자 하는 누구나 읽어야 할 필독서.

심령의 호소를 들으시는 하나님 (시편 1~23편 강해)
이태웅 지음 / 신국판 / 초판 1쇄 / 304쪽 / 7,500원
시편을 기록한 지 수천 년이 지났으나, 시편 기자들이 경험한 변함없는 하나님의 실재와 냉엄한 현실 사이에서 의에 주리고 목마른 사람에게 한 모금의 냉수와 같은 책.

알기 쉬운 히브리서 (히브리서 강해)
네일 라이트푸트 지음 / 홍성철 옮김 / 신국판 / 초판 1쇄 / 244쪽 / 7,500원
대제사장이요 단번에 드려진 속죄물이신 예수 그리스도를 소개하여 모든 그리스도인들의 신앙을 깊게 하며 예수 그리스도를 깊이 만나게 하는 명저.

온전한 구원, 거룩한 생활
김태구 목사 설교 출판위원회 편집 / 신국판(양장본) / 초판 1쇄 / 594쪽 / 20,000원
성결교회의 신앙문화재로 일컬어지는 김태구 목사의 설교들을 모아 한 권으로 편집한 책.

우리에게 일용할 양식을 주소서 (주기도문 강해설교)
홍성철 지음 / 신국판 / 초판 2쇄 / 228쪽 / 6,000원
주기도문에 나타난 하나님의 영광과 우리의 필요를 깊이 조명시켜 주는 강해설교집.

절하며 경배하세
홍성철 지음 / 신국판 / 초판 1쇄 / 224쪽 / 8,000원
예배의 대상과 예배자의 자세를 마태복음과 요한계시록을 근거로 제시하여, 예수 그리스도를 깊이
만나게 하는 명저.

하나님의 사람들 마태복음 1장 1절 강해설교
홍성철 지음 / 신국판 / 초판 1쇄 / 272쪽 / 9,000원
14회에 걸친 강해설교로, 아브라함, 다윗, 예수 그리스도의 비천에서 존귀로의 삶을 통해 21세기를 살
아가는 그리스도인들에게 실제적인 교훈과 열정을 회복시키는 메시지.

강해 설교 시리즈 (I-하나님을 바라라, II-기도의 위력, III-복음의 일꾼, IV-바울의 소원)
강선영 지음 / 신국판(양장본) / 초판 1쇄 / 560쪽 / 권당 15,000원
저자가 5년여 동안 설교한 것을 정리하여 펴낸 강해설교집.

시편 강해 (I-나의 목자가 되신 하나님, II-나의 피난처 되신 하나님,
　　　　　　 III-나의 힘이 되신 하나님, IV-나의 노래가 되신 하나님)
강선영 지음 / 신국판(양장본) / 초판 1쇄 / 550쪽 / 권당 15,000원
저자가 4년여 동안 시편 전체를 연구하며 설교한 것을 정리하여 펴낸 강해설교집.

요한복음 강해 (I-빛으로 오신 예수 그리스도, II-나의 선한 목자 예수 그리스도,
　　　　　　　　 III-길이요 진리요 생명이신 예수 그리스도, IV-부활하신 예수 그리스도)
강선영 지음 / 신국판(양장본) / 초판 1쇄 / 590쪽 / 권당 12,000원
저자가 6년여 동안 요한복음 전체를 연구하며 설교한 것을 정리하여 펴낸 강해설교집.

모세오경 연구

유대인의 절기와 예수 그리스도 레위기 23장을 중심으로
홍성철 지음 / 신국판 / 초판 1쇄 / 244쪽 / 10,000원
유대인의 절기가 기록된 레위기 23장을 중심으로 그 성경적 의미를 알아보고, 현대적 의미와 기독교
와의 연관을 살펴 예수 그리스도와의 관계를 깊이 연구한 명저.

워크북 시리즈 (그룹 교재로 사용 가능)

그리스도인의 문제들 어떻게 극복할 것인가?
맥시 더남 지음 / 하도균 옮김 / 신국판 / 초판 1쇄 / 264쪽 / 7,000원
그리스도인이 매일의 삶 속에 당면하는 문제들을 어떻게 대처하고 극복할 수 있는지 안내하는 책.

성령의 열매와 생활
맥시 더남, 킴벌리 더남 레이스먼 지음 / 박재승 옮김 / 신국판 / 초판 1쇄 / 270쪽 / 7,000원
그리스도인의 믿음을 강화시켜 줄 재료로 일곱 가지 기본 덕목을 제시하며, 하나님이 창조하신 대로
선한 자가 되어, 독자를 성령의 열매를 맺는 생활로 안내하는 책.

영적 훈련
맥시 더남 지음 / 이연승 옮김 / 신국판 / 초판 1쇄 / 230쪽 / 7,000원
승리하는 그리스도인의 삶을 형성하기 위한 훈련 과정의 워크북으로, 개인적인 묵상뿐만 아니라 소그룹에서 사용할 수 있는 훈련 교재로도 적합한 책.

예수님처럼 사랑하자
맥시 더남 지음 / 류명욱 옮김 / 신국판 / 초판 1쇄 / 202쪽 / 7,000원
사도 바울의 사랑장인 고린도전서 13장의 내용을 구체적으로 파악할 수 있고, 독자로 하여금 사랑할 수 있는 구체적인 사랑의 길로 인도하는 책.

죽음에 이르는 죄 어떻게 극복할 것인가
맥시 더남, 킴벌리 더남 레이스먼 지음 / 서대인 옮김 / 신국판 / 초판 1쇄 / 288쪽 / 7,000원
피할 수 없는 일곱 가지 죄가 우리의 삶에 어떻게 나타나며, 이러한 죄를 다루는 방법을 제시하여 죄를 극복하게 하는 책.

중보기도
맥시 더남 지음 / 구교환 옮김 / 신국판 / 초판 1쇄 / 266쪽 / 7,000원
본서는 중보기도의 이해를 도울 뿐만 아니라, 개인이나 그룹이 중보기도를 실제로 하게 하기 위한 구체적이고 실제적인 지침서.

기독교 고전 시리즈

(1~16권 / 문고판 / 초판 2쇄 / 권당 1,500원)

1. 왜 하나님은 무디를 사용하셨는가   R. A. 토레이 지음 / 홍성철 옮김

2. 보다 깊은 삶   로버트 머레이 맥체인 지음 / 구교환 옮김

3. 하나님의 임재를 연습하라   로렌스 형제 지음 / 이소연 옮김

4. 성결   J. C. 라일 지음 / 서대인 옮김

5. 예수님을 위하여 선하게 증거하자   존 왓슨 지음 / 이대규 옮김

6. 공격적인 기독교   캐더린 부스 지음 / 염동팔 옮김

7. 구령자를 위한 권면   호레시우스 보너 지음 / 최석원 옮김

8. 불타는 사랑   블레즈 빠스칼 지음 / 곽춘희 옮김

9. 행동하는 믿음   조지 뮬러 지음 / 송철웅 옮김

10. 하늘가는 마부   존 번연 지음 / 문정일 옮김

11. 성도다운 학자의 결단   조나단 에드워즈 지음 / 홍순우 옮김

12. 설교자와 기도   E. M. 바운즈 지음 / 이혜숙 옮김

13. 성도의 영원한 안식   리차드 백스터 지음 / 이기승 옮김

14. 부흥의 법칙   제임스 번스 지음 / 문정선 옮김

15. 성경적 구원의 길   존 웨슬리 지음 / 박홍운 옮김

16. 친구여 들어보지 않겠소?   찰스 스펄전 지음 / 홍성철 옮김